Guy MICHAUD
Professeur émérite à l'Université de Paris-X
et
Alain KIMMEL
Professeur chargé d'études au C.I.E.P.

avec la collaboration de
Georges HACQUARD et **Georges TORRES**

LE NOUVEAU GUIDE FRANCE

Nouvelle édition refondue et en couleurs

HACHETTE F.L.E.
58, rue Jean-Bleuzen
92170 Vanves

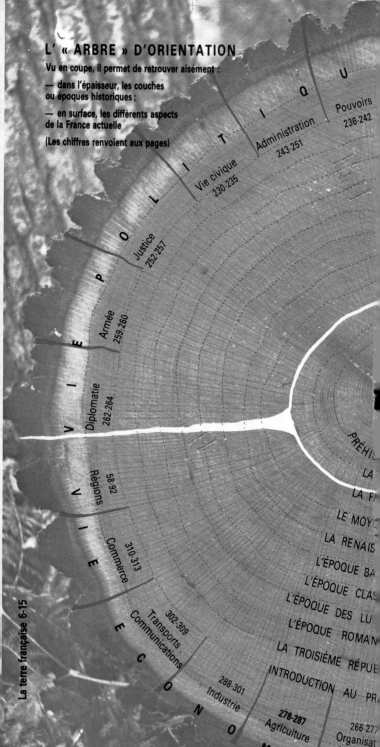

L' « ARBRE » D'ORIENTATION

Vu en coupe, il permet de retrouver aisément :

— dans l'épaisseur, les couches ou époques historiques ;

— en surface, les différents aspects de la France actuelle

(Les chiffres renvoient aux pages)

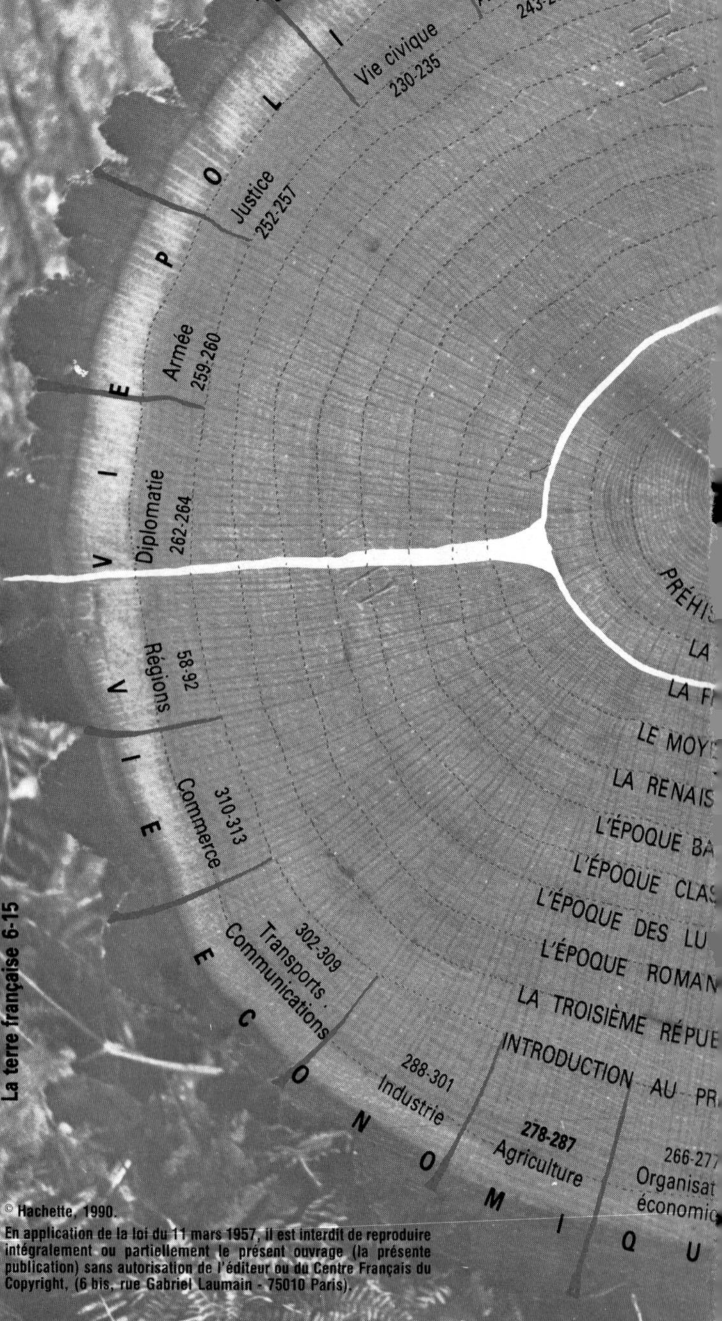

La terre française 6-15

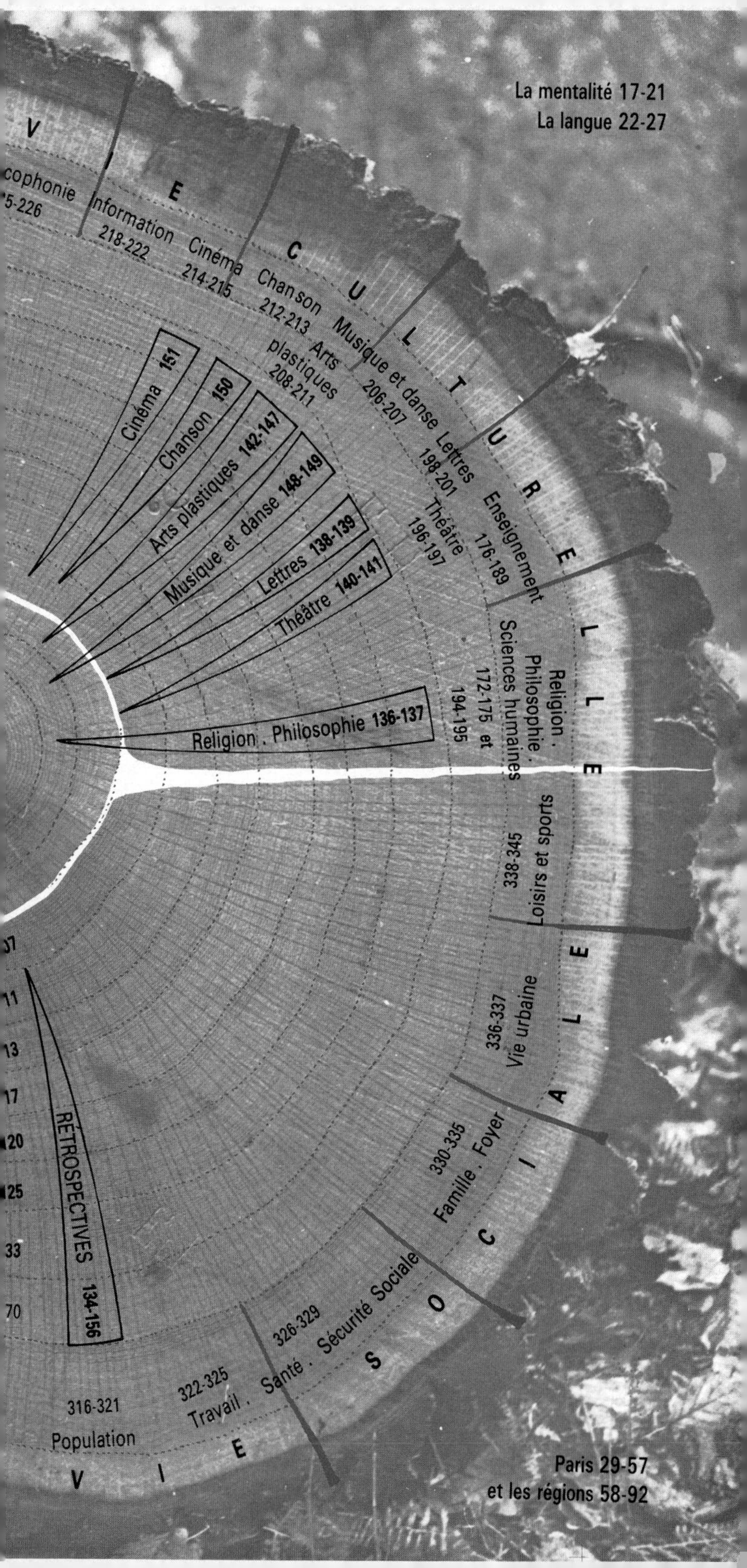
La mentalité 17-21
La langue 22-27
VIE CULTURELLE
...cophonie ...5-226
Information 218-222
Cinéma 214-215
Chanson 212-213
Arts plastiques 208-211
Musique et danse 206-207
Lettres 198-201
Théâtre 196-197
Enseignement 176-189
Religion . Philosophie . Sciences humaines 172-175 et 194-195
Cinéma 151
Chanson 150
Arts plastiques 142-147
Musique et danse 148-149
Lettres 138-139
Théâtre 140-141
Religion . Philosophie 136-137
RÉTROSPECTIVES 134-156
VIE SOCIALE
Loisirs et sports 338-345
Vie urbaine 336-337
Famille . Foyer 330-335
Travail . Santé . Sécurité Sociale 322-325 326-329
Population 316-321
Paris 29-57
et les régions 58-92

AVANT-PROPOS

Depuis plus de vingt-cinq ans, le Guide France *présente l'image la plus fidèle possible de notre pays, de ses visages multiples, de sa civilisation, de ses institutions et de sa culture : image mobile, certes, tenue à jour d'édition en édition, mais dont les traits essentiels étaient demeurés sensiblement les mêmes, exprimant les contradictions et les idée forces qui, inscrites dans sa géographie comme da son histoire, permettaient de comprendre la Franc dans sa richesse et sa complexité. Déjà, cependant, le tournant des années 80 avait rendu nécessaire une première révision du* Guide. *Aujourd'hui, à une époque marquée partout dans le monde par de profonds bouleversements, la société française v une mutation accélérée dont il était important de faire comprendre l'ampleur.*

Tout en restant fidèle à la méthode qui a fait son succès et en respectant l'ordonnance générale d l'ouvrage, devenue familière à un large public, Le Nouveau Guide France, *grâce à l'étroite collaboration d'un spécialiste de la civilisation française, Alain Kimmel*, fait donc l'objet d'innovations importantes.*

Dans son contenu, tout d'abord, pour prendre en compte des éléments nouveaux tels que le changement de mentalité des Français, les effets de la décentralisation, le développement rapide des technologies de pointe, la vitalité de la francophonie, enfin le rôle accru de la France dans l'édification d'une Europe dont les contours et la structure ne cessent d'évoluer.

Dans sa présentation, ensuite, par une typographie nouvelle, une mise en pages plus aérée, une illustration actualisée, et l'adjonction de trois cahiers de hors-textes couleurs sur la peinture, les métropoles régionales et la France de demain.

Ouvrage synthétique, riche d'informations, actuel, Le Nouveau Guide France *est plus que jamais l'instrument indispensable pour comprendre la France et les Français.*

N.B. : L'ouvrage de Guy Michaud et Edmond Marc, Vers une science des civilisations? *(Hachette) complètera utile-ment ce manuel en offrant au lecteur un instrument méth-dologique fondé sur l'état présent des sciences humaines.*

* *Rédacteur en chef de la revue* Échos *(C.I.E.P.) et auteur l'ouvrage* Vous avez dit France? *(Éléments pour compren la société française actuelle), Hachette/C.I.E.P.*

I.S.B.N. 2.01.015387.1

SOMMAIRE

I / VISAGES DE LA FRANCE

1 / ❶ LA TERRE ET LES HOMMES

QU'EST-CE QUE LA FRANCE ?

Les frontières

Elles s'étendent sur environ 5 500 km.

- **2 800 km de frontières terrestres dont 1 000 appartiennent à des chaînes de montagnes (Alpes, Pyrénées) et 195 formées par un fleuve, le Rhin.**
- **2 700 km de frontières maritimes (côtes de l'Atlantique et de la Manche : 2 075 km ; côtes méditerranéennes : 625 km).**

Un point sur la carte du monde

... mais un point situé dans une des zones les p favorables à l'activité humaine : par sa latitude, er le 42e et le 51e parallèle N., au cœur de la zone te pérée ; par sa longitude, entre le 5e méridien O. e 8e méridien E., à la pointe du continent européen.

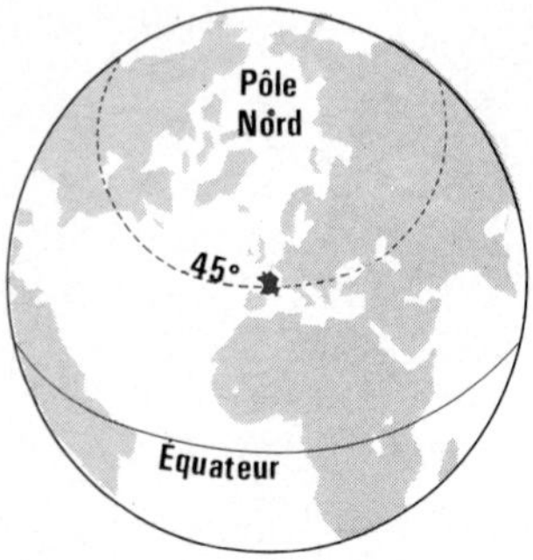

Sa forme hexagonale s'inscrit dans un cercle de 1 000 km de diamètre. Aucun point n'est situé à plus de 500 km de la mer.

Une cellule de l'Europe

Parmi les nombreux compartiments naturels délimi sur la carte d'Europe par les montagnes et les anfr tuosités du littoral, la France n'est ni complètem isolée comme les îles Britanniques, ni profondém insérée dans la mer comme les péninsules : elle ap raît plutôt comme **un isthme fortement rattac au continent.**

Sur un domaine géographique délimité en maje partie par la mer ou la montagne, l'unité territorial été très tôt réalisée : la France fut le premier Etat u taire de l'Occident.

La France est une...

Pays de superficie moyenne (551 695 km²), b que la plus étendue des nations d'Europe occident la France a vu se développer au cours des siècles **u civilisation homogène,** présentant certains caractè permanents d'**ordre,** de **mesure,** et de **clarté.**

ˈlais aussi un carrefour aturel

Mais ce pays aux frontières si bien définies ne s'est nais replié sur lui-même. Au contraire, largement verte aux influences extérieures, la France a été tout temps un **creuset de civilisation** : lieu échanges entre pays atlantiques et pays méditerra-ens et, depuis cinq siècles, entre l'Ancien et le Nou-au Monde. Sa préhistoire, son histoire, sa langue, ses œurs en sont autant de témoignages.

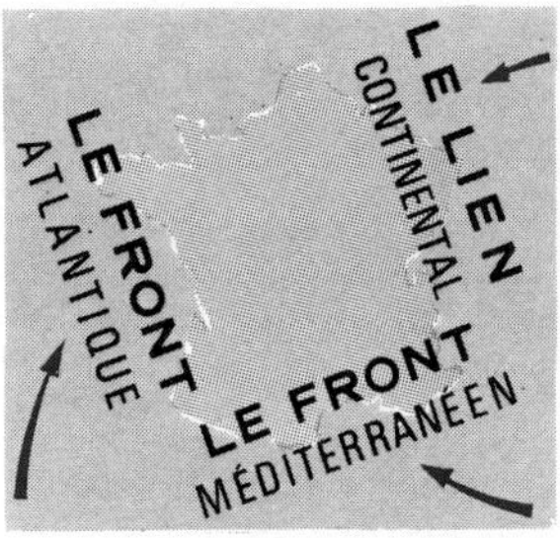

a plaque tournante de la ivilisation européenne

Située dans le prolongement de la grande plaine ptentrionale et vis-à-vis des îles Britanniques, com-uniquant par de nombreux passages avec l'Espagne mme avec l'Italie, la France a toujours constitué pour urope une véritable plaque tournante. [pp. 28-29, 38.] Le mélange et le brassage continuels des peuples des idées ont fait de la civilisation française un **rac-urci de la civilisation européenne**, riche et diverse us une apparente simplicité.

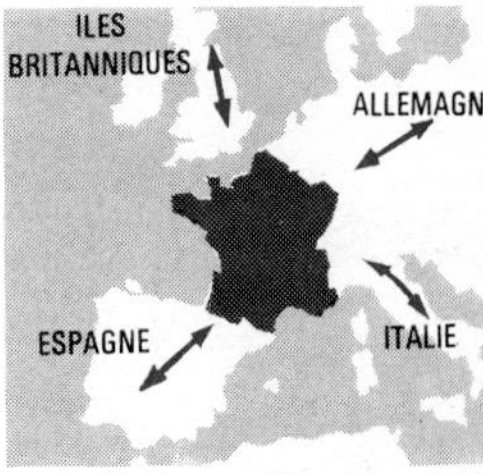

es deux France

Cette diversité, née de la géographie comme de l'his-ire, est d'abord une dualité : dès l'origine il y a deux ance, de part et d'autre de la Loire, comme il y a au oyen Age deux domaines linguistiques (voir la carte -contre). A une pposition N.-S. est progressive-ent substitué un ntraste écono-ique N.-E.-S.-O., part et d'autre une ligne Caen-arseille.

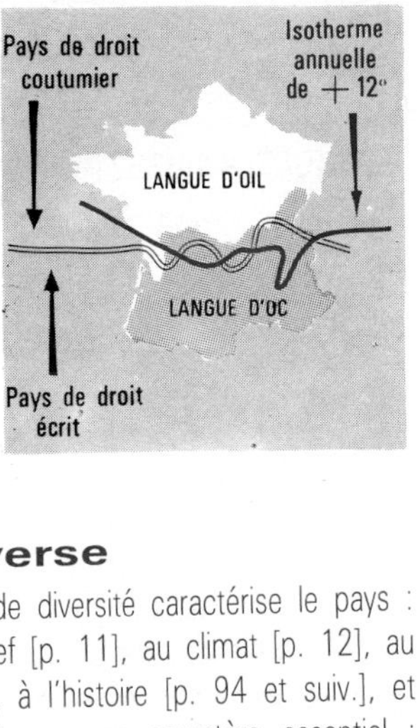

.. mais diverse

En fait, une grande diversité caractérise le pays : iversité due au relief [p. 11], au climat [p. 12], au euplement [p. 16], à l'histoire [p. 94 et suiv.], et ui confère à la France son caractère essentiel : a **variété.**

La République française

Outre la Métropole, la République française comprend :

- **Cinq départements d'Outre-Mer : Guadeloupe, Guyane, Martinique, Réunion, Saint-Pierre-et-Miquelon ;**
- **Les territoires d'Outre-Mer : la Nouvelle-Calédonie, la Polynésie française, les îles Wallis et Futuna, Mayotte, les Terres australes et antarctiques françaises. (Nouvelle Amsterdam, archipel des Crozet, archipel des Kerguelen, Terre Adélie.)**

1 / ❶ L'HISTOIRE DU SOL

La forme de cet isthme, sa situation et rôle qui lui a été dévolu dans le comple européen apparaissent clairement si l' interroge la géologie. La formation du s de France : 4 actes où se résume l'h toire du globe.

1er acte

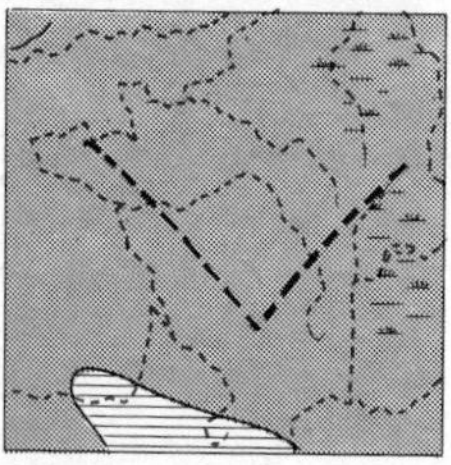

ÈRE PRIMAIRE (Il y a environ 500 millio d'années.)

Les **plissements hercyniens** donnent naissanc de puissantes chaînes de montagnes articulé en V sur l'emplacement de l'actuel Massif Central. Les montagnes, arasées par l'érosion, se transform en une vaste **pénéplaine**.

2e acte

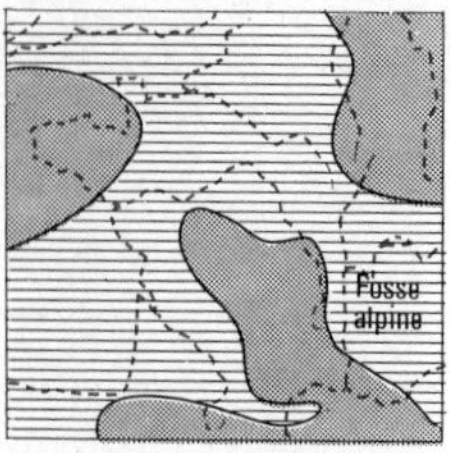

ÈRE SECONDAIRE (200 millions d'années.)

Les mers recouvrent la majeure partie du pays. D **sédiments** s'accumulent dans des cuvettes corresp dant au Bassin Parisien et au Bassin Aquitain actuel

ÈRE TERTIAIRE (50 millions d'années)

Les **plissements alpins** font surgir d'abord les Py nées et les massifs provençaux, puis les Alpes et Jura. Dans le Massif Central ébranlé, des volcans ap raissent et entrent en activité. Les bassins sédim taires sont progressivement asséchés.

3e acte

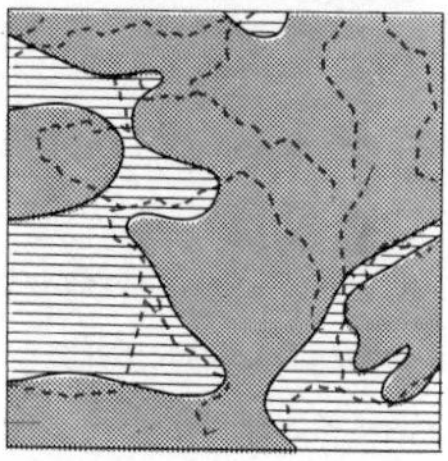

ÈRE QUATERNAIRE (100 000 années)

Un brutal refroidissement du climat recouvre à p sieurs reprises les zones élevées d'immenses **glacie** qui sculptent le relief. Le littoral, à la suite de plusie variations du niveau marin, prend son aspect actu

4e acte

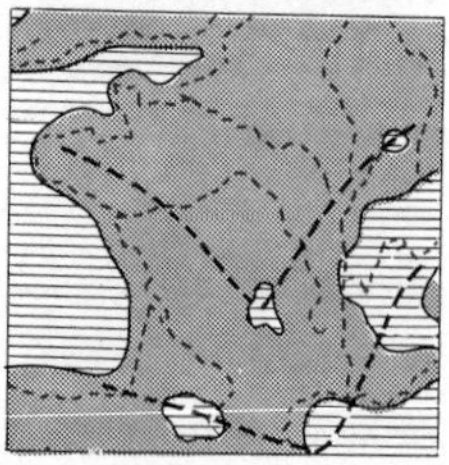

L'isthme français constitue géologiquement une vé table **charnière double**, à partir de laquelle s'artic tout le relief de l'Europe. La France apparaît ai comme **une réduction du continent européen**, u sorte de carte d'échantillons bien classés, la gran variété des sols contribuant à expliquer la grande varié des paysages.

E RELIEF

rgement soudé au ntinent européen, le rritoire français rassmble les principaux pects du relief de urope. Il en résulte e grande variété de rmes topographiques i se reflète dans la versité économique et maine des régions.

a France de toujours
la géographie
vre comme une paume
souffles de la mer. »

ARAGON

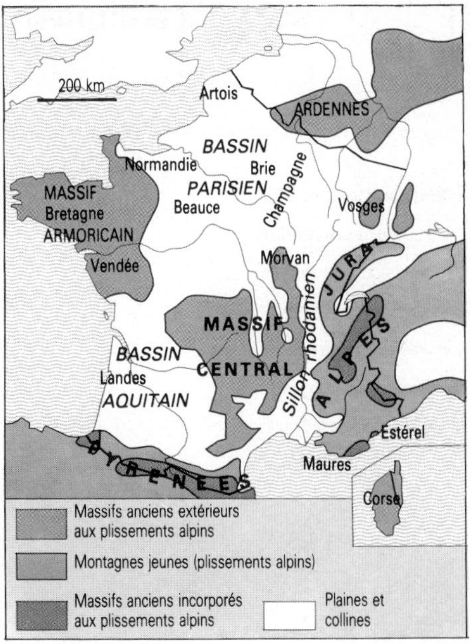

Deux domaines

Si l'altitude moyenne de la France continentale est de 342 m, les éléments du ief sont inégalement répartis de part et d'autre d'une ligne joignant le Pays basque à Alsace. Les régions les plus **élevées** et les plus **accidentées** se localisent au sud et sud-est ; les régions les plus **basses** se trouvent à l'ouest et au nord. Cette dispoion ouvre le territoire aux influences climatiques de l'océan Atlantique.

es montagnes

Deux types d'ensembles montagneux doivent être distingués :

Les **massifs hercyniens**, formés à l'ère primaire, rabotés par l'érosion, plus ou oins fortement rajeunis à l'ère tertiaire. Ils se présentent le plus souvent comme des ateaux entaillés par des vallées encaissées : *Massif Central* (90 000 km^2), *Vosges, rdennes, Massif Armoricain, Maures* et *Estérel, Massif Corse* (redressé jusqu'à plus 2 700 m).

Les **chaînes alpines**, montagnes jeunes formées à l'ère tertiaire, vigoureusement ulptées par les torrents et les glaciers. Les *Alpes*, qui culminent à 4 807 m (Montanc), et les *Pyrénées* offrent d'admirables paysages tourmentés et grandioses. Le *ra* est une montagne calcaire d'altitude moyenne (1 723 m au Crêt de la Neige).

es bas plateaux, collines et plaines

Bas plateaux, collines et plaines couvrent les deux tiers du territoire :

vastes bassins sédimentaires : Bassin Parisien, Bassin Aquitain,

plaines ou couloirs encaissés entre les montagnes : plaine d'Alsace, on rhodanien,

plaines littorales : Flandre maritime, Landes, Bas Languedoc.

1 / ❶ LE CLIMAT

Pour le climat comme pour le relief, France est un raccourci de l'Europe l'influence de l'Océan, celle de la la tude, l'influence continentale et celle relief s'y combinent, pour donner tou une gamme de climats différents.

« Ainsi nous tenons de la région chaulde et aussi de la froide, pour quoy avons gens de deux complexions, mais mon avis est que en tout le monde n'y a région myeulx située que celle de la France. »

COMMYNES.

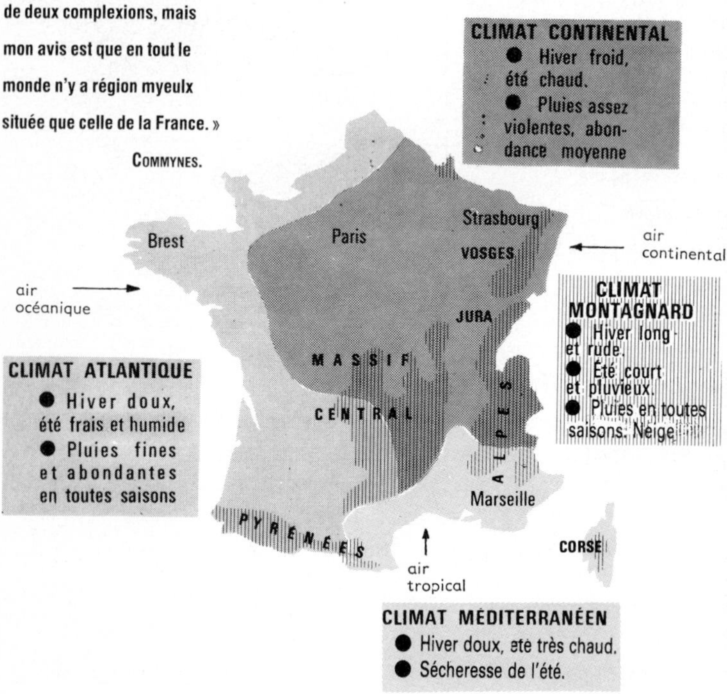

D'où son triple caractère :

- un climat **doux** et **tempéré**, le plus tempéré c l'Europe,
- un climat **varié**, tout en nuances,
- un climat **instable** : temps variables au cours d'un saison ou d'une année à l'autre.

Au sommet des églises, le coq gaulois sert souvent de girouette : cet emblème national serait-il aussi un symbole ?

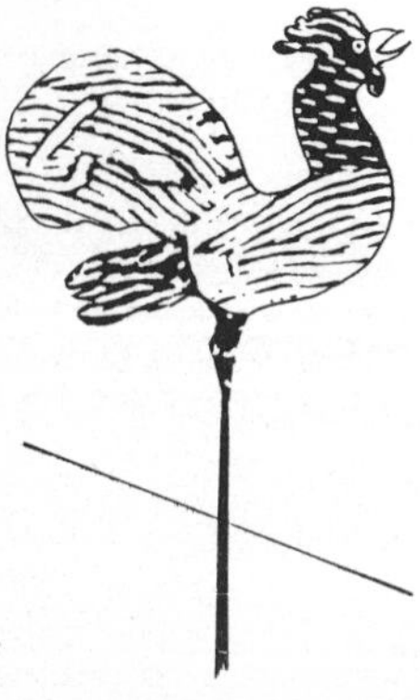

Ciels d'Ile-de-France et de Paris

On notera sur la carte la situation particulière de Par et de sa région, soumis à un climat de transition c la variabilité du temps atteint son maximum. Cette ins tabilité se retrouve notamment dans les ciels de l'Ile de-France et leur confère une poésie et un charme pa ticuliers qui ont inspiré peintres et poètes.

.ES FLEUVES

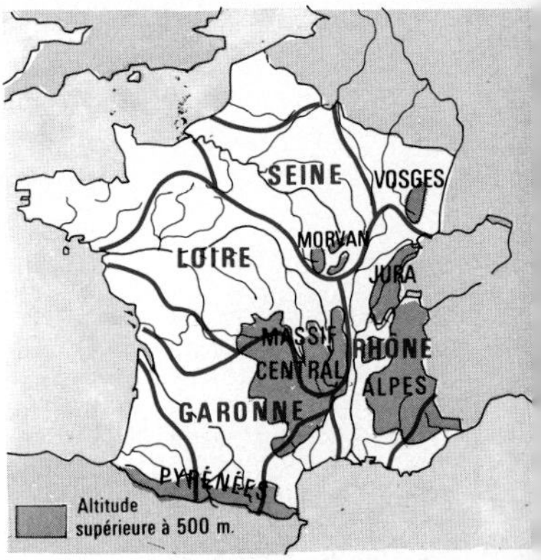

e réseau hydrographique français st très dense : il n'est guère de ҙgions qui ne soient traversées ar un cours d'eau. En raison des aibles dimensions du territoire ational et du morcellement du elief, les fleuves et les rivières ont modestes et la superficie des assins hydrographiques — drainés ers quatre mers — est réduite.
.a diversité des conditions d'écou-ement et des modes d'alimenta-on contribue à doter les cours l'eau de régimes variés.

La Seine :
un fleuve sage

Elle naît à faible altitude (470 m) ; longue de 775 km, lle draine un bassin de 80000 km². Son **débit moyen** st de 450 à 500 m³/s. C'est la plus importante des oies fluviales françaises.

La Loire :
le plus long fleuve français

Longue de 1010 km, la Loire draine un bassin de 15000 km². Son débit est abondant (950 m³) mais **rrégulier**. La navigation maritime n'est possible que lans l'estuaire.

La Garonne :
des crues redoutables

Sa longueur est faible (525 km), son bassin réduit 56000 km²), son débit abondant (700 m³/s à Bor-leaux) et ses **crues** d'une grande violence. Le cours nontagnard du fleuve et les affluents fournissent beau-coup d'électricité.

Le Rhône :
un « dieu conquis »

Il naît en Suisse à 1800 m d'altitude et n'a en France que les 2/3 de son cours (520 km). Son débit moyen est de 1800 m³/s à Tarascon, mais il peut atteindre 10000 m³/s (automne 1951). Amé-nagé par la Compagnie nationale du Rhône, le fleuve est transformé aujourd'hui en un gigan-tesque escalier de barrages, d'écluses et de centrales hydro-électriques.

Le Rhin

Il forme, sur 195 km, la frontière avec l'Alle-magne. Son aménagement en fait une grande voie d'eau (bientôt reliée au Rhône) et un important réservoir d'énergie électrique.

1 / ❶

LES PAYSAGES

Les forêts, les prairies naturelles, les cultures ne sont pas disposées de la même façon sur l'ensemble du territoire. Et selon les régions diffèrent profondément : le découpage des terroirs, les formes des parcelles, les modes de clôture des champs et des prés, l'aspect de l'habitat... En effet, pendant des siècles les hommes ont transformé le cadre naturel, ils l'ont aménagé. Et ils l'ont fait avec des traditions, des mentalités, des techniques différentes, créant une grande diversité de paysages ruraux.

▶

Paysage de campagne

Dans la France du N. et du N.-E. prédominent des **paysages de campagnes** ou « champagnes », parfois appelés « open-fields » (paysages de champs ouverts).

Autour de **gros villages,** les champs s'étendent à perte de vue et l'arbre est pratiquement absent. Les parcelles sont régulières, carrées ou rectangulaires, et aucune clôture ne les sépare.

▶

Paysage de bocage

La France du Centre et de l'O. est celle des **paysages de bocage** ou pays d'enclos : Les champs et les prés, aux formes irrégulières, sont entourés de talus surmontés de haies vives et sont fréquemment parsemés d'arbres. **L'habitat est dispersé** en hameaux ou en fermes isolées.

▶

Paysage méditerranéen

Dans les régions méditerranéennes, les terres cultivées (versants aménagés en terrasses, plaines irriguées, fonds de vallées) sont des îlots dispersés parmi de vastes espaces de collines sèches. Les parcelles portent des vignes, des oliviers et, lorsque l'irrigation est possible, des cultures maraîchères. Souvent le paysage est marqué par la présence d'un village perché ramassé sur un piton.

LES MAISONS RURALES

L'habitat rural conserve fréquemment des caractères régionaux, issus de techniques traditionnelles.
Les diverses dispositions adoptées par les maisons paysannes traduisent de multiples influences : utilisation de matériaux locaux, adaptation au climat, adaptation aux conditions d'exploitation (dimensions de l'exploitation, activité principale), influences historiques...

Types de maisons paysannes

Maison-bloc :

- **au ras du sol : Centre, Est, Sud-Ouest,**
- **en hauteur : Midi méditerranéen.**

Maison cour :

- **à cour ouverte : Ouest**
- **à cour fermée : Centre et Nord du Bassin Parisien**

◀ Mas provençal.
Type de maison-bloc en hauteur. Les fonctions d'habitation et d'exploitation sont groupées dans un même bâtiment.

◀ Grande ferme à cour fermée en Brie (Ile-de-France). La juxtaposition de bâtiments autour d'une cour donne à cette exploitation agricole l'allure d'une forteresse.

◀ Ferme normande à cour ouverte dans le pays de Caux, près de la forêt d'Eawy (Seine-Maritime). Les bâtiments d'exploitation, séparés de l'habitation, sont dispersés dans un pré.

1 / ❶

LE PEUPLE FRANÇAIS

Au cours des âges, la France, sous forme de conquête, d'invasion ou d'infiltration, a dû assimiler des groupes ethniques très divers qui ont progressivement constitué le peuple français.

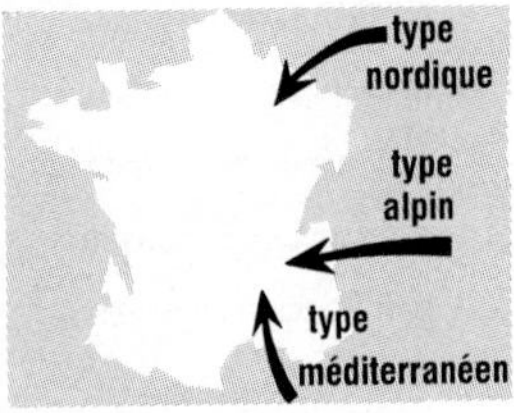

La population française est un tout complexe et vivant, riche de ses contrastes et de ses tensions intérieures.

Le peuplement primitif

Aux temps préhistoriques se sont installés successivement sur le territoire les trois grands groupements humains qui constitueront ensemble le substrat du peuplement européen :
— à la fin du paléolithique, des populations de **type méditerranéen**, nomades qui vivaient de la chasse ;
— puis des populations de **type nordique** ;
— enfin, à l'âge néolithique (vers 4000), des agriculteurs de **type alpin**.
Ces derniers, peu à peu mélangés aux autres, formeront la base de la population sous le nom de **Celtes**.

Le creuset

L'histoire de la France est marquée par un certain nombre d'invasions le plus souvent brutales qui, sans modifier profondément cette structure de base, en accentueront encore la richesse et la complexité. Ce sont tour à tour :

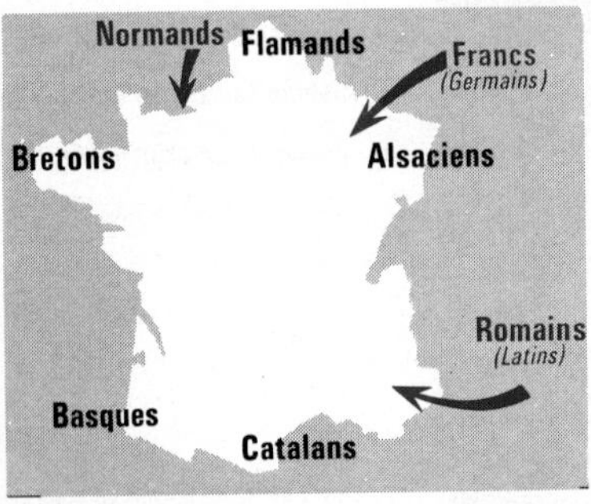

- les **Romains** au Ier s. av. J.-C. ;
- les **Germains** dès le Ve s. ;
- les **Normands**, peuple d'origine scandinave, au Xe s.

Soulignons aussi l'existence, dans certaines régions excentriques, de populations d'un caractère ethnique nettement particulier : Bretons, Alsaciens, Flamands, Basques, Catalans.

Enfin, à toutes les époques, la France a attiré de nombreux étrangers qui souvent s'y sont installés définitivement : Espagnols et Italiens aux XVIe et XVIIe siècles Polonais au XVIIIe, Russes au XIXe. Depuis un siècle, elle connaît aussi une immigration de réfugiés et de travailleurs étrangers. Au cours des 50 dernières années sont arrivés successivement des immigrés italiens et polonais, espagnols et portugais, puis, plus récemment maghrébins et turcs (voir pp. 317 et 319).

A LA RECHERCHE DE LA MENTALITÉ FRANÇAISE

La mentalité collective est, avec la langue, le substrat d'une civilisation. La mentalité française s'est constituée lentement au cours des siècles et n'avait pas sensiblement évolué jusqu'à la Seconde Guerre mondiale. D'où la persistance d'un certain nombre de traits et de comportements à partir desquels s'est élaborée une image du Français souvent simplifiée et réduite à un stéréotype. Une image pourtant plus complexe qu'elle ne paraît, et qui peut aider à comprendre certaines contradictions de l'histoire.

Une nation déconcertante

Certains ont essayé de retrouver, à travers la mentalité française, ce qui revient à chaque peuple : les Français devraient aux Celtes leur individualisme, aux Romains leur amour du droit et de l'ordre formel, aux Germains leur génie constructif, aux Normands leur esprit d'initiative.

Quelque hasardeuses que soient de telles attributions, elles soulignent du moins l'extrême diversité psychologique d'un peuple qui a toujours déconcerté les autres par ses contradictions et ses inconséquences. « Votre nation, écrivait déjà Frédéric II, est, de toutes celles de l'Europe, la plus inconséquente. Elle a beaucoup d'esprit, mais point de suite dans les idées. Voilà comme elle paraît dans toute son histoire. »

Une pluralité d'images

Ces contradictions s'expliquent pourtant dans une certaine mesure par l'histoire de la société française. Les strates successives dont elle est formée ont marqué la mentalité collective d'un ensemble de traits de caractère spécifiques, si bien qu'il s'en est dégagé, non pas une représentation cohérente, mais des images multiples et souvent contradictoires, comme en témoigne la galerie de portraits proposés par de nombreux observateurs tant français qu'étrangers, suivant une mode qui s'est répandue en Europe au cours de notre siècle. On retiendra notamment les noms de Keyserling, Curtius, Elie Faure, Maurois, Madariaga, Siegfried, Distelbarth.

A la lumière de ces portraits, on peut sommairement regrouper les différents traits du tempérament et du caractère national autour de quatre « types » principaux, dont chacun est représentatif d'une classe ou d'un milieu social : le paysan, l'aristocrate chevaleresque, le bourgeois, le Parisien. Au cours de l'histoire, leurs comportements se sont plus ou moins combinés sans jamais se confondre, et ces types représentent assez bien les différents « noyaux » à partir desquels s'est construite la personnalité française.

« Épargner est instinctivement dans le sang de tout Français, au même titre que le sentiment de la durée nationale. » SIEBURG.

« La prévoyance est l'âme même de l'esprit français. »
S. DE MADARIAGA.

« Un fonds inépuisable de bonhomie, d'esprit libre et de belle humeur. »
TH. FONTANE, romancier allemand.

« Quand je suis en France, je fais amitié avec tout le monde. » MONTESQUIEU.

LE FRANÇAIS TEL QU'ON LE VOYAIT :..

Un tempérame

Un fonds paysa

A l'origine, la population était essentiellement rural Ce « paysan du fond des âges », attaché à la petite pr priété depuis la Révolution de 1789, formait encore a début de ce siècle la majorité de la population français D'où la persistance de certains comportements :

- *attaché à la terre natale,* sédentaire, son horizon s borne souvent à celui de sa paroisse : c'est « l'esp de clocher » ;
- *réaliste* : « il a les deux pieds sur terre » et « ne s'e laisse pas conter » ;
- *parcimonieux* jusqu'à la mesquinerie et à l'avarice : « bas de laine » où il entasse ses économies symboli l'esprit d'épargne.
- *précautionneux* jusqu'à la méfiance.
- volontiers *traditionaliste* et conservateur.

Un caractè

Le « Français moyen »

Au cours des Temps Modernes, la bourgeois devient la classe dominante. C'est en son sein qu'app raît le type du « Français moyen », abondamment déc par les romanciers et raillé par les caricaturistes. Il pas généralement pour :

- *jovial* et bon vivant, optimiste, amateur de bon vin de bonne chère ;
- *pratique* et réaliste, ingénieux et débrouillard (le « sy tème D »), passionné de bricolage ;
- homme de *bon sens,* selon lui « la chose du mon la mieux partagée » ;
- éminemment *sociable* et extraverti, « ami de to le monde ».

..DE L'IMAGE AU STÉRÉOTYPE

« Les Français sont à la fois fort prodigues de leur bien et de celui des autres. »

MACHIAVEL.

ouble

Jn tempérament :hevaleresque

Au Moyen Age s'est constituée une noblesse onquérante, souvent animée d'un esprit chevale-›sque, dont on peut retrouver la trace plus tard dans ›s masses populaires, notamment aux moments cri-ques de l'histoire du pays. Ce tempérament s'oppose ır bien des points à la mentalité paysanne :

idéaliste, prompt à s'exalter, « bouillant et chimé-que », animé de l'esprit d'aventure ;

généreux jusqu'à la prodigalité, toujours prêt à engager pour une cause qu'il croit juste : il a « le cœur ır la main » ;

individualiste jusqu'à l'indiscipline, « il a la tête près ı bonnet » ;

volontiers *révolutionnaire* lorsqu'il s'agit de lutter ›ntre l'injustice ou l'oppression.

« L'individualisme en France est trop souvent devenu l'ennemi du civisme, qui pourtant a joué un rôle si magnifique aux moments cruciaux. » H. AHLENIUS.

›ntrasté

.e Parisien

Il existe pourtant des traits qui, souvent attribués au ançais, semblent plutôt caractériser le Parisien, enfant cette cité ouverte à toutes les influences, et qui ›puis le XVIIIe siècle tendait à s'opposer au provincial :

insouciant, primesautier, d'humeur capricieuse : d'où réputation de légèreté et de libertinage et son goût ›ur la « bohème » ;

curieux, aimant le jeu, dilettante : il suit la mode, and il ne la précède pas ; toujours pressé, il ne teste pourtant pas la flânerie (le « badaud ») ;

persifleur, et rouspéteur, d'esprit vif, il est prompt à moquerie qui dégonfle d'un mot ou d'un geste. Le ti » parisien fut longtemps l'héritier de Gavroche.

« Le caractère est bien inconséquent, mais il n'est pas mauvais. »

MARIE-ANTOINETTE.

1 / ❷

L'ESPRIT FRANÇAIS

Il s'exprime généralement par une formule brève et brillante, « à l'emporte-pièce ». Malaisé à définir, on peut y distinguer différents traits, qui se combinent souvent entre eux :

« En France, tout le monde paraît avoir de l'esprit. »
CHAMFORT.

▶ **l'esprit d'à-propos** ou la présence d'esprit, qui consiste à répliquer du tac au tac, généralement en jouant sur les différents sens d'un mot.

- **Un mot de Briand**

Des négociations se déroulaient à Cannes entre Lloyd George et Aristide Briand. A un moment, Lloyd George perd patience :
« Vous autres Français, vous êtes par-dessus tout sublimes. Mais méfiez-vous : du sublime au grotesque, il n'y a qu'un pas !
– Oui, dit Briand, le Pas-de-Calais. »

▶ **la rosserie** qui vise chez autrui, de façon cinglante et parfois injuste, un trait de caractère ou de comportement.

- **Un mot de Clemenceau**

A son frère, avocat, qui se plaignait à lui :
« Je suis vraiment très fatigué. Tiens ! l'autre jour, à l'audience, je me suis endormi.
– Tu t'écoutes trop ! »

▶ **une logique inattendue** exprimée sous la forme d'une contradiction apparente, qui révèle un aspect imprévu de la réalité.

« Que les gens d'esprit sont bêtes ! » **BEAUMARCHAIS.**

Le dessin satirique

Le dessin satirique, où l'esprit se mêle à l'humour, constitue un genre spécifique. En grossissant les traits jusqu'à la caricature, le dessinateur y donne libre cours à sa fantaisie et à son imagination. Cette forme d'expression, qui fleurit dans la presse compte des signatures célèbres, telles que Bosc, Cabu, Chaval, Jean Effel, Faizant, Folon, Plantu, Sempé, Siné, Wolinski...

Dessin de Plantu paru dans *Le Monde*.

LA PERSONNALITÉ FRANÇAISE

Selon une image très répandue et qui persiste à l'étranger comme en France, ces différents types se composeraient harmonieusement au niveau de la personnalité, faite du sens de l'équilibre et de la mesure. Image idéalisée sans doute, mais qui explique au moins en partie le rayonnement de la France et de sa culture durant plusieurs siècles.

Cultivons notre jardin

« Le Français est jardinier essentiellement et au plus haut degré », a dit Keyserling. Le jardin, n'est-ce pas en effet la nature humanisée? En « cultivant son jardin », comme le recommandait Candide, le Français, ce paysan devenu homme du monde, a le sentiment de se réaliser pleinement. Dans un univers bien défini, à la mesure de l'homme, il se plaît à pratiquer la culture, dans tous les sens du terme. Car, à ses yeux, un homme se cultive comme un jardin : attentivement, amoureusement.

Clarté, équilibre et art de vivre

« Les Français sont logiques dans un monde de folie. Leurs esprits sont ordonnés, balayés et clairs comme leur langage » (Washburn). Se voulant lucide, le Français a tendance à introduire partout la logique et la clarté, au nom de l'intelligence. Mais l'esprit de géométrie, qui définit les limites de cette intelligence et la réduit souvent à un bon sens vulgaire, a pour contrepoids l'esprit de finesse, grâce auquel il a l'intuition des profondeurs.

Il en résulte un besoin de perfection, de fini, « une volonté de forme unique au monde » (Keyserling). D'où aussi une exigence de liberté, condition de la dignité humaine. D'où enfin ce charme indéfinissable de la « douce France ». « Tout homme a deux patries, la sienne et puis la France. » Si cette formule reste vraie pour beaucoup, c'est que ceux-ci trouvent dans ce pays, en dépit de défauts permanents — ou peut-être à cause d'eux —, un équilibre, un « je ne sais quoi », qui n'est autre qu'un style de vie ou, si l'on aime mieux, un art de vivre.

Un don de métamorphose

En fin de compte, la France apparaît comme riche de ses contrastes. Cette richesse même explique ce qu'elle peut avoir de déconcertant aux yeux des étrangers. Réaliste ou idéaliste? Conservatrice ou révolutionnaire? Légère ou profonde? Sans doute les deux à la fois, ou tour à tour. Lorsqu'elle est menacée de l'extérieur ou de l'intérieur, elle trouve en elle-même les ressources qui lui permettent de s'adapter au changement et de relever les défis de l'histoire.

On se demandera pourtant si la crise de civilisation dans laquelle la France est entraînée ne remet pas profondément en cause les structures mêmes de sa mentalité collective [p. 28].

1 / ③ LA LANGUE FRANÇAISE

« **Cette langue aux mille résonances, aussi diverse que les paysages, aussi savoureuse que les crus royaux de France.** »

R.-L. Wagner.

Une langue n'est pas seulement un véhicule ou un instrument d'échanges. C'est un être vivant, qui évolue, tout comme la communauté dont il est l'expression et le miroir. On ne saurait donc s'étonner que les qualités et les défauts du peuple français se retrouvent dans sa langue et en expliquent dans une large mesure la fortune et le destin.

Une langue universelle

Du XVIIe au XIXe siècle, le français a été la langue de l'aristocratie européenne et de la diplomatie mondiale. Aujourd'hui encore, 70 millions d'hommes sur le globe ont le français pour langue maternelle, autant d'autres au moins le parlent couramment et de nombreux États l'ont adopté comme langue officielle. Après une période critique, où l'anglais lui faisait une concurrence victorieuse, le français semble connaître un regain de faveur dans de nombreux pays étrangers. Il conserve en tout état de cause un grand prestige. Pour quelle raison ?

Le français, langue codifiée

Avant tout, le français tel qu'on l'écrit n'est pas le français tel qu'on le parle. Parallèlement à celui-ci, il existe une langue officielle, réglée par un code, étroitement surveillée depuis plus de trois siècles par l'Académie française, dont les décisions contrôlent l'évolution. L'orthographe en particulier, qui déroute tant les étrangers (et aussi bien des jeunes Français qui n'ont pas le bonheur d'avoir « l'orthographe naturelle »), est l'objet en France d'un véritable culte. De nombreux journaux consacrent à la « défense de la langue française » une rubrique où s'instaurent entre amateurs et spécialistes des discussions byzantines sur la syntaxe ou l'étymologie.

L'évolution

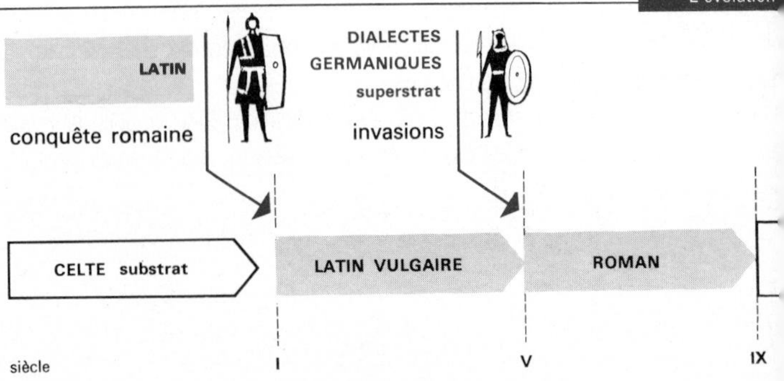

L'image d'un peuple

Le français s'est donc acquis une réputation de langue difficile qui flatte ceux qui parviennent à la maîtriser : l'attachement d'une élite internationale au français a été longtemps et reste pour certains une forme de snobisme. Pourtant il est à cet attachement des raisons plus profondes : beaucoup retrouvent en lui, plus ou moins consciemment, l'image d'une mentalité et d'une culture.

Esprit de géométrie...

Le français est une langue analytique et propre à l'abstraction, comme en témoigne l'article partitif : *je bois de l'eau.* Il aime les mots simples et courts, porteurs d'idées plus que d'images. Il préfère le substantif au verbe, c'est-à-dire la substance au devenir.

Cependant, en français, le mot vaut moins par lui-même que par son contexte. La phrase française, fortement articulée, où les fonctions obéissent à un ordre strict et rationnel, est un schème, une sorte de toile d'araignée qui reproduit un schème mental — « l'araignée de l'intellect français », comme dit Madariaga. C'est en fonction de ce schème que le « Belle marquise... » de Monsieur Jourdain semble ridicule.

...et esprit de finesse

Comparé à ses voisins — anglais, allemand, italien, espagnol —, sonores et fortement accentués, le français apparaît d'abord comme une langue atone, effacée. En réalité, sous la continuité de la ligne mélodique, la présence de l'*e* muet, en créant une sorte de zone d'ombre, met discrètement en relief les autres voyelles et, tout en assurant entre les divers éléments de la phrase équilibre et mesure, communique à celle-ci une subtile profondeur.

Le français n'est d'ailleurs pas une langue pauvre et rigide, au contraire. Grâce au jeu des prépositions, à ses mots aux multiples acceptions possibles, c'est une langue toute en nuances subtiles et dont le maniement exige beaucoup de finesse et de précision. On peut exprimer n'importe quoi en français, mais non pas n'importe comment : l'imprécision du langage y trahit impitoyablement l'imprécision de la pensée.

Précision et finesse : telles sont, en fin de compte, les caractéristiques essentielles d'une langue ennemie de la pensée confuse comme du pathos et de l'emphase, caractéristiques qui se résument dans le **goût**, ce « je ne sais quoi » qui, sur le plan de l'expression, s'appelle le style.

de la langue française

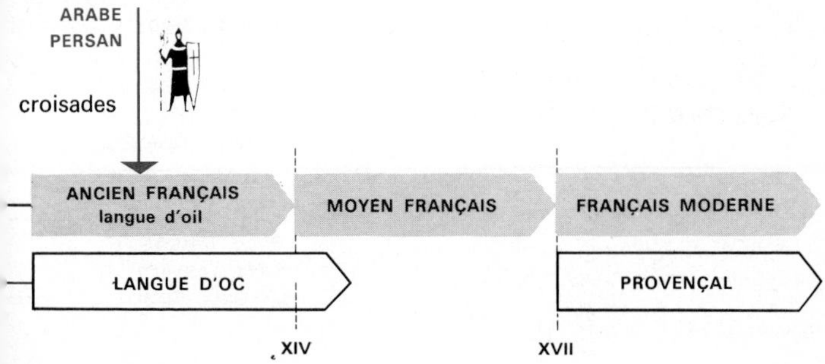

1 / ③

LES NOMS DE FAMILLE

D'où viennent-ils? Les plus anciens remontent au Moyen Age, quand, vers le IXe ou le Xe siècle, au nom de baptême s'ajoute le surnom, qui devient héréditaire avec le fief. Ils sont définitivement fixés en 1539, quand l'ordonnance de Villers-Cotterêts crée le registre d'état civil (établi à la paroisse), qui comporte obligatoirement prénom et nom de famille.

Beaucoup de ces noms parlent d'eux-mêmes. D'autres sont plus énigmatiques, mais la science de l'onomastique a su la plupart du temps retrouver leur origine à travers les déformations successives qu'ils ont subies.

Les uns et les autres évoquent les multiples aspects de la civilisation française :

- **la géographie :**

termes topographiques : Dupuy, Montaigne (montagne), La Fontaine ;
noms d'arbres : Duchesne, Delorme, Pommier, Dubois ;
noms d'habitations (forme ou lieu) : Dumas, Desmoulins, Lagrange ;
noms de pays d'origine : Lebreton, Lenormand, Picard, Aragon.

- **l'histoire :**

noms d'origine germanique : Bérenger, Girard, Lambert ;
noms d'origine biblique et évangélique : Adam, David, Mathieu ;
noms d'origine grecque : André, Denis, Philippe ;
noms d'origine latine : Antoine, Clément, Martin, Vincent.

- **la société :**

noms de métiers : Pasteur, Chabrier (Chevrier), Meunier, Favre ;
noms d'états : Lemaître, Leclerc, Lemoine ;
parentés : Leneveu, Cousin, Legendre.

- **les mœurs :**

sobriquets concernant le physique : Legrand, Leblond, Lebrun, Camus, Bossuet (bossu) ; ou le moral : Lefranc, Lesage ;
sobriquets évoquant des animaux : Labiche, Chevreuil, Corneille ;
sobriquets divers : Boivin (= boit vin), Boileau, Lamoureux.

D'autres évoquent une **origine étrangère :**

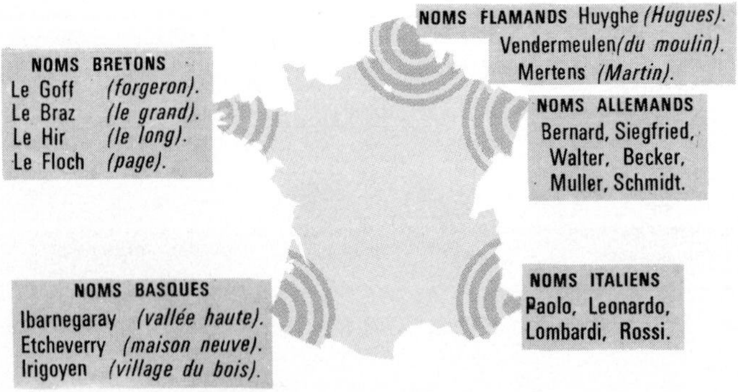

LES NOMS DE LIEUX

Plus anciens que les noms de famille, la plupart des noms de lieux remontent à l'époque gauloise, gallo-romaine ou franque.

A travers eux, on retrouve les couches historiques superposées qui retracent les grandes étapes de la formation de la France.

- VIe av. J.-C. → **Les noms d'origine grecque**

Ils rappellent l'antique colonisation grecque sur la côte méditerranéenne : Marseille (*Massalia*), Nice (*Nikê* = la victoire).

- Ve siècle → **Les noms d'origine celtique**

Ils constituent le vieux fonds du terroir gaulois, dans les noms de rivières : Isère (*isar* = sacré), ou dans les noms de montagnes : Jura (*juris* = hauteur boisée), Ardenne (= élevé).

On retrouve aussi la trace des peuples gaulois dans de nombreux noms de ville : Bourges (*Bituriges*) ; Paris (*Parisii*), etc.

- Ier s. après J.-C. → **Les noms d'origine gallo-romaine**

Ils sont de beaucoup les plus nombreux, attestant l'importance de la civilisation urbaine apportée par les Romains : Orléans (*Aurelianum*), Grenoble (*Gratianopolis*).

Ils traduisent la présence des eaux (Ax, Aix, Aigues-Mortes), des bains (Bagnères, Bagnoles), d'une grotte (Baume, Balme), d'une source (Fontenay), d'un culte (*Portum Veneris* > Port-Vendres), d'un camp (Castres), ou évoquent un paysage : Fayet (hêtres), Rouvre (*robur* = chêne), Verneuil (*verna* = aulne).

- Ve s. → **Les noms d'origine germanique**

Ils sont plus rares et marquent l'avènement d'une nouvelle société rurale (La Fère, de *fara* = domaine ; Ham = village).

- IXe s. → **Les noms d'origine normande**

Ils rappellent soit des particularités naturelles (Dieppe = profond), souvent exprimées dans un suffixe : Caudebec (bec = ruisseau), Honfleur, Barfleur (*flodh* > fleur = golfe) ; soit un habitat très primitif : Quillebeuf (de *budh* = cabane) ; Yvetot (*toft* = masure).

- XIe s. → **Les noms d'origine religieuse**

Mais, dès l'époque carolingienne, et durant tout le Moyen Age, c'est le christianisme qui laisse le plus de traces dans la toponymie : monastères (Moutiers, Monestier ; *monasteriolum* > Montreuil) ; noms de saints : Saint-Jean, Saint-Martin, etc., parfois précédés de *dom (-inus)* : Dompierre, Dommartin, Domremy.

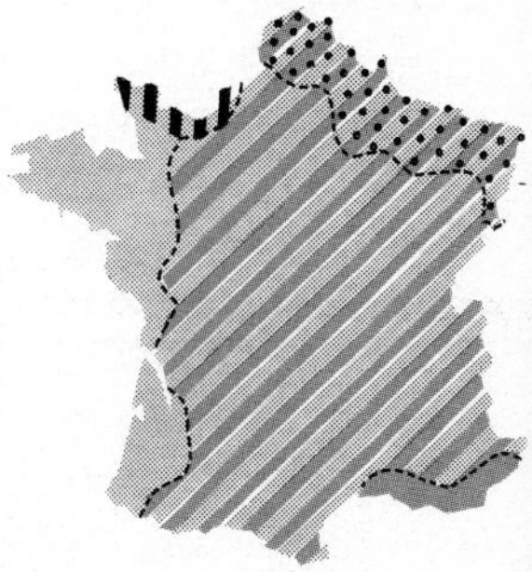

- XVIe s. → **Les noms modernes**

Enfin des noms plus récents de localités rappellent tel personnage célèbre (Richelieu, Enghien), telle demeure aristocratique (Bellevue, Bel-Air, La Folie, Plaisance) ou tel événement historique (Malakoff).

1 / ❸ LANGUES, ETHNIES, CULTURES

Lorsqu'on franchit la frontière pour entrer en France, on a l'impression que la langue française y règne partout en souveraine, liée à un ensemble de comportements et de traits de caractère. Mais on constate vite que sous cette apparente unité, officielle et codifiée, existe une diversité ethnique, linguistique, psychologique et culturelle qui s'est affirmée, ces dernières années, souvent en réaction contre les excès de la centralisation.

Une diversité linguistique

La langue française est issue du latin, par l'intermédiaire du roman, langue parlée dès le VIIIe siècle par l'ensemble du peuple de Gaule [pp. 22-23].

Dans les régions limitrophes, vers le Ve siècle s'étaient introduites diverses langues (basque, breton, flamand, alsacien) qui subsistent encore aujourd'hui à l'état de parlers régionaux.

A l'époque féodale, le roman se morcelle en dialectes : dialectes d'oïl au Nord, dialectes d'oc au Sud. Le dialecte de l'Ile-de-France devient peu à peu la langue nationale. Depuis lors, sous l'effet de la centralisation politique et administrative, qui assure le rayonnement du français, ces dialectes se sont émiettés. Pourtant, dans bien des provinces, il subsiste des parlers locaux ou patois, nés d'une contamination entre le dialecte primitif et la langue nationale.

Mieux encore, dans certaines régions périphériques, de véritables langues restent très vivantes, grâce au maintien de communautés ethniques et culturelles homogènes.

Ethnies et cultures

Depuis 1789, la diversité ethnique a eu tendance à s'effacer, comme la diversité linguistique, devant les progrès de la conscience nationale, le sentiment d'appartenance au « peuple français » et le processus d'intégration politique, économique, sociale et culturelle qui s'est développé durant un siècle et demi.

Or, surtout depuis la dernière guerre, un mouvement inverse se dessine. Devant la nécessité de revitaliser la « province » et de développer une politique de régionalisation, on prend mieux conscience du fait qu'il existe en France de véritables « sub-cultures » faites d'un ensemble de coutumes, de modes de vie, de traits psychologiques spécifiques et aussi de témoignages littéraires et d'œuvres d'art. Dans certaines régions, cette prise de conscience s'accompagne de mouvements revendicatifs importants. On évoquera brièvement ici les plus significatifs.

La Bretagne

La Basse-Bretagne (départements du Finistère, des Côtes-du-Nord et du Morbihan) reste en France le dépositaire unique d'un type de langue et de culture antérieures à la conquête romaine, et qui furent sans doute réimportées vers le Ve s. par des immigrants bretons venus d'Outre-Manche. Issue du celtique, la langue bretonne est parlée actuellement par plus d'un million d'habitants. Cette population, tournée vers l'avenir et qui revendique sa part de l'activité nationale, reste toutefois fidèle à sa tradition de particularisme familial et à sa culture, d'inspiration profondément religieuse, comme en témoignent églises, calvaires et pardons, culture qui s'exprime, en breton, par une littérature très vivante, des journaux, des manifestations populaires et de puissants mouvements d'opinion.

Le Pays basque, la Catalogne

Communauté ethnique et linguistique partagée en deux par la frontière franco-espagnole, la « nation » basque (Euzkadi) conserve un sentiment très vif de son unité et de sa différence : les Basques parlent une langue agglutinante, d'un type unique en Occident, sont attachés à leurs traditions, à leur sol, à leur religion (catholique). Volontiers aventureux, tenaces, ils luttent (avec violence en Espagne) pour la reconnaissance de leurs droits et la réunification de leurs 7 « provinces ».

A l'autre extrémité des Pyrénées, la Catalogne est l'exact pendant du Pays basque, divisée elle aussi par la frontière en deux parties, très inégales, entre lesquelles la langue catalane, branche de parlers occitans, constitue un lien puissant.

L'Occitanie

La langue d'Oc, fractionnée en dialectes, illustrée au XIIe s. par les troubadours, remise en honneur à la fin du XIXe par le poète Mistral et le groupe du Félibrige, s'est conservée dans une partie du Centre et du Midi de la France. Elle est parlée, en même temps que le français, par 4 millions de personnes. Divers organismes et mouvements s'efforcent, par-delà les diversités régionales, de rendre leur unité à cette langue et à cette culture qui ont joué un rôle important tout au long de l'histoire de France.

La Corse

Bien que française depuis 1768 [p. 92], la Corse s'est toujours sentie différente du « continent », tant par la langue (encore parlée par la moitié de la population concurremment avec le français) que par le caractère, fier et prompt aux accès de violence. Le retard économique et le sous-équipement de l'île, l'émigration d'éléments dynamiques, l'installation, après 1962, de « pieds-noirs » venus d'Algérie, l'accroissement du tourisme, ont développé dans certains milieux un vif sentiment d'inquiétude et suscité des mouvements parfois très violents (Front de Libération Nationale de la Corse) de revendications en faveur de l'autonomie ou même de l'indépendance. Il semble que l'on s'achemine désormais vers l'apaisement, grâce notamment à l'existence d'une assemblée régionale élue et dotée de véritables pouvoirs.

1 / ③ UNE NOUVELLE MENTALITÉ

En moins d'un quart de siècle, des changements profonds se sont produits dans la société et la vie quotidienne des Français. La stratification sociale s'est transformée, remettant en question les éléments fondamentaux du stéréotype national. On ne peut plus guère opposer le bourgeois au paysan, ni le Parisien au provincial. Les traits qui les caractérisaient n'ont pas disparu, mais se sont modifiés en s'inscrivant dans le contexte actuel et s'enrichissent d'attitudes et de conduites nouvelles.

Le stéréotype en question

Avec la transformation des milieux sociaux et des genres de vie, beaucoup de comportements typiques se sont modifiés.

- La population rurale, de plus en plus réduite en nombre, s'est largement ouverte sur l'extérieur. La vie coopérative s'est développée et de nombreux agriculteurs, surtout parmi les jeunes, gèrent leur exploitation comme une entreprise. Chez le Français, l'esprit d'épargne n'a pas disparu, mais il s'investit plutôt en Bourse. Il est d'ailleurs amplement combattu par la pratique du crédit qui incite les ménages à s'endetter.
- Le Français n'est guère plus discipliné qu'autrefois. L'esprit révolutionnaire sommeille toujours en lui, mais lorsqu'il se réveille, c'est plutôt pour commémorer le bicentenaire de la Révolution. Les barricades de mai 68 ont fait place à des manifestations plus pacifiques orientées vers des revendications concrètes.
- La bourgeoisie traditionnelle a fait place aux « classes moyennes » largement diversifiées. Même si les sondages indiquent un retour à l'esprit de famille, la famille « nucléaire » tend à éclater : union libre souvent instable, enfants écartelés entre parents divorcés, mères (ou pères) célibataires...
- La vie parisienne ne laisse plus guère de temps à la flânerie et si l'esprit gouailleur et satirique se perpétue en France, il n'est plus le monopole du Parisien. Nombre de grandes villes vivent aujourd'hui au même rythme que la capitale et la vie urbaine tend à s'uniformiser. En France, on aime encore les bons repas et on y boit sec, mais les jeunes fréquentent le Macdonald et boivent du Coca-Cola.

Des comportements nouveaux

- *Ouverture.* Sous l'effet combiné de la télévision, de l'accélération des transports et du développement des télécommunications, l'horizon du Français s'est élargi et il vit désormais au rythme de la planète. Naguère réputé casanier, il s'est mis à voyager à travers le monde. Il se sent davantage concerné par la construction de l'Europe.
- *Solidarité.* L'individualisme, dont la résurgence a marqué les années 80, prend aujourd'hui des formes nouvelles : esprit de compétition, revendication de la différence. Mais en même temps la sociabilité est devenue solidarité (clubs, associations, esprit d'équipe).
- *Créativité.* L'esprit d'invention ne s'affirme pas seulement dans la pratique renouvelée du bricolage : sous le nom de créativité, il inspire le lancement d'innombrables petites et moyennes entreprises, marquées du sceau de l'efficacité.

importance, le prestige, le rayonnement de Paris dépassent largeent ceux d'une simple capitale.)n pouvoir d'attraction s'exerce tous les points du monde : ses ecisions, ses goûts, ses humeurs y répercutent. Cette importance ceptionnelle de Paris tient à des isons non seulement géograiques et historiques, mais aussi olitiques et culturelles.

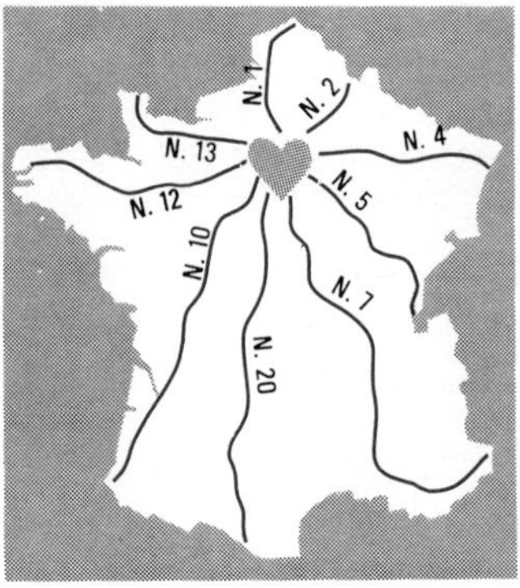

n carrefour historique

Plus encore que la France, Paris est à la fois un **carrefour** et une **ène**. → [pp.30-31] En outre, Paris n'est pas une capitale artificielle, bâtie par le price d'un prince ou par le décret d'un gouvernement. Son **passé bi-millénaire** t celui d'un être vivant, qui s'est développé de façon organique, d'une ville-musée i témoigne de l'histoire de tout un peuple. → [pp. 32-33]

ne capitale...

Paris fut presque sans interruption depuis ses origines la **capitale de la France**. Il est résulté une extrême **centralisation** : Paris est une métropole qui, dans la vie tionale, assume et concentre la plupart des fonctions. → [pp. 30-31, 56]

. de caractère cosmopolite

S'il est vrai que la France a souvent joué à l'égard de l'Europe un rôle de « plaque urnante », elle le doit surtout à Paris, qui s'enrichit depuis des siècles de l'apport des tres cultures : dialogue sans fin, échange réciproque qui, au cours des âges, a fait la « Ville-Lumière » un monde en réduction.

ris, vue générale. L'île de la Cité entourée par la Seine.

1 / ❹ PANORAMA DE PARIS

Montons d'abord sur une des tours de Notre-Dam
observatoire incomparable situé au cœur même de
Cité, berceau de Paris. Au-dessous de nous, la capita
se déploie comme un livre ouvert.

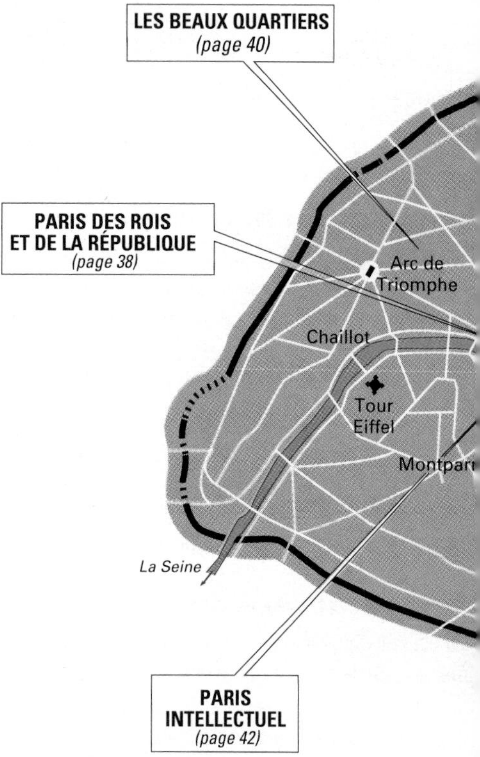

Le site : un fleuve et sept collines

A nos pieds coule **la Seine**, artère vivante dont
courbe traverse la ville à peu près d'E. en O. et qui
partage en deux grandes zones d'inégale étendue :
rive gauche et la **rive droite**. De part et d'autre, d
collines achèvent de modeler le visage de la capitale
au N., la butte Montmartre où se dresse la lourde s
houette blanche de la basilique du Sacré-Cœur ; a
S., la montagne Sainte-Geneviève, surmontée du dôm
du Panthéon et dans son prolongement la Butte au
Cailles ; à l'E., les hauteurs de Belleville, de Ménilmo
tant et de Charonne ; à l'O., la colline de Chaillot.

La croisée des chemins

De l'E. à l'O., la voie triomphale constituée par le faubourg et la rue Saint-Antoine, la rue de Rivoli, les Champs-Élysées, l'avenue de la Grande-Armée, et qui se poursuit par l'avenue de Neuilly et l'avenue du Général-de-Gaulle. Elle est jalonnée de monuments qui permettent d'en suivre le parcours, depuis les colonnes du Trône et la colonne de Juillet jusqu'au palais du Louvre, à l'arc de triomphe du Carrousel, à l'obélisque de la place de la Concorde et à l'arc de triomphe de l'Étoile.

Paris vu des tours de Notre-Dame

Transportons-nous sur la dernière plate-
me de la tour Eiffel : de là nous pouvons
tinguer les Grands Boulevards, les « Bou-
ards extérieurs » et les « Boulevards mili-
es », qui correspondent approximative-
nt aux enceintes successives de la capi-
e, évoquant ainsi les étapes historiques
son développement.

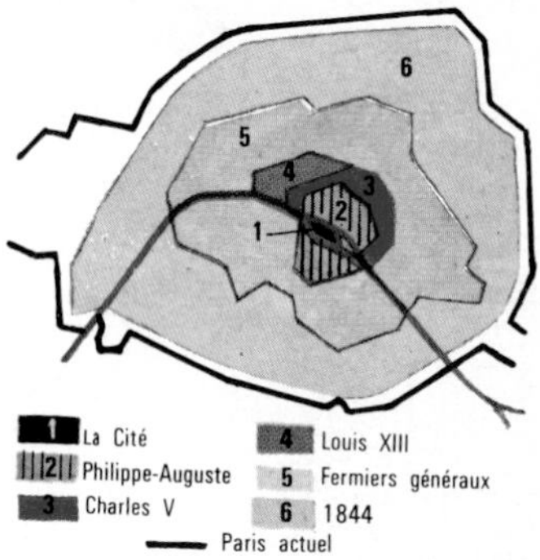

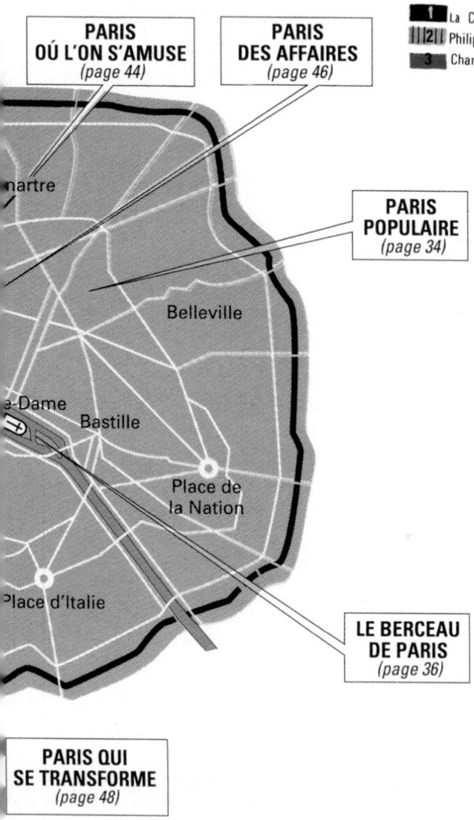

La croisée des chemins

Du N. au S., la grande route des pèlerinages, constituée par la rue Saint-Martin et la rue Saint-Jacques (que doublent depuis le siècle dernier les boulevards de Sébastopol et Saint-Michel) et qui passe devant Notre-Dame.

ne espèce de théâtre...

« Paris est devenu une espèce de théâtre où chacun
rle et agit comme s'il était en scène, et sait bien qu'il
t regardé, puisque par ses journaux, son théâtre, sa
térature, et jusqu'à ses potins et à sa politique, Paris
end soin chaque jour d'occuper de lui l'univers. »

C.-F. RAMUZ.

1 / ❹

LES ÂGES DE PARIS

Pour qui sait lire, le plan du Paris d'aujou
d'hui permet de revivre les principal
phases de son histoire.

NAISSANCE DE PARIS

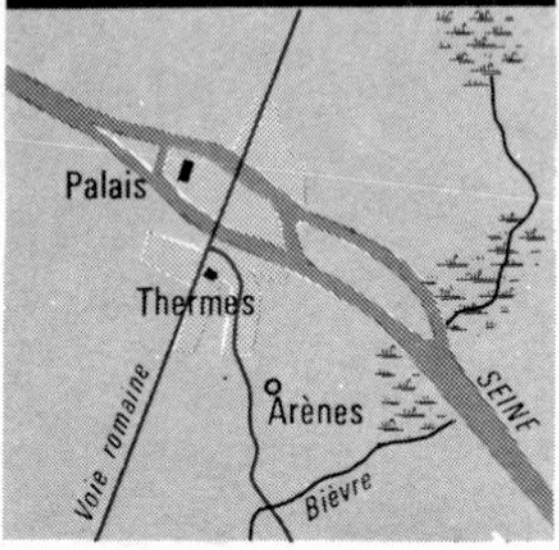

Lutèce, lieu de passage sur la voie romaine, s'étend peu à peu sur la rive gauche de la Seine.

300 av. J.-C. Les Parisii s'installent dans les îles la Seine.

52 av. J.-C. César prend Lutèce.

355. L'empereur Julien installe son palais dans « chère Lutèce ».

450. Geneviève galvanise la résistance des Parisie contre les Huns. Elle sera la sainte, « patronne » la ville.

508. Clovis fait de Paris la capitale du royaume.

885. Siège de Paris par les Normands : Eude comte de Paris, leur tient tête.

987. Hugues Capet fixe la résidence royale dans palais de la Cité.

PARIS CAPITALE

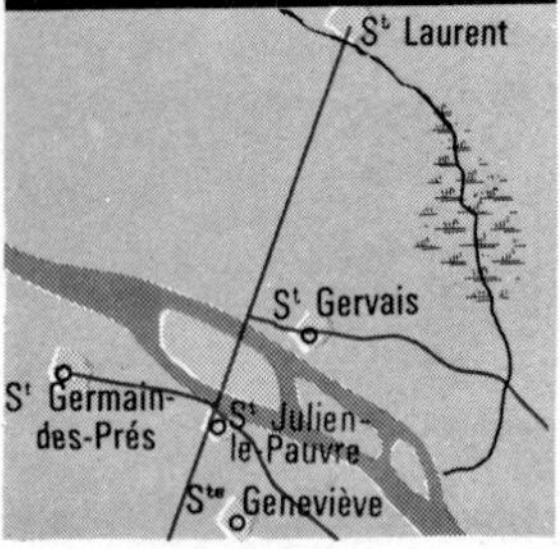

Paris s'entoure de communautés religieuses.

1200. Philippe Auguste entoure Paris d'u enceinte en forme de cœur.

1356. Étienne Marcel tente de soulever Paris.

1360. Charles V entoure Paris d'une nouve enceinte.

1420. Entrée des Anglais.

Dans le vieux Paris s'ouvrent des perspectives et d parcs à l'italienne : les Tuileries, le Luxembourg.

1594-1610. Henri IV, premier urbaniste de Paris, fait achever le Pont-Neuf, et bâtir des places : place Dauphine, la place Royale.

PARIS FOYER SPIRITUEL

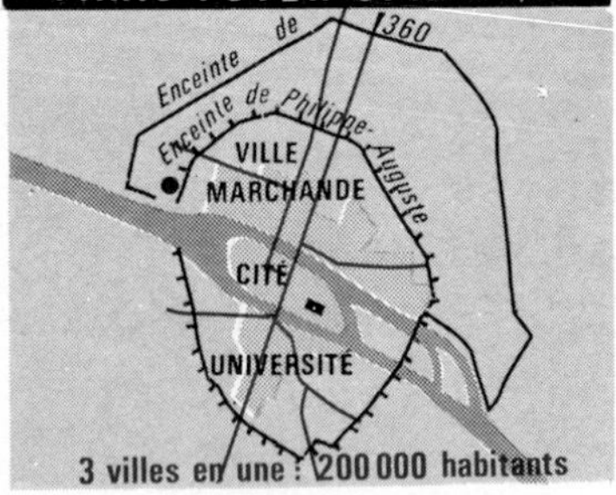

RENAISSANCE DE PARIS

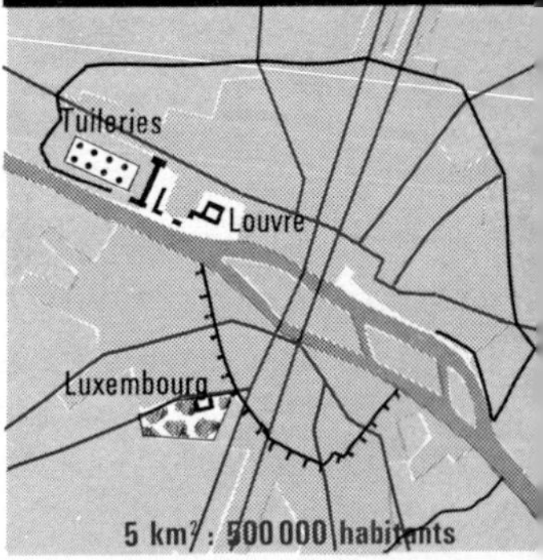

- **Les mots historiques :**

« Paris vaut bien une messe. »

Henri IV.

ı la suite de Henri IV, les rois de France, de Louis XIII
ouis XVI, transforment le visage de Paris :
– en ouvrant de vastes perspectives
amps-Élysées, Invalides, Champ-de-
rs) ;
– en bâtissant de fastueux
numents (hôtel des Invalides, Ecole
taire, etc.), de nouveaux quartiers et
« places à programme » (place Ven-
ne, place des Victoires, place Louis-XV
aujourd'hui place de la Concorde).

784-1797. Construction d'une
ıvelle enceinte, dite des Fermiers
iéraux, destinée à faciliter la perception
l'octroi. Elle est saluée par un calem-
ır bien parisien :

Le mur murant Paris rend Paris murmurant.

GLOIRE DE PARIS

1789 : 700 000 habitants
une vieille cité modernisée

800-1815. Napoléon Ier consacre plus de 100 mil-
ıs à la transformation de la capitale.

1840-1845. Thiers fait entourer Paris de fortifica-
ıs.

ÉTAMORPHOSE DE PARIS

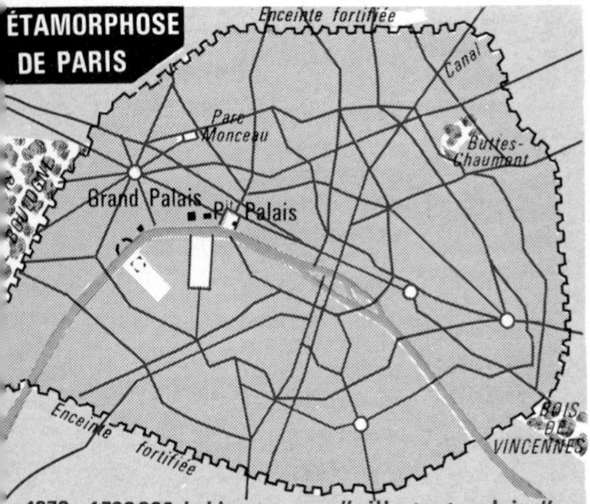

1870 : 1700000 habitants une "ville tentaculaire"

« Paris est le cœur de la France. Mettons tous nos efforts à embellir cette grande cité. Ouvrons de nouvelles rues, assainissons les quartiers populeux qui manquent d'air et de jour, et que la lumière bienfaisante pénètre partout dans nos murs... »

NAPOLÉON III.

Mais c'est à Napoléon III, assisté de son préfet, le baron Haussmann, que Paris
ıit son visage moderne de grande cité. Plus soucieux de prévenir les émeutes pos-
ıles que de respecter les vestiges du passé, ils pratiquent à travers la vieille ville de
stes percées, annexent les communes comprises dans l'enceinte de Thiers et font
ıénager de grands espaces verts : bois de Boulogne et de Vincennes, parc Mon-
au, Buttes-Chaumont.

En 1871, la Commune détruit de nombreux monuments, dont certains seront
construits par la IIIe République, cependant que les expositions universelles doteront
capitale de nouveaux édifices (tour Eiffel, Petit et Grand Palais, Palais de Chaillot et
ılais d'Art moderne).

❹ ASPECTS DE PARIS

C'est en 1859 que la ville de Paris ɛ atteint ses limites administrative actuelles. Sur 78 km^2 (104 km^2 avec le bois de Vincennes et de Boulogne) elle rassemble 2,05 millions d'habitants L'intensité de l'occupation du so (21 820 habitants par km^2 en moyenne plus de 80 000 dans certains quartiers) ɛ peu d'équivalent dans le monde.

La Goutte d'Or : quartier populaire à forte concentration de travailleurs émigrés.

Les espaces verts parisiens

Bois de Boulogne et de Vincennes :	**1 800 ha**
Jardins publics :	**345 ha**
Espaces verts privés :	**340 ha**

Soit une moyenne de 10 m^2 par habitant.

« Je dois dire qu'il faut de longs mois pour commencer par connaître Paris... Paris est fait d'une grande juxtaposition et superposition de petits Paris particuliers, parmi lesquels il s'agit seulement de voir quels sont ceux qui comptent et sont authentiques. »

C.-F. Ramuz.

Contrastes sociaux

L'opposition entre les quartiers occidentaux e orientaux demeure l'un des aspects fondamentaux de l géographie parisienne.

- **A l'Ouest** (parc Monceau, Chaillot, Passy...) s'éten le Paris résidentiel des catégories sociales aisées. Le XVIe et XVIIe arrondissements alignent leurs immeuble cossus le long de larges avenues ou en bordu d'espaces verts.

- **L'Est** (Bastille, Belleville...) est le Paris des quartie populaires. Dans les XIIIe, XIXe et XXe arrondissement densément peuplés, dominent les habitations modeste ou pauvres.

- **Le Sud-Ouest** (XIVe et XVe arrondissements) et Nord (XVIIIe), plus disparates, juxtaposent ensembl résidentiels à haut niveau de vie et ruelles populair où se sont fixés de nombreux travailleurs immigrés (l Goutte d'Or).

Les caractères des arrondissements périphériques retrouvent dans les prolongements en proche ba lieue : tandis qu'à l'ouest, les Hauts-de-Seine, plus ré dentiels, rassemblent des catégories sociales aisées, Seine-Saint-Denis et le Val-de-Marne (au nord, à l'e et au sud), sont plus industriels et populaires.

Toutefois, dans le Paris des 20 arrondissements se transforme [pp. 48 et 49] sous l'effet de la s culation immobilière, qui rejette à la périphérie les ca gories sociales les plus défavorisées, les **contras sociaux** ont tendance à s'**estomper :** Paris « s'embo geoise ».

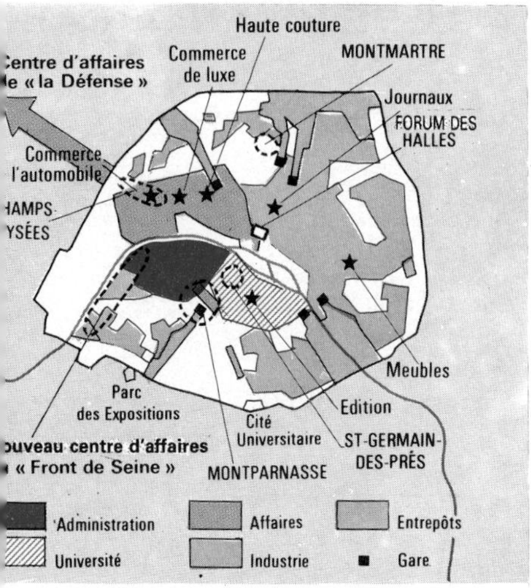

pécialisation des espaces

Certes, chaque quartier de Paris regroupe de mul-
es professions. Toutefois une nette spécialisation
; espaces caractérise la répartition des activités

Le Centre-Est est le domaine des administrations
des affaires :

en aval de l'île Saint-Louis, de part et d'autre de la
ne, se répartissent des **activités politiques et juri-
ues,** la haute administration ;

le **centre des affaires** (Bourse, Banque de France,
ndes banques, sièges sociaux de firmes importantes,
nds magasins...) s'étend sur la rive droite [p. 46].

L'est de Paris se caractérise par l'importance du
mmerce de gros, de l'artisanat et de la petite indus-
[p. 47].

Entre ces deux domaines, **le Quartier latin,** sur la
gauche de la Seine, est un centre d'activités cultu-
es [p. 43].

« De loin, ou même s'il est de passage, le provincial ou l'étranger ne voit pas la plus grande partie de l'agglomération, il connaît mal le milieu de vie du Parisien. Pour lui, la « Ville Lumière » se limite au Paris monumental et historique de l'Etoile à Notre-Dame, de Montmartre au Quartier latin, avec quelques quartiers commerçants, d'affaires et de spectacles. C'est à ce cœur que Paris doit d'être l'une des grandes métropoles de l'Univers, mais ce cœur ne battrait pas sans la chair qui l'entoure, la masse des huit millions de Parisiens qui vivent et travaillent sur l'ensemble des 1 800 km^2 de leur agglomération. »

JEAN BASTIÉ,

La rue Castiglione et la colonne Vendôme.

LE BERCEAU DE PARI

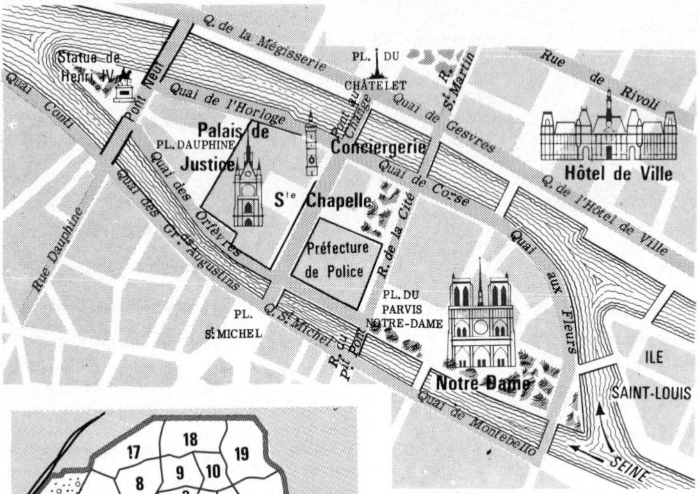

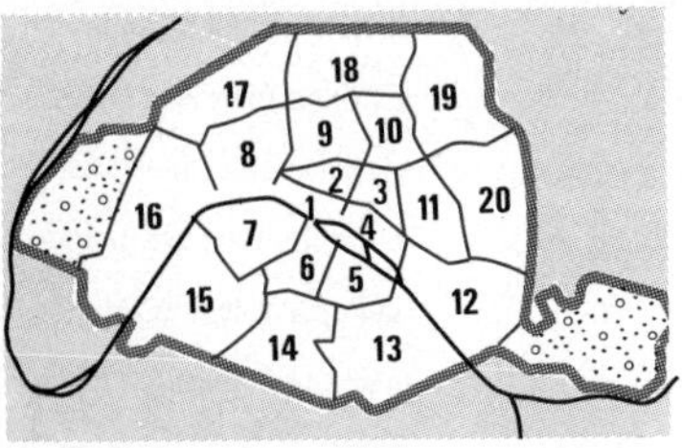

Paris municipal

L'Hôtel de Ville

C'est le poste de commande de Paris, siège d'un État-Major qui administre 2,29 millions d'habitants. L'édifice actuel remplace l'Hôtel de Ville de la Renaissance incendié en 1871.

La ville de Paris : un nouveau statu

Ville tentaculaire, capitale politique toujours prom aux émeutes, Paris est une sorte d'État dans l'État, c dans l'histoire, s'est souvent trouvé en conflit avec gouvernement de la nation. Pour éviter ces risques, avait imaginé un régime exceptionnel reposant sur de principes :

a) dissociation des pouvoirs administratif et politic (chaque arrondissement étant administré par un ma **nommé** par le gouvernement) ;

b) régime de **tutelle** (plaçant Paris sous la dou autorité du préfet de la Seine et du préfet de Police

En 1977, un nouveau statut a été établi. Un **cons de Paris** composé de 163 membres — élus par s teurs au scrutin de liste majoritaire à deux tours av liste complète — désigne en son sein un **maire Paris** : il a élu en 1977, en 1983, puis à nouveau 1989, M. Jacques Chirac. Le maire de Paris possè comme les maires de toutes les communes de Fran la double qualité d'agent de l'État et d'agent de commune ; mais il n'a pas — à la différence des aut maires — la responsabilité de la **police municip** qui appartient au préfet de Police. Le Conseil de Pa exerce par ailleurs, pour le département de Paris, attributions dévolues aux **conseils généraux**.

LA CITÉ

L'île de la Cité est le cœur et comme le symbole même de Paris : une nef à la proue tournée vers l'ouest, et qui semble descendre la Seine, portant en poupe la masse imposante de Notre-Dame. Quatre ponts en font le trait d'union entre les deux rives. Port naturel en même temps que carrefour de routes, c'est là que se concentra longtemps toute l'activité de la ville, dont elle est encore aujourd'hui le centre judiciaire, sinon religieux.

'aris religieux. — Sur les 300 églises que comp- ait Paris au XVIIIe s., il n'en subsiste aujourd'hui qu'une inquantaine, mais les 150 églises nouvelles édifiées lepuis un quart de siècle témoignent de l'intensité de la ie religieuse répandue dans toute la capitale. Tous les ultes et tous les rites y sont largement représentés. 'est ainsi que la Mosquée et ses dépendances cons- tuent une véritable cité musulmane dans la capitale.

aris judiciaire. — Le Palais de Justice est aujourd'hui centre de tous les services judiciaires de Paris. C'est n magnifique ensemble architectural édifié du XIIIe au xe s. sur l'emplacement de l'ancienne forteresse qui éfendait la Cité et qui fut le premier palais des rois de rance. Il n'en subsiste que la **Conciergerie**, plus tard ansformée en prison.

A côté du Palais, se dresse la **Sainte-Chapelle**, véri- ible châsse de **vitraux**, élevée sous le règne de aint Louis.

Notre-Dame

Construite de 1163 à 1330 par Maurice de Sully, Jean de Chelles et Pierre de Montreuil, sur l'emplacement d'une église du VIe siècle, elle fut la première des grandes cathédrales gothiques de l'Ile-de-France. Elle a été associée à la plupart des événements importants de l'histoire de la nation, depuis le Te Deum de Charles VII libérant Paris jusqu'à celui de la Victoire en 1945.
Contre la face S. de Notre-Dame, à l'emplacement du jardin, s'élevait jusqu'en 1830 l'Archevêché. La cathédrale reste le siège de l'archevêque de Paris.

La Conciergerie.

1 / 4

LE PARIS DES ROIS...

Le Louvre et les Tuileries

Refuge de calme en plein cœur de capitale, ainsi que le Palais-Royal, commandent, de l'arc de triomphe Carrousel à celui de l'Étoile, avec la pla de la Concorde et les Champs-Élysées, « plus noble des perspectives urbaines Ils constituent en même temps, par le ensemble monumental et les musé qu'ils renferment, le centre du Paris arti tique, après avoir été le centre du Pa des rois.

Le palais du Louvre

Dans le cadre de l'aménagement du Grand Louvre, une pyramide de verre de 22 mètres de haut, conçue par l'architecte sino-américain Ieoh Ming Pei, a été érigée au centre de la Cour Napoléon. En même temps, dans le sous-sol, des fouilles ont permis de dégager les fondations du château de Charles V et révélé des richesses archéologiques dont les plus anciennes remontent au XIIe siècle.

Le palais du **Louvre**, qui fut résidence royale, gr diose ensemble édifié par plusieurs générations souverains, offre une magnifique leçon d'histoire mo mentale. La Révolution en a fait un **musée** qui aujourd'hui un des plus célèbres et des plus riches monde : antiquités, sculptures, objets d'art, peintu de toutes les époques.

Du palais des **Tuileries**, construit par Philib Delorme pour Catherine de Médicis, et qui fut incen en 1871, il ne reste, dans le prolongement du Louv que les jardins, transformés par Le Nôtre en 1664.

Au N. du Louvre, le **Palais-Royal**, ancien Pala Cardinal, construit par Lemercier pour Richelieu, évoc encore les fêtes magnifiques que le Régent y don Incendié sous la Commune, il fut restauré après 18 Les bâtiments du XVIIIe s. qui encadrent ses jardins s occupés désormais par le ministère de la Culture.

La Place de la Concorde, dessinée sous Louis XV par Gabriel, qui la borda au N. de deux palais (1757-1775). Au centre, l'obélisque de Louqsor, don du pacha d'Égypte à Louis-Philippe qui l'y fit ériger en 1836. ▶

e Faubourg Saint-Germain

épendance champêtre de l'abbaye de aint-Germain-des-Prés, ce quartier evait se couvrir au début du XVIIIe s. de agnifiques hôtels particuliers et devenir quartier aristocratique de Paris, d'où on caractère noble qui frappe encore ujourd'hui. Nombre de ces demeures, ont les murs dérobent souvent au regard ı passant un jardin ou un parc, abritent e nos jours ministères et ambassades.

aris politique. — La politique s'est installée dans istoire : aux grands de l'Ancien Régime ont succédé s représentants de la République.

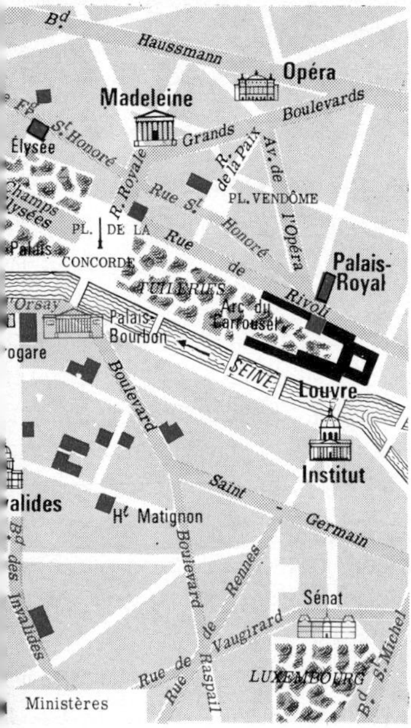

Le Sénat

Au Palais du Luxembourg, édifié en 1615 par Salomon de Brosse sur la demande de Marie de Médicis, dans le style du palais Pitti où elle avait été élevée à Florence.

L'Assemblée Nationale

Au Palais-Bourbon, construit (1722-1728) par Gabriel pour la duchesse de Bourbon, d'où son nom. La célèbre façade sur la Seine, de style grec, fut ajoutée sous le Premier Empire.

◄

Le Président de la République

À l'Élysée, où il réside traditionnellement depuis 1873. Le palais avait été construit en 1718 par Mollet pour le comte d'Évreux.

▼

1 / ❹

LES BEAUX QUARTIERS

Les « beaux quartiers » ou quartiers résidentiels, les plus élégants, se développent depuis deux siècles à l'ouest de la capitale, de part et d'autre des Champs-Élysées. Deux autres perspectives, ménagées depuis le XVIIe s., les Invalides et le Champs-de-Mars, achèvent un ensemble urbain dont l'ordonnance est à peu près unique au monde.

An nord de la Concorde et de l'Élysée, le **faubourg Saint-Honoré** est le domaine du commerce de luxe des parfumeurs et de la haute couture.

Au-delà, c'est la « plaine Monceau », bâtie après 1800 autour du parc de Philippe d'Orléans.

« ... Et pourtant c'est la France avec sa place de l'Étoile facile, évidente, superficielle, qui est le centre du monde... »

S. DE MADARIAGA.

▲ La Tour Eiffel a été construite par l'ingénieur Eiffel pour l'Exposition universelle de 1889. Elle mesure 300 m de haut, a exigé 5 600 000 kg de fer et a coûté 5 600 000 francs-or.

L'avenue des Champs-Élysées, mi-promenade, m boulevard, tracée par Le Nôtre au XVIIe s., après avc été la résidence de l'aristocratie, est aujourd'hui, ave ses cinémas, ses grands cafés, ses journaux, se stands d'automobiles, le centre du Paris cosmopolite

Plus au sud, ce sont d'anciens villages agglomér peu à peu à la capitale : **Chaillot**, la « colline aux ne musées », dominant la Seine, quartier des ambassad et des riches étrangers ; **Passy**, célèbre au XVIIIe s. p son château et par celui de la Muette, où hab Louis XV ; **Auteuil**, longtemps demeuré campagnar attirant depuis plusieurs siècles des génératio d'hommes de lettres.

Sur l'autre rive, au fond d'une magnifique esplanac l'**Hôtel des Invalides**, construit de 1671 à 1676 p

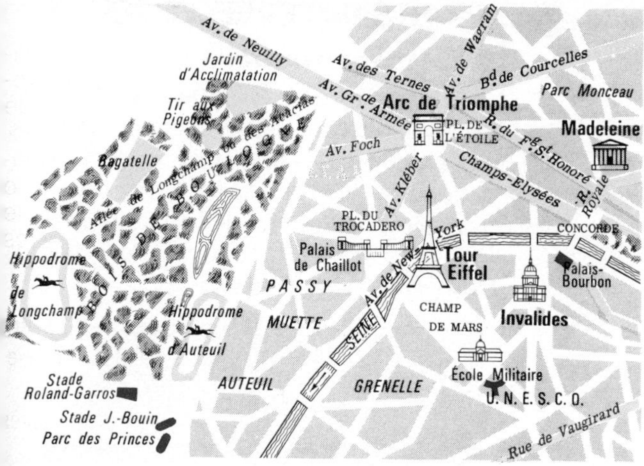

Libéral Bruant sur l'ordre de Louis XIV pour les soldats blessés, encadre harmonieusement l'église et son dôme, chef-d'œuvre de l'art classique dû à J. Hardouin-Mansart ; c'est là que se trouve le tombeau de Napoléon Ier.

Enfin, à l'extrémité du **Champ-de-Mars**, ancien champ de manœuvres devenu le cadre des Expositions Universelles successives, se dresse l'**École Militaire**, édifiée par Gabriel au XVIIIe s., au centre d'un quartier d'aspect solennel, aux larges avenues, qui abrite le nouveau palais de l'UNESCO.

Paris militaire. — Le centre en est encore aujourd'hui l'hôtel des Invalides, qui abrite non seulement le Musée de l'Armée — la collection militaire la plus importante du monde —, mais le gouvernement militaire de Paris et le Conseil Supérieur de la Guerre. Et si, non loin de là, le Champ-de-Mars a cessé depuis la Révolution d'être un champ de manœuvres, l'École Militaire reste le siège de l'École Supérieure de Guerre et des instituts militaires d'enseignement supérieur.

Paris sportif. — Paris possède 254 stades et terrains de sport, 34 piscines et terrains de natation, 92 gymnases et terrains couverts. L'activité sportive a tendance à se grouper près des portes, notamment dans le Bois de Boulogne (voir ci-contre) et aux abords de celui-ci : stades Roland-Garros, Jean-Bouin, Parc des Princes (50 000 places), piscines et patinoire Molitor, et, depuis peu, à l'autre extrémité de Paris, le très moderne complexe sportif de Bercy.

Le Bois de Boulogne

« Le Bois », reste de l'immense forêt de Rouvray, où la sœur de saint Louis avait fondé près de la Seine l'abbaye de Long Champ, fut jadis le lieu de refuge des proscrits et des duellistes. Aménagé en parc sous le Second Empire, il est aujourd'hui, avec ses lacs, ses hippodromes (Auteuil et Longchamp), son Tir aux Pigeons, ses clubs sportifs (Racing Club, Polo de Bagatelle), ses restaurants de luxe (Armenonville, Pré Catelan), son Jardin d'Acclimatation, le rendez-vous des élégances et, le dimanche, un grand jardin populaire. Le parc de Bagatelle et sa célèbre roseraie y évoquent encore, avec le petit château, les « folies » du XVIIIe siècle.

PARIS INTELLECTUEL

Montparnasse

Le « mont Parnasse », désigné ainsi par les étudiants de la Renaissance, a constitué le quartier général des écrivains et des artistes depuis la fin du siècle dernier. Symbolistes, fauves et cubistes, dadaïstes et surréalistes ont écrit sur les tables de ses cafés — la *Closerie des Lilas*, la *Rotonde*, la *Coupole* —, étudié dans ses Académies et peint dans ses ateliers.

Saint-Germain-des-Prés. ▲

Saint-Germain-des-Prés

A l'ombre de la tour romane de la plus vieille église de Paris, écrivains et artistes continuent de se retrouver à la terrasse des « Deux Magots » ou au « Café de Flore », naguère rendez-vous des existentialistes, tandis que les hommes politiques fréquentent la « Brasserie Lipp » et les jeunes le « Drugstore Saint-Germain ».

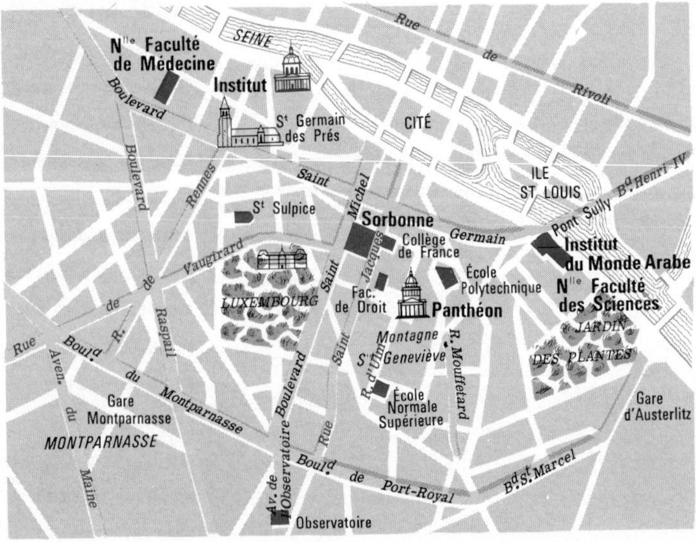

e Quartier latin

ɜs pentes de la montagne Sainte-Geneève furent dès le XIIIe s. le fief de l'Uniɜrsité. Aujourd'hui encore, autour de antique Sorbonne, le Quartier latin est le ɜntre de la vie universitaire, et le bouleard Saint-Michel est le promenoir de milɜrs d'étudiants du monde entier.

a Sorbonne

En 1253 Robert de Sorbon fondait un collège de éologie pour les maîtres et étudiants peu fortunés. chelieu le rebâtit avec une église.

Reconstruite sous la IIIe République, la Sorbonne orite encore aujourd'hui le Rectorat et, notamment, Jniversité Paris IV.

Mais peu à peu, devant l'afflux des étudiants et le éveloppement des diverses disciplines, de nombreux nseignements se transportent ailleurs. Aujourd'hui, on ompte dans la région parisienne 13 universités.

.e Collège de France

Indépendant de l'Université, voué à la recherche ésintéressée, le Collège de France, ex-Collège des ecteurs royaux, fut fondé en 1530 par Franois Ier [p. 111].

Des professeurs illustres y dispensent un enseigneent public très spécialisé.

A côté des bâtiments anciens s'élèvent des laboraires modernes, dont celui qui abrite le cyclotron de Joliot-Curie.

)es parcs et des jardins

Ce Paris intellectuel et universitaire dispose encore, à écart du bruit des voitures, de larges espaces propres la méditation et à la promenade : ce qui reste du jardin u Luxembourg [p. 45] demeure un asile cher aux étuants. Il est prolongé par l'avenue de l'**Observatoire**.

Un peu à l'écart, près des nouveaux bâtiments scienfiques de l'Université, le **Jardin des Plantes**, créé en 626, renferme le Muséum des Sciences naturelles insi qu'un parc zoologique.

Le Panthéon

dresse au sommet de la montagne Sainte-Geneviève sa « couronne de colonnes » (V. Hugo). L'ancienne église Sainte-Geneviève, conçue par Soufflot dans le style antique (1757-1780), renferme depuis la Révolution les cendres des grands hommes : Voltaire, Rousseau, Hugo, Zola, Jaurès y reposent, sous les fresques de Puvis de Chavannes. L'École Polytechnique a quitté la montagne Sainte-Geneviève pour Palaiseau.

1 / ❹

PARIS OÙ L'ON S'AMUSE

Entre Montmartre et les Grands Boule vards sont rassemblés de nombreux lieu de plaisir et salles de spectacles qu attirent chaque jour des dizaines de mil liers de Parisiens, de provinciaux e d'étrangers.

Aux quelque 50 **théâtres** parisiens s'ajouter 515 salles de **cinéma** (40 % des recettes cinémato graphiques réalisées en France), des dizaines de cafés théâtres, **cabarets**, discothèques, dancings, clubs d jazz... Le **music-hall** et les **variétés** triomphent a Lido, aux Folies-Bergère, au Casino de Paris, au Mou lin-Rouge, à l'Olympia... tandis que les noctambule des circuits « Paris by night » recherchent à **Pigalle** de spectacles plus licencieux.

Les Grands Boulevards

Tracés par Louis XIV sur les anciens remparts, ils furent dès le XVIIIe s. une promenade à la mode, surtout le boulevard des Italiens où se pressait une foule élégante. La comédie légère et brillante triompha longtemps dans les théâtres du « boulevard » qui se mêlent aujourd'hui aux nombreux cinémas et cafés le long de la grande artère qui va de la Bastille et de la République à la Madeleine.

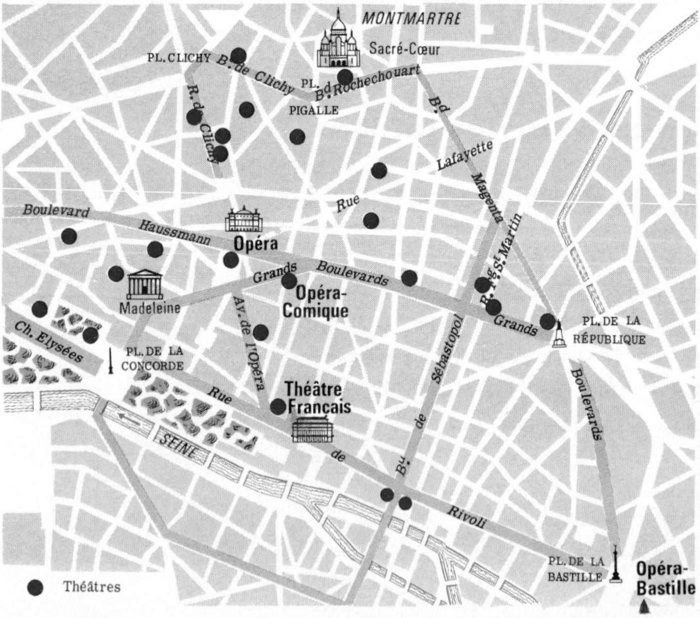

. ET OÙ L'ON FLÂNE

ı dépit de la vie moderne, le Parisien sait ıcore quelquefois flâner comme le fai- ıient ses ancêtres.
ais la flânerie n'est guère plus que le pri- ège d'une petite minorité.

Les flâneurs se rencontrent **le long des quais** de la ine, le nez dans les «boîtes» des bouquinistes, à recherche de livres d'occasion, ouvrages récents ou tions rares ; feuilletant des collections de gravures de ıtes sortes, estampes, affiches... Sur les berges du ıve, dans les rares endroits où ne circulent pas les tures, on peut encore observer quelques irréductibles cheurs à la ligne. ▼

Les amateurs d'antiquités ou tout simplement ▶ objets rares ou curieux se retrouvent dans les allées s **puces** de la Porte de Clignancourt, paradis des ineurs.

Des **aménagements piétonniers** permettent la ıltiplication de lieux de promenade et d'animation : ırvis de Notre-Dame, abords du Centre Pompidou, ace Saint-André-des-Arts, quartier Saint-Séverin...

Le jardin du Luxembourg

Créé par Marie de Médicis en même temps que son palais, orné de statues, de bassins et de fontaines, telle la fontaine Médicis, planté d'arbres harmonieusement ordonnés, le jardin du Luxembourg est resté, près de l'animation du Quartier latin, un lieu de ◀ promenade et de méditation.

1 / ❹ LE PARIS DES AFFAIRES..

Le « quartier des affaires », qui occup dans Paris un domaine nettement dél mité, s'étend sur l'Ouest des Ier e IIe arrondissements, le VIIIe, le IXe, le Su du XVIIe et le Nord du XVIe.
Cette vaste zone se dépeuple d'habitant résidents et se transforme en une « City qui évoque celle de Londres : les appa tements sont convertis en bureaux. Ell se caractérise par l'encombrement de moyens de transport et l'importance de migrations quotidiennes.
On note un glissement des activités ver l'ouest, en direction de la Défense.

Les Halles, la Bourse, le Sentier

Le vieux quartier des Halles, dont la fonction a é transférée à Rungis, dans la banlieue sud, a été enti rement rénové (centres commerciaux, de loisirs nouveaux logements). Plus à l'est, au cœur du quarti Beaubourg, a été construit en 1977 le **Centre** nation d'art et de culture **Georges-Pompidou.**

Au nord de la place des Victoires (édifiée d'après le plans de J. Hardouin-Mansart), le quartier de la Bours et du Sentier, avec ses rues étroites datant des XVIIe e XVIIIe s. et ses « passages », est par excellence le qua tier des affaires. La finance, le commerce des tissus e le négoce en gros, la presse et l'imprimerie s'y entre mêlent, le rendant l'un des plus animé de Paris.

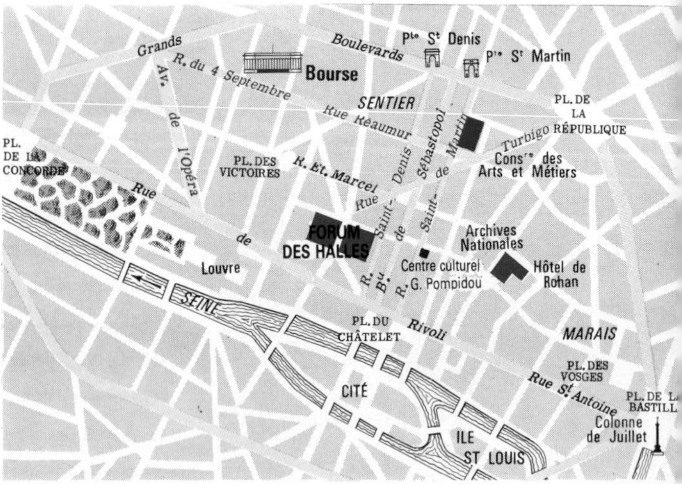

.T DE L'ARTISANAT

La place des Vosges

anciennement place Royale, harmonieux ensemble de maisons de pierre et de brique, d'une pureté classique, créé par Henri IV, fut sous Louis XIII le rendez-vous de la haute société. ◄

.e Marais

Ce quartier, qui doit son nom à son site jadis propice ıx inondations saisonnières, est tout chargé de sou-ɘnirs royaux et riche en somptueux hôtels, notamment ıôtel Lamoignon, où furent reçus Racine et Boileau, ıôtel Carnavalet, où est installé le musée de la Ville ɘ Paris, et les deux hôtels jumeaux, de Soubise et de ɔhan, qu'occupent aujourd'hui les Archives de France. a perdu depuis la Révolution son caractère aristocra-ɋue, mais non son cachet, pour devenir le royaume ɘs artisans.

Depuis quelques années de nombreux hôtels parti-ɹliers sont restaurés. La population artisanale est peu à ɘu remplacée par des habitants à revenus plus élevés.

De l'horlogerie aux articles de Paris

Dans ce quartier tout grouillant de vie, des dizaines de petits métiers se sont développés depuis plus d'un siècle – marchands en gros et « demi-gros » – et chacun d'eux a son secteur particulier, presque sa rue : horlogerie, quincaillerie, maroquinerie à bon marché, jouets, accessoires de papeterie, enfin bimbeloterie et articles de Paris.

Ceux-ci, qui vont de la tour Eiffel en miniature au coffret à bijoux et à la glace de poche, iront alimenter les magasins de la capitale.

.e faubourg Saint-Antoine

A l'est de la place de la Bastille, le faubourg Saint-ɩntoine est le centre traditionnel du meuble. Mais, le ıobilier étant de plus en plus fabriqué en province, la ɔnction artisanale du faubourg cède progressivement ı place au seul commerce.

1 / ④

PARIS QUI SE TRANSFORME

Le visage de Paris s'est constammer modifié au cours des siècles. Ma l'ampleur des transformations intervenue au cours des trois dernières décennies fa parler de métamorphose. Et cela, princ palement dans trois domaines : le peu plement, le cadre de vie, le style de vie.

Population de Paris (20 arrondissements)	
1891	2 448 000
1906	2 763 400
1921	2 906 000
1954	2 753 000
1962	2 790 000
1968	2 590 000
1975	2 290 900
1982	2 176 240
1987	2 068 400

La population

Tandis que la population de la banlieue ne cesse d s'accroître, l'effectif parisien diminue et le mouvemer a tendance à s'accélérer.

Dans ses limites administratives, la ville de Par a atteint son peuplement maximum en 1921. Le 20 arrondissements comptaient alors 2 906 000 hab tants ; ils en comptaient 116 000 de moins en 196 Depuis cette date, et en treize ans, Paris a perdu plu d'un demi-million d'habitants (2,05 millions en 1988 Contribuent à ce dépeuplement : la décentralisation de activités industrielles, la spéculation foncière et immob lière, la transformation des anciennes résidences e bureaux.

Le style de vie

L'amplification des migrations alternantes [p. 5 contribue à accélérer le rythme de vie. Le gaspillage d temps et la fatigue s'accroissent. Par réaction s'affirm le désir de retrouver temporairement le calme, l nature. Ainsi se multiplient en province les résidence secondaires des Parisiens aisés. Les départs massifs e fin de semaine, aux petites et grandes vacances, poser de difficiles problèmes de circulation.

Le Palais omnisports de Bercy est une réalisation de la ville de Paris, conçue pour s'intégrer dans le futur parc de Bercy. Inauguré en 1983, c'est un ensemble polyvalent qui accueille aussi bien des manifestations sportives que des représentations lyriques, chorégraphiques, du music-hall ou du cirque. Selon les manifestations, il peut offrir de 4 000 à 17 000 places. ▶

Le cadre de vie

De vastes opérations d'urbanisme ont été entreprises. Destinées à rénover le vieux tissu urbain et à mettre fin à une croissance désordonnée, elles peuvent être classées en quatre types :

- **Rénovation de quartiers vétustes.** Les îlots insalubres sont rasés et remplacés par des immeubles modernes : butte de Belleville, quartier « Italie »...
- **Restauration de quartiers historiques :** hôtels particuliers du Marais [p. 47].
- **Création de « centres d'affaires » :** Forum des Halles, Porte Maillot...
- **Importantes créations culturelles :** Cité des Sciences et de l'Industrie de la Villette, Musée du XIXe siècle au Palais d'Orsay, Opéra de la Bastille...
- **Aménagement de quartiers de gares.** La rénovation du secteur de la gare de Lyon a permis :

— la mise en service d'une nouvelle gare « réseau banlieue S.N.C.F. » et l'interconnexion des réseaux du R.E.R. [p. 51] et des grandes lignes S.N.C.F. ;
— la création d'un pôle tertiaire (tours-bureaux) s'étendant jusqu'à Bercy.

Un vaste centre d'activités tertiaires a été également créé autour de la gare Maine-Montparnasse reconstruite il y a quelques années et de nouveau transformée pour aménager la ligne du T.G.V.-Atlantique.

Ces opérations suscitent de vives controverses. Outre leurs **conséquences sur le paysage** (multiplication des tours, envahissement du béton), on leur reproche **leur effet ségrégationniste :** elles contribuent à chasser de Paris les artisans, les ouvriers, les personnes âgées aux revenus modestes, au profit de catégories sociales plus aisées.

L'Institut du Monde Arabe est une œuvre commune de la France et de vingt pays arabes, destinée à présenter la culture et la civilisation de ces pays. Conçu comme un lieu d'échanges artistiques, techniques et scientifiques, il comprend un musée arabo-islamique, un centre documentaire et une tour-bibliothèque. ▼

Le Forum des Halles, que domine l'église Saint-Eustache, abrite une galerie marchande.

LES TRANSPORTS PARISIENS

Depuis les « carrosses à cinq sols » imaginés par Pascal et les omnibus à chevaux du siècle dernier, Paris a vu se développer tour à tour les tramways (à chevaux, à vapeur, électriques), puis le métropolitain, les autobus et les taxis ; plus récemment le R.E.R.

Le trafic voyageurs de la R.A.T.P.

(millions de voyageurs)

Métropolitain	**1 176**
R.E.R.	**292**
Ensemble du réseau routier	**760**
Total	**2 228**

L'entrée d'une station de métro.

Le métro

Projetée dès 1855, la première ligne a été inaugurée lors de l'Exposition universelle de 1900. Le réseau actuel, réalisé au prix de travaux parfois fort délicats parmi les encombrements du sous-sol, comprend 15 lignes totalisant 198 kilomètres. Le régime d'exploitation est simple et pratique : les trains, très fréquents, s'arrêtent à toutes les stations et le tarif est unique. Régulièrement modernisé, il a servi de prototype dans de nombreux pays étrangers [p. 295]. Le « métro » fait partie de la vie quotidienne du Parisien, avec sa régularité, sa publicité, ses cohues aux heures de « pointe ».

Les autobus et les taxis

56 lignes d'autobus totalisant 518 km (dont 328 km de couloirs réservés) desservent dans Paris plus de 1 600 arrêts. Par ailleurs, 14 300 taxis (insuffisants aux heures de pointe) effectuent environ 165 000 courses quotidiennes.

Plan simplifié du métropolitain ▼

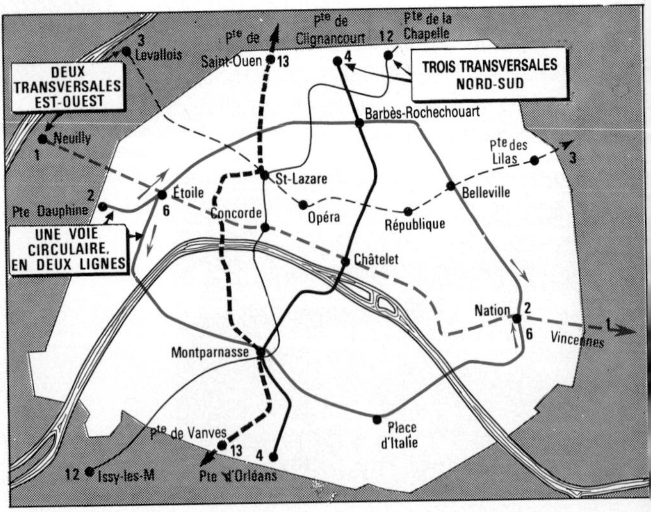

Chassés-croisés

A l'intérieur de Paris l'emploi se substitue progressivement à l'habitat, ce qui engendre une augmentation du volume des chassés-croisés. Elles intéressent près de deux millions de personnes qui, quotidiennement, se déplacent entre Paris et la banlieue.

A ces déplacements extra-muros s'ajoutent ceux entre arrondissements (des actifs ayant un emploi dans un arrondissement autre que celui où ils habitent) et qui concernent les 2/3 de la population active résidente.

Le problème des transports parisiens se pose, de ce fait, en termes de plus en plus préoccupants.

Le Réseau Express Régional (R.E.R.)

Pour répondre aux besoins croissants de transports en commun de masse, la Régie Autonome des Transports Parisiens (R.A.T.P.) et la Société Nationale des Chemins de Fer Français (S.N.C.F.) ont créé le R.E.R., un ensemble de lignes traversant Paris et constituant un «super-métro» à l'échelle de l'agglomération parisienne, avec :
— des correspondances nombreuses avec le réseau métropolitain,
— un titre de transport unique pour un même déplacement,
— un système de contrôle unique automatisé.

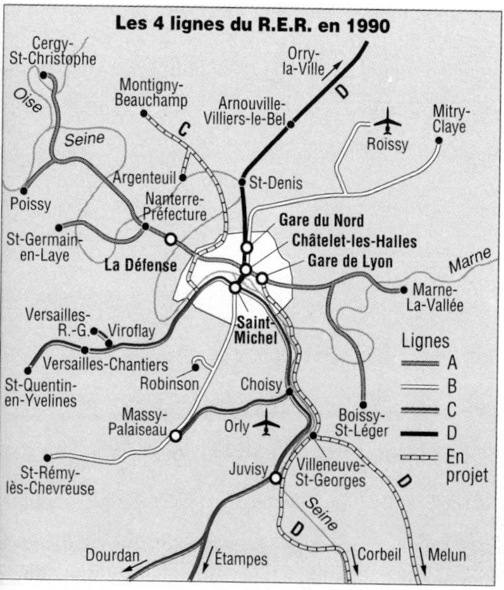

Déplacements quotidiens (à pied exclus) dans la Région parisienne

■ **Par type de liaison (en milliers)**

Paris-Paris	: 3 136
Paris-Banlieue/ Banlieue-Paris	: 3 458
Banlieue-Banlieue	: 11 738
Total	: 18 332

■ **Par mode de transport (en %)**

Voitures particulières	: 53,5
Transports en commun	: 35,5
Deux-roues et divers	: 11

N.B. Il convient de distinguer le nombre de déplacements quotidiens (ci-dessus) et le nombre de personnes qui se déplacent (ci-contre).

1 / 5 LA RÉGION PARISIENNE

LES ASPECTS

Autour du Paris des 20 arrondissements s'est développée une énorme banlieue et s'est organisée une puissante région économique qui tient une place démesurée dans la vie nationale.
L'ensemble groupe plus d'habitants que la Suisse, l'Autriche ou la Suède.

Saint-Denis fut très tôt un des lieux de pèlerinage les plus célèbres de France. Dagobert y fonda une abbaye. La basilique actuelle, ancienne abbatiale, commencée par Suger (1137-1281), fut le prototype des grandes cathédrales gothiques. Elle abrite les tombeaux de la plupart des rois de France de Dagobert à Louis XVIII.

Des couronnes concentriques

On peut distinguer dans l'agglomération parisienne :

- **La ville de Paris, 20 arrondissements :** la population y diminue régulièrement. Paris compte aujourd'hui environ 2,1 millions d'habitants.
- **La petite couronne, 3 départements :** le Val-de-Marne a une population d'environ 1,2 million d'habitants, la Seine-Saint-Denis 1,3 et les Hauts-de-Seine 1,4, soit un total de 3,9 millions de personnes.
- **La grande couronne, 4 départements :** l'Essonne comprend 1,05 million d'habitants, la Seine-et-Marne 967 000, les Yvelines 1,25 million et le Val-d'Oise 977 000, soit un total de 4,2 millions.

Au total, la région parisienne (8 dép. 12 000 km^2) compte plus de 10 millions d'habitants (10 185 000), soit 18,5 % de la population française regroupée sur un peu plus de 12 000 km^2 soit 2,2 % du territoire, ce qui représente une densité de plus de 850/km^2 (moyenne nationale : environ 100).

Un aspect de la banlieue parisienne à Ivry.

Une banlieue disparate

Paris s'est entouré d'une proche banlieue fortement **industrialisée** ; phénomène qui est toutefois moins marqué dans les banlieues Ouest et Sud-Ouest. Les alignements d'usines et l'entassement de logements inesthétiques créent un paysage urbain peu attractif.

- La banlieue s'est en outre **enlaidie** de tout ce que Paris a rejeté hors de ses limites : cimetières, gares de triage, usines à gaz et centrales thermiques, stocks d'hydrocarbures, parcs de voitures à la casse...

- Alors que le développement de Paris-ville s'est réalisé selon un type architectural assez uniforme (maisons de 5 à 6 étages), les **types d'habitat** de banlieue sont extrêmement **variés** : pavillons individuels, immeubles collectifs de la première moitié du siècle, grands ensembles modernes...

- Enfin, des nombreuses **demeures princières** qui s'étaient édifiées sous l'Ancien Régime, au S. et au S.-O. — Saint-Cloud, Bellevue, Meudon, Sceaux —, aucune n'a survécu aux guerres et aux révolutions du siècle dernier. Il n'en reste plus que les terrasses et les parcs — la plupart dessinés par Le Nôtre — qui constituent pour les Parisiens d'agréables lieux de promenade. Seuls subsistent, au milieu de cette prolifération suburbaine, deux témoins du passé : la basilique de Saint-Denis et le château de Vincennes.

Vincennes et sa forêt, d'abord rendez-vous de chasse, devint le « Versailles du Moyen Age » avec Saint Louis, qui y fit bâtir une autre Sainte-Chapelle et que Joinville nous montre rendant la justice sous un chêne, puis avec Charles V qui fit achever le donjon et Louis XI qui fit du château une habitation de plaisance. Complété au XVIIe s., le château deviendra prison d'État. Le bois de Vincennes constitue aujourd'hui, avec son célèbre « zoo », la réplique populaire, à l'Est de Paris, du bois de Boulogne.

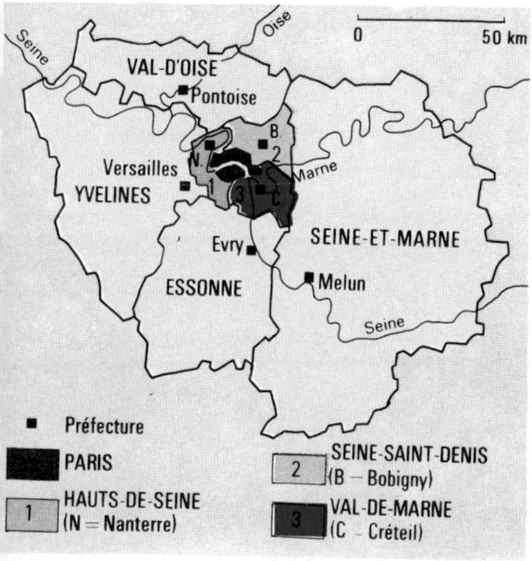

1 / ❺ CHARMES DE L'ILE-DE-FRANCE

La France, ce fut d'abord cette Ile-de-France que forment la Seine et ses affluents, la Marne, l'Oise et l'Aisne : pays aux vallées verdoyantes, riche en magnifiques forêts, en paysages dont les lignes sobres et classiques, la lumière fine et tendre ont inspiré tant de peintres et de poètes, pays tout parsemé d'églises et de cathédrales, de châteaux, de souvenirs du passé, et qui conserve encore, malgré l'envahissement de l'industrie et de l'urbanisation, un charme pénétrant.

La cathédrale de Chartres, dont les deux tours dissemblables dominent la plaine de Beauce, représente l'art gothique dans toute sa pureté. Ses porches, sa nef harmonieuse, ses vitraux témoignent d'une totale maîtrise inspirée par une foi ardente. Huysmans et Charles Péguy l'ont célébrée. ▼

Vingt siècles d'histoire

Les ruines de mainte abbaye, Royaumont, Chaalis, les Vaux de Cernay, Port-Royal, témoignent encore aujourd'hui d'une spiritualité dont Paris fut un des plus vivants foyers et de la munificence des donateurs, non moins que cette floraison d'humbles églises romanes qui veillent presque sur chaque village et de vastes édifices gothiques dont la silhouette domine les paysages urbains.

Un peu partout aussi, des châteaux enclos de parcs à l'ordonnance classique, des plus simples aux plus fastueux — Ermenonville, Vaux-le-Vicomte, Courances, Dampierre, les Mesnuls, la Roche-Guyon, Rosny-sur-Seine, etc. —, évoquent les fastes d'une société aristocratique qui savait jouir des « champs », à condition d'y transporter ses plaisirs et ses jeux.

Ce sont enfin les grands domaines royaux ou princiers, les châteaux qui virent tant de naissances et de morts, où passèrent tant d'hôtes illustres et où s'est faite en grande partie l'histoire de la France : Fontainebleau, Saint-Germain-en-Laye, Compiègne, Chantilly, Rambouillet, la Malmaison et surtout Versailles.

Fontainebleau, édifié par Chambiges pour François Ier, fut une des résidences préférées de Napoléon Ier, qui y fit ses « adieux » à sa Garde en 1814. ▶

La cathédrale de Beauvais, la plus audacieuse des cathédrales gothiques par ses proportions, est restée inachevée faute d'argent.

◀

Rambouillet est aujourd'hui la résidence d'été du président de la République.

◀

Une forêt, une route, un château

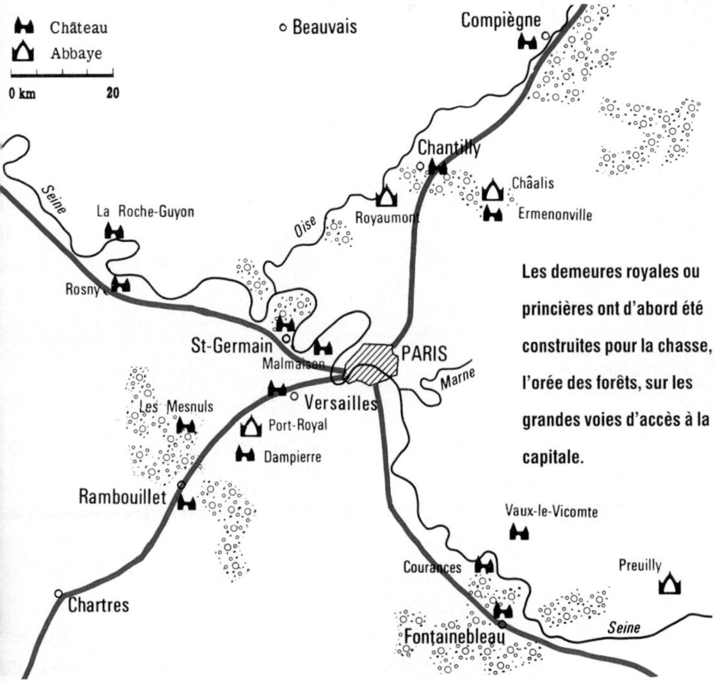

Les demeures royales ou princières ont d'abord été construites pour la chasse, à l'orée des forêts, sur les grandes voies d'accès à la capitale.

1 / 5

ÉCONOMIE ET AMÉNAGEMENT

La région parisienne exerce su l'ensemble de l'activité économique natio-nale une prépondérance écrasante : ur Français sur six y réside, un actif sur cinc y travaille et la région fournit près du quar de la valeur ajoutée nationale.

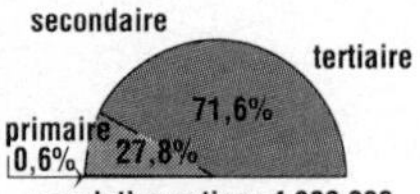

population active : 4 688 000

▲ Répartition des 4,7 millions d'actifs travaillant dans la région parisienne

Importance de l'industrie

L'**industrie** et le **bâtiment** emploient dans la régior 1,2 million de personnes, soit le quart de la main-d'œuvre industrielle française totale. Les industries métallurgiques sont les plus importantes.

Nombre d'actifs employés dans la région parisienne (en % du total national)

industrie :	
chimique	37 %
aéronautique	50 %
polygraphique	55 %
automobile	60 %
pharmacie	70 %
optique	77 %

Prépondérance des activités tertiaires

Le secteur tertiaire, en forte croissance, occup 2,5 millions de personnes, soit 28 % de l'effect national. La suprématie de la région parisienne dans c domaine est due notamment à l'importance :

- des institutions et services financiers qui emploien près de 1 million de personnes (la moitié des quelqu 340 banques installées en France ont leur siège socia dans la région parisienne) ;
- des services administratifs liés à la fonction de cap tale (600 000 personnes environ) ;
- du commerce (500 000 personnes) ;
- des transports et télécommunications.

Les tours du quartier de la Défense, à l'Ouest de Paris, abritent exclusivement des bureaux.

Le « cerveau économique » de la France

La région parisienne est le **centre de gestion** de affaires françaises.

Parmi les grandes sociétés françaises (dont le chiffr d'affaires annuel est supérieur à 5 milliards de francs) celles dont le siège social est installé dans l'aggloméra tion parisienne réalisent 82 % du chiffre d'affaires total

e développement rapide — et par-
ɔis anarchique — de l'aggloméra-
on parisienne a conduit les pou-
oirs publics à intervenir pour orien-
er, au bénéfice de l'individu et de
ı collectivité, le processus de la
roissance urbaine.
.n 1960 a été approuvé un Plan
l'Aménagement et d'Organisation
ìénérale de la Région Parisienne
P.A.D.O.G.). Depuis 1965 est mis
n œuvre un plan d'aménagement
lus ambitieux, le schéma direc-
eur, charte du Paris de l'an 2000.
;e plan a subi, depuis 1965,
liverses modifications.

▲ Logements à Marne-la-Vallée, de l'architecte : Ricardo Bofill.

ɔe vastes chantiers

Les travaux entrepris ont notamment pour objet la **rénovation** d'une partie de Paris ɔp. 48-49]; la **restructuration** de la banlieue par la création de nouveaux noyaux rbains (opération de la Défense); le **transfert** d'activités hors de Paris (transfert des lalles Centrales à Rungis).

;réation de villes nouvelles

La création de **villes nouvelles** dans la région pari- ienne visait à remédier au développement urbain anar- :hique. En application du schéma directeur a été entre- rise la création de centres urbains nouveaux, destinés capter une partie des emplois, des logements et des :quipements, à une distance de la métropole telle qu'ils ermettent une réelle décongestion de Paris. Cinq villes ouvelles sont désormais installées à 30-40 km de a capitale : Cergy-Pontoise, Marne-la-Vallée, Melun- ;énart, Évry et Saint-Quentin-en-Yvelines.

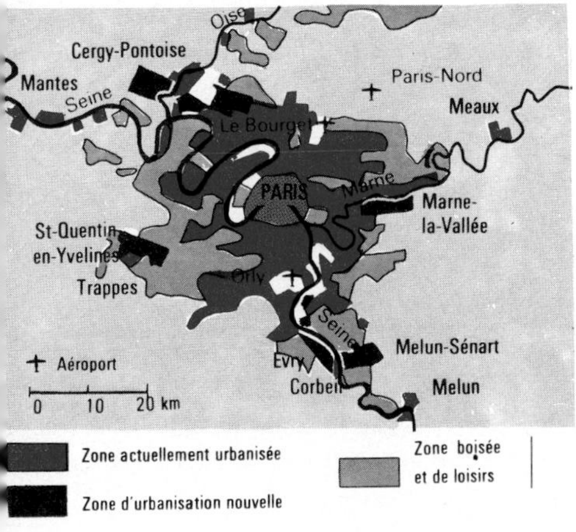

Vocation des villes nouvelles

Les villes nouvelles ont été conçues pour favoriser :

- **Le regroupement de logements, d'emplois de tous genres et de tous niveaux, d'équipements collectifs : scolaires, sociaux et culturels.**
- **La réconciliation de la ville et de la nature par l'alternance de fortes densités et de zones vierges aménagées en parcs urbains et en bases de loisirs.**
- **La séparation des circulations automobile et piétonne.**

1 / 6 LES RÉGIONS QUI BOUGENT

Même si la région parisienne conserve encore une place prépondérante dans la géographie française, le contraste que l'on pouvait souligner il y a trente ans entre « Paris et le désert français » (J.-F. Gravier) tend à s'effacer. En face de Paris, les régions bougent et témoignent d'une vitalité remarquable. Leurs caractéristiques traditionnelles changent à un rythme accéléré.

Une image périmée

Jusqu'à la dernière Guerre mondiale, on opposait encore volontiers la vie de province à celle de la capitale. D'un côté, l'attachement aux traditions, une tranquillité parfois somnolente, la médiocrité empreinte d'une certaine sagesse : c'est la province décrite dans les romans de Mauriac, de Genevoix, de Chardonne, où la ville ou le bourg restent proches du terroir et de la vie paysanne ; de l'autre, l'innovation, le brassage des idées, le cosmopolitisme, la lutte pour l'argent et le pouvoir, dans le grouillement d'une métropole. Le jeune provincial qui ne « montait » pas à Paris pour y faire carrière était condamné à végéter sur place dans des postes et des fonctions subalternes. Héritage de plusieurs siècles de centralisation durant lesquels la Ville-Lumière avait pompé les forces vives du pays.

Un mouvement qui s'inverse

Cette image est aujourd'hui périmée. Depuis le milieu du siècle, le développement accéléré des médias a tiré les régions de leur isolement, le progrès des transports (train, autoroutes, avion) permet des liaisons aller et retour dans la même journée entre toutes les grandes villes de France [pp. 303 à 308]. Au regard de Paris, où les déplacements dévorent le temps de chacun, où l'existence est trépidante, on se prend à goûter le charme des villes moyennes et de leur environnement proche, où l'on peut retrouver une certaine « qualité de la vie », même si les problèmes d'emploi s'y posent souvent d'une façon aiguë. A un exode rural massif commence même à succéder, sous l'influence des idées écologistes, une manière de retour à la terre. Ce renversement qui se dessine en France dans les flux démographiques a été favorisé par d'autres facteurs plus profonds.

Une politique de décentralisation

Tout d'abord la Ve République a entrepris un vaste effort de **décentralisation** dans différents domaines ; déconcentration administrative et économique, avec la création des régions et des assemblées régionales [p. 250], la mise en œuvre d'une politique d'aménagement du territoire [pp. 274 à 277] et enfin le vote en 1982 d'une loi de décentralisation ; industrielle, avec l'installation en province de moyennes et grandes entreprises ; urbaine, en favorisant le développement des métropoles d'équilibre et des villes moyennes et la création de villes nouvelles [p. 336] ; culturelle enfin avec la création d'une dizaine de Maisons de la Culture [p. 217] et le soutien des initiatives locales dans les domaines dramatique, musical et artistique.

La recherche des diversités

Mais ce qui a joué plus encore en faveur de ce renversement de situation, c'est la prise de conscience des identités régionales, du « droit à la différence », de la richesse du patrimoine national dans sa diversité même ; ce sont, çà et là, les revendications des minorités ethniques à parler aussi leur langue et à vivre leur culture, non plus comme survivances folkloriques, mais comme une manière de s'affirmer en tant que composantes de la nation française [pp. 26-27]. Il faut souligner ici le rôle souvent décisif joué par les nombreux centres dramatiques qui rayonnent jusque dans les campagnes, mais dont certains ont une audience nationale, voire internationale, ainsi que par des municipalités ou des conseils régionaux qui ont su promouvoir une véritable **politique culturelle régionale** (exemple : Lille, où l'orchestre créé et dirigé par J.-Cl. Casadesus est l'un des meilleurs de France, mais aussi Grenoble, Nice, Rennes.

La France, pays de la mobilité et des échanges

Ainsi, à l'image d'une province statique et repliée sur elle-même s'est substituée celle d'une province qui bouge et aussi celle d'une France qui se déplace. Le développement des congés dans toutes les classes sociales, le besoin croissant d'évasion, contrepartie nécessaire de la vie urbaine et d'un travail de plus en plus contraignant, multiplient les échanges entre la grande ville et la province. Le tourisme, le camping, les sports d'été et d'hiver, mais aussi les festivals et manifestations de toutes sortes favorisent brassages et rencontres.

Avec la décentralisation désormais effective, la « province » a son sort en main. C'est d'elle que dépendent la mise en place et la réussite d'une véritable régionalisation, et donc la modernisation du pays.

Le Futuroscope de Poitiers, dans le département de la Vienne, est un parc d'attractions qui propose un voyage dans le futur. On y découvre les exceptionnelles possibilités de la technique, de l'informatique et du cinéma associés.

Des métropoles d'équilibre...

C'est en 1964 qu'a été mise en œuvre la politique des métropoles régionales d'équilibre, destinée à contrebalancer le poids jugé excessif de l'agglomération parisienne. Ces métropoles devaient disposer d'une population, de services, d'équipements importants, d'une large zone d'influence, elles devaient être suffisamment éloignées de Paris, devaient renforcer leurs activités tertiaires et devenir des centres de décisions majeurs.
Les huit métropoles retenues furent : Lille-Roubaix-Tourcoing, Nancy-Metz-Thionville, Strasbourg, Lyon-Saint-Étienne-Grenoble, Marseille-Aix-Fos-sur-Mer, Toulouse, Bordeaux, Nantes-Saint-Nazaire. Ultérieurement, cinq autres métropoles ont été désignées : Rennes, Dijon, Nice, Clermont-Ferrand, Rouen.
Si un certain rééquilibrage, à l'égard de Paris, s'est effectivement produit, on a pu reprocher à cette politique de susciter, avec ces métropoles, des concentrations humaines trop importantes et donc d'affaiblir l'ensemble de l'activité régionale.

Lille (voir hors-texte)

Rouen (voir pp. 72-73)

Rennes (voir pp. 74-75)

Nantes (voir hors-texte)

Bordeaux (voir hors-texte)

Toulouse (voir hors-texte)

Montpellier (voir hors-texte)

Marseille (voir pp. 90-91)

Nice (voir pp. 90-91)

Grenoble (voir hors-texte)

Lyon (voir hors-texte)

Clermont-Ferrand (voir pp. 80-81)

Strasbourg (voir hors-texte)

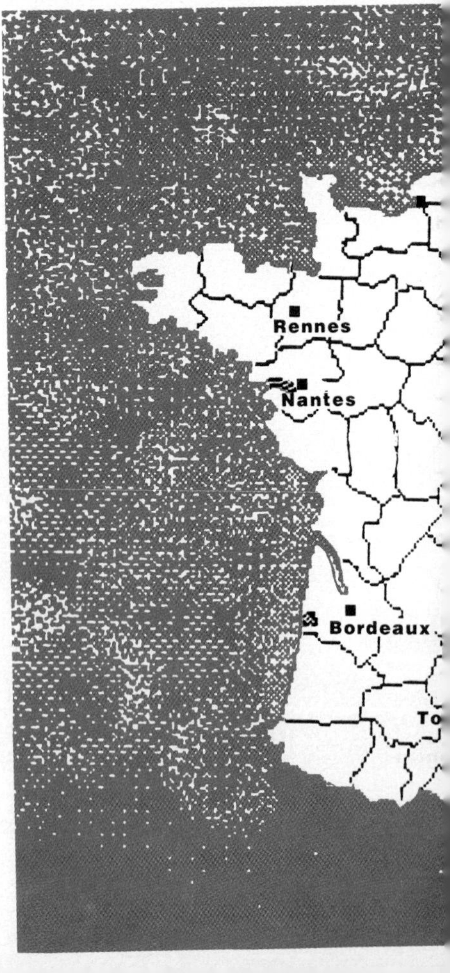

MÉTROPOLES RÉGIONALES

...aux métropoles régionales européennes

Pourtant, après le vote de l'Acte unique par le Parlement européen (p. 169) et à l'approche de l'échéance de 1992, une saine émulation s'est développée entre les grandes métropoles régionales qui toutes, à des titres divers, se sentent une vocation européenne. Situation géographique, ressources de la région, recherche et technologies de pointe, vastes projets d'urbanisme, création de « technopoles » et de « ZIRST », innovations tous azimuts : si aujourd'hui les grandes villes françaises font valoir leurs atouts et s'efforcent de mieux définir leur identité, c'est moins pour s'opposer à la centralisation parisienne que pour s'assurer une place dans le nouvel espace que constitue « l'Europe des régions ». Devant ce nouvel effort de promotion, les villes moyennes (ou villes intermédiaires) se mobilisent et s'unissent pour affirmer elles aussi leur existence à l'échelle européenne.

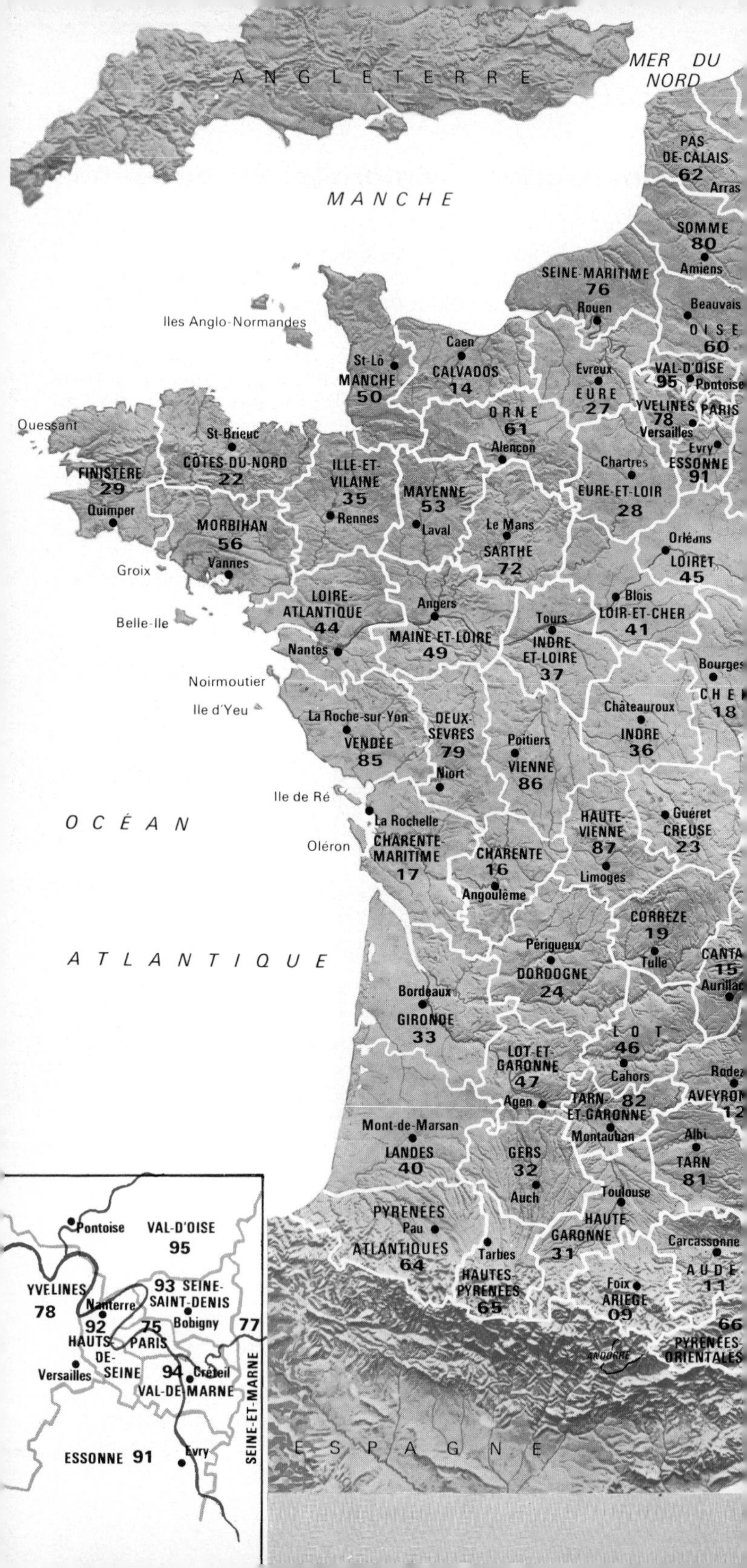
ANGLETERRE
MER DU NORD
MANCHE
PAS-DE-CALAIS 62
Arras
SOMME 80
Amiens
SEINE-MARITIME 76
Rouen
Beauvais
OISE 60
Iles Anglo-Normandes
Caen
St-Lô
MANCHE 50
CALVADOS 14
Evreux
EURE 27
VAL-D'OISE 95
Pontoise
YVELINES 78
PARIS
Versailles
Evry
ESSONNE 91
ORNE 61
Alençon
Ouessant
St-Brieuc
CÔTES-DU-NORD 22
FINISTÈRE 29
Quimper
ILLE-ET-VILAINE 35
Rennes
MAYENNE 53
Laval
Chartres
EURE-ET-LOIR 28
MORBIHAN 56
Vannes
Le Mans
SARTHE 72
Orléans
LOIRET 45
Groix
Belle-Ile
LOIRE-ATLANTIQUE 44
Nantes
Angers
MAINE-ET-LOIRE 49
Tours
INDRE-ET-LOIRE 37
Blois
LOIR-ET-CHER 41
Bourges
CHER 18
Noirmoutier
Ile d'Yeu
La Roche-sur-Yon
VENDÉE 85
DEUX-SÈVRES 79
Niort
Poitiers
VIENNE 86
Châteauroux
INDRE 36
Ile de Ré
La Rochelle
OCÉAN
Oléron
CHARENTE-MARITIME 17
CHARENTE 16
Angoulême
HAUTE-VIENNE 87
Limoges
Guéret
CREUSE 23
CORREZE 19
Tulle
ATLANTIQUE
Périgueux
DORDOGNE 24
CANTAL 15
Aurillac
Bordeaux
GIRONDE 33
LOT 46
Cahors
LOT-ET-GARONNE 47
Agen
TARN-ET-GARONNE 82
Montauban
Rodez
AVEYRON 12
Mont-de-Marsan
LANDES 40
GERS 32
Auch
Albi
TARN 81
Toulouse
HAUTE-GARONNE 31
PYRÉNÉES-ATLANTIQUES 64
Pau
Tarbes
HAUTES-PYRÉNÉES 65
Foix
ARIÈGE 09
Carcassonne
AUDE 11
66 PYRÉNÉES-ORIENTALES
ANDORRE
ESPAGNE
Pontoise
VAL-D'OISE 95
YVELINES 78
Nanterre
93 SEINE-SAINT-DENIS
Bobigny
92 HAUTS-DE-SEINE
75 PARIS
77
Versailles
94 Créteil
VAL-DE-MARNE
SEINE-ET-MARNE
ESSONNE 91
Evry

LES DÉPARTEMENTS DE LA FRANCE MÉTROPOLITAINE

(avec les numéros d'immatriculation des automobiles)

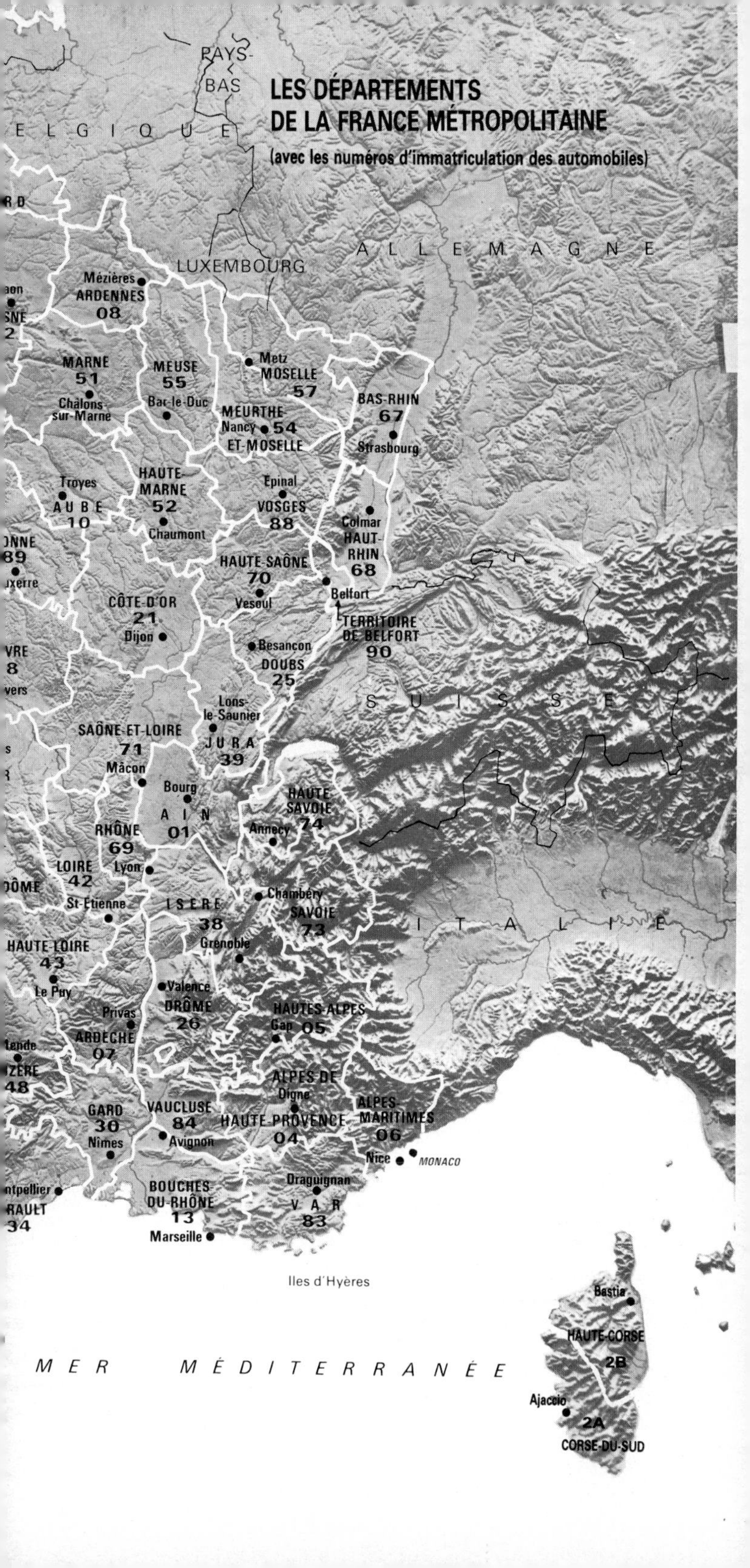

1 / ❻ LA DIVERSITÉ RÉGIONALE

Michelet disait de la France qu'elle est une personne. Comme un être humain, elle est complexe, riche de diversités, voire de contradictions (voir p. 17). C'est en parcourant les différentes régions de France que l'on en prend conscience.

La carte ci-dessous permet de localiser les grands ensembles régionaux présentés dans les pages suivantes : ensembles qui doivent leur personnalité à la conjonction de facteurs naturels, historiques et économiques. Ces ensembles ne correspondent qu'approximativement aux régions créées en 1955 (voir la carte p. 247), qui sont sommairement décrites dans les encadrés.

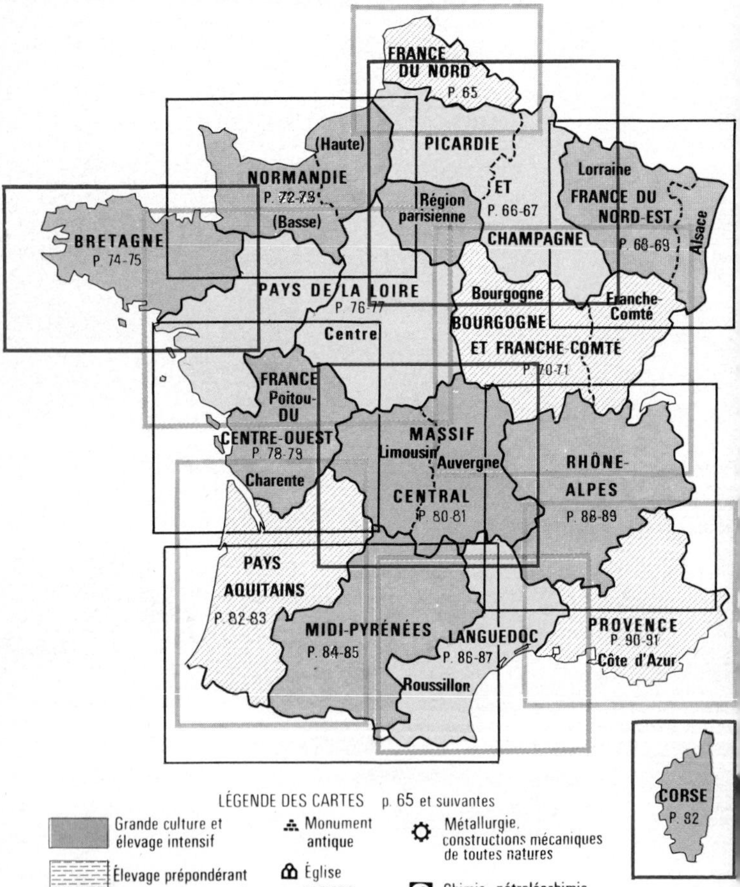

LÉGENDE DES CARTES p. 65 et suivantes

Grande culture et élevage intensif
Élevage prépondérant
Forêts et landes
Fruits et légumes
Vignobles

Monument antique
Église romane
Église gothique
Château
Calvaire

Métallurgie, constructions mécaniques de toutes natures
Chimie, pétroléochimie plastiques et caoutchouc
Industries textiles
Industries diverses

Autoroute
Routes
Sommet
Col
Barrage

L'importance de la typographie est fonction de la population des villes ou agglomérations

Échelle 1/2 500 000
0 — 50 km

A FRANCE DU NORD

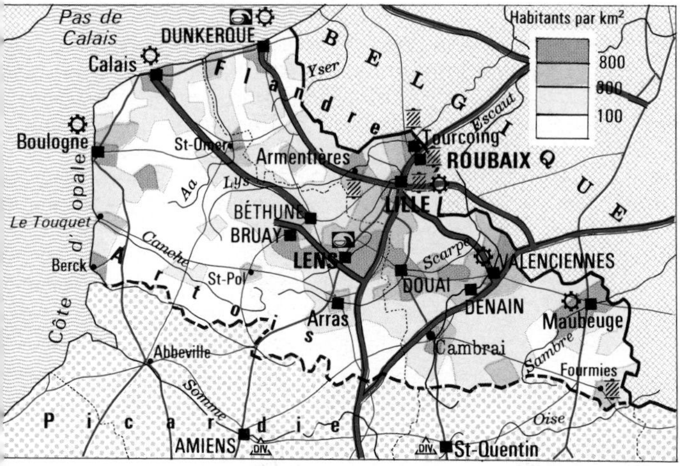

ne plaine basse, uniforme, piquée de ns beffrois, bordée de dunes moutonantes le long de la mer : c'est la moins tendue des régions françaises. Pays des ines et des usines, du textile et de la ière, autrefois prospère, elle est devenue ne région à reconvertir.

La Flandre, fertilisée grâce à un intense labeur main, est à la fois un riche pays agricole et une région rtement industrialisée. L'extraction de la houille a fait Nord, au XIXe siècle, un haut lieu de l'industrie franise. Mais le « Pays Noir », durement touché par le clin charbonnier, doit aujourd'hui diversifier ses proictions (implantation de l'industrie automobile). Près la frontière belge, la conurbation Lille-Roubaix-Touring compte environ 1 million d'habitants.

L'Artois et le Cambrésis sont des régions de ande culture : blé, betterave à sucre, cultures fourrares.

Nord-Pas-de-Calais

Capitale : Lille : 936 000 hab. (unité urbaine) (voir hors-texte).

Superficie : 12 530 km².

Population : 3,9 millions d'hab.

Densité : 317.

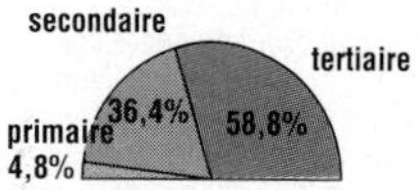

population active : 1 523 000

- **Agriculture :**

blé (16 millions de qx) ;

pommes de terre (20 millions de qx) ;

bovins (800 000) ;

orge (9,8 millions de qx) ;

betteraves (36 millions de qx) ;

porcins (740 000).

- **Industrie :**

houille (12 % du total national) ;

2e région sidérurgique (38 % du total national) ; 1re région textile (82 % de la filature et 43 % du tissage de la laine, 43 % de l'industrie cotonnière, 100 % de la filature du lin, 48 % du tissage du jute).

- **Trafic portuaire : Dunkerque (3e port français de commerce), Calais (1er port de voyageurs).**

1 / 6

LA PICARDIE

Au sud des collines de l'Artois s'étenden les vaste horizons picards qui se prc longent à l'est en Champagne. Comprise entre les régions industrielles du Nord e du Nord-Est et la région parisienne, l Picardie et la Champagne sont des zone d'intense circulation qui modernisent leu agriculture et développent de multiple activités industrielles.

▶ **La Picardie** porte, sur ses plateaux, de riche cultures fortement mécanisées. Les fonds de vallée (Somme) sont occupés par des « hortillonnages » (ja dins maraîchers). Dans les villes qui s'industrialiser se dressent d'imposantes cathédrales : Amiens, Beau vais...

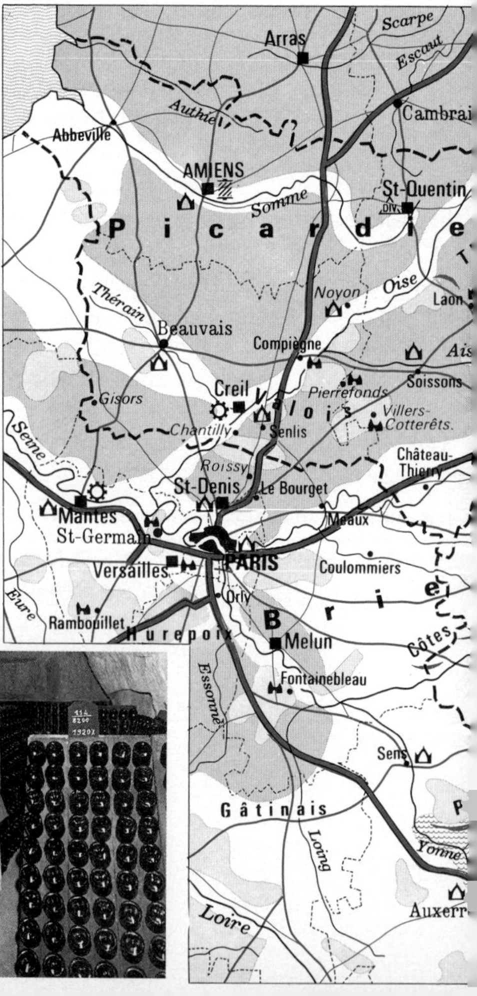

Le Champagne.
Grâce au procédé découvert au XVIIIe s. par le moine Dom Pérignon, le vin de Champagne devenu mousseux est entreposé, de Reims à Épernay, dans des caves à 30 m de profondeur. La Champagne produit 153 millions de bouteilles par an. Le vignoble (20 000 ha) est familial : 85 % de la superficie sont partagés entre plus de 16 000 vignerons (dont 13 000 vignerons exploitants). 144 « Maisons de champagne » et 120 coopératives de vignerons assurent la plus grande partie de la vinification et de la commercialisation. Près de 25 % de la production sont exportés surtout vers la Grande-Bretagne, les États-Unis, la R.F.A. ▼

ET LA CHAMPAGNE

· **La Champagne**, plaine largement ouverte, a été ès l'époque romaine un carrefour important. Au Moyen ge, ses foires célèbres attiraient les marchands de ›ute l'Europe. Dans la région d'Épernay, les côtes ısoleillées voient mûrir la vigne qui produit le célèbre champagne ». La Champagne « pouilleuse », autrefois nde sèche et pauvre, est devenue une riche région éréalière. Les villes champenoises, Reims, Châlons-ır-Marne, et dans une moindre mesure Troyes, béné-ɔient de la politique de décentralisation.

· **L'Ardenne**. Vieux plateau hercynien, « immense ›rêt de petits arbres », disait Michelet, l'Ardenne est arsemée de landes et de tourbières. Dans les ıéandres de la Meuse « endormeuse » se sont dévelop-ɔées de petites villes industrielles : Mézières-Charleville, edan, Givet.

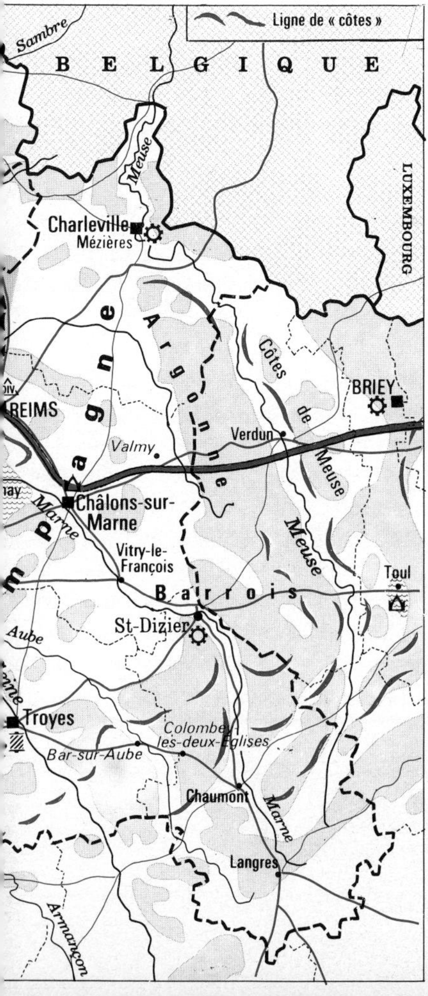

Picardie

Capitale : Amiens

154 000 hab.

Superficie : 19 450 km².

Population : 1,7 million d'hab.

Densité : 91.

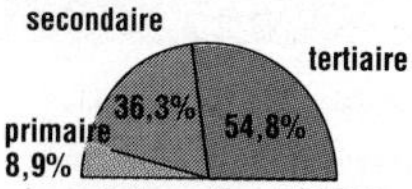

population active : 744 000

- **Agriculture :**

blé (27 millions de qx) ;

orge (11 millions de qx ;

bovins (727 000 têtes) ;

porcins (198 000 têtes) ;

ovins (137 000 têtes) ;

betteraves (95 millions de qx) ;

pommes de terre (20 m. de qx) ;

lait (10,8 millions d'hl).

- **Industrie :**

construction mécanique

(25 000 salariés, 5e rang),

machines agricoles, matériel de

travaux publics, cycle, textile,

cuivre, caoutchouc, verre.

Champagne-Ardenne

Capitale : Châlons-sur-Marne

54 000 hab.

Superficie : 25 740 km².

Population : 1,3 million d'hab.

Densité : 53.

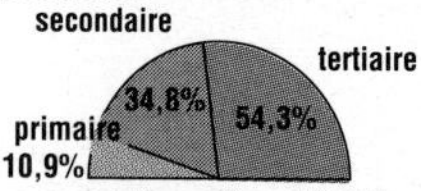

population active : 579 000

- **Agriculture :**

blé (24 millions de qx) ;

vin (136 millions de bouteilles de

Champagne) ;

bovins (728 700 têtes) ;

porcins (130 000 têtes) ;

- **Industrie et énergie**

(30 % des salariés) :

industrie mécanique ;

textile (à Troyes) ;

industries agro-alimentaires à

Reims et à Épernay.

1 / 6

LA FRANCE DU NORD-EST

Les régions de la France du Nord-Est terres de contact entre l'Europe latin et l'Europe germanique, sont un carrefou qui a longtemps été disputé.

De part et d'autre des Vosges, vieu massif hercynien pastoral et forestier s'étendent la Lorraine et l'Alsace.

Alsace

Capitale : Strasbourg (aggl.) 373 000 hab. (voir hors-texte).

Superficie : 8 280 km².

Population : 1,6 million d'hab.

Densité : 193.

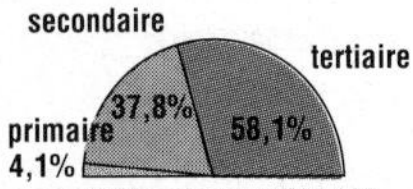

population active : 689 000

- **Agriculture :**

blé : (4,1 millions de qx) ;

maïs (4 millions de qx) ;

houblon (8 000 qx) ;

tabac (55 000 qx) ;

vin (1,2 million d'hl) ;

bovins (282 000 têtes) ;

porcins (105 900 têtes).

- **Commerce :**

trafic du port de Strasbourg, trafic des canaux et ferroviaire.

- **Industrie : mécanique ;**

sidérurgie (13 000 salariés) ;

chimie (potasse) ;

bière (10 millions d'hl).

▶ **La Lorraine.** Partie occidentale de l'ancienne Lotha ringie, à laquelle elle doit son nom, la Lorraine com prend un plateau aux vastes horizons, au sol pauvr mais au sous-sol riche en charbon et en sel, et, plus l'ouest, le fertile pays des côtes de Meuse et d Moselle, qui encadrent plateaux et vallées riches en fe Puissante région industrielle, la Lorraine doit faire face depuis quelques années, à de sérieuses difficultés.

▶ **L'Alsace.** Étendue à la fois sur la plaine du Rh et sur le versant oriental des Vosges, l'Alsace offre un grande diversité de paysages. De vieilles cités : Oberna Riquewihr, Kaysersberg, Colmar, échelonnées au pie du vignoble qui les fait vivre, ont conservé, ave leurs nids de cigognes et leurs maisons sculptées, le cachet ancien.

La plaine, en bordure du Rhin aménagé, s'industria lise rapidement, de Strasbourg à Mulhouse. Parmi le atouts de la région : une situation de carrefour, l'am nagement de zones industrielles, les investissemen étrangers (allemands, suisses, américains), le renforce ment des infrastructures de transports.

▶ **Les Vosges.** Partagées entre la Lorraine (à l'oues et l'Alsace (à l'est) les Vosges sont une vieille mo tagne couverte de forêts de sapins et de hêtres dont les ballons sont couronnés de pâturages (le « chaumes ») où, dans les « marcaireries », se prépare les fromages réputés de Munster et de Gérom une région agrémentée de nombreux lacs, témoi d'anciens glaciers, et riche en stations thermal comme Vittel, Plombières et Contrexéville. Ici et là, d filatures produisent la toile des Vosges, qui, après le t sage, blanchit au soleil dans les prés.

Les vins d'Alsace sont produits par un vignoble de 12 000 ha, bien exposé au soleil levant. Ce sont des vins de qualité, surtout des vins blancs : Riesling, Traminer, Riquewihr... ▼

▼ La place Stanislas à Nancy.

Lorraine

Capitale : Nancy (aggl.) 307 000 hab.

Metz (aggl.) 186 000 hab.

Superficie : 23 000 km².

Population : 2,3 millions d'hab.

Densité : 100.

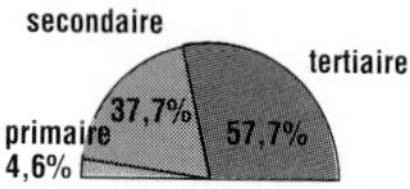

population active : 948 000

- Agriculture :

blé (8,3 millions de qx) ;

bovins (1,1 million de têtes) ;

porcins (108 500 têtes) ;

lait (15,9 millions d'hl).

- Industrie : charbon : 9,8 millions de t (50 % du total national) ; minerai de fer : 10,7 millions de t (95 % du total national) ; acier : 4,9 millions de t (30 % du total national).

1 / 6

LA BOURGOGNE

Seuil entre le Morvan et les Vosges, la Bourgogne fut, à travers les âges, un lieu de passage très fréquenté entre le Nord et le Midi. D'où la fortune de Dijon, carrefour de routes, ville d'art et capitale des ducs de Bourgogne qui, durant plus d'un siècle, tinrent tête aux rois de France. Pays varié, célèbre par ses vins, et aussi par ses édifices romans.

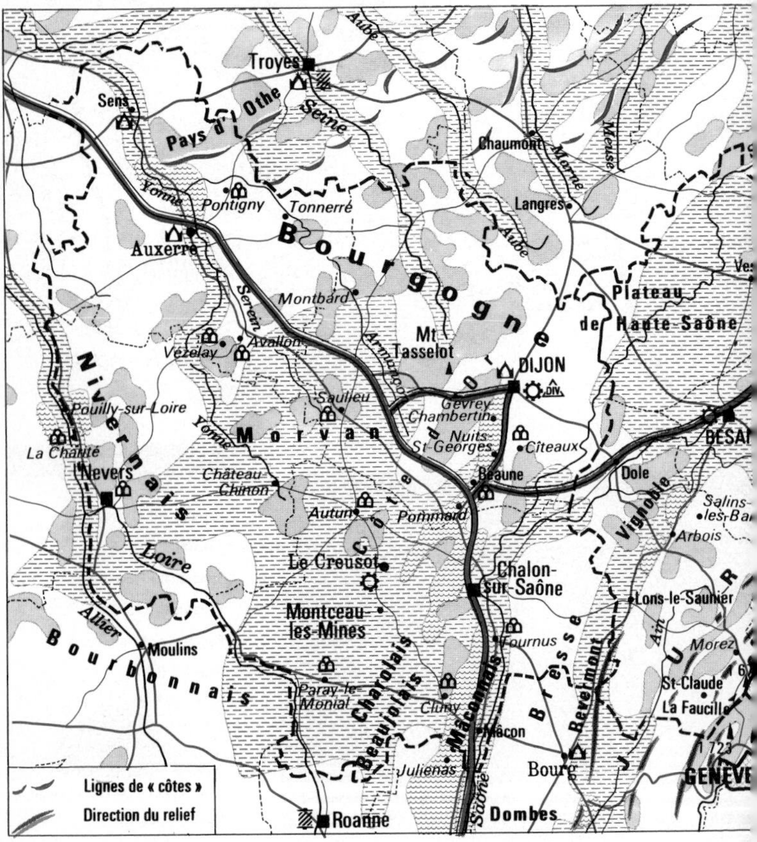

◀ Les Hospices de Beaune (Maison de Dieu).

▶ **La Côte-d'Or.** De Dijon à Beaune et à Chagny, le long de la « Route du Vin » qui serpente à mi-côte, les grands crus de la « Côte-d'Or », célèbres depuis l'antiquité gallo-romaine, égrènent leurs noms prestigieux Gevrey-Chambertin. Clos-Vougeot, Vosne-Romanée Pommard, Meursault, Puligny-Montrachet...

ET LA FRANCHE-COMTÉ

A l'est, la Franche-Comté, ancienne province rattachée à la France au XVIIe siècle, est une région montagneuse et pittoresque où, parmi forêts et prairies, sont disséminés des chalets, des « fruitières » (coopératives fromagères), des scieries, et où la vie, sauf dans quelques centres industriels, reste proche de la nature.

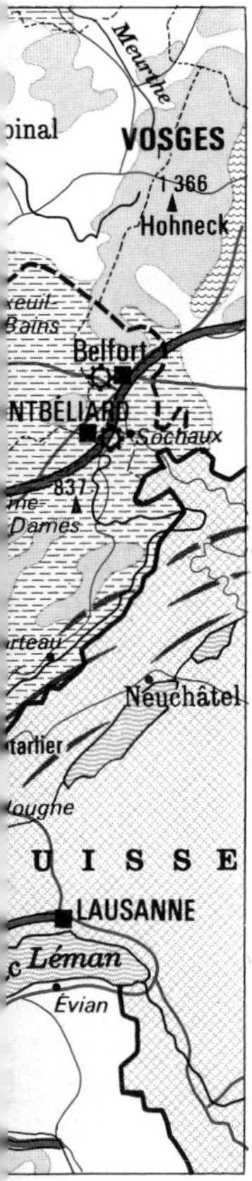

▶ **Le Morvan.** Prolongement du Massif Central, le Morvan est un massif de vieilles montagnes boisées et aux formes arrondies, aux hameaux dispersés, qui a longtemps vécu replié sur lui-même et qui s'ouvre lentement à la modernisation. La région est riche en sites et vallées pittoresques et en lacs artificiels.

▶ **La zone de Belfort-Montbéliard,** qui comprend 80 communes, groupe 240 000 habitants. C'est une longue aire urbaine fortement industrialisée. la métallurgie est prédominante : la Franche-Comté se situe au 3e rang national après la région parisienne et la région Rhône-Alpes. La firme Peugeot qui occupe plus de 32 000 salariés (Sochaux et Montbéliard) a étendu ses activités en Alsace (Mulhouse).

▶ **Le Jura,** issu du plissement alpin, est la dernière-née des montagnes françaises. La « montagne », à l'E., formée de plis parallèles, cède la place, à l'O., à des plateaux étagés où se sont développés de petits centres industriels : Saint-Claude, Oyonnax... Situé à la bordure N.-E. du Jura, Besançon est la capitale de la Franche-Comté.

Bourgogne

Capitale : Dijon (aggl.) 216 000 hab.

Superficie : 31 580 km².

Population : 1,6 million d'hab.

Densité : 51.

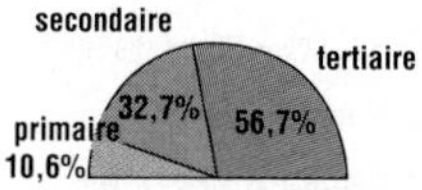

population active : 676 000

- **Agriculture :**

blé (21 millions de qx) ;

orge (11,4 millions de qx) ;

bovins (1,4 million de têtes) ;

lait (11,6 millions d'hl) ;

vin (1,3 million d'hl).

- **Industrie :**

mécanique (20 000 salariés) ;

houille : 1 million de tonnes ;

énergie : 7 200 salariés ;

industries agro-alimentaires.

Franche-Comté

Capitale : Besançon (aggl.) 121 000 hab.

Superficie : 16 200 km².

Population : 1,1 million d'hab.

Densité : 67.

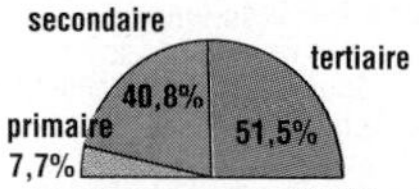

population active : 400 000

- **Agriculture :**

blé (1,8 million de qx) ;

bovins (700 000 têtes) ;

bois (1 780 milliers de m³) ;

lait (12,9 millions d'hl).

- **Industrie :**

automobile-cycle : 36 350 salariés (Peugeot dans la zone de Sochaux-Montbéliard) ;

bois (11 000 salariés) ;

mécanique (22 000 salariés) ;

horlogerie ; alimentation ; textile.

1 / 6

LA NORMANDIE

La Normandie, c'est la mer à deux heures de Paris, avec ses magnifiques plages de sable ou de galets, ses stations balnéaires mondaines ou familiales, l'arête blanche de ses falaises et l'animation de ses ports de pêche ; c'est, sur la route du Mont-Saint-Michel et de la Bretagne, l'étape verdoyante, le repos du regard, la vision d'une campagne française calme et cossue, où l'on est heureux de vivre.

Basse-Normandie

Capitale : Caen (aggl.) 183 000 hab.

Superficie : 17 590 km².

Population : 1,3 million d'hab.

Densité : 78.

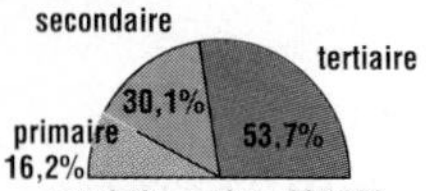

population active : 600 000

- **Agriculture :**

blé (8,3 millions de qx) ;

lait (28,1 millions d'hl) ;

bovins (1,9 million de têtes).

- **Industrie :**

industrie agro-alimentaire :

12 000 salariés ;

automobile (19 000 salariés).

- **Trafic maritime :**

Cherbourg (1 million de passagers)

Caen (marchandises).

▶ **La Basse-Normandie.** Cette région doit à son relief en « creux », à son socle de granit où s'encaissent des vallées pittoresques son aspect de bocage : ce « bocage normand », ses paysages, aux champs cloisonnés de haies, du pays d'Auge au Cotentin, annoncent déjà la Bretagne.

Caen, capitale régionale riche en églises, détruite à 75 % durant la dernière guerre, aujourd'hui reconstruite à neuf, développe ses activités tertiaires, commerciales, universitaires et de recherche.

Le Mont-Saint-Michel
C'est au VIIIe siècle que l'évêque d'Avranches choisit le Mont pour fonder un oratoire auquel succéda une abbaye carolingienne. Véritable répertoire d'architecture, le Mont-Saint-Michel mêle harmonieusement le style gothique au roman.

La Haute-Normandie. Elle doit son nom à sa position sur la carte, et non pas à son relief. C'est en effet une immense plaine crayeuse, mais aux paysages variés : tantôt campagnes favorables à la grande culture (le lin surtout), tantôt herbages et gras pâturages, où l'on élève les races de chevaux et de bovins les plus réputées en France. Pays des fromages par excellence (camembert, pont-l'évêque) et aussi des pommes à cidre, avec de grands marchés agricoles.

La Haute-Normandie, reliée à la région parisienne par la vallée de la Seine et dotée de deux grands ports, Le Havre et Rouen, s'est fortement industrialisée. Aux industries traditionnelles, textiles, industries alimentaires, se sont ajoutées des constructions électriques et mécaniques (automobile) et, surtout, un grand complexe pétroléochimique. Un schéma d'aménagement prévoit trois grands pôles de développement : la zone située entre Le Havre et la forêt de Brotonnes, la région Évreux-Vernon, le Grand Rouen.

Ces trois pôles sont destinés à grouper 2,5 millions d'habitants dans moins de 20 ans (projection en l'an 2000).

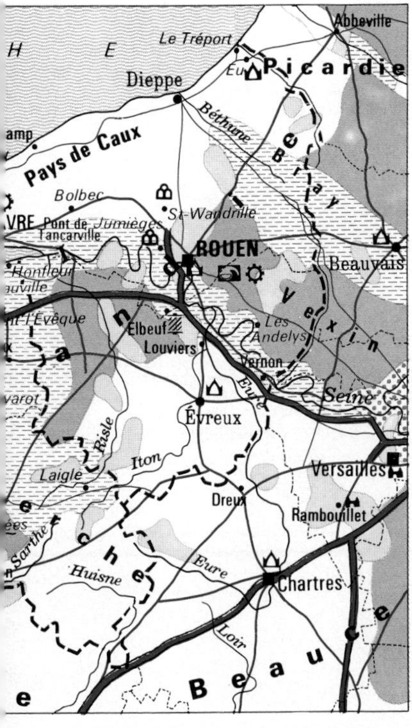

Haute-Normandie

Capitale : Rouen (aggl.) 380 000 hab.

Superficie : 12 317 km².

Population : 1 685 000 hab.

Densité : 137.

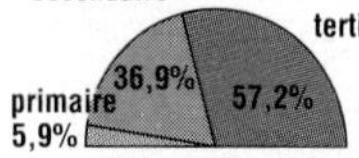

population active : 734 000

- **Agriculture :**

blé (15,3 millions de qx) ;
orge (4,7 millions de qx) ;
betteraves (15,4 millions de qx) ;
bovins (900 000 têtes) ;
porcins (156 000 têtes).

- **Industrie :**

industrie agro-alimentaire : 7 500 salariés ;
énergie, bâtiment et travaux publics, électricité, composants électroniques, produits de raffinage.

- **Pêche :**

ports du Havre, Rouen, Dieppe.

ROUEN, *capitale historique de la Normandie, comme accrochée à une boucle de la Seine en amont de son estuaire, connut jusqu'au XVIe siècle une grande prospérité (port, fabrication de draps) dont témoignent des monuments prestigieux. Après une longue crise, son port connaît aujourd'hui un nouvel essor, favorisant le développement du commerce et de nombreuses industries.*

1 / 6 LA BRETAGNE

Peuplée depuis le Ve s. de Celtes chassés de Cornouaille, la Bretagne, pays des menhirs et des dolmens, des légendes (Merlin et Viviane, Ys, le roi de Thulé), des calvaires et des pardons, apparut longtemps comme une contrée étrange et lointaine. Bien que ce passé reste vivant, la Bretagne connaît aujourd'hui, grâce à l'équipement technique et au tourisme, l'amorce d'une transformation profonde.

En breton...

aber = estuaire
ar coat = la forêt
ar mor = la mer
menez = montagne
ker = demeure
men-hir = pierre longue
dol-men = table de pierre
crom-lech = groupe de menhirs plantés en cercle
penn-marc'h = tête de cheval

▶ **L'Ar-Mor.** La Bretagne côtière doit toutes ses chances à la mer (armor). Ses côtes découpées, qui offrent des spectacles grandioses, des sites aux noms souvent terrifiants (Enfer de Plogoff, baie des Trépassés) et de magnifiques plages de sable fin et doré, ont favorisé, grâce aux nombreux estuaires que remonte la marée, l'établissement de ports ; Brest (port de guerre), Lorient (fondé en 1666 par la Compagnie des Indes), Saint-Malo (vieille cité des corsaires), Concarneau (port de pêche).

Le climat, adouci par des courants marins, favorise les cultures maraîchères, notamment celle des primeurs.

RENNES, *capitale historique de la Bretagne, s'impose peu à peu comme métropole régionale malgré la concurrence de Nantes et de Brest. Son originalité consiste notamment dans le développement rapide de nombreuses PME (Petites et Moyennes Entreprises), en liaison directe avec l'Université et plusieurs Grandes Écoles, où dominent l'enseignement et l'application de l'informatique et de la télématique.*

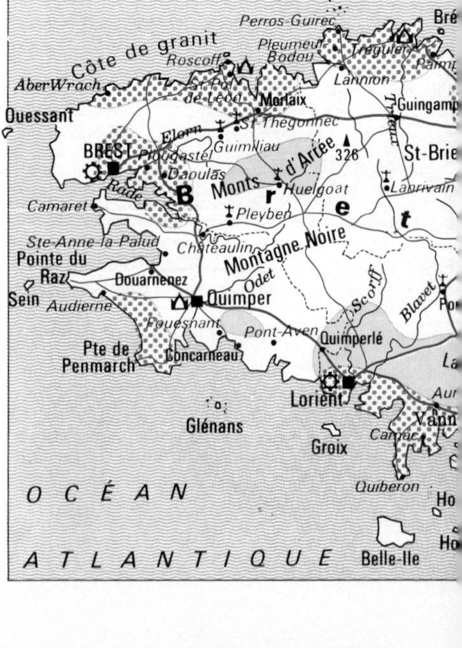

Enfin, la beauté des sites et la douceur du climat attirent un nombre sans cesse grandissant de touristes : Dinard, Dinan, Perros-Guirec, Quiberon...

➜ **L'Ar-Coat.** Autrefois couverte de forêts, la Bretagne de l'intérieur (ar-coat = pays au bois), au sol granitique, est un pays pauvre qui alimente un fort courant d'émigration, en particulier vers la région parisienne. L'homme a défriché la couverture forestière qui ne subsiste que par lambeaux (forêt de Paimpont) et a enclos de haies vives ses champs et ses prés, créant un bocage très touffu. L'habitat est généralement en petits hameaux, les *plous,* qui groupent quelques maisons sans étage.

A la Bretagne occidentale, rude, isolée, plus pauvre, s'oppose la Bretagne orientale, plus ouverte, plus fertile, plus riche, autour de sa capitale, Rennes.

Un effort d'industrialisation a été entrepris et, depuis 1954, près de 500 établissements industriels (dont quelque 200 entreprises décentralisées) se sont installés en Bretagne.

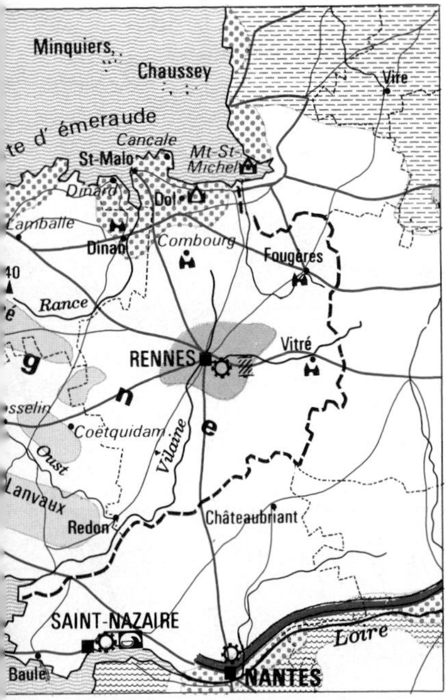

La Bretagne

Capitale : Rennes (aggl.) 234 000 hab.

Superficie : 27 200 km^2.

Population : 2,7 millions d'hab.

Densité : 101.

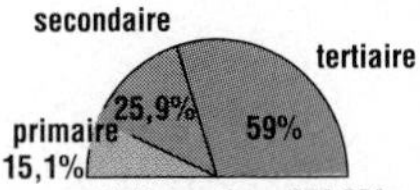

- **Agriculture :**

blé (2,12 millions de qx) ;
avoine (2,8 millions de qx) ;
pommes de terre (7,4 millions de qx) ;
bovins (2,8 millions de têtes, 2e rang) ;
lait (60,8 millions d'hl, 1er rang).

- **Industrie : seulement 175 000 salariés.**

50 200 dans l'industrie agro-alimentaire (28,67 %) ;
construction mécanique (Citroën à Rennes) ; électronique.

- **Pêche :**

poissons, crustacés.
Plus de la moitié de la production nationale.

La pointe du Raz.
A l'extrémité de l'Europe, face à l'Océan, la côte est déchiquetée, souvent battue par les tempêtes.

LES PAYS DE LA LOIRE

Les pays de la Loire, chantés par les poètes de la Pléiade, se sont modelés sur les courbes nonchalantes du fleuve et de ses affluents où se mirent châteaux, jardins et maisons de pierre blanche, argentés par un soleil paisible. La « douceur angevine » est douceur divine.

▲ **Azay-le-Rideau : un des bijoux de la Touraine, édifié par un grand financier du XVIe s., marie heureusement le gothique et l'art de la Renaissance.**

▶ **L'Anjou et la Touraine.** Entre les plateaux boisés que sectionnent en bandes parallèles les affluents de la Loire, les vallées d'Anjou et de Touraine sont couvertes de prairies, de vergers et de vignobles aux vins savoureux et fruités : terre du « rosé », où les maisons se coiffent de l'« ardoise fine » de Trélazé, chère à Du Bellay, jardin de la France.

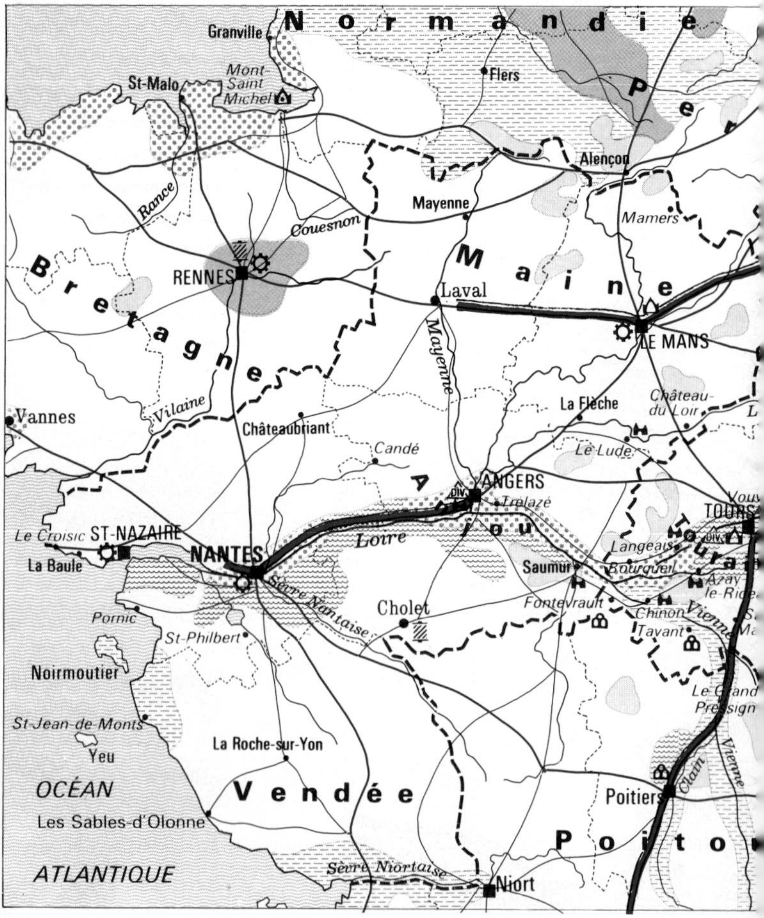

L'Orléanais. Au sommet de la boucle de la Loire, rléans est cerné au nord par son immense forêt. Situé 100 km au S. de la capitale, l'Orléanais fait figure ujourd'hui d'avant-poste de la région parisienne, dont tend à devenir peu à peu, grâce à la décentralisation, ne sorte d'annexe industrielle.

La Sologne et le Berry. Au sud de la Loire, dans boucle formée par le fleuve, le paysage change. a Sologne, naguère encore marécageuse, aujourd'hui lantée de pins, est un pays de choix pour la pêche et chasse. La plaine calcaire du Berry, restée, comme l'époque de George Sand, un pays agricole et pastoal, s'ouvre néanmoins lentement à l'industrie.

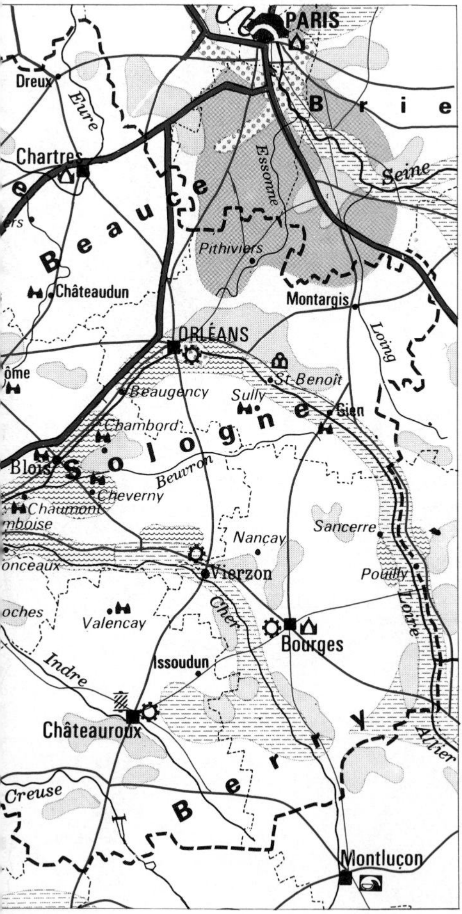

Pays de la Loire

Capitale : Nantes (aggl.)

465 000 hab. (voir hors-texte).

Superficie : 32 124 km².

Population : 3,01 millions d'hab.

Densité : 95.

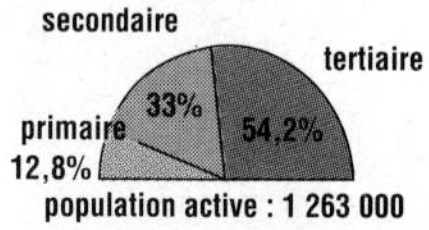

- **Agriculture :**

blé (14,3 millions de qx) ;

maïs (7,6 millions de qx) ;

bovins (3,3 millions de têtes) ;

vins (2,8 millions d'hl).

- **Industrie :**

industrie agro-alimentaire :

(32 000 salariés, 4ᵉ rang) ;

chaussures (1ʳᵉ région) ;

construction navale, raffinage de pétrole dans le complexe portuaire de Saint-Nazaire ; mécanique.

- **Pêche : 56 000 t.**
- **Tourisme (732 hôtels).**

Centre

Capitale : Orléans (aggl.)

220 000 hab.

Superficie : 39 460 km².

Population : 2,3 millions d'hab.

Densité : 59.

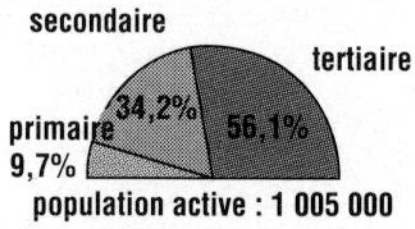

- **Agriculture :**

blé (46 millions de qx, 1ᵉʳ rang) ;

maïs (14 millions de qx, 2ᵉ rang) ;

betteraves (17 millions de qx) ;

vin (1,6 million d'hl).

- **Industrie : mécanique**

(32 000 salariés, 4ᵉ rang) ;

pharmaceutique (8 000 salariés, 2ᵉ rang) ; 27,3 % de l'énergie nucléaire française.

1 / 6 LA FRANCE DU CENTRE-OUEST

Région de transition entre la Basse Loire et la Gironde, la France du Centre-Ouest est avant tout un lieu de passage entre le Bassin Parisien, avec lequel elle communique par le seuil du Poitou, et le Bassin Aquitain, auquel elle permet d'accéder par les Charentes. Son climat atlantique y favorise la culture et l'élevage. Le littoral offre aux amateurs de bains de magnifiques plages.

Les îles sont nombreuses le long de cette côte. L'île de Noirmoutier attire les touristes par son charme et la douceur de son climat.

▶ **La Vendée.** Incluse dans la région des « Pays de la Loire » [p. 247], la Vendée, qui forme le Bas Poitou, fait encore partie du Massif Armoricain sans cependant appartenir à la Bretagne. Elle est constituée par des hauteurs granitiques couvertes de landes, la Gâtine, prolongement du Massif Armoricain, où se retrancha,

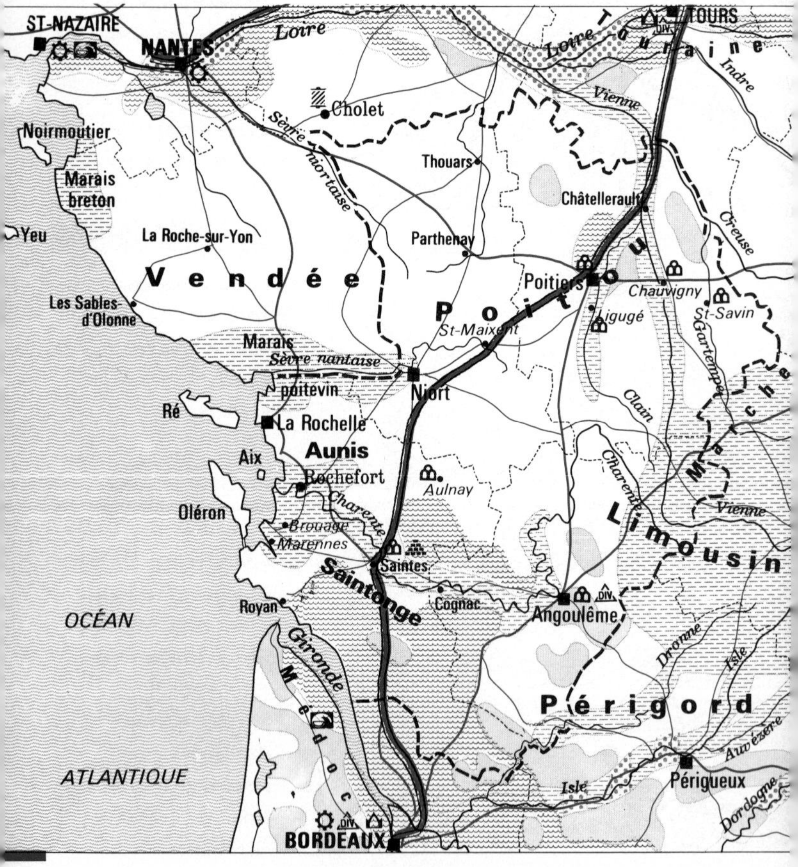

ux premiers temps de la République, la farouche résis-ance des Chouans.

De part et d'autre, des plateaux schisteux forment e Bocage vendéen, aux prairies coupées de haies, où élevage et la culture se développent de plus en plus. e Marais poitevin est un ancien golfe asséché où les rés salés et les cultures maraîchères voisinent avec es marais salants et les parcs à huîtres.

Une plage magnifique et très fréquentée : les Sables-l'Olonne.

Le Poitou. Entre la Vendée et le Limousin, le seuil u Poitou, zone de passage, fut aussi une zone d'inva-ion : Vouillé évoque les combats de Clovis ; Charles Martel arrêta les Arabes à Poitiers (732). Le Poitou est esté rural. Sur ses sols variés — terre de graie (argiles ougeâtres et calcaire), terre de brandes (terrains froids ouverts de landes) — se sont développées des ultures céréalières et fourragères. Poitiers était une des randes villes françaises au XVIe s.

Les Charentes. Elles réunissent les anciennes pro-inces d'Aunis et de Saintonge. Pays d'élevage et l'industrie laitière, elles produisent le beurre de France e plus apprécié, ainsi que le cognac, « liqueur des lieux ». Saintes a conservé un arc et des arènes, émoins de son importance à l'époque gallo-romaine.

Angoulême, animée d'une véritable vie industrielle, est la plus grande ville de la région.

Poitou-Charentes

Capitale : Poitiers : 82 900 hab.

Superficie : 26 000 km^2.

Population : 1,5 million d'hab.

Densité : 62.

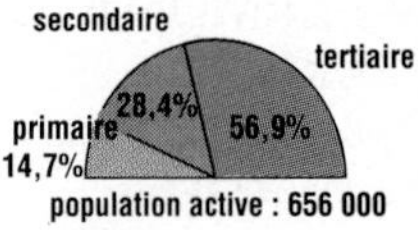

- **Agriculture :**

blé (16 millions de qx) ;

maïs (7,2 millions de qx) ;

orge (5,3 millions de qx) ;

vin (10,6 millions d'hl) ;

bovins (1 million de têtes) ;

porcins (324 000 bêtes).

- **Industrie :**

mécanique ;

matériel électrique ;

pneumatique ;

verrerie ;

travail du bois ;

automobile (Peugeot-Talbot à La Rochelle) ;

énergie : 4 400 salariés ;

industrie agro-alimentaire : 18 900 salariés.

- **Produits de la pêche : 67 800 t.**

◀ La Rochelle, port de pêche et de commerce, a conservé les pittoresques remparts qui encadraient son Vieux-Port au temps du fameux siège qu'elle soutint contre Louis XIII et Richelieu.

LE MASSIF CENTRAL

Bastion de hautes terres au cœur d
pays, château d'eau qui donne naissanc
à la Loire et alimente les quatre grand
fleuves français, le Massif Central (u
septième du territoire), contrée au clima
rude, a des aspects variés. Isolé, doté d
médiocres ressources, il s'est peu à pe
dépeuplé.

▶ **L'Auvergne** est un pays de volcans qui alignen
du nord au sud, leurs formes variées, de la chaîne de
Puys au Plomb du Cantal, et à partir desquels rayonne
des plateaux de laves basaltiques. Parsemée de lacs p
toresques, l'Auvergne est riche en sources thermales
stations de Royat, de La Bourboule, du Mont-Dore, (

CLERMONT-FERRAND, *cité au visage austère, comme le Puy-de-Dôme granitique qui lui sert de fond de décor, longtemps repliée sur elle-même, a reconnu depuis peu sa vocation de métropole régionale au cœur de l'Auvergne et du Massif Central. Tout en restant la capitale du pneumatique (usines Michelin), elle est devenue aussi le centre d'une industrie pharmaceutique prospère et d'activités diverses.*

Le Puy.

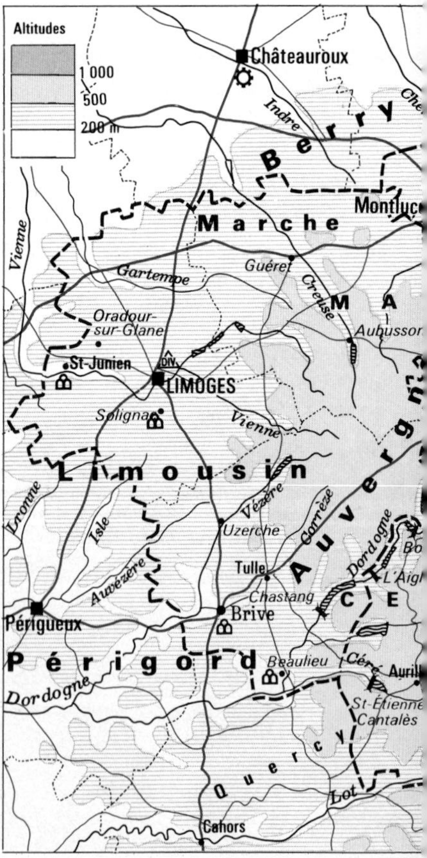

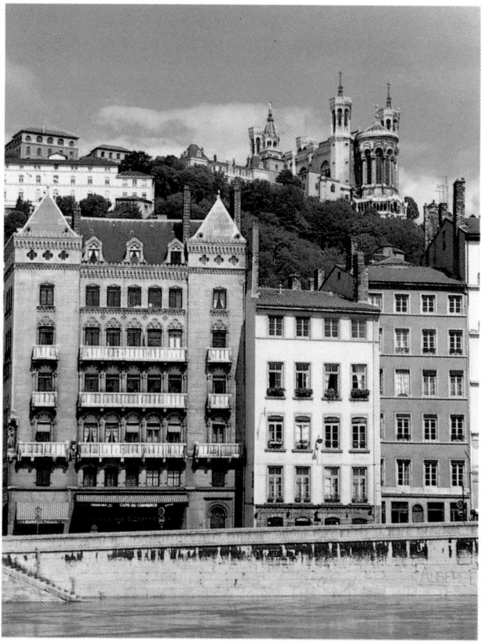

LYON,

dans un site exceptionnellement favorable au confluent du Rhône et de la Saône, capitale de la Gaule romaine et chrétienne, a été de tous temps un carrefour et un centre commercial important. Cité de la soie depuis le XVIe siècle, ville secrète et active, elle trouve aujourd'hui de nouveaux débouchés grâce au récent développement des textiles synthétiques. Siège d'une Bourse active et de nombreuses banques, Lyon veut devenir une des grandes métropoles régionales de l'Europe.

BORDEAUX, *clé du Bassin Aquitain, est d'abord un grand port installé au fond de la Gironde, au cœur du célèbre vignoble qui fit sa fortune à travers les âges. La ville connut au XVIIIe siècle une grande prospérité dont de nombreux monuments portent témoignage. Centre industriel et commercial important, ouvert sur l'Atlantique et les pays tropicaux, la création d'un complexe portuaire et industriel lui donne aujourd'hui un regain d'importance.*

TOULOUSE, *capitale historique du Languedoc, « ville rose » au riche passé, centre intellectuel depuis les troubadours et les Jeux Floraux, frappe aujourd'hui par son dynamisme et sa jeunesse. Deuxième ville universitaire de France, à dominante scientifique, elle est la capitale de l'aéronautique (Aérospatiale, Dassault, Airbus Industrie) et un foyer actif de recherche en électronique et en bio-technologie.*

MONTPELLIER, *capitale du Languedoc-Roussillon, possède un statut à la fois régional, national et européen.*
Elle a connu, en 20 ans, une croissance démographique exceptionnelle.
Pour se développer, la ville a concentré ses efforts sur cinq pôles : médical, avec le parc Euromédecine; agricole, avec le parc Agropolis, centre d'agriculture méditerranéenne et tropicale et d'agro-industrie; Communicatique (informatique, robotique et intelligence artificielle) et Antenna (nouveaux moyens de communication); enfin, touristique avec Héliopolis, centre d'accueil du secteur du tourisme.
Montpellier se caractérise aussi par son dynamisme culturel et son originalité architecturale.

GRENOBLE,

capitale du Dauphiné, berceau de la houille blanche, plaque tournante de l'alpinisme, des sports de neige et du tourisme alpin est un grand centre universitaire. Elle occupe en France le deuxième rang pour la recherche, laquelle est étroitement liée à une industrie florissante (électrochimie en particulier). Avec son Centre d'études nucléaires et l'installation du synchrotron (laboratoire européen du rayonnement), son parc d'expositions (Alpexpo) et sa future « Europole », Grenoble cherche aujourd'hui un nouveau souffle pour s'affirmer comme métropole régionale européenne.

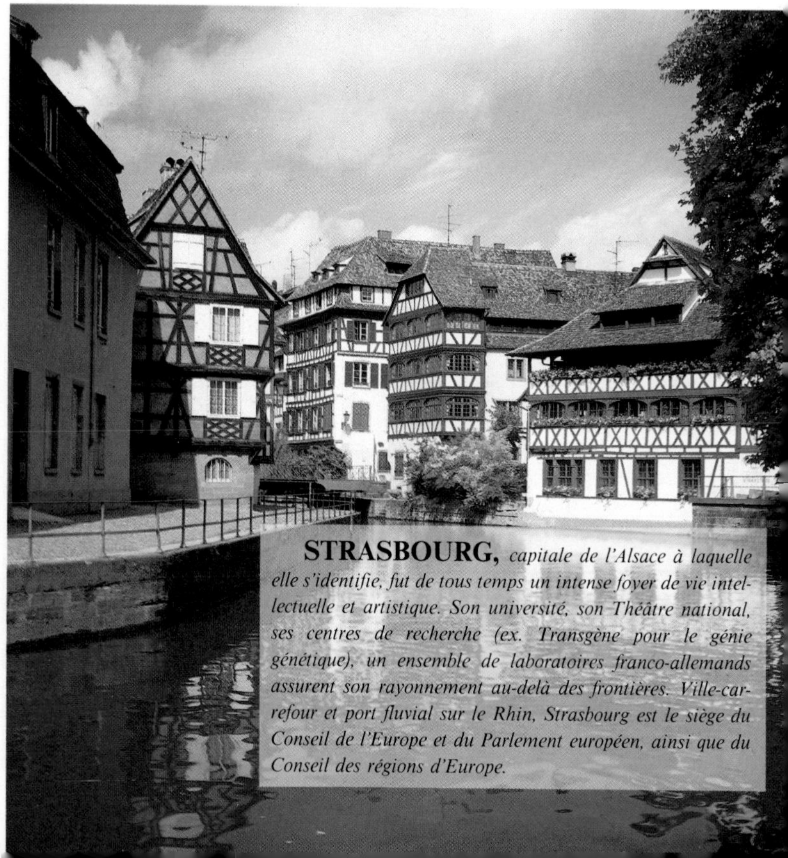

STRASBOURG, *capitale de l'Alsace à laquelle elle s'identifie, fut de tous temps un intense foyer de vie intellectuelle et artistique. Son université, son Théâtre national, ses centres de recherche (ex. Transgène pour le génie génétique), un ensemble de laboratoires franco-allemands assurent son rayonnement au-delà des frontières. Ville-carrefour et port fluvial sur le Rhin, Strasbourg est le siège du Conseil de l'Europe et du Parlement européen, ainsi que du Conseil des régions d'Europe.*

LILLE

forme, avec Roubaix et Tourcoing, une agglomération de près d'un million d'habitants. Durement touchée par le déclin de l'industrie textile et la crise charbonnière, elle est aujourd'hui le pôle d'une politique de reconversion.
Un métro de conception nouvelle, le VAL (véhicule automatique léger), des industries de substitution (verrerie), des universités vivantes sont les atouts pour réaliser le rêve d'un « Grand Lille », carrefour transfrontalier et européen.

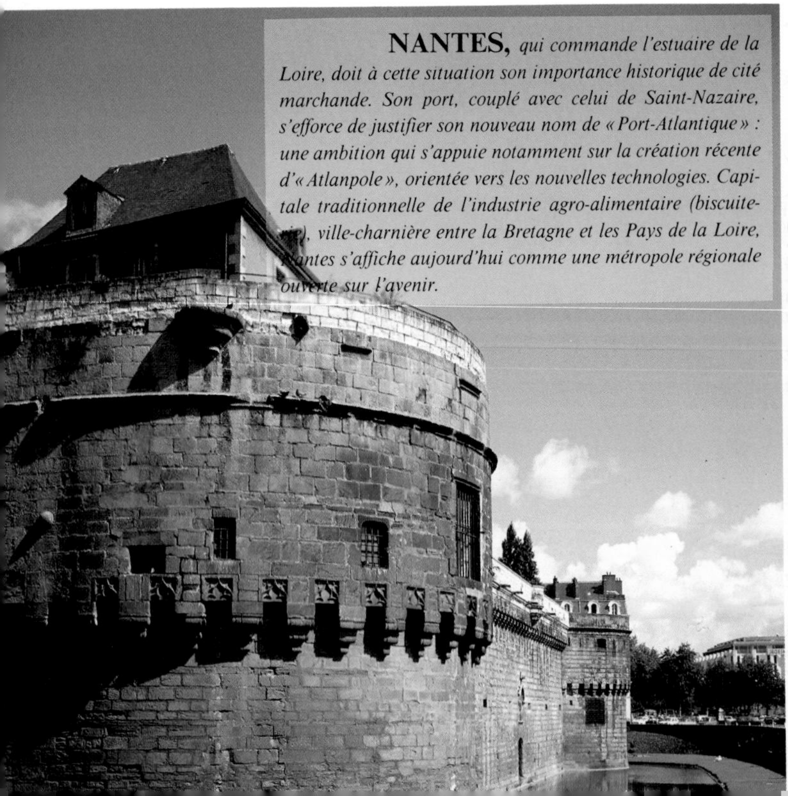

NANTES, *qui commande l'estuaire de la Loire, doit à cette situation son importance historique de cité marchande. Son port, couplé avec celui de Saint-Nazaire, s'efforce de justifier son nouveau nom de « Port-Atlantique » : une ambition qui s'appuie notamment sur la création récente d'« Atlanpole », orientée vers les nouvelles technologies. Capitale traditionnelle de l'industrie agro-alimentaire (biscuiterie), ville-charnière entre la Bretagne et les Pays de la Loire, Nantes s'affiche aujourd'hui comme une métropole régionale ouverte sur l'avenir.*

Châtelguyon. La plaine de Limagne est une très riche région agricole. Clermont-Ferrand, au contact de la montagne et de la plaine, cité industrielle, est la capitale du caoutchouc (usines Michelin).

▶ **Les Causses.** Les gorges du Tarn et de ses affluents découpent, en profonds cañons, les plateaux calcaires et dénudés des Causses. Du lait des brebis, on fait le fameux fromage de Roquefort. Les Causses sont incluses dans la région de programme « Midi-Pyrénées » [pp. 84-85].

▶ **Le Limousin.** Le plateau cristallin de Millevaches, pays de landes et de moutons, est entouré de vallées plus fertiles où paissent les bœufs limousins. Limoges est célèbre par ses porcelaines, Aubusson par ses tapisseries, rajeunies grâce à Lurçat [p. 209].

Auvergne

Capitale : Clermont-Ferrand : 256 000 hab.

Superficie : 26 000 km².

Population : 1,3 million d'hab.

Densité : 51.

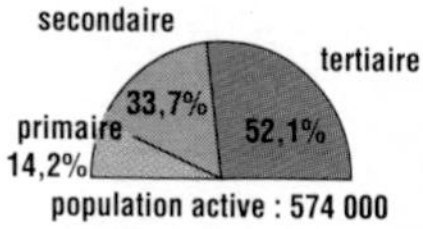

population active : 574 000

- **Agriculture :**

blé (4,4 millions de qx) ;

orge (1,6 million de qx) ;

maïs (1,2 million de qx) ;

bovins (1 400 000 têtes) ;

ovins et caprins.

- **Industrie :**

industrie agro-alimentaire liée à l'élevage et au thermalisme (16 100 salariés) ;

caoutchouc (Michelin à Clermont-Ferrand) ;

111 040 curistes en 1984 dans 10 stations thermales.

Limousin

Capitale : Limoges : 172 000 hab.

Superficie : 17 000 km².

Population : 736 000 hab.

Densité : 45.

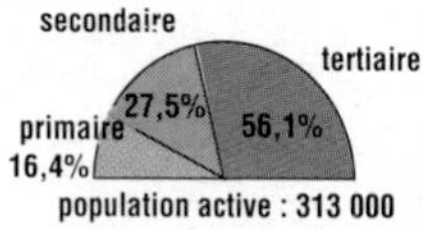

population active : 313 000

- **Agriculture :**

surface agricole utilisée (936 500 ha) ;

bois (553 900 ha) ;

bovins (1 200 000 têtes) ;

ovins (930 000 têtes) ;

porcins (1 184 700 bêtes).

- **Industrie (7 650 salariés) :**

automobiles : Renault ; véhicules industriels à Limoges ;

porcelaine ; papeterie ; cuivre ; chaussure ; construction de petit matériel électrique.

1 / 6

LES PAYS AQUITAINS

Encadré par le Massif Central et les Pyrénées, le Bassin Aquitain, que draine la Garonne, est un pays de bien-être et de vie facile qui connut au XVIIIe siècle la grandeur et la prospérité. Après une longue stagnation, l'Aquitaine enregistre, depuis quelques années, un renouveau économique.

▶ **Le Périgord et le Quercy.** Au nord du Bassin, les plateaux calcaires, souvent arides, sont couverts de forêts de châtaigniers et surtout de chênes, où les

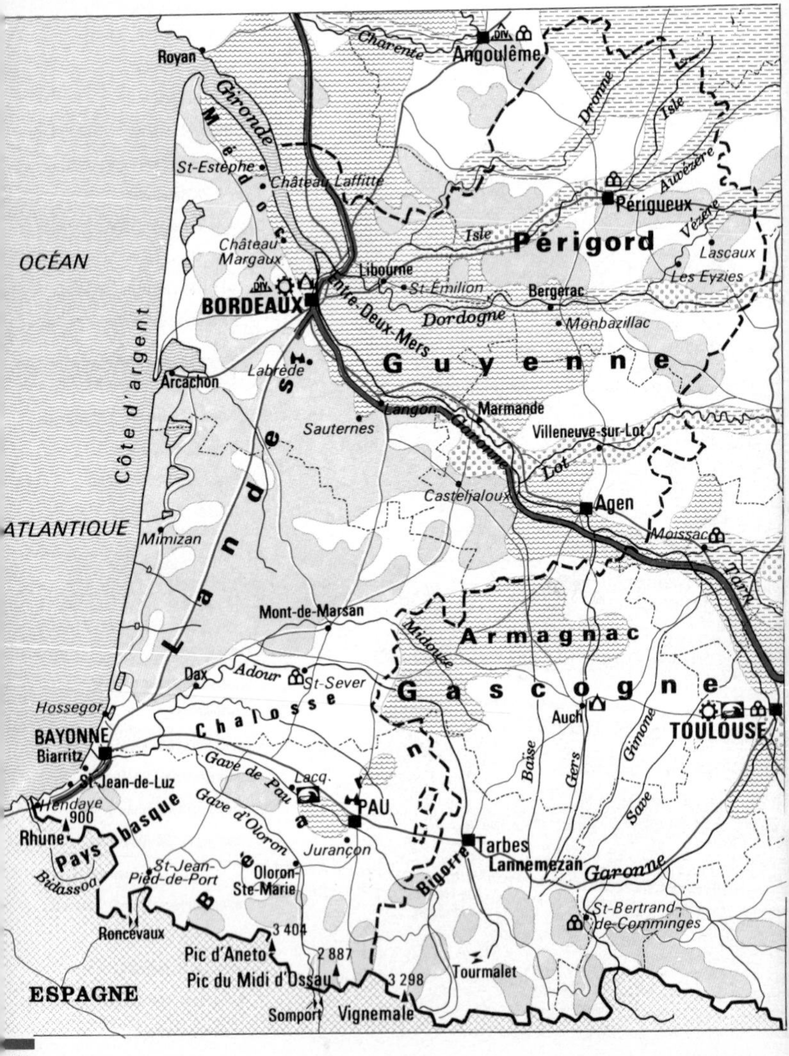

porcs chassent la truffe qui parfumera le célèbre foie gras. Les vallées pittoresques et florissantes de la Dordogne, de la Vézère, du Lot sont célèbres par leurs grottes préhistoriques [p. 95] et par leurs châteaux, témoins des puissantes baronnies qui continrent l'avance anglaise lors de la guerre de Cent Ans.

▶ **Les Landes.** Le long de l'Atlantique, la plaine sableuse des Landes, bordée d'étangs, est devenue, en cent ans, grâce à un reboisement systématique [p. 286], une immense pinède — le plus grand massif résineux d'Europe — proie fréquente des incendies. On y introduit aujourd'hui l'agriculture et l'élevage.

▶ **Le Pays basque et le Béarn.** Antique et mystérieuse race, les Basques restent fidèles aux danses traditionnelles et au jeu de la pelote. La Côte d'Argent attire de nombreux touristes : Biarritz, Saint-Jean-de-Luz, Hendaye.

Plus à l'est, le Béarn connut, aux XVIIe et XVIIIe s., une période brillante : Pau, sa capitale, était alors animée par son université. La découverte d'un important gisement de gaz naturel à Lacq (1951) a conribué à transformer le Sud-Ouest.

Aquitaine

Capitale : Bordeaux (aggl.) 640 000 hab. (voir hors-texte).

Superficie : 42 300 km^2.

Population : 2,7 millions d'hab.

Densité : 66.

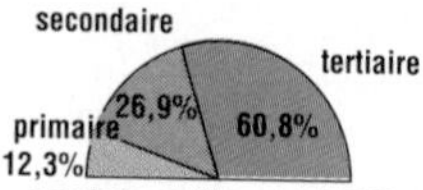

population active : 1 115 000

- **Agriculture :**

maïs (26,9 millions de qx) ; blé (3,5 millions de qx) ; tabac (127 000 qx) ; vin (8,6 millions d'hl) ; bovins (1 million de têtes) ; porcins (629 500 têtes).

- **Industrie :**

industrie agro-alimentaire : 1re industrie de la région (24 000 salariés) ; biens d'équipement : 44 600 salariés ; bois (Landes) ; raffinage de pétrole ; chimie ; aéronautique ; gaz de Lacq (3 milliards de m^3).

- **Trafic portuaire :**

Bordeaux (6e rang).

- **Tourisme :**

1 280 hôtels.

◀ Biarritz et le célèbre rocher de la Vierge.

◀ Le site pittoresque de Rocamadour (Quercy).

1 / 6 LE MIDI-PYRÉNÉES

Les huit départements de la région Midi-Pyrénées s'étendent sur les Pyrénées centrales, une portion de la vallée de la Garonne et un fragment du Massif Central. Ce vaste ensemble a pour capitale Toulouse.

▶ **Le Toulousain et l'Albigeois** sont des pays restés fidèles aux traditions céréalières et à la polyculture. Toulouse, sur la Garonne, ancienne capitale de l'État du Languedoc, et Albi, sur le Tarn, ont ajouté, à une importante fonction commerciale, de multiples activités industrielles.

▶ **Le Comminges.** C'est la vallée centrale des Pyrénées avec Luchon, station thermale et touristique, «perle des Pyrénées», située au pied du majestueux massif de la Maladetta. Plus bas, elle rejoint la haute

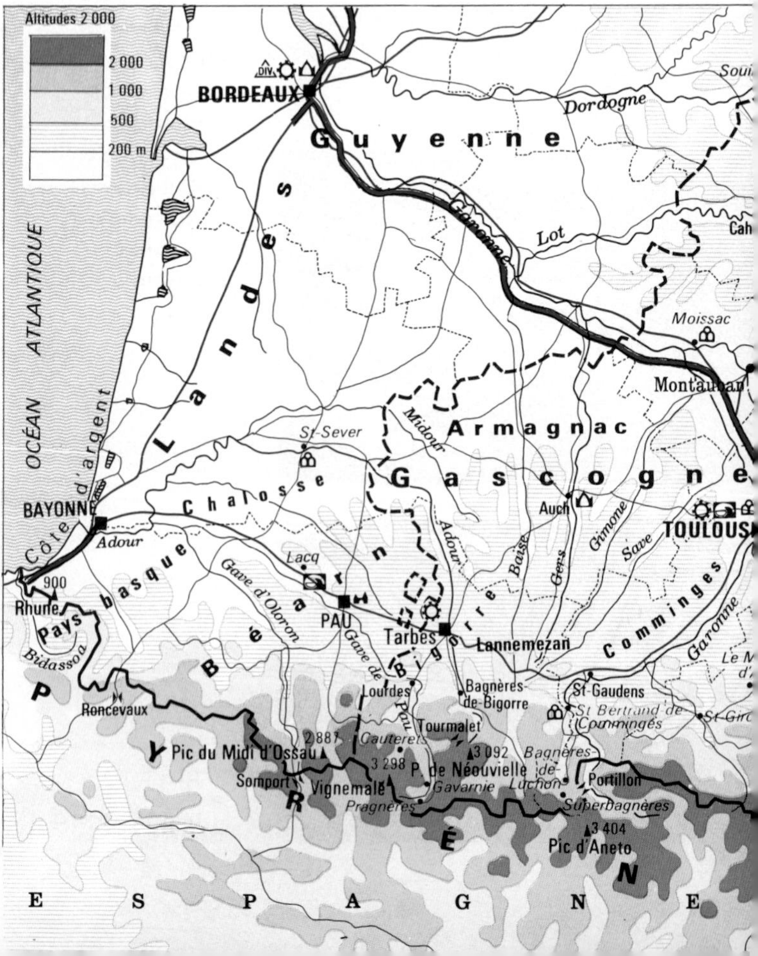

vallée de la Garonne, qui arrose Saint-Bertrand-de-Comminges, fondée par Pompée, célèbre étape sur la route de Saint-Jacques-de-Compostelle.

▶ **La Bigorre** correspond aux hautes Pyrénées. Des vallées encaissées y débouchent sur des cirques glaciaires, comme le célèbre cirque de Gavarnie, étagé en gradins d'où se précipitent des cascades : région d'élevage, de lacs de haute montagne, de houille blanche et riche en stations thermales (Cauterets, Bagnères, Barèges). L'observatoire du Pic du Midi, à 2 876 m d'altitude, au-dessus du col du Tourmalet, commande un panorama extraordinaire sur les Pyrénées et sur la plaine.

▶ **Du pays de Foix à la Cerdagne.** Vers l'est, la route des Pyrénées traverse le pays de Foix (annexé à la couronne par Henri IV en 1608) et, laissant de côté la route qui conduit à la petite et pittoresque république d'Andorre, débouche sur la Cerdagne.

▲ **Le cloître de l'abbaye cistercienne de Fontfroide est un des chefs-d'œuvre de l'art roman.**

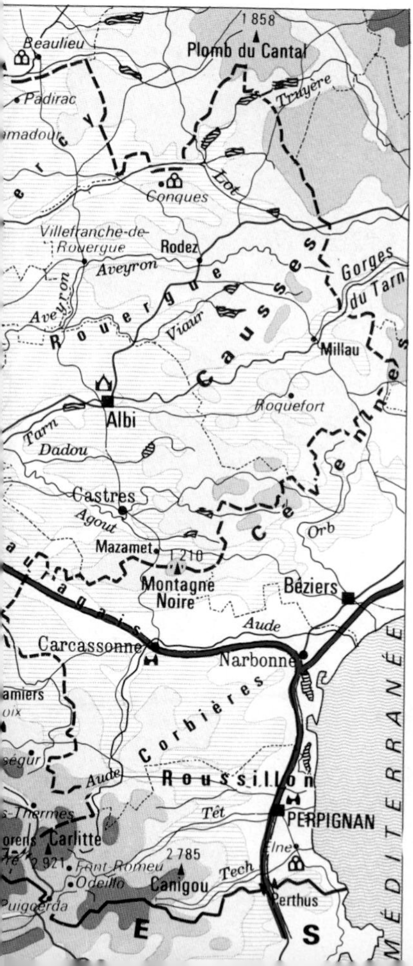

Midi-Pyrénées

Capitale : Toulouse (aggl.) 541 000 hab. (voir hors-texte).

Superficie : 45 350 km².

Population : 2,3 millions d'hab.

Densité : 52.

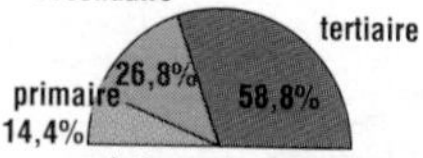

population active : 960 000

- **Agriculture :**

bovins (1,4 million de têtes) ;

ovins (2,6 millions de têtes).

- **Industrie :**

industrie agro-alimentaire : 23 000 salariés ;

construction navale, aéronautique, équipement (20 900 salariés) ;

chimie, pharmacie ;

cuir, chaussure.

1 / ❻

LE LANGUEDOC-ROUSSILLON

Le Languedoc, lieu de passage entre la vallée du Rhône et le bassin de la Garonne, s'appuie sur le rebord du Massif Central, auquel s'adossent des garrigues sèches et nues où, parmi les chênes verts, paissent les troupeaux transhumants. La plaine, que commande Montpellier, importante ville universitaire, est, grâce à son climat très clément, le vignoble le plus vaste de France.

▶ **Le Roussillon.** Au pied du Canigou, imposant et solitaire, la plaine du Roussillon, grâce à son climat très doux en dépit de la tramontane, est riche en primeurs

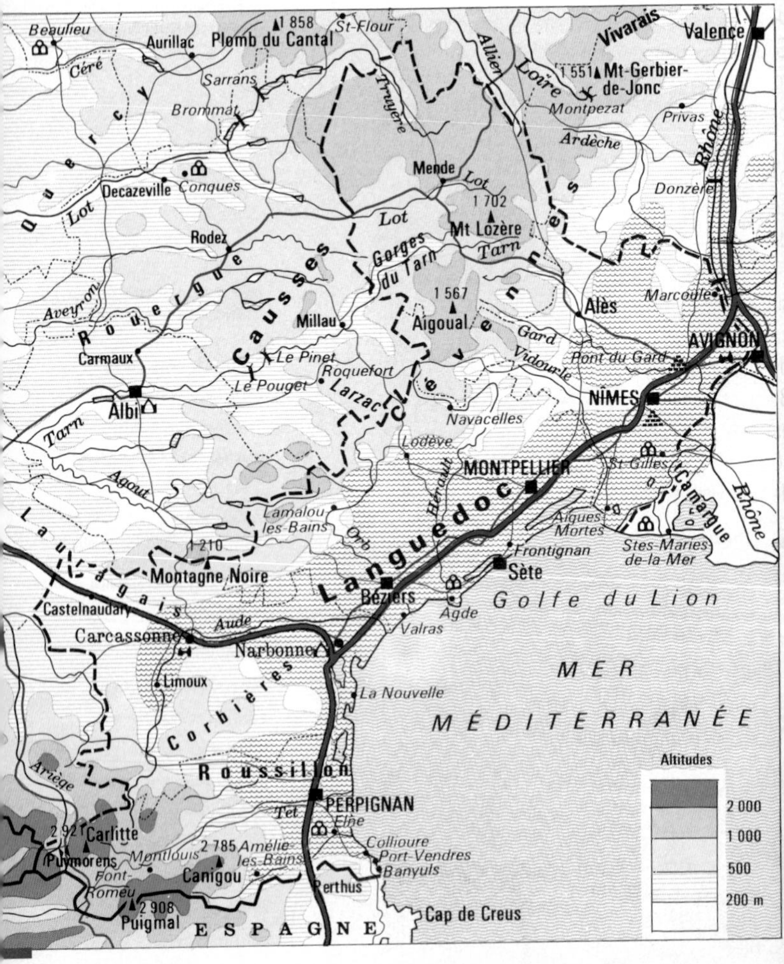

◀ La cité de Carcassonne, qui commandait les communications entre la Méditerranée et Toulouse (l'ancienne capitale du Languedoc), est la plus vaste et la mieux conservée des forteresses médiévales.

t en vignobles. Sa capitale, Perpignan, est un marché rouillant et coloré.

La plaine languedocienne a été transformée en ne véritable « mer de vigne », surtout après 1857, ›rsque les voies ferrées ont permis l'exportation du vin ans toutes les directions. Dévasté de 1872 à 1885 ar un insecte, le phylloxéra, le vignoble a été rapiement reconstitué. Il couvre aujourd'hui 350 000 ha ans les 3 départements de l'Hérault, de l'Aude et du ard. Pour corriger les dangers de la monoculture, une ›conversion (diversification des cultures) a été entrerise grâce à l'irrigation.

La plaine se termine sur la Méditerranée par une côte asse, où de nombreuses stations balnéaires se sont réées (Palavas). D'importants travaux d'aménagement oivent permettre de développer le tourisme.

Le long d'une côte sableuse, ensoleillée, qui s'étend ur quelque 200 km, cinq zones balnéaires sont en ours d'aménagement : la Grande-Motte, le Cap 'Agde, l'embouchure de l'Aude, Port-Leucate-acarès, Saint-Cyprien. L'objectif, en matière d'accueil, st de 650 000 lits. Entre les cinq unités touristiques ont créés des « plaines de sport », des équipements e loisirs...

› **Les Cévennes** terminent, en le prolongeant au sudst, le Massif Central. Dans cette zone montagneuse solée, la religion protestante, défendue par les Camiards, s'est maintenue comme dans une citadelle.

Languedoc-Roussillon

Capitale : Montpellier (aggl.) 221 000 hab. (voir hors-texte).

Superficie : 27 380 km².

Population : 2 millions d'hab.

Densité : 76.

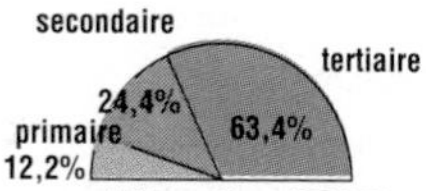

population active : 735 000

- **Agriculture :**

blé ; cultures maraîchères ;

fruits et légumes (2e rang) ;

vin : 29 millions d'hl (1er rang).

- **Industrie :**

industrie agro-alimentaire

(13 200 salariés) ;

charbon ;

raffinage pétrolier ;

textile, bonneterie ;

électronique.

◀ Le pont du Gard est le plus célèbre des vestiges antiques dont, avec la Provence, regorge cette ancienne province romaine, qui eut d'abord Narbonne pour capitale.

1 / 6 LA RÉGION RHÔNE-ALPES

Combinant les ressources de quatre ensembles naturels très différents : Massif Central, couloir rhodanien, Alpes du Nord et Jura méridional, la région Rhône-Alpes ne doit son unité ni au relief ni au climat. C'est le fait lyonnais, l'existence et l'action unificatrice de Lyon qui ont présidé au découpage territorial.

Rhône-Alpes

Capitale : Lyon (aggl.)
1 220 000 hab. (voir hors-texte).
Superficie : 43 700 km².
Population : 5 180 000 hab.
Densité : 120.

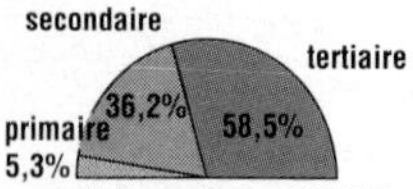

population active : 2 226 000

- **Agriculture :**

blé (7,8 millions de qx) ;
maïs (6,9 millions de qx) ;
orge (3 millions de qx) ;
vin (34 millions d'hl) ;
bovins (1,1 million de têtes) ;
lait (18,4 millions d'hl).

- **Industrie :**

construction mécanique ;
électricité (2e rang) ;
textile ;
mécanique de précision ;
chimie, pharmacie (2e rang) ;
industrie agro-alimentaire (5e rang) ;
matériaux de construction.

▶ **Lyon.** Dans un site exceptionnellement favorable au confluent du Rhône et de la Saône, Lyon, capitale de la Gaule romaine et chrétienne, a été de tout temps un carrefour et un centre commercial important. Cité de la soie depuis le XVIe s., ville secrète et active, elle est la 2e agglomération de France. Associée à Saint-Étienne et à Grenoble, elle a vocation de métropole d'équilibre

▶ **Les Préalpes.** Dominant la vallée du Rhône, les Préalpes sont constituées, du nord au sud, par une série de forteresses naturelles, le Chablais, les Aravis les Bauges, la Chartreuse, le Vercors, séparées entre elles par des cluses pittoresques.

▶ **Le Dauphiné.** Le « boulevard des Alpes » (ou sillon alpin) que forme la vallée du Grésivaudan fait communiquer la Savoie et le Dauphiné, entre les balcons aériens de la Grande Chartreuse et du Vercors et les cimes neigeuses de Belledonne. Plus au sud, les montagnes arides et décharnées annoncent déjà la Provence.

▶ **La Savoie.** Le vieux fief de la maison de Savoie français depuis 1860, est un pays prospère et accueillant, riche en houille blanche et en alpages, où les « fruitières » produisent beurre et fromage. Les lacs de

Annecy, la vieille ville. ▶

Genève, d'Annecy et du Bourget, cher à Lamartine, lui confèrent un attrait tout particulier.

L'alpinisme, les sports d'hiver, les mondaines stations thermales de Thonon et d'Évian attirent de nombreux touristes.

Le massif du Mont-Blanc, en Haute-Savoie. Un tunnel routier relie Chamonix au Val d'Aoste, en Italie.

1 / 6 LA PROVENCE-CÔTE D'AZUR

La Provence : un climat d'élection, un ci lumineux, aux pluies rares, vite balayée par le mistral - le « Maître » en provençal des rangées de cyprès, de champs cou verts d'oliviers, de figuiers, et de vignes et, dans les villes, sous les platanes d mail, les joueurs de « pétanque » et le marchés hauts en couleur.

NICE *est un grand centre de tourisme et de festivités (dont le célèbre carnaval). Près de Nice, entre Valbonne et Antibes (l'Antipolis grecque), s'est édifiée la première technopole française, Sophia Antipolis, qui rassemble, outre d'importants centres de recherche, le siège ou les antennes de nombreuses firmes françaises et étrangères.*

MARSEILLE.

Dominée par Notre-Dame-de-la-Garde, Marseille, « porte de l'Orient », est le 1er port de France. Il s'est développé à l'O. du Vieux-Port et de la grouillante Canebière. Autour de l'étang de Berre se sont établies d'importantes raffineries de pétrole et des industries pétrochimiques. Plus à l'O., au fond du golfe de Fos, s'édifie un vaste complexe industriel.

Les Maures et l'Esterel . Ancien repaire des arrasins, les Maures sont couverts de pins, de châigniers et de chênes-lièges. Les porphyres rouges onnent à la côte de l'Esterel un aspect déchiqueté une grande beauté.

La Côte d'Azur est sans doute, grâce à son climat isoleillé et à ses paysages hauts en couleur, la région e France la plus attirante. Envahie aujourd'hui par les uristes et les campeurs, elle conserve un charme ès particulier.

Le long de la Riviera, Cannes et ses festivals, Grasse, té des parfums et des fleurs, Juan-les-Pins, lancée n 1925 par le milliardaire américain F. Gould, Nice, ande ville qui conserve vivante la tradition du carnaal, Monte-Carlo, Menton : autant de stations aux oms prestigieux.

La Camargue. Entre les bras du delta du Rhône, la amargue, pittoresque plaine marécageuse, est encore arcourue par des « manades » de taureaux et de cheaux sauvages que surveillent les « gardians ». Une éserve zoologique de 18000 ha a été aménagée our les oiseaux migrateurs (canards, hérons, flamants oses). La culture intensive du riz transforme cependant e visage de la région.

Sur le Rhône, entre Orange et Arles, riches en monuments gallo-omains, Avignon dresse l'altière silhouette de son Palais des apes, où ceux-ci résidèrent au XIVe s.

Provence-Alpes-Côte d'Azur

Capitale : Marseille (aggl.) 1 110 000 hab.

Superficie : 31 400 km².

Population : 4,1 millions d'hab.

Densité : 130.

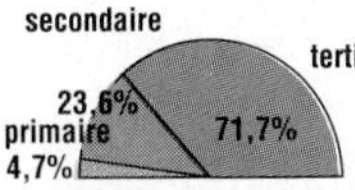

population active : 1 590 000

- **Agriculture :**
  blé (1,9 million de qx) ;
  riz (501 000 qx) ;
  fruits et légumes (1er rang) ;
  vin (7,2 millions d'hl) ;
  ovins (1 million de têtes).
- **Industrie :**
  matériaux de construction ;
  sidérurgie ; mécanique ;
  chimie, pétrochimie ;
  industrie agro-alimentaire.
- **Trafic portuaire :**
  Marseille : 91,3 millions de t, 1er rang ; 11 millions de passagers.

LA CORSE

Située à moins de 200 km au sud-est c Nice, la Corse est couverte d'un maqu où se mêlent les senteurs de la lavande du romarin et qui fut longtemps le repai de bandits célèbres. L'« Ile de beauté française depuis 1768, berceau de Nap léon, est pour le continent un réserv d'hommes à l'âme fortement trempée.

▲ Ajaccio, capitale de la Corse, reçoit la moitié des visiteurs débarqués dans l'île.

▶ **La Corse intérieure.** Zone montagneuse au rel vigoureusement accidenté, la Corse intérieure demeu à l'écart des grands courants touristiques. La pa tie occidentale, bloc cristallin, s'apparente aux mass centraux alpins, avec ses hautes cimes : Monte Cin (2710 m), Monte Retondo, Incudine... La partie orie tale est formée de roches sédimentaires plissées bande nord-sud : Castagniccia, Corte.

▶ **La Corse côtière**. La côte ouest, formée de v lées montagnardes envahies par la mer, est une cô élevée, rocheuse, découpée : Saint-Florent, Ile-Rouss Calvi, Ajaccio, Bonifaccio.

La côte orientale, en bordure de la plaine d'Alér plate, sableuse, rectiligne, évoque le Bas Languedoc

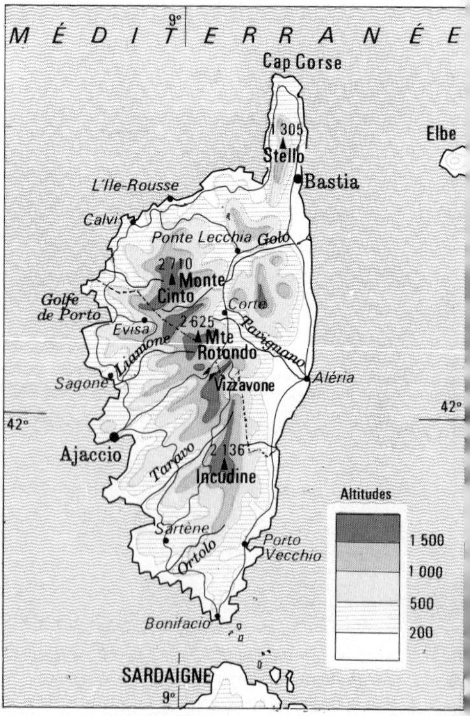

Corse

Capitale : Ajaccio : 55 000 hab.

Superficie : 8 680 km².

Population : 243 000 hab.

Densité : 28.

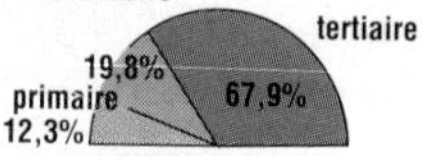

population active : 88 300

- **Agriculture :**

production de fruits (agrumes, châtaignes), olives, pêches...) ; vin : 900 000 hl.

- **Industrie :**

industrie agro-alimentaire ; électricité.

- **Tourisme :**

395 hôtels. Près d'un million de touristes de mai à septembre.

2 / LES TÉMOINS DU PASSÉ

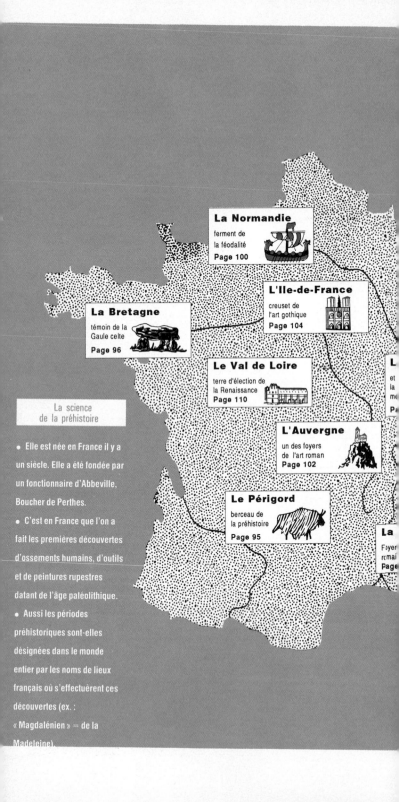

La science de la préhistoire

- Elle est née en France il y a un siècle. Elle a été fondée par un fonctionnaire d'Abbeville, Boucher de Perthes.
- C'est en France que l'on a fait les premières découvertes d'ossements humains, d'outils et de peintures rupestres datant de l'âge paléolithique.
- Aussi les périodes préhistoriques sont-elles désignées dans le monde entier par les noms de lieux français où s'effectuèrent ces découvertes (ex. : « Magdalénien » = de la Madeleine).

LES ORIGINES

LA PRÉHISTOIRE

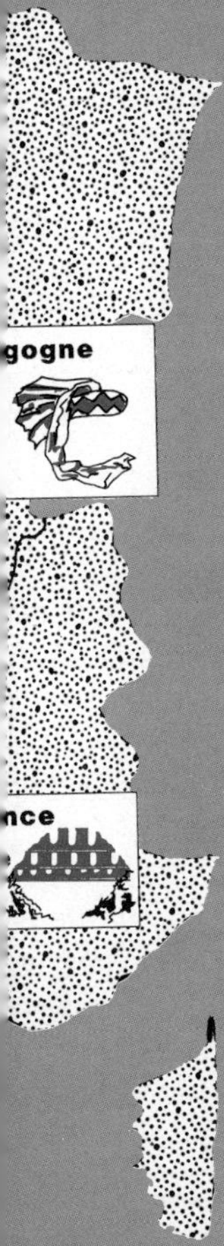

Les Eyzies, La Madeleine, Mas d'Azil, Cro-Magnon, Lascaux : autant de noms qui évoquent des grottes riches en vestiges préhistoriques. Elles sont toutes situées dans le Sud-Ouest de la France.

Ce n'est pas là le fait du hasard. En effet, la plupart des savants s'accordent aujourd'hui pour penser que, si l'on a pu retrouver un peu partout dans l'Ancien Monde des traces des premiers hommes remontant au paléolithique inférieur, en revanche, la première grande civilisation, celle du paléolithique supérieur — il y a quelque 20 000 ans — , aurait eu pour centre l'Europe occidentale, et plus précisément le Périgord, le S.-O. de la France et le N.-O. de l'Espagne.

A cette époque où les glaciers recouvrent une partie de la France, les hommes vivent de la chasse et de la pêche et, l'hiver, se réfugient dans les grottes, sur les parois desquelles ils gravent et peignent les animaux qui leur sont familiers : rennes, taureaux, mammouths, bisons, chevaux, rhinocéros. Art d'un réalisme parfois saisissant, qui répond, semble-t-il, à des préoccupations religieuses, voire magiques.

La grotte de Lascaux, une des plus récentes découvertes préhistoriques (1940) et la plus prestigieuse : taureaux et bisons polychromes. ▼

2 / ❶

LA GAULE CELTE

La Bretagne porte encore témoignage, par ses monuments mégalithiques, des premiers peuples qui habitèrent notre pays et, par sa langue, de la civilisation celte qui, durant dix siècles, rayonna sur une partie de l'Occident et constitue le substrat de notre histoire.

« Les mégalithes forment, dans les parages de Quiberon, de Carnac et de Locmariaquer, une véritable cité préhistorique de la mort. »

A. Le Braz.

La civilisation des mégalithes

Un voyage en Bretagne nous ramène à l'âge du bronze — quelques millénaires après que les hommes de Cro-Magnon décoraient leurs cavernes. Les glaciers ont reculé. L'élevage, l'agriculture et, déjà, l'industrie et le commerce, nés en Orient, ont gagné l'Europe occidentale où, vers l'an 2000 avant notre ère, se répandent de nouveaux peuples (Ibères? Ligures?). On trouve encore leur trace dans cette Bretagne qui était située sur la route maritime de l'ambre et de l'étain : pierres levées ou menhirs, tables de pierre ou dolmens, alignements ou cromlechs, gigantesques témoins probables d'une religion inconnue.

« Nos ancêtres les Gaulois... »

Vers l'an 1000, des envahisseurs, les Celtes, s'installent en Occident : ceux qui se fixent sur le territoire de la France actuelle s'appellent les Gaulois. Batailleurs, doués d'ailleurs pour la guerre et bien armés, mais turbulents et indisciplinés [p. 17], ils morcellent le pays en un grand nombre de petits États souvent rivaux entre eux.

Intelligents et pratiques, grands cultivateurs en temps de paix, ils défrichent une partie du territoire, qui était couvert de forêts, tracent des routes, créent des ports fluviaux importants, et *jouent ainsi un rôle primordial dans la mise en valeur du pays*. Peu de vie intellectuelle et artistique, mais une religion très vivante : les druides, prêtres et sages, pratiquent la divination et ont le monopole de l'enseignement.

C'est donc un peuple en plein essor, mais divisé et insuffisamment organisé, que César, en 59 av. J.-C., entreprend d'asservir. En peu d'années (59-51), il vient à bout de la résistance gauloise, qu'incarne Vercingétorix.

V. 600 – Fondation de Marseille (Massilia) par des colons grecs.

V. 250 – Expansion des Celtes ou Gaulois en Italie et jusqu'au Proche-Orient.

121 – Rome annexe la Province romaine.

59-52 – Guerre des Gaules.

52 – La chute de Vercingétorix, à Alésia, assure à César la maîtrise de la Gaule.

A GAULE ROMAINE

a Provence, c'est d'abord la Provincia, province romaine par excellence, plus che que toutes en villes et en ıonuments, dont les restes constituent n ensemble unique : arènes et théâtre 'Arles, capitale des Gaules au IVe s., ıéâtre et arc de triomphe d'Orange, etc.

Ine civilisation urbaine

Les Romains ont fermé la frontière du Rhin : en peu temps, la Gaule, ce pays continental, devient une ste province méditerranéenne. L'agriculture y reste ospère, mais sur ce substrat paysan se répand aintenant une civilisation essentiellement urbaine. Les ciennes cités se transforment et s'ornent de nomeux édifices, de nouvelles villes se construisent : rles, Narbonne, Nîmes, Vienne, Saintes, Autun, et surtout Lyon, la capitale. La Gaule maine est divisée en quatre provinces : Narbonnaise, Aquitaine, Belgique, Celtique. es grandes villes sont reliées entre elles par un magnifique réseau routier, dont Lyon onstitue le pivot.

Jne culture gallo-omaine

La vie religieuse reste vivace, les cultes aulois et romain s'identifient, jusqu'à ce ue le christianisme les submerge. La ulture latine suscite en Gaule une littéraıre d'inspiration généralement chrétienne. 'instruction se développe. Marseille, fonée par des colons grecs 600 ans avant otre ère, devient l'Athènes de l'Occident. u temps des invasions, la Gaule est un des astions de la culture latine.

Ier-Ve siècles

- **V. 160 – Premières menaces barbares.**
- **V. 250 – Le christianisme pénètre (saint Denis). Invasion des Francs et des Alamans, qui sont refoulés.**
- **V. 350 – Le christianisme se répand (St Martin). L'empereur Julien s'établit à Lutèce.**
- **395 – Le partage de l'Empire livre la Gaule à elle-même.**

Les arènes d'Arles sont un des témoins les mieux conservés de la civilisation gallo-romaine.

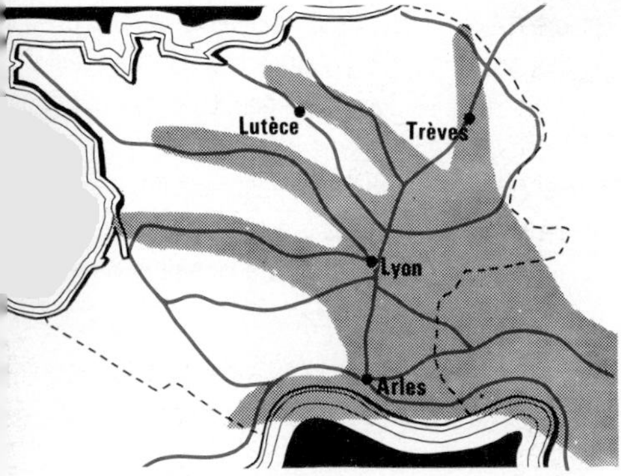

◀ « Le réseau routier gallo-romain s'étend comme l'ombre de la main de César sur la Gaule. »

P.-M. Duval.

2 / ❶ LA FRANCIE

Grâce à son sol riche en pierres excellentes et à sa situation intermédiaire entre le monde méditerranéen et le monde barbare, la Francie ou pays des Francs est le berceau d'un art nouveau qui se constitue peu à peu, en Neustrie d'abord (au N. de la Loire) au VIe s., puis, à l'époque de Charlemagne, dans tout l'Occident.

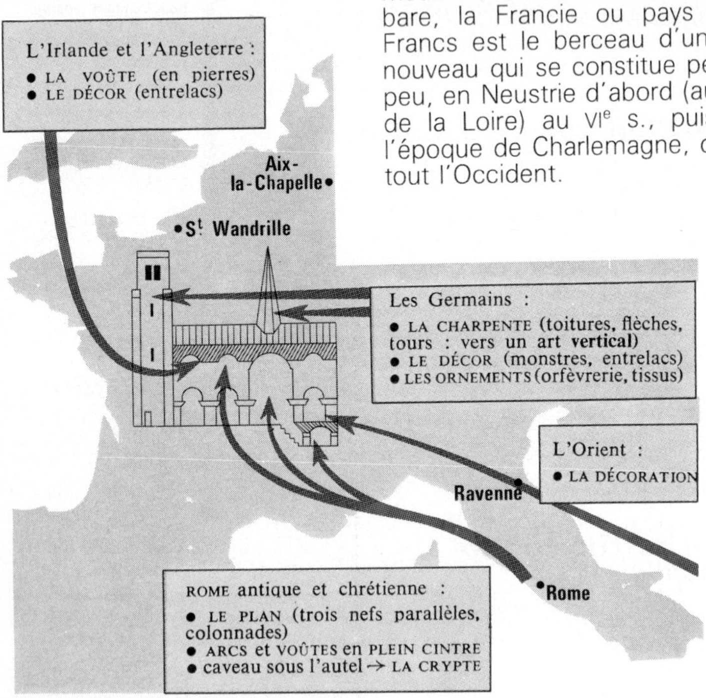

Les Mérovingiens : le règne de l'arbitraire

Les Francs, tribu germanique, conquièrent la Gaule au Ve s. Clovis fonde la monarchie franque, prend Paris pour capitale et, converti, assure le triomphe du christianisme. Mais, selon l'usage patriarcal, ses descendants se partagent le royaume qui, après Dagobert, est divisé en trois États. Le désordre règne. L'incapacité des « rois fainéants » livre le pouvoir aux maires du palais.

La culture et l'enseignement se réfugient dans les cloîtres et les paroisses : c'est dans les écoles chrétiennes qu'une nouvelle culture va naître.

Un mot historique :

L'évêque saint Rémi à Clovis pendant son baptême : « Courbe la tête, fier Sicambre ; adore ce que tu as brûlé, brûle ce que tu as adoré. »

VIe-VIIe siècles

- **496 – Clovis, roi des Francs, se fait baptiser à Reims.**
- **511 – Partage du royaume franc.**
- **629 – Dagobert et son ministre saint Eloi.**
- **639 – Les « rois fainéants ».**

L'EMPIRE CAROLINGIEN

Pendant trois quarts de siècle, France, Allemagne et Italie se trouvent réunies : un seul empire, une seule Église, — une seule langue et une seule culture aussi. Le rêve de Charlemagne était de refaire l'Empire romain.

Charlemagne empereur chrétien

Tenant son autorité de Dieu par le sacre, Charlemagne se considère d'abord comme investi d'un véritable sacerdoce. A l'instar des rois bibliques, ses modèles, il veut ramener le «peuple de Dieu» dans la voie du Seigneur et assurer la concorde entre les chrétiens : c'est «un autre roi David» (Alcuin). Afin de remettre également de l'ordre dans l'empire, il concentre entre ses mains le pouvoir politique et le pouvoir religieux.

Pour une culture européenne

Décidé aussi à favoriser la naissance d'une nouvelle culture, Charlemagne s'entoure de savants et d'écrivains de tous les pays : Théodulf, Eginhard, Alcuin, avec l'aide de qui il fonde l'École du Palais et établit un plan de réforme de l'enseignement.

Souverain tout-puissant, Charlemagne jouit d'un prestige incontesté : «Le roi Charles, tête du monde et sommet de l'Europe», dit Angilbert, son contemporain.

VIIIe-Xe siècles

- **732 - Charles Martel repousse les Arabes, à Poitiers.**
- **752 - Pépin le Bref fonde la monarchie de droit divin.**
- **800 - Charlemagne empereur.**
- **843 - Partage de Verdun.**
- **885 - Siège de Paris par les Normands.**
- **987 - Hugues Capet fonde la dynastie des Capétiens.**

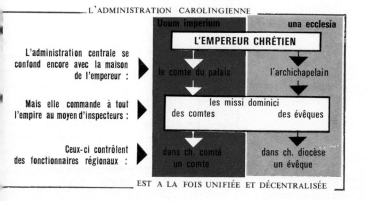

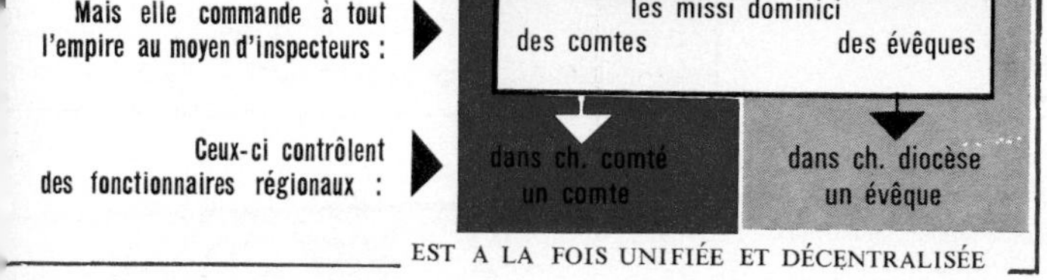

LA FÉODALITÉ

Les invasions normandes ont déterminé en France une crise profonde. Les églises, les campagnes, les villages sont dévastés, le commerce et la vie culturelle paralysés. De cette crise et de sa principale conséquence, l'affaiblissement du pouvoir royal, est née la féodalité qui, de France, va se répandre dans une partie de l'Europe.

XIe-XIIe siècles

- 885 – Siège de Paris par les Normands.
- 987 – Hugues Capet fonde la dynastie des Capétiens.
- 1038/60 – Des chevaliers normands s'emparent de l'Italie du Sud et de la Sicile.
- 1066 – Guillaume le Conquérant, duc de Normandie, conquiert l'Angleterre (Hastings).
- 1096/99 – Première croisade.

Une oligarchie de guerriers

La féodalité repose sur la prépondérance de la fonction militaire. Les seigneurs constituent une caste à part, orgueilleuse et méprisante. Les plus puissants ont leur cour, leur capitale, leur drapeau et possèdent tous les pouvoirs enlevés au roi : haute justice, droit de percevoir les impôts, de battre monnaie, de faire la guerre... Leur vie est tout entière orientée vers l'action brutale : elle se partage entre la guerre, la chasse et les tournois.

Le régime féodal repose sur des liens personnels d'homme à homme

LIEN MORAL	LIEN DU SANG	LIEN MATÉRIEL
1. UN CONTRAT MORAL **La vassalité** selon laquelle le vassal rend hommage au seigneur, lui prête serment de fidélité et lui doit des services (notamment l'aide militaire).	2. UNE SURVIVANCE **Le lignage** ou parenté, qui se perpétue par la transmission héréditaire des charges (comtes, ducs). ▶	3. UN ENSEMBLE DE DROITS **La seigneurie,** droits du seigneur sur les terres reçues en bénéfice ou **fief** (cens, taille, corvées, banalités). ▼ 4. UN SYSTÈME D'EXPLOITATION DE L'HOMME PAR L'HOMME **Le servage** qui attache le paysan à la glèbe

Le château féodal combine les éléments d'origine romaine (palissade devenue courtine, fossé et levée de terre) et les éléments d'origine barbare (le donjon sur sa motte, le plancher d'accès devenu le pont-levis). ▶

La France en l'an 1000 : une mosaïque

- Elle forme deux pays distincts dont les peuples se connaissent mal et ne parlent pas la même langue : la France et l'Aquitaine.
- Chacun d'eux est morcelé en quelques fiefs héréditaires (apanages), eux-mêmes divisés en une foule de seigneuries vassales.
- Le roi de France : un seigneur comme les autres, élu par ses pairs, et dont le pouvoir est à peu près nul.

De la féodalité à la chevalerie chrétienne

C'est dans le cadre de la féodalité que se développe peu à peu la chevalerie : à l'origine, le chevalier est un vassal qui a été reconnu par son seigneur comme un guerrier capable de combattre *à cheval*.

A la suite de la fondation de Cluny, en 910, et de la grande réforme monastique qui a suivi, l'Église s'est donné pour tâche d'humaniser la société féodale : elle va ainsi transformer insensiblement l'institution qui en fait la force, la chevalerie.

Au XIe s., tandis que de nouveaux ordres religieux se créent en France, la chevalerie se lance dans les aventures des premières **croisades**.

L'expansion de la chevalerie chrétienne

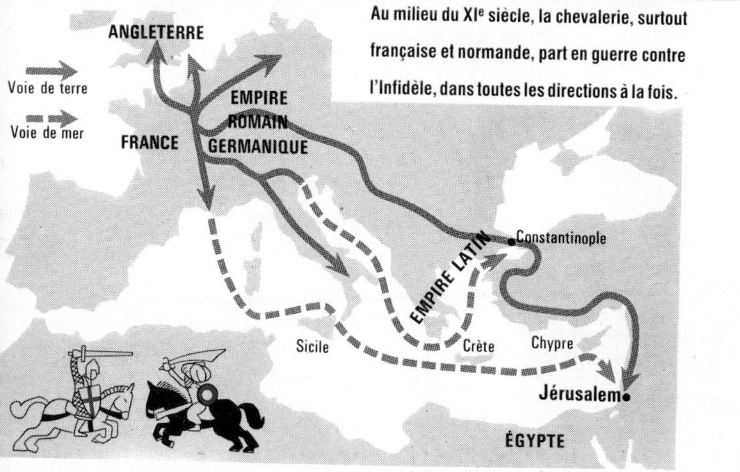

2 / ❷ L'ART ROMAN

Aux XIe et XIIe s., grâce au réveil religieux, au développement des ordres monastiques et aux croisades, on assiste à une prodigieuse renaissance artistique. L'héritage carolingien s'enrichit et se transforme sous l'influence d'apports nouveaux (Orient, Espagne). L'art roman, harmonieux et sobre, se diversifie selon les provinces et se répand dans tout l'Occident.

A besoins nouveaux...

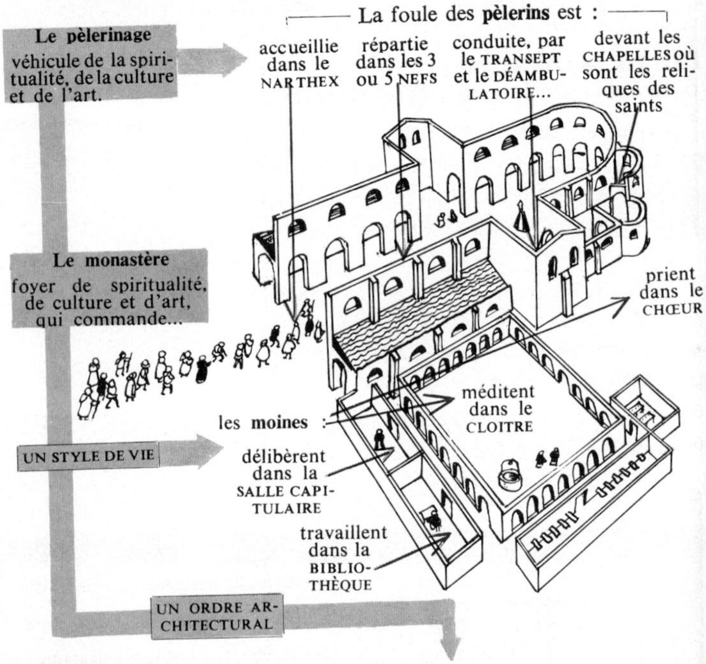

L'église St Austremoine, à Issoire

... art nouveau :

La basilique romane

C'est un immense reliquaire ouvert à tous, moines et pèlerins...

Elle évoque à la fois :

- l'audace : la tour-clocher, la voûte en pierre ;
- la puissance : les murs épais, les contreforts ;
- la logique : les piliers, les absidioles destinées aux reliques des saints.

L'église romane parle...

- **dans les chapiteaux** : elle évoque le chaos des premiers âges : des surhommes monstrueux, des monstres étranges, aux métamorphoses innombrables.

- **dans les archivoltes** et les moulures qui encadrent portes et fenêtres : mieux que les chansons de geste, elle raconte l'épopée spirituelle de l'homme et de la fin du monde. ▶

- **au tympan des portails** :
elle présente au peuple un avertissement terrible : l'Apocalypse et le Jugement Dernier.

Cependant que nait la littérature française

"MYTHOLOGIE"CHRÉTIENNE

LE CULTE DES SAINTS

▼

les vies des saints

"MYTHOLOGIE"FÉODALE

LE CULTE DES HÉROS

▼

les chansons de geste

▼

***Fin XI*[e]: Les premières "chansons"**

Chanson de Roland
Chanson de Guillaume
Gormont et Isembart

▼

***XII*[e]: La formation de cycles ou "gestes"**

La geste de Charlemagne

La geste de Guillaume d'Orange

La geste de Doon de Mayence

L'ART GOTHIQUE

A la fin du XIIe s., Paris devient le pôle d'attraction et le centre de rayonnement de la culture occidentale. Cette culture, fondée sur la foi chrétienne, va s'exprimer magnifiquement dans la cathédrale gothique, dont l'ample vaisseau accueillera la foule des fidèles au cœur des nouvelles cités. D'Ile-de-France, où il est né, l'art gothique gagnera peu à peu toute l'Europe.

La plus vaste : Amiens. ▼

La plus riche : Reims, celle où étaient sacrés les rois de France en souvenir de Clovis. ▶

L'art gothique rayonne sur toute l'Europe

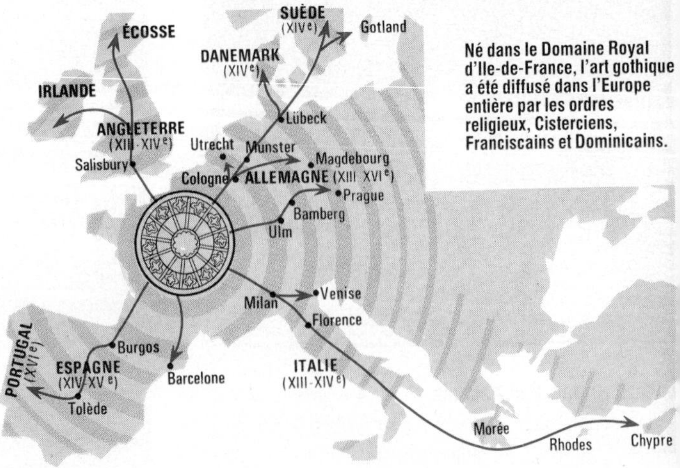

Né dans le Domaine Royal d'Ile-de-France, l'art gothique a été diffusé dans l'Europe entière par les ordres religieux, Cisterciens, Franciscains et Dominicains.

A besoins nouveaux :

- La civilisation urbaine et bourgeoise, née avec le mouvement communal, exige de **vastes cathédrales** ;
- pour le clergé, nouvelle classe sociale, le **chœur** s'agrandit (stalles, jubé) ;
- le développement du culte des saints multiplie les **chapelles**.

technique nouvelle...

La voûte d'ogives, croisement de deux arcs diagonaux qui forment le squelette de l'édifice.
C'est un principe né de l'arc brisé (connu du roman) et de l'arc doubleau (nervure transversale)

...et art nouveau

La cathédrale gothique

- élan mystique (la flèche remplace la tour) ;
- élégance (l'arc-boutant remplace le contrefort) ;
- légèreté (les colonnettes en faisceau remplacent les piliers).

Les trois époques de l'art gothique

1. Le gothique pur (XIIe-XIIIe s.) : simplicité, équilibre et harmonie.

1

2

3

2. Le gothique rayonnant (XIIIe-XIVe s.) : légèreté, verticalité et raffinement.

3. Le gothique flamboyant : exagération et surcharge.

◄ La Sainte Chapelle à Paris où triomphe l'art du vitrail. Fruit d'une architecture réduite à une dentelle de pierre, le vitrail devient un véritable translucide, qui complète la leçon des cathédrales.

2 / ❷

LA CIVILISATION MÉDIÉVALE

Le XIIIe s. voit le triomphe de l'esprit chrétien dans l'art, la littérature et les universités. L'esprit courtois se développe dans la haute société, tandis que dans les villes est née une classe nouvelle, la bourgeoisie, où s'affirme l'esprit « gaulois ».

XIIe-XIIIe siècles

- **1137/80 – Louis VII commence la lutte contre les Plantagenêts.**
- **1180/1223 – Philippe Auguste réorganise et renforce le pouvoir royal.**
- **1207/23 – Croisade contre les Albigeois.**
- **1214 – Victoire de Bouvines.**
- **1226/70 – Louis IX (Saint Louis) gouverne en roi chrétien et justicier.**
- **1259 – Traité de Paris : fin de la lutte contre les Plantagenêts.**
- **1285/1328 – Philippe le Bel s'entoure de légistes pour gouverner.**
- **1303 – Les papes s'installent en Avignon.**
- **1312 – Les biens des Templiers sont confisqués.**

Une renaissance chrétienne

La civilisation médiévale repose sur une conception chrétienne du monde, qui assure son unité. On voit partout s'affirmer l'esprit chrétien, dans l'art, dans la littérature (surtout latine), dans l'enseignement et, le plus souvent, dans les mœurs. Jamais l'emprise de la religion et de l'Église sur les âmes n'a été aussi grande, grâce aux armes dont elles disposent (excommunication, interdit, pénitence) et aux ordres mendiants (Franciscains, Dominicains) qui assurent la diffusion de la pensée religieuse, notamment dans le cadre des Universités.

FACULTÉ DES ARTS

studium generale

LES SEPT "ARTS LIBÉRAUX"

Trivium
grammaire
rhétorique
dialectique

quadrivium
arithmétique
géométrie
musique
astronomie

LICENCE ÈS ARTS

FACULTÉS SPÉCIALISÉES
droit
théologie
médecine

DOCTORAT

Une institution nouvelle : l'Université

L'éducation est en effet entre les mains de l'Église : elle a d'abord créé les **écoles monastiques,** puis au XIIe s., dans les villes, les **écoles capitulaires.** Au XIIIe s., les Écoles de Paris se constituent en corporation : ainsi naît l'université de Paris, avec sa charte, ses privilèges et son organisation en facultés et en collèges, internats pour étudiants peu fortunés. Les plus grands maîtres en théologie, comme Albert le Grand, saint Thomas, saint Bonaventure, y rivalisent dans l'enseignement de la **philosophie scolastique.** L'université de Paris deviendra la Sorbonne.

A son exemple, les universités se multiplient peu à peu (Toulouse, Montpellier, Orléans) et deviennent de véritables foyers de culture.

L'ÉPOQUE COURTOISE

La chevalerie courtoise

Cependant, d'abord dans le midi de la France, puis au nord, le système féodal a progressivement fait place à une vie nouvelle. Dans la haute société et dans les cours s'introduisent des mœurs plus raffinées, le goût d'une vie élégante et luxueuse. La courtoisie, faite de politesse, d'amour et de désintéressement, transforme à nouveau la chevalerie : c'est une première forme d'**humanisme,** qui s'exprime chez les troubadours, puis chez un Chrétien de Troyes ou dans le *Roman de la Rose.*

Avènement de la bourgeoisie

Avec l'affranchissement des villes, la bourgeoisie — magistrats et marchands — introduit de son côté dans la société un esprit différent : réaliste, aimant la bonne chère et la plaisanterie, l'**esprit gaulois** [p. 17] s'incarne dans des œuvres comme le *Roman de Renart* et les fabliaux, en attendant de s'épanouir dans la farce.

Renouveau du commerce

Malgré le mauvais état des routes, la circulation se développe et donne naissance aux **foires** (Champagne, Lyon, Beaucaire), rendez-vous périodiques de marchands venus de tous les pays. Quant au grand commerce maritime, les croisades lui ont donné l'élan décisif : déjà le **capitalisme** s'organise en sociétés avec des filiales et des « facteurs » à l'étranger. Dans les villes, les artisans se groupent en **corporations.** Celles-ci, fortement hiérarchisées (maîtres, compagnons, apprentis), sont, avec leurs privilèges et leurs statuts, de véritables sociétés de secours mutuel.

Les hommes et leur cadre

Le style gothique. Au Moyen Age, le mobilier, encore rudimentaire, subit l'influence de l'architecture religieuse, dont il suit l'évolution : armoires, chaires monumentales rappellent souvent la façade des églises, où prédomine la verticale. Celle-ci se retrouve dans le costume : robes longues, pour les hommes comme pour les femmes, amples manteaux ou chapes, manches tombantes et, sur les têtes féminines, après 1350, le hennin. Tissus bariolés, broderies d'or favorisent l'essor de l'industrie vestimentaire.

Cependant que s'épanouit la littérature

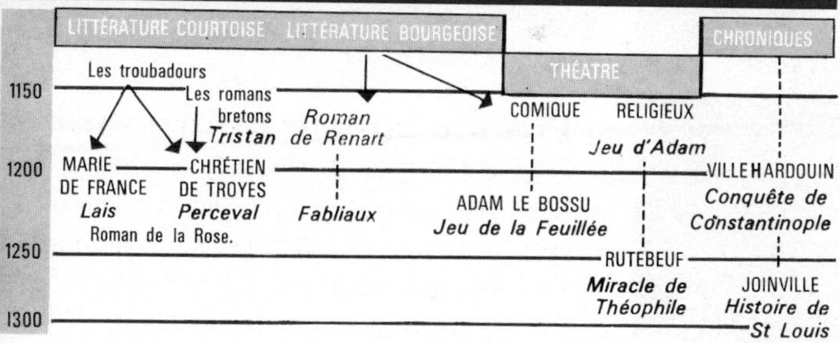

2 / ❷ DU MOYEN ÂGE À LA RENAISSANCE

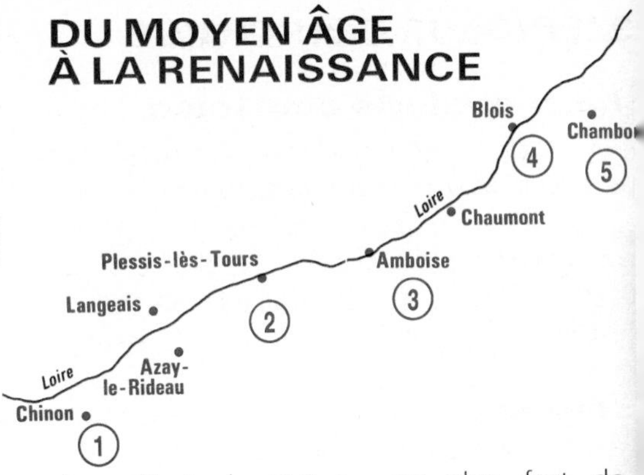

XIVe-XVe siècles

La guerre de Cent Ans

- **1346 – Défaite de Crécy.**
- **1347 – Les Anglais prennent Calais.**
- **1356 – Défaite de Jean le Bon, à Poitiers.**
- **1360 – Paix de Brétigny.**
- **1369/80 – Charles V le Sage, grâce à Du Guesclin, libère presque tout le territoire.**
- **1392 – Charles VI devient fou.**
- **1407 – Guerre civile : Armagnacs et Bourguignons.**
- **1415 – Défaite d'Azincourt.**
- **1420 – Traité de Troyes.**
- **1428 – Siège d'Orléans.**
- **1429 – Jeanne d'Arc délivre Orléans, puis Reims.**
- **1431 – Jeanne d'Arc brûlée à Rouen.**
- **1452 – Les Anglais perdent toutes leurs conquêtes sauf Calais.**

Au début du XVe s., au plus fort de la guerre de Cent Ans, les Anglais ont contraint les rois de France à se retirer au sud de la Loire. Ceux-ci, en remontant le fleuve de château en château, mettront un siècle à regagner la capitale. C'est sur les bords de la Loire que, sous l'influence italienne, vont s'élaborer, avec la vie de cour, une culture et un art nouveaux.

1er acte : Chinon

1429 : Charles VII reçoit Jeanne d'Arc au château de Chinon, type de la forteresse féodale.

2e acte : Plessis-lès-Tours

1463-1472 : Louis XI fait construire le château ◀ de Plessis-lès-Tours : toit aigu, tourelle, fenêtres à meneaux, escalier à vis.

France contre Bourgogne

Pendant la guerre de Cent Ans, le duché de Bourgogne est devenu un puissant État, foyer d'une civilisation brillante, et s'oppose au royaume de France. De 1461 à 1483, Louis XI mène contre Charles le Téméraire une longue lutte dont il sort vainqueur.

3e acte : Amboise

1492-1498 : Charles VIII, né au château d'Amboise, e fait agrandir et transformer : fin du gothique, avec rnements Renaissance introduits par des artistes itaens.

4e acte : Blois

1498-1503 : Louis XII, né au château de Blois, le fait grandir (voir page suivante) : l'aile Louis XII, mélange le gothique et de Renaissance (candélabres, feuilles l'acanthe, etc.)

1515-1525 : François Ier fait ajouter une autre aile, où s'épanouit avec exubérance l'influence italienne.

5e acte : Chambord

1519-1533 : François Ier fait édifier Chambord, omptueuse résidence de chasse, française par son lonjon, italienne par son décor.

Les guerres d'Italie

Une tentation pour les rois de France : le « voyage l'Italie ». Le prétexte : faire valoir leurs droits sur Naples et le Milanais. Le résultat : une invasion de l'italianisme lans les arts et dans les mœurs.

Une littérature de transition

Tandis que les *Chroniques* de Froissart, puis les *Mémoires* de Commynes perpétuent la tradition des chroniqueurs, au théâtre s'opposent l'inspiration religieuse des Mystères et la veine réaliste représentée par la farce, dont le modèle est *La Farce de Maistre Pathelin.*

La poésie de cour, elle aussi, se prolonge avec Charles d'Orléans et les Grands Rhétoriqueurs ; mais François Villon, dont le *Petit* et le *Grand Testament* sont hantés par l'image de la mort, est, par sa puissante originalité, le premier des poètes modernes.

Les guerres d'Italie

- **1494/95 – Charles VIII conquiert l'Italie jusqu'à Naples, puis la perd.**
- **1509 – Bayard « le chevalier sans peur et sans reproche », vainqueur à Agnadel.**
- **1515 – François Ier victorieux à Marignan.**
- **1525/26 – François Ier prisonnier à Pavie, traité de Madrid.**
- **1547 – Paix de Crépy.**

LA RENAISSANCE

Style Louis XII : la transition ▶

Louis XII ajoute une aile au château de Blois : les formes gothiques persistent (lignes verticales, toits à forte pente, fenêtres à meneaux et pinacles), mais déjà les artistes italiens innovent dans le détail du décor.

1500-1570

- **1498 - Avènement de Louis XII « le Père du peuple ».**
- **1515 - Avènement de François Ier.**
- **1516 - Concordat.**
- **1536 - Alliance avec les Turcs contre Charles Quint.**
- **1539 - Ordonnance de Villers-Cotterêts.**
- **1549 - Avènement d'Henri II.**

Style François Ier : l'italianisme exubérant ▶

François Ier s'entoure d'artistes italiens (château de Fontainebleau, galerie François Ier). Le contraste est frappant : lignes horizontales, frontons triangulaires, pilastres.

Style Henri II : retour à l'Antique ▶

A partir de 1550, les artistes français s'inspirent de l'Antiquité : colonnes et chapiteaux, statues, attique (petit étage supérieur), corniches et frises caractérisent le Louvre de Pierre Lescot.

L'HUMANISME

Rabelais ▶

Au cœur de la Renaissance s'épanouit l'humanisme, issu d'un double retour aux sources : chrétienne, avec l'évangélisme et la Réforme ; antique, avec la renaissance des belles lettres. Les poètes retrouvent le lyrisme et le sentiment de la nature, et sous l'influence de l'Italie s'élabore un nouveau type d'homme, le courtisan.

Évangélisme et Réforme

La vision du monde des hommes de la Renaissance reste centrée sur Dieu et la religion chrétienne. Sous l'influence de Marsile Ficin, puis **d'Érasme, l'évangélisme,** avec Lefèvre d'Étaples, tente même, en revenant à l'étude des Écritures en même temps qu'à la philosophie de Platon, de réaliser une vaste synthèse pagano-chrétienne. Mais les progrès du protestantisme précipitent la rupture et déclenchent les guerres de Religion.

Humanistes et courtisans

Cependant, protégés et aidés par Marguerite de Navarre, la sœur de François Ier, les **humanistes,** grâce au développement de l'imprimerie, restaurent le goût des lettres antiques et fondent le Collège des Lecteurs royaux, futur Collège de France (G. Budé, 1530). **Rabelais** exalte la nature et la vie. Peu à peu, l'humanisme va s'opposer à l'esprit de la Réforme.

Séduits par le faste des princes d'Italie, les rois de France tentent d'introduire les bonnes manières à la cour, et jouent aux mécènes. Clément Marot crée le type du poète courtisan.

Art et poésie : la Pléiade

Tandis que les artistes rivalisent pour construire aux rois et à leur entourage de somptueuses demeures, la poésie, un moment centrée à Lyon (Maurice Scève), s'épanouit avec la **Pléiade,** que domine **Ronsard,** entouré des poètes Jodelle, Baïf, Belleau et surtout Joachim **Du Bellay,** dont la *Défense et illustration de la langue française* (1549) fait figure de manifeste.

Les hommes et leur cadre

Le mobilier imite maintenant l'architecture civile : façades de palais, avec colonnes, fronton, niches et pieds en forme de pilastres ; exubérance de la décoration à l'italienne : rinceaux, chimères.

Même évolution dans le costume où la mode italienne introduit raffinement et fantaisie (dentelles, ruban, etc.).

2 / ❸

DES GUERRES DE RELIGION À L'ÉPOQUE LOUIS XIII

La question religieuse, après avoir divisé l'Europe, déchire la France, où les guerres de religion sonnent le glas de la Renaissance. Seul Montaigne, volontairement retranché des luttes, formule avec un scepticisme souriant les préceptes d'un art de vivre. En réalité, ces conflits révèlent un état de crise profonde, la première rupture entre la tradition et l'esprit moderne.

1570-1643

- **1559 - Conjuration d'Amboise.**
- **1562 - Massacre de Vassy.**
- **1572 - La Saint-Barthélemy.**
- **1576/80 - Formation de la Ligue.**
- **1588 - Assassinat du duc de Guise.**
- **1589 - Assassinat de Henri III.**
- **1593 - Henri IV entre à Paris.**
- **1598 - Édit de Nantes.**
- **1610 - Henri IV assassiné par Ravaillac. Régence de Marie de Médicis.**
- **1624 - Richelieu premier ministre de Louis XIII.**
- **1636 - Guerre contre l'Espagne.**
- **1642 - Mort de Richelieu.**
- **1643 - Mort de Louis XIII.**

Contre-Réforme et libertinage

La Réforme a provoqué le réveil de l'Église catholique. Les **Jésuites** se répandent en France et fondent de nombreux collèges d'un style nouveau, où l'éducation chrétienne se fonde sur un enseignement en latin, et qui vont jouer jusqu'en 1789 un rôle de premier plan dans la formation de la jeunesse française.

Mais les guerres de religion ont provoqué aussi une vague d'incrédulité qui se rencontre avec le développement de l'esprit scientifique : la «cabale» des **libertins** professe le scepticisme ou un matérialisme athée.

Mondains et doctes

A partir de 1610, dans les salons mondains, dont le plus brillant est celui de la **marquise de Rambouillet**, se répandent l'esprit moderne, le raffinement du langage et des manières et l'art de la conversation qui aboutiront à la **préciosité.**

Mais, se séparant peu à peu des mondains, les «doctes», à la suite de **Malherbe**, cherchent à formuler un idéal inspiré d'Aristote et des anciens. Tendances contraires, qui pourtant, au moment même où l'autorité de **Richelieu**, après celle de **Mazarin**, met de l'ordre dans le royaume, s'équilibrent dans un premier classicisme, avec **Corneille** et avec **Descartes** dont le rationalisme marquera la culture française durant trois siècles.

Saint-Paul à Paris : un des meilleurs exemples du « style jésuite ».

LE BAROQUE

L'esprit moderne, qui se dresse contre les règles, l'ordre, la logique, la mesure, se traduit en Europe par un art nouveau, le baroque. Celui-ci transparaît en France, moins sans doute dans les arts plastiques que dans la poésie, et surtout au théâtre, où le goût du décor, de l'illusion, de la métamorphose triomphe avec le ballet de cour, l'opéra et la pastorale, et se retrouve jusque chez Corneille.

Le style jésuite

Dans cet art nouveau, le mouvement entraîne les lignes : la courbe, la contre-courbe, les volutes, les spirales l'emportent sur la ligne droite. Salomon de Brosse — qui a construit pour Marie de Médicis le palais du Luxembourg —, s'inspirant de l'église du Gesù à Rome, crée une façade nouvelle, à trois étages superposés, selon trois ordres différents.

Bientôt, à l'église de la Sorbonne (1635), au Val-de-Grâce (1645), plus tard aux Invalides (1679), le dôme apparaît, affirmant le triomphe du baroque.

Le style Louis XIII

Sous Louis XIII cependant, l'art des châteaux évolue vers la sobriété classique : aspect froid et régulier, grandes fenêtres à petites vitres, pierres blanches et briques rouges, prédominance de l'horizontale.

Château de Maisons-Laffitte.

Le style Louis XIII.

Il réalise un équilibre entre l'exubérance baroque et la tendance au classicisme : élégance, bon goût et raffinement. Dans le mobilier, les formes sont sobres, mais le détail affectionne courbes et ornements. Dans les salons, la place d'honneur est réservée au lit, meuble de parade entouré de la « ruelle » où l'on s'assemble pour la conversation.

On trouve dans le costume la même recherche d'élégance raffinée : chez les hommes, pourpoint ajusté, large rabat à dentelles, hauts de chausse amples ; chez les femmes, la robe relevée laisse apparaître la jupe ; un fichu de linon tombe sur les épaules.

VERSAILLES

La ville

Une ville de 30 000 habitants, construite pour le palais et à sa mesure : une place immense, d'où rayonnent en éventail de larges avenues.

Le palais

Sous la direction personnelle de Louis XIV, une armée d'artistes et d'architectes, commandant 36 000 ouvriers, édifie en 50 ans un magnifique palais, **centre d'une étoile** que forment **la ville et le parc,** selon un symbolisme où tout évoque le soleil.

Tracé par Le Nôtre, prototype des jardins à la française : terrasses, parterres, escaliers, bassins, bosquets, statues et vases se combinent harmonieusement, de part et d'autre d'une immense perspective formée par le Tapis Vert et le Grand Canal. ▼

Dans le palais, où logent 1 000 courtisans et 4 000 serviteurs, tout est conçu pour le culte du Roi-Soleil :

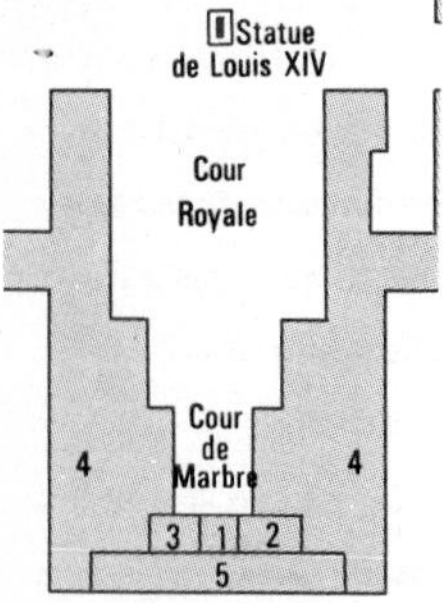

1. au centre de la perspective, la chambre du roi, lieu d'un cérémonial minutieusement réglé ;

2. le salon de l'Œil-de-Bœuf, réservé aux courtisans ;

3. la salle du Conseil, où le roi travaille avec ses ministres ;

4. les grands Appartements, foyer de la vie de cour ;

5. la galerie des Glaces, théâtre des grandes cérémonies.

L'art classique atteint son apogée : ordonnance symétrique, goût pour la majesté et le grandiose ; influence de l'Antiquité : attique, vases et trophées. ▶

LE ROI-SOLEIL

Avec Louis XIV, la majesté royale est l'objet d'un véritable culte : c'est la monarchie de droit divin. Le roi, lieutenant de Dieu sur la terre et responsable devant lui seul, est le centre de toute la vie du royaume et sa résidence, Versailles, en est le foyer.

Le roi et la cour

Le roi a rassemblé autour de lui toute la noblesse pour mieux la dominer ! Sa journée, comme celle de la cour, est réglée selon une étiquette sévère où alternent les conseils, le jeu, les réceptions et les fêtes.

La **maison du roi** ne comprend pas moins de 10 000 personnes. L'aumônerie, la bouche du roi, la chambre du roi, les bâtiments, les écuries, etc., composent la maison civile. Gentilshommes, gardes du corps, suisses, gendarmes, mousquetaires et grenadiers forment la maison militaire.

Le gouvernement personnel

Louis XIV entend gouverner seul. Il se substitue aux ministres, concentre entre ses mains tous les pouvoirs, réduit le rôle des Conseils, surveille toutes les provinces grâce au réseau des « **intendants** de justice, police et finance » qu'il nomme et révoque à volonté.

Image de Dieu, il est la source de toute justice, peut à tout moment juger en dernier ressort et, par les lettres de cachet, faire emprisonner ou exiler qui bon lui semble.

En fait, il délègue ses pouvoirs aux baillis, sénéchaux et prévôts et aux cours de justice. Son autorité est d'ailleurs limitée par les distances et par les contrats et coutumes innombrables qui remontent au Moyen Age.

Louis XIV.

Les hommes et leur cadre

Au Grand Siècle, le costume combine le débraillé, l'élégance et la richesse. Au pourpoint orné de rabats et de dentelles succèdent bientôt le justaucorps, le gilet et la culotte. Les hommes de qualité portent perruque, signe de majesté. Le vêtement féminin, très décolleté, est damassé et broché d'or et comprend une large jupe à traîne.

La manufacture royale de meubles des Gobelins fixe le ton du mobilier : ici aussi majesté et somptuosité. Le meuble trouve avec la marqueterie de Boulle un style original : ébénisterie de cuivre, d'étain et d'écaille rehaussée de garnitures de bronze ciselé et doré.

2 / ❸

LE « SIÈCLE » DE LOUIS XIV

Molière

Pendant plus d'un demi-siècle, tout s'ordonne donc autour du souverain : la religion, les lettres, les arts, l'industrie, et la France atteint à l'apogée de sa puissance et de sa gloire. Mais les guerres épuisent peu à peu le royaume, et ce règne magnifique s'achève dans la misère et les deuils.

Absolutisme et religion

Une partie du siècle est marquée par les conflits religieux : lutte entre catholiques et protestants, lutte entre Jésuites et **Jansénistes**. Ceux-ci, groupés à l'abbaye de Port-Royal, défendus par **Pascal** dans ses *Provinciales* (1657), sont finalement persécutés sur l'ordre de Louis XIV, qui entend établir sa toute-puissance sur la religion. **Bossuet** se fait le champion de l'orthodoxie et de la monarchie de droit divin : « Le trône royal n'est pas le trône d'un homme mais le trône de Dieu même. »

Académies et mécénat

La littérature et les arts sont également consacrés à la dévotion du souverain. **Colbert**, ministre de Louis XIV, organise le mécénat royal, et Chapelain est chargé de distribuer les pensions aux artistes. On crée les Académies de peinture et de sculpture (1663), des sciences (1666), d'architecture (1671).

Le développement de l'industrie et du commerce

Colbert place l'économie sous le signe du « **mercantilisme** » et exalte le travail industriel, source de revenus pour l'État. Il fonde les manufactures royales des Gobelins et de Beauvais (tapisseries) et développe le commerce en créant un réseau routier conçu comme une vaste toile d'araignée qui rayonne à partir de la capitale.

Un modèle de composition classique : l'ensemble des Invalides. ▼

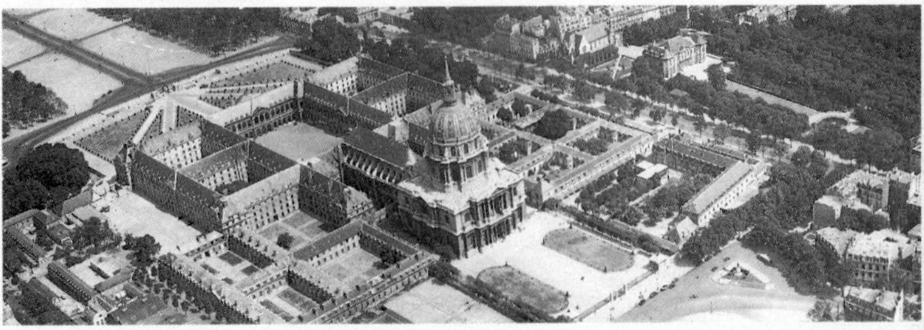

.E CLASSICISME

.e siècle est dominé par la lutte entre les orces de tradition et les forces de prorès. En littérature, cette lutte se manieste tour à tour par la préciosité et la uerelle des Anciens et des Modernes, ntre lesquelles le classicisme représente n bref moment d'équilibre et d'harmoie.

.a préciosité

La préciosité, «forme extrême du besoin de plaire»). Mornet), résurgence moderne de l'esprit courtois, réparée par l'hôtel de Rambouillet, s'épanouit entre 650 et 1660 : galanterie, raffinement dans les senments (carte de Tendre) et dans le langage, modes téraires (romans-fleuves, maximes, lettres, portraits). lle marquera jusqu'à la fin du siècle la littérature iondaine (**La Rochefoucauld, Mme de Sévigné**), le iéâtre (ballets, opéras, divertissements de cour) et les ts décoratifs.

.e classicisme

Favorisés par le mécénat, la littérature et l'art ouvent un équilibre inspiré de l'Antiquité, notamment n architecture et en peinture avec Mansart et Le Brun, u théâtre avec **Molière** et **Racine**, dans le roman avec Ime de La Fayette, tandis que **La Fontaine** trouve ans la fable le moule de sa fantaisie. Équilibre, ou pluôt compromis entre des tendances diverses (baroque, réciosité, réalisme), harmonie miraculeuse et précaire, ondée sur un «je ne sais quoi» qui est **l'art de plaire**, ue **Boileau** tentera un peu lourdement de codifier près coup et qui s'exprime dans un idéal : celui de **honnête homme.**

.a querelle des Anciens et les Modernes

Vers 1680, un esprit nouveau se fait jour, «crise de onscience» qui se développe en même temps que 'affaiblit le prestige royal, et se traduit par la «querelle» où s'affrontent ceux qui restent fidèles à l'admiation des anciens, au latin et à l'esprit classique 3oileau) et ceux qui défendent la supériorité du français t l'esprit moderne (Perrault, Fontenelle). Bientôt d'ailurs le débat s'élargit : la critique des institutions (La ruyère, Fénelon), l'idée de progrès (Bayle) annoncent éjà le siècle des lumières.

Racine

1643-1715

La minorité (1643/61)

- **1643 - Régence d'Anne d'Autriche. Mazarin ministre.**
- **1648/53 - La Fronde : résistance des nobles et du Parlement.**
- **1659 - Traité des Pyrénées.**

Le règne triomphant (1661/85)

- **1661 - Louis XIV prend le pouvoir.**
- **1667/68 - Guerre de Dévolution.**
- **1672/78 - Guerre de Hollande. Paix de Nimègue.**

La fin du règne (1685-1715)

- **1688/97 - Guerre de la ligue d'Augsbourg.**
- **1713/14 - Traités d'Utrecht et Rastadt.**

LE « SIÈCLE DES LUMIÈRES »

Le « siècle » de Louis XV et de Louis XVI, c'est d'abord une époque de fêtes et de divertissements frivoles, où triomphent l'amour et la vie de société. Mais c'est aussi le « siècle des lumières », où la civilisation française rayonne sur l'Europe entière.

Amour, délices et fêtes

A l'austérité de la fin du règne de Louis XIV succède brusquement, avec la Régence, une atmosphère de frivolité joyeuse : on veut vivre et jouir de la vie. L'amour commande. C'est l'époque des fêtes galantes, des réceptions brillantes où les plaisirs succèdent aux plaisirs : on vit pour l'instant présent, et la mode règne en souveraine.

Grâce, vie mondaine et esprit critique

Paris devient le centre du bon goût et du raffinement, en même temps que le premier foyer artistique de l'Europe. La vie mondaine se concentre dans les *salons*, qui se multiplient et où la *femme* règne en souveraine (Mmes de Lambert, de Tencin, du Deffand, Geoffrin, Mlle de Lespinasse) : véritables « bureaux d'esprit » où l'on cultive la *conversation*. C'est là que se développe l'esprit, fait d'un mélange de curiosité, de goût pour la satire et de hardiesse. Plus encore qu'au temps de la préciosité, l'amour et l'analyse des sentiments y tiennent une grande place.

Retour à l'Antiquité et sentiment de la nature

Dès le milieu du siècle, le goût et la sensibilité se transforment. Les fouilles archéologiques ramènent l'attention vers l'Antiquité. Le sentiment de la nature renaît, et avec lui le goût du rustique, des bergeries, de la simplicité champêtre. Avec **Jean-Jacques Rousseau**, l'émotion et le sentiment deviennent à la mode, puis la mélancolie, le goût des ruines, du mystère, du surnaturel. La poésie renaît : déjà s'annonce le romantisme.

1715-1789

La régence

- **1715 - Régence du duc d'Orléans.**
- **1719 - Faillite du système de Law.**
- **1726/43 - Le cardinal Fleury.**
- **1733/38 - Guerre de succession de Pologne.**

Louis XV

- **1743 - Début du règne personnel de Louis XV.**
- **1741/48 - Guerre de succession d'Autriche.**
- **1756/63 - Guerre de Sept Ans.**
- **1763 - Traité de Paris : abandon des colonies.**

Louis XVI

- **1774 - Avènement de Louis XVI. Réformes de Turgot.**
- **1778/82 - La France intervient dans la guerre de l'Indépendance américaine : La Fayette.**
- **1781/89 - Difficultés financières. La chute du régime se précipite.**

.e style Régence

Style de transition, il est le reflet fidèle de l'époque. es intérieurs sont conçus pour la vie intime et l'amour : abinets, alcôves se multiplient. Les symboles guerriers ɔnt place aux armes de l'amour, arcs, carquois, cœurs ercés de flèches.

.e style Louis XV

Un style aimable, où triomphent le mouvement et la ourbe : c'est, par l'Italie et l'Allemagne, le retour du **aroque**, habillé à la française. Raffinement et grâce ouriante : le bibelot est roi. Les arts décoratifs se éveloppent : tapisseries des Gobelins, porcelaines de èvres. Sur les cloisons, panneaux de boiserie, couerts de coquilles, de palmes et d'entrelacs : le **style rocaille »** est né, qui agrémente les jardins de rochers t de grottes artificielles. Vers 1750 apparaît le goût e **l'exotisme** : turqueries, chinoiseries et singeries. e vêtement n'échappe pas à ces influences : chez les ommes, la chemise s'orne d'un jabot de dentelle en ɔrme de coquille ; chez les femmes, jupes en paniers, nanches en pagodes. Pourtant cette époque n'a pas ublié les leçons du Grand Siècle. Les grandes comositions urbaines se développent (places Louis-XV à aris, Stanislas à Nancy).

Panneau décorant l'hôtel de Rohan.

.e style Louis XVI

Sous l'influence de l'art antique retrouvé (Pompéi), n tente de concilier la grâce avec l'ordre classique. .a droite et la symétrie succèdent à la courbe, la simlicité à l'exubérance. L'ornementation, plus discrète, ffectionne les thèmes rustiques : bouquets, guirlandes, ipeaux et houlettes.

Les meubles ont des silhouettes fines et géométiques, souvent ornées de cannelures ; grandes suraces nues délimitées par des filets de cuivre ou le bronze doré. Simplicité aussi dans le vêtement mas- culin, tandis que la mode féminine multiplie les excenricités, surtout dans la coiffure.

Le petit Trianon, à Versailles.

2 / ③ LA LUTTE PHILOSOPHIQUE

La victoire des modernes n'est que le point de départ d'une lutte qui s'engage contre le principe d'autorité sous toutes ses formes : le « philosophe » combat pour faire triompher les « Lumières », c'est-à-dire l'esprit scientifique, la raison, la liberté, la tolérance, le progrès et la justice sociale.

Sciences et techniques

Le philosophe est d'abord un savant : **d'Alembert** est mathématicien, **Buffon** naturaliste. A la suite d'un Newton et d'un Leibniz, l'esprit scientifique, fondé sur la raison, l'observation et l'expérimentation, se développe en France et les Académies se multiplient. En même temps s'amorce une révolution dans les techniques et dans l'économie. Sous l'influence anglaise, les philosophes se passionnent pour les arts mécaniques. L'industrie française occupe le second rang en Europe, l'agriculture progresse, le commerce extérieur quadruple en trente ans. Grâce au réseau routier la poste relie Paris à toutes les provinces : **la France est en pleine expansion.**

La soif de liberté

« Chaque siècle, écrit Diderot, a son esprit qui le caractérise ; l'esprit du nôtre semble être celui de la liberté. » C'est pour elle en effet que lutte le philosophe. Liberté spirituelle : nombre d'esprits se détournent de la religion chrétienne au profit du scepticisme (**Bayle**), du déisme (**Voltaire, Rousseau**) ou même de la libre pensée (**Diderot**). Liberté politique : les fautes de la monarchie, les guerres incessantes, les prodigalités de la cour qui ruinent peu à peu le pays font souhaiter des réformes profondes.

Les « Lumières »

Apôtre de la liberté, le philosophe est du même coup l'apôtre des « Lumières » qui caractérisent l'**esprit de civilisation** : foi dans le progrès, idées de tolérance, d'égalité et de justice, recherche du bonheur humain. L'esprit critique, en s'attaquant aux institutions, conduit ainsi à l'**esprit révolutionnaire** : de la lutte philosophique se dégage peu à peu un nouvel humanisme tourné vers l'action et l'efficacité sociale, appuyé sur une opinion publique dont les salons, les cafés et les clubs favorisent le développement.

Encyclopédisme, cosmopolitisme, universalisme

La curiosité pour toutes les formes d'activité de l'esprit, le sens du relatif, le goût pour l'histoire et pour les voyages, l'esprit cosmopolite qui en résulte se retrouvent dans l'**Encyclopédie**, vaste ouvrage collectif qui, sous la direction de **Diderot**, constitue à la fois la somme philosophique et le miroir du siècle. Ainsi, au moment même où la monarchie va s'effondrer, la France, par sa langue, sa littérature, son art, ses idées, exerce une sorte de souveraineté intellectuelle sur le monde.

.A RÉVOLUTION ⁼RANÇAISE

.es idées et les critiques de plus en plus iolentes des philosophes, l'exemple des :tats-Unis d'Amérique, la crise financière ›t la misère du peuple ont rendu la Révo- ɹtion inévitable. Celle-ci, déclenchée par ı réunion des Etats Généraux, balaie ›n moins de cinq ans les structures de Ancien Régime et fixe pour longtemps la ›hysionomie de la France contemporaine.

ı 789 : une année sans égale ıans l'histoire

Presque d'un seul coup, la Révolution est totale :

14 juillet : **révolution politique.** La prise de la Bas- le symbolise le renversement de la monarchie absolue.

nuit du 4 août : révolution **sociale**. Par l'abolition es privilèges, la France bourgeoise succède à la vieille rance aristocratique.

26 août : révolution **juridique**. La Déclaration des ›roits de l'Homme et du Citoyen affirme les grands rincipes qui figureront désormais sur le fronton des ıonuments publics.

22 décembre : évolution **dministrative**. es départements emplacent les rovinces.

ı 792 : la République

La Convention abolit la royauté et substitue au calen- rier grégorien le calendrier révolutionnaire : 1792 sera an I de la République.

Le drapeau français

Le blanc, couleur du roi, entre le bleu et le rouge, couleurs de Paris : le drapeau tricolore symbolise à l'origine l'union de la royauté et du peuple.

La Marseillaise,

composée par un officier, Rouget de Lisle, et introduite à Paris par les fédérés marseillais, deviendra l'hymne national.

La Déclaration des Droits de l'Homme et du Citoyen

Solennellement proclamée en tête de la nouvelle Constitution, elle affirme notamment :

Art. Premier. – **Le but de la société est le bonheur commun.**

Le gouvernement est institué pour garantir à l'homme la jouissance de ses droits naturels et imprescriptibles.

Art. II. – **Ces droits sont l'égalité, la liberté, la sûreté, la propriété.**

Art. III. – **Tous les hommes sont égaux par la nature et devant la loi.**

LA RÉVOLUTION...

Trois révolutions, deux républiques, deu restaurations, deux empires : tel fut le pri. d'une laborieuse métamorphose, d'où es née la France moderne. Époque troublée mais qui a pourtant son unité, celle qu lui confère la classe nouvellement parve nue : la bourgeoisie libérale.

1789-1815

La Révolution (1789/99)

- 14 juil. 1789 - Prise de la Bastille. ▶
- 4 août 1789 - Abolition des privilèges.
- 1791/92 - L'Assemblée législative.
- juin 1791 - La fuite du roi.
- 1792/95 - La Convention.
- 21 janv. 1793 - Exécution de Louis XVI.
- 1793/94 - La Terreur. Le 9 thermidor.
- 1795/99 - Le Directoire.
- 9 nov. 99 - Coup d'Etat du 18 Brumaire.

Le Consulat et l'Empire (1799-1815)

- 1799/1804 - Le Consulat.
- 1801 - Le Concordat.
- 1804 - Napoléon empereur.
- 1805 - Austerlitz.
- 1807 - Traité de Tilsitt.
- 1812 - Retraite de Russie.
- 1814 - Abdication de Napoléon.
- 1815 - Waterloo.

Les luttes révolutionnaires

Une suite d'occasions manquées : ainsi pourrait-o définir ces quinze années mouvementées qui, de l'exa tation libératrice de 1789, ont conduit à la dictatur napoléonienne. La fuite du roi et son arrestation Varennes condamnent la monarchie; la révolutio sociale amorcée par **Robespierre** et la **Conventio** s'achève dans le sang, avec la Terreur et le 9 Therm dor; le **Directoire**, aux mains de la bourgeoisie modé rée, aboutit au 18 Brumaire.

Une France nouvelle

Pourtant l'œuvre de la Révolution est considérable à l'intérieur, des structures nouvelles, administratives financières, fiscales, judiciaires, militaires, éducatives agraires (vente de biens nationaux) remplacent celle de l'Ancien Régime; à l'extérieur, victorieuse des coal tions formées contre elle, la France conquiert ses « fror tières naturelles ».

Robespierre

Marat

Danton

'EMPIRE

'épopée napoléonienne

Sous le prétexte de poursuivre la libération de Europe au nom des principes de la Révolution, **Napo-on Bonaparte**, d'abord **consul**, puis **empereur** des ançais, volant pendant quinze ans de victoire en vic-ire — Austerlitz, Iéna, Eylau, Wagram —, étend un oment sa domination sur presque tout le continent : popée grandiose qui hantera longtemps l'âme du euple français et l'imagination des poètes.

En s'effondrant après Waterloo et les Cent Jours, empire napoléonien laisse une France appauvrie, mais rtement organisée : l'administration préfectorale, les cées, le Code civil témoignent encore aujourd'hui du énie organisateur de Napoléon et de sa volonté centra-satrice.

Le style Empire

Dès la Révolution et plus encore sous l'Empire, le goût de l'Antiquité règne partout : en architecture avec les arcs de triomphe et les colonnades (Panthéon, Madeleine, Bourse à Paris), en peinture avec David, animé d'un idéalisme austère et quelque peu solennel : dans le mobilier qui, plus rectiligne encore, s'alourdit de glaives, d'aigles et de sphinx et dont l'acajou se charge d'appliques de cuivre ; dans le costume même, où David a lancé la robe à l'athénienne et à la romaine.

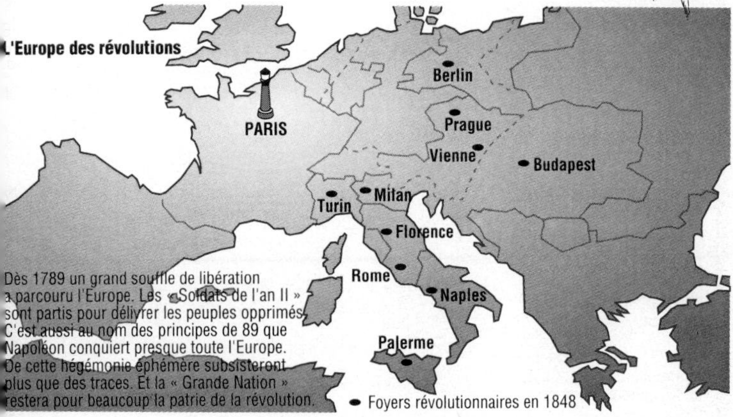

Dès 1789 un grand souffle de libération a parcouru l'Europe. Les « Soldats de l'an II » sont partis pour délivrer les peuples opprimés. C'est aussi au nom des principes de 89 que Napoléon conquiert presque toute l'Europe. De cette hégémonie éphémère subsisteront plus que des traces. Et la « Grande Nation » restera pour beaucoup la patrie de la révolution.

2 / ❹

LA FRANCE BOURGEOISE

Après 1815, la bourgeoisie triomphe. Capitaliste et libérale, elle suscite une civilisation matérialiste et sans grandeur, qui favorise la révolte des jeunes générations et le développement du romantisme.

Le bourgeois, vu par Henri Monnier.

1815-1870

- 1814/15 - Congrès de Vienne. Traité de Paris.
- 1815 - La Restauration : Louis XVIII.
- 1824 - Avènement de Charles X.
- 1824/29 - Guerre d'Indépendance hellénique.
- 1830 - Révol. de Juillet : Louis-Philippe.
- 1830/47 - Conquête de l'Algérie.
- 1840/48 - Ministère Guizot.
- 1848 - Révolution de Février : IIe Rép.
- 1851 - Coup d'État du 2 décembre.
- 1852 - Second Empire : Napoléon III.
- 1854/56 - Guerre de Crimée.
- 1861/67 - Guerre du Mexique.
- 1870/71 - Guerre franco-allemande : Sedan. Chute de l'Empire et siège de Paris.

Crépuscule de la monarchie

Ni Louis XVIII, ni Charles X ne parviennent à concilier la restauration des valeurs traditionnelles de l'Ancien Régime et les exigences de l'esprit nouveau. Après la révolution de 1830, la monarchie bourgeoise de Louis-Philippe ne se révèle pas plus capable de trouver un équilibre entre l'ordre social et le libéralisme. La révolution de 1848 signe la condamnation définitive du régime.

La bourgeoisie triomphante

En fait, malgré la naissance d'une nouvelle noblesse sous l'Empire, le grand vainqueur de la Révolution fut la **bourgeoisie**. Tenant en main les leviers de commande, le bourgeois façonne la France à son image : banquier ou négociant, il développe un **capitalisme** commercial très protectionniste ; **libéral** plus que démocrate, il s'assure sous tous les régimes le contrôle de la politique ; intellectuel, il donne ses soins à l'organisation de l'**enseignement secondaire**, qui devient en fait un enseignement de classe ; timoré, les chemins de fer l'inquiètent, et la révolution industrielle et technique qui transforme l'Angleterre le laisse longtemps indifférent.

L'envers du décor

Après l'exaltation des années révolutionnaires et impériales, l'atmosphère de cette France bourgeoise que dépeint Balzac, est étouffante et sans grandeur. Nostalgie des grandes aventures, amertume consécutive aux défaites de 1815, sympathie à l'égard du prolétariat misérable que suscite déjà le capitalisme naissant : autant de raisons qui alimentent dans les jeunes générations le désir d'autre chose. Évasion ou révolte, telle est la seule option offerte à ceux qui n'acceptent pas le matérialisme envahissant d'une époque où, déjà, l'argent est roi.

... ET LE ROMANTISME

Victor Hugo.

Le Romantisme marque un tournant dans la culture européenne. Né dans les pays du Nord, il pénètre en France au début du XIXe siècle et s'affirme peu à peu comme un prolongement de la Révolution : une révolution dans l'art et la littérature, et jusque dans la conception même de la vie.

La révolte et l'évasion

Préparé par **Chateaubriand**, dont le héros *René* (1802) incarne le « mal du siècle », importé d'Allemagne par Mme de **Staël**, le Romantisme est d'abord une **rupture** et une **révolte** : rupture avec la tradition classique et le culte de l'Antiquité, révolte contre un rationalisme desséchant ; rupture avec la société du temps, révolte contre les conventions et la médiocrité bourgeoises. Cette révolte conduit tout naturellement à l'**évasion** : évasion dans la nature ; vers un Moyen Age de légende ; vers des paysages étranges et exotiques ; enfin dans le rêve intérieur.

Imagination et lyrisme

L'imagination romantique suscite d'abord des modes littéraires : le macabre, qui s'épanouit avec le mélodrame et le roman noir ; le **fantastique**, qu'on retrouve aussi bien en musique avec **Berlioz** (*Symphonie fantastique*) qu'en littérature avec **Nodier** (*Contes fantastiques*) et en peinture. Mais ces modes éphémères trahissent un état d'âme nouveau : la revanche de la sensibilité sur la raison, l'exaltation du moi, et surtout l'ennui, le vide ou l'inquiétude métaphysiques d'êtres avides d'infini et de mystère : le cœur s'épanche alors dans un **lyrisme** souvent débordant, comme chez **Lamartine** et **Musset**, ou plus concentré comme chez **Vigny** ou **Nerval**. Le Romantisme est la revanche de puissances poétiques longtemps refoulées.

Liberté et révolution

Partout le mot d'ordre est : **liberté** ! Liberté dans l'art, surtout au théâtre, où le drame détrône la tragédie, et en peinture, où **Géricault**, puis **Delacroix** se dressent contre l'académisme ; liberté du moi, et bientôt liberté des peuples. C'est au nom de cette liberté que les Romantiques, de cénacles en manifestes, mènent autour du jeune **Victor Hugo** un combat qui s'achève en 1830 par la bataille d'*Hernani*. Dès lors, tandis que certains, comme **Théophile Gautier**, épris de pittoresque et de beauté formelle, fondent l'école de **l'Art pour l'art**, les autres, touchés par la grâce socialiste, prennent le parti du peuple, proclament la mission sociale du poète et se tournent vers l'avenir.

Histoire, roman, épopée

Le Romantisme a le goût des grandes synthèses : l'histoire devient avec **Michelet** « résurrection intégrale du passé », le roman, d'abord historique, devient avec **Stendhal** la chronique du siècle et avec **Balzac** la *Comédie humaine*, la poésie retrouve un souffle épique avec **Lamartine** et le **Victor Hugo** de la *Légende des Siècles*. Les ambitions du Romantisme sont aux dimensions de l'univers.

2 / ❹

LA TROISIÈME RÉPUBLIQUE

Après 80 ans de troubles et de révolutions, la France a connu sous la Troisième République une période de stabilité politique au moins apparente qui lui a permis de constituer un vaste empire colonial et d'accroître son influence dans le monde. Mais les sacrifices imposés par la guerre de 1914-1918, l'évolution de l'industrie et des techniques, les luttes sociales, minent secrètement le régime, qui ne résiste pas à la Seconde Guerre mondiale.

1870-1939

- 1871 - La Commune.
- 1871/73 - Gouvernement de Thiers.
- 1875 - Constitution de la IIIe République.
- 1881 - Ministère Gambetta.
- 1887/89 - Le Boulangisme.
- 1892 - Scandale de Panama.
- 1897/99 - L'Affaire Dreyfus.
- 1905 - Séparation des Églises et de l'État.
- 1914/18 - Première Guerre mondiale.
- 1917/20 - Ministère Clemenceau.
- 1924/26 - Cartel des Gauches.
- 1930/32 - Crise économique.
- 1934 - Les Ligues et le 6 février.
- 1936 - Le Front Populaire.
- 1938 - Accords de Munich.
- 1939 - Déclaration de guerre.

Les luttes politiques

Au cours de la IIIe République, l'esprit civique s'est développé en France et le pays est devenu profondément républicain et démocrate. République où la grande bourgeoisie tend à céder le pas à la **petite bourgeoisie** des employés, des fonctionnaires et des commerçants ; république **laïque** et souvent **anticléricale**, où la lutte des partis bat son plein et où le **radicalisme**, soutenu par la franc-maçonnerie, tient le plus souvent les leviers de commande ; république enfin qui, dans les années 30, voit l'irruption du **monde ouvrier** sur la scène politique.

L'histoire de la IIIe République est jalonnée de scandales, d'« affaires », d'accès de nationalisme et de crises ministérielles. Et pourtant la France, grâce surtout à la solidité de son administration, n'avait pas connu depuis un siècle de régime aussi stable.

Les coalitions de l'entre-deux-guerres

De 1919 à 1939, le jeu des coalitions fait alterner le pouvoir :

- **1919-1924 : le Bloc National. Coalition des partis de droite et du centre. Gouvernements : Clemenceau, Millerand, Briand, Poincaré.**
- **1924-1926 : le Cartel des Gauches. Socialistes et radicaux gouvernent. E. Herriot se heurte au « mur de l'argent ». Le franc s'effondre.**
- **1926-1929 : l'Union Nationale. Poincaré gouverne avec des modérés, des hommes de droite, des radicaux. Soutenu par les possédants, il redresse le franc qu'il stabilise en 1938 au cinquième de sa valeur-or de 1914 [p. 269].**
- **1929-1936 : grande instabilité. Succession de coalitions hétérogènes, éphémères et inefficaces. La crise économique, sociale et morale s'aggrave.**
- **1936-1938 : le Front Populaire. Les élections de mai 1936 portent au pouvoir une alliance électorale des partis de gauche. Les communistes (Maurice Thorez) soutiennent, sans y participer, un gouvernement présidé par le socialiste Léon Blum, formé de socialistes et de radicaux. L'œuvre sociale du Front populaire est importante [p. 128].**

En 1938, Daladier (radical), rompant avec la majorité de Front populaire, s'appuie sur la droite.

Révolution scientifique et technique

Au moment même où triomphe le positivisme, la science va connaître des bouleversements profonds, pour lesquels la France joue souvent le rôle d'initiatrice : en biologie avec **Pasteur**, en physique et en chimie avec P. et M. **Curie** qui découvrent la radio-activité (1895), P. **Langevin**, Jean Perrin, L. de Broglie et la mécanique ondulatoire (1925), enfin Fr. Joliot-Curie et la fission de l'atome d'uranium (1938). Les techniques se transforment non moins vite, et le développement de l'électricité, de l'automobile, du cinéma, de l'aviation modifie profondément le genre de vie des Français.

Pierre et Marie Curie dans leur laboratoire.

Le grand capitalisme

En retard sur la Grande-Bretagne, la révolution industrielle en France s'affirme avec le Second Empire. Le mouvement s'amplifie sous la Troisième République, accélérant l'**exode rural** et la **concentration urbaine**, au profit principalement de quatre régions : la région parisienne, le Nord, la région lyonnaise, l'Est (Alsace et Lorraine revenues à la France par le traité de Versailles en 1919). Par ailleurs, l'évolution économique est marquée par les **progrès de l'outillage et des méthodes** qui permettent des gains de **productivité** et par l'accroissement de la **concentration technique et financière**. Derrière les gouvernements, les puissances d'argent, celles qu'on nomme les « 200 familles » tirent les ficelles : c'est l'apogée en France du **grand capitalisme**, qui est lié à la haute finance internationale, ce qui ne l'empêche pas de susciter de solides barrières douanières pour défendre ses intérêts et ses profits.

L'expansion économique, vigoureuse dans les années 20, est brisée par la crise des années 30.

Revenu national en francs constants (base100 en 1938)

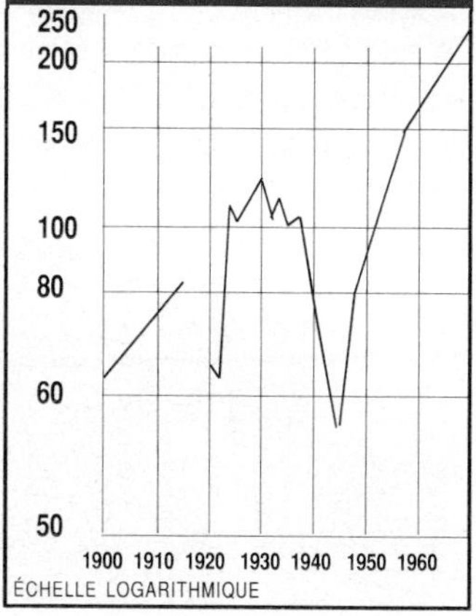

La crise économique des années 30

La crise mondiale atteint pleinement la France en 1932, mais les difficultés s'affirmaient, dans de nombreux domaines, dès la fin des années 20. L'agriculture est durement frappée par la chute des prix accélérée en 1932-1935 par de bonnes récoltes de blé et de vin. L'indice global de la production industrielle (base 100 en 1913) qui était monté à 140 en 1930 retombe à 124 en 1931 et à 96 en 1932. Les exportations diminuent. Le déficit budgétaire atteint 10 milliards de francs en 1933. Dès 1932, on dénombre plus d'un demi-million de chômeurs complets auxquels s'ajoutent plusieurs centaines de milliers de chômeurs partiels.

2 / 4

Le mouvement ouvrier

Dans ce pays de **tradition agricole** et où l'agriculture conserve durant toute la durée de la IIIe République une importance économique de premier plan, la **révolution industrielle** accélère pourtant la formation d'un prolétariat urbain. Longtemps réduite à la misère, la classe ouvrière qui, jusque dans les années 30 du XXe s., constitue un monde à part, isolé de la bourgeoisie, prend peu à peu conscience d'elle-même. Elle s'organise au sein de deux mouvements nés du problème ouvrier : le socialisme, le syndicalisme.

▶ **Le mouvement socialiste** : après des dizaines d'années de division, les socialistes créent en 1905 un parti unifié rattaché à la IIe Internationale : la S.F.I.O. (Section Française de l'Internationale Ouvrière) qui, aux élections de 1914, avec 1,4 million de voix, obtient 101 sièges de députés.

En 1920, au **Congrès de Tours**, s'opère une scission : la majorité se rallie à la IIIe Internationale et forme avec M. Cachin et L.O. Frossard le **Parti Communiste** S.F.I.C. (Section Française de l'Internationale Communiste) ; la minorité, avec Léon Blum et P. Faure, reste fidèle à la IIe Internationale et décide le maintien de la S.F.I.O.

En 1936, communistes et socialistes s'unissent au sein du **Front Populaire** [p. 126].

▶ **Le mouvement syndical** : le syndicalisme ouvrier est officiellement organisé à partir de 1884 (loi Waldeck-Rousseau). La **Confédération Générale du Travail** (C.G.T.) est créée en 1895. Elle est, au début du XXe s., fortement marquée par la tendance du syndicalisme révolutionnaire (charte d'Amiens, 1906). Divisé (la scission gagne la C.G.T. en 1922, avec la création de la C.G.T.U., de tendance communiste), minoritaire, le syndicalisme est néanmoins très actif et obtient une grande **amélioration** des conditions de vie de la classe ouvrière.

La législation sociale de la IIIe République

- **mai 1874 : réduction de la durée du travail des femmes et des enfants, et organisation de l'inspection du travail.**
- **mars 1884 : libre constitution des organisations syndicales.**
- **avril 1893 : loi posant les normes d'hygiène et de sécurité du travail.**
- **avril 1898 : première loi sur les accidents du travail.**
- **mars 1900 : durée du travail fixée à 11 heures par jour.**
- **juillet 1906 : repos hebdomadaire (le dimanche est en principe le jour légal du repos).**
- **avril 1910 : loi sur les retraites ouvrières.**
- **avril 1919 : durée du travail fixée à 8 heures par jour.**
- **avril 1928-avril 1930 : premières lois sur les Assurances sociales.**

Législation du Front Populaire 1936-1937 :

- semaine de travail de 40 heures dans l'industrie et le commerce.
- congés payés de 15 jours par an.
- généralisation des conventions collectives.
- création de délégués ouvriers.
- liberté totale du droit syndical.

14 Juillet 1936 : La foule place de la Bastille. ▶

'EXPANSION COLONIALE

;ette république petite-bourgeoise a ourtant le goût des grandeurs. L'expan-ion coloniale, depuis Jules Ferry, est sa rande affaire : il s'agit en effet non seule-ıent de rendre à la France son rang de rande puissance, mais de trouver des ıatières premières et des débouchés.

« Dites que vous avez voulu une France grande en toutes choses, grande par les arts de la paix, grande par la politique coloniale. »

Jules Ferry.

;econde puissance coloniale mondiale

Sur les débris du **premier empire colonial** fondé aux XVIIe et XVIIIe s., la Monarchie e Juillet et le Second Empire avaient jeté les bases d'un nouveau domaine colonial. a IIIe République en réalisa **l'achèvement** : en Afrique du Nord, protectorat en Tuni-e (1881), et au Maroc (1912) ; en Afrique Noire, acquisitions au Soudan, dans le assin du Congo et autour du Tchad ; dans l'océan Indien, annexion de Madagascar 896) ; en Extrême-Orient, installation de la tutelle française sur le Tonkin, l'Annam : le Laos. A la veille de la Seconde Guerre mondiale, avec un empire de 10,5 millions e km^2 peuplé de 48 millions d'habitants, la France était la **seconde puissance colo-iale** dans le monde.

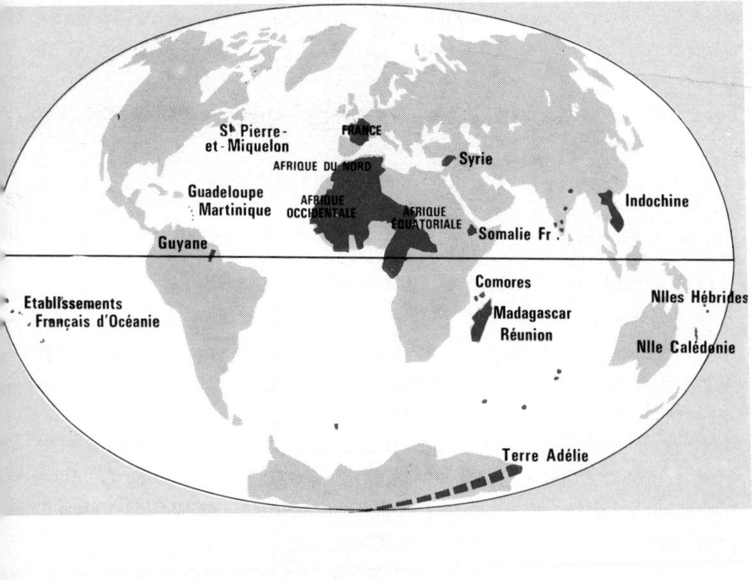

Jne puissance illusoire

Mais, dans la plupart des territoires, l'équilibre économique et social est rompu au ofit d'une économie et d'une société coloniales. La **colonisation**, éveillant chez s peuples dominés l'aspiration à la liberté, engendre les **nationalismes**. Après la econde Guerre mondiale, en moins de vingt ans, l'empire s'effondrera.

2 / ❹ LA LITTÉRATURE SOUS LA TROISIÈME RÉPUBLIQUE

Sous la Troisième République, une séri de mouvements successifs dont la Franc est le foyer va remettre en question le principes mêmes sur lesquels s'étaient édifiés l'humanisme, l'ar et la poésie au cours des Temps modernes, préparant ainsi la quête de nouvelles formes et de nouvelles valeurs à laquelle on assiste aujourd'hui.

Réalisme et naturalisme

Dès le Second Empire, sous l'influence du positivisme, une réaction s'était mani festée contre l'idéalisme romantique : tant en peinture, avec **Courbet,** qu'en littéra ture, où **Flaubert** fait figure de chef d'école malgré lui, le **réalisme** triomphe. Il prend le nom de **naturalisme** quand, après 1870, le déterminisme scientifique, alor en faveur, conduit Émile **Zola** à formuler la doctrine du « roman expérimental », fondé sur l'impersonnalité de l'écrivain et l'observation scientifique de la société et de réactions humaines. Il applique librement cette doctrine dans la geste puissante des *Rougon-Macquart*, tandis que Guy de **Maupassant** excelle dans le conte e la nouvelle réalistes.

Fantin-Latour : ***Le Coin de table.***
A gauche, assis : Paul Verlaine, Arthur Rimbaud.

Impressionnisme et symbolisme

Pourtant la poésie n'est pas morte. Le souffle révolutionnaire qui l'animait au temp du romantisme va maintenant, sous l'influence de **Baudelaire,** le premier « moderne conduire artistes et poètes à s'interroger sur le problème de la création elle-même Simultanément ou presque, impressionnistes en peinture et décadents en littératur décomposent la réalité en sensations quasi impalpables. Paul **Verlaine** chante les « au delà troublants d'âme » ; Arthur **Rimbaud,** en un parcours bref et fulgurant d'illuminé remet en cause toute la tradition et porte la poésie à l'incandescence ; Stéphar **Mallarmé,** dans un travail patient d'alchimiste, médite sur le langage et crée ur œuvre quintessenciée dont on n'a pas encore dévoilé tous les mystères.

Issu de ces « poètes maudits », le mouvement symboliste s'efforce à la fois de libé rer complètement le vers et la forme et de retrouver l'essence des choses en suggérant par la musique et les symboles. Né en Belgique (autour de **Maeterlinc** et de **Verhaeren**), mûri dans le salon de Mallarmé où se pressaient nombre d'étran gers, le symbolisme a connu un vaste rayonnement international.

La génération de 1900

Le XXe siècle s'ouvre avec une pléiade d'écrivains dont la rencontre constitue un nouvel âge d'or de notre littérature. Tous plus ou moins héritiers du mouvement symboliste, ils le dépassent par la puissance de leur personnalité et de leur œuvre : Charles **Péguy,** poète chrétien, à la fois socialiste et patriote, témoin engagé dans son époque ; Marcel **Proust** qui poursuit, tout au long de *A la recherche du temps perdu*, sa quête de la vie intérieure à travers la peinture d'une certaine bourgeoisie ; André **Gide,** toujours prêt à toutes les aventures de l'esprit hors des conformismes et des règles morales établies ; Paul **Valéry,** poète hanté par la perfection, penseur rigoureux et observateur perspicace des transformations du « monde actuel » ; Paul **Claudel** enfin, poète catholique et cosmique et dramaturge puissant (voir page suivante).

La révolution surréaliste

Tandis que fauves et cubistes tentent d'affranchir la peinture de toutes les conventions, et qu'en Italie Marinetti lance le futurisme, Guillaume **Apollinaire** (1880-1918), à la fois héritier du symbolisme et initiateur de l'« esprit nouveau », audacieux inventeur de formes poétiques *(Alcools, Calligrammes)*, ouvre les voies au surréalisme.

Celui-ci, né de la Première Guerre mondiale et du mouvement Dada (créé à Zurich par Tristan **Tzara**), va grouper à Paris vers 1924, date du premier Manifeste, autour d'André **Breton** (1896-1966), qui en sera jusqu'à sa mort le chef incontesté, de jeunes poètes et artistes qui dénoncent la faillite de la société et sont décidés à « changer la vie » : Paul **Éluard,** Louis **Aragon,** Antonin **Artaud,** Robert **Desnos,** Michel **Leiris,** Jacques **Prévert,** qui « popularisera » le surréalisme par ses poèmes et ses chansons *(Paroles)*; ainsi que des peintres d'origine étrangère : Chirico, Hans Arp, Picabia, Mirò et Salvador Dali.

Influencé par Freud à l'origine, le surréalisme entreprend l'exploration méthodique de l'inconscient, grâce notamment à l'« écriture automatique » et au « rêve éveillé ». Il se veut l'initiateur d'une révolution totale, y compris par l'engagement politique (Aragon entre au parti communiste en 1928) ; mais il est défini aussi par Breton comme une « aventure spirituelle », qui renoue avec la tradition ésotérique.

Le surréalisme, qui renouvelait profondément notre regard sur le monde, n'a cessé depuis un demi-siècle d'exercer son influence sur toutes les formes d'expression et jusque sur la vie quotidienne : cinéma (avec Luis Bunuel), affiche, publicité, etc. Certains de ses mots d'ordre devaient être repris par les étudiants en mai 68.

Itinéraires poétiques

Certains poètes importants de l'entre-deux-guerres échappent cependant en tout ou partie à l'influence du surréalisme et suivent leur itinéraire personnel. C'est le cas de Max **Jacob** (1876-1944), chez qui s'unissent l'humour et le mysticisme (*Le Cornet à dés*, 1917), de Jules **Supervielle,** né à Montevideo (1884-1960), délicat poète de « hommage à la vie », de la mesure humaine et de la réconciliation avec le monde (*Oublieuse Mémoire*, 1949), de Pierre **Reverdy** (1889-1960), solitaire de l'attente, établi « à l'intersection du rêve et de la réalité » ; de Pierre-Jean **Jouve** (1887-1975), dont l'œuvre explore l'inconscient à la recherche d'une spiritualité aux prises avec l'instinct de mort ; enfin de **Saint-John Perse** (1887-1975) [voir p. 198].

2 / ❹ Cependant les genres traditionnels conservent leur vitalité en explorant de nouveaux espaces. Au théâtre surtout, on voit s'amorcer des ruptures et des expériences riches en promesses.

Le roman

Durant l'entre-deux-guerres, dans la lignée de Balzac et de Zola, et sous l'influence plus directe de Romain **Rolland** et de son *Jean-Christophe*, se multiplient les « romans-fleuves » qui déroulent leurs immenses fresques psychologiques et sociales : *Les Thibault* de Roger **Martin du Gard** (1880-1958), *Les Hommes de bonne volonté* de Jules **Romains** (1885-1972), imposante mise en œuvre de l'unanimisme, que celui-ci avait fondé avec Georges Duhamel en 1906.

A côté de ces grands massifs, les voies que suit le roman sont multiples : saveur de vivre chez **Colette**, sens du terroir chez **Ramuz** ou **Giono**, de la vie intérieure chez **Estaunié**, exploration des âmes aux prises avec le péché avec François **Mauriac** (*Thérèse Desqueyroux*, 1927) et **Bernanos** aux accents prophétiques (*Journal d'un Curé de campagne*, 1936), quête de l'homme intérieur chez Julien **Green**, violence verbale du visionnaire chez Céline (*Voyage au bout de la nuit*, 1932).

Dans les années 30 domine surtout une éthique de l'héroïsme qu'expriment les romans de l'aviateur **Saint-Exupéry** (*Vol de nuit*, 1931 ; *Terre des hommes*, 1939), de **Montherlant** *(Les Bestiaires)* et d'André **Malraux** (1901-1976), engagé dans les tragédies de son temps *(La Condition humaine*, 1933 ; *L'Espoir*, 1937), avant de devenir compagnon fidèle, puis ministre et mémorialiste du général de Gaulle.

Le théâtre

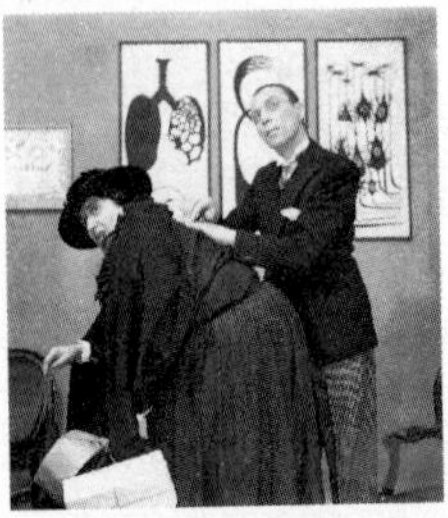
Louis Jouvet dans *Knock*.

A côté des grands théâtres subventionnés, le « théâtre du boulevard » maintient durant tout le siècle une tradition bien parisienne ; un public bourgeois y applaudit aux mots d'esprit et au comique un peu facile de Sacha Guitry, et bientôt au savoir-faire de Marcel Achard et d'André Roussin.

En 1913, quelqu'un s'élevait contre ce théâtre commercial : Jacques **Copeau** créait le Vieux-Colombier pour rendre à la scène sa vérité et sa dignité et la réconcilier avec les masses. En 1926, deux de ses compagnons, Charles Dullin et Louis Jouvet, auxquels se joignent Gaston Baty et Georges Pitoëff, fondent le « Cartel des quatre » afin de poursuivre l'œuvre de Copeau. A côté de chefs-d'œuvre étrangers, ils vont révéler au public de nouveaux talents : Jules **Romains** *(Knock*, 1924), **Giraudoux** *(La guerre de Troie n'aura pas lieu*, 1935 ; *Electre*, 1937), **Salacrou,** Jean **Cocteau** *(Les Parents terribles)*, enfin les débuts de Jean **Anouilh** *(Le Voyageur sans bagages*, 1937).

Mais l'œuvre la plus considérable du théâtre français du XXe s. est incontestablement celle de Paul **Claudel**. Or, paradoxalement, écrite entre 1889 *(Tête d'Or)* et 1929 *(Le Soulier de satin)*, longtemps incomprise, elle ne fut jouée (à l'exception de trois pièces) qu'à partir de 1943, grâce à Jean-Louis Barrault, qui monta alors *Le Soulier de Satin* et qui fit triompher *Partage de midi* (1905) en 1948.

A PENSÉE
'HILOSOPHIQUE

ette évolution de la littérature s'inscrit ır un fond de pensée philosophique qui ı commande les étapes. Du positivisme l'existentialisme, on y voit s'aggraver le ɔnflit entre les exigences d'une science ui envahit tous les domaines et l'inquié-ıde spirituelle de l'homme en désarroi.

Gaston Bachelard.

'ositivisme et scientisme

Durant la seconde moitié du XIXe siècle, la philosophie dominante reste influencée ır le positivisme d'Auguste **Comte**, dont le *Catéchisme* (1852) a parachevé l'œuvre. ı 1865, l'*Introduction à la médecine expérimentale* de Claude **Bernard** fait figure de ouveau *Discours de la Méthode* : la science ne veut connaître que des faits fondés ır la raison, laquelle pense pouvoir tout expliquer par le déterminisme. Ce rationa-me donne naissance à un nouveau mythe, le scientisme, dont **Taine,** philosophe, storien, critique d'art et critique littéraire, se fait l'artisan et **Renan** le prophète dans *Avenir de la Science* (1848, publié en 1890).

Bergson et l'intuitionnisme

Vers 1890, Henri **Bergson** (1849-1941) prend le contre-pied de ces idées : à la ison positiviste il oppose l'intuition, aux catégories de la psychologie classique le flux ə la conscience, la durée, l'élan vital, à la causalité déterministe la liberté de *l'Évolu-ɔn créatrice* (1907). Dans *Les deux sources de la morale et de la religion* (1932), il ônera une morale ouverte, une religion animée par la mystique et l'amour. Sa pen-ée séduira de jeunes écrivains comme Charles Péguy et Marcel Proust. Depuis lors, ɔn influence, en dépit de critiques et de réserves, n'a cessé de se faire sentir.

Dans l'entre-deux-guerres

Pourtant, après 1920, l'opposition entre la pensée scientifique et les revendications ıilosophiques ou spirituelles en faveur de l'homme allait prendre une autre forme. 'une part les recherches et découvertes de Jean Perrin sur la structure discontinue ə la matière, de Paul Langevin sur la relativité, de Louis de Broglie sur la mécanique ıdulatoire (pour ne pas parler d'Einstein et de Max Planck) remettent en question le :ientisme hérité du XIXe siècle et entraînent chez les savants et les philosophes une flexion critique sur les fondements et les méthodes mêmes de la science, réflexion ui trouve son couronnement dans le *Nouvel esprit scientifique* de Gaston **Bachelard** 934). D'autre part, le catholique Emmanuel **Mounier**, en groupant autour de la vue *Esprit* des philosophes comme Jacques **Maritain**, défenseur du néo-thomisme *Humanisme intégral,* 1936) et Gabriel **Marcel** *(Journal métaphysique,* 1930), met ɔrs l'accent sur la nécessité du réveil et de l'« engagement » de la personne humaine *Manifeste en faveur du personnalisme,* 1936).

Au sein même de l'Eglise, l'œuvre considérable de P. **Teilhard de Chardin** 881-1955) témoigne du profond renouvellement de la pensée catholique [p. 174].

LES « QUARANTE » ROIS

Qui en mille ans firent la France

CAPÉTIENS DIRECTS

987

HUGUES CAPET (987-996)

ROBERT II le Pieux (996-1031)

HENRI Ier (1031-1060)

PHILIPPE Ier (1060-1108)

LOUIS VI le Gros (1108-1137)

LOUIS VII le Jeune (1137-1180)

PHILIPPE II Auguste (1180-1223)

1223

LOUIS VIII (1223-1226)

LOUIS IX Saint Louis (1226-1270)

PHILIPPE III le Hardi (1270-1285)

PHILIPPE IV le Bel (1285-1314)

LOUIS X le Hutin (1314-1316) — PHILIPPE V le Long (1316-1322) — CHARLES IV le Bel (1322-1328)

JEAN Ier (1316)

VALOIS

CHARLES DE VALOIS non régnant

PHILIPPE VI de Valois (1328-135

JEAN II le Bon (1350-1364)

CHARLES V le Bon (1364-1380)

CHARLES VI le Bien Aimé (1380-1422) — LOUIS D'ORLÉANS non régnant

CHARLES VII le Victorieux (1422-1461)

LOUIS XI (1461-1483)

CHARLES VIII (1483-1498)

1498

ORLÉANS

LOUIS XII (1498-1515) — FRANÇOIS Ier (1515-1547)

HENRI II (1547-1559)

FRANÇOIS II (1559-1560) — CHARLES IX (1560-1574) — HENRI III (1574-1589)

1610

BOURBONS

HENRI IV (1589-1610)

LOUIS XIII (1610-1643)

LOUIS XIV (1643-1715)

LOUIS XV (1715-1774)

LOUIS XVI (1774-1793) — LOUIS XVIII (1814-1824) — CHARLES X (1824-1830)

LOUIS-PHILIPPE (1830-1848)

1789

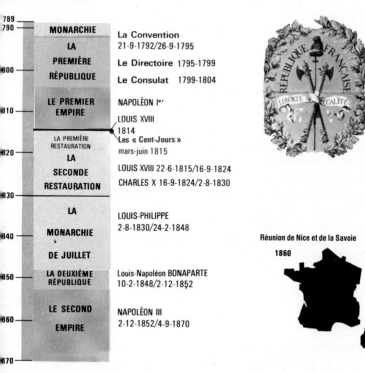

1789-1940

Années	Régime	Gouvernements
1789		
1790	MONARCHIE	
1800	LA PREMIÈRE RÉPUBLIQUE	**La Convention** 21-9-1792/26-9-1795 **Le Directoire** 1795-1799 **Le Consulat** 1799-1804
1810	LE PREMIER EMPIRE	NAPOLÉON Ier
	LA PREMIÈRE RESTAURATION	LOUIS XVIII 1814
		Les « Cent-Jours » mars-juin 1815
1820	LA SECONDE RESTAURATION	LOUIS XVIII 22-6-1815/16-9-1824 CHARLES X 16-9-1824/2-8-1830
1830 / 1840	LA MONARCHIE DE JUILLET	LOUIS-PHILIPPE 2-8-1830/24-2-1848
1850	LA DEUXIÈME RÉPUBLIQUE	Louis-Napoléon BONAPARTE 10-2-1848/2-12-1852
1860 / 1870	LE SECOND EMPIRE	NAPOLÉON III 2-12-1852/4-9-1870

Réunion de Nice et de la Savoie

1860

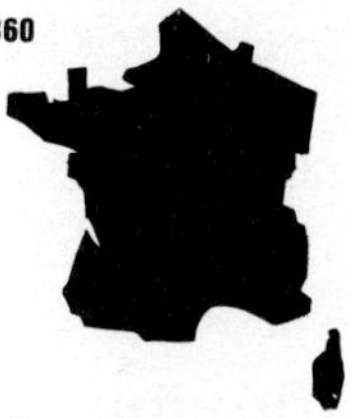

Les présidents de la IIIe République

LA TROISIÈME RÉPUBLIQUE (1870-1940)

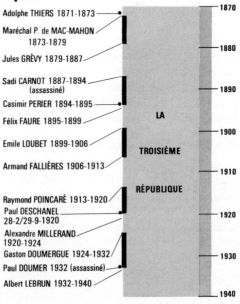

- Adolphe THIERS 1871-1873
- Maréchal P. de MAC-MAHON 1873-1879
- Jules GRÉVY 1879-1887
- Sadi CARNOT 1887-1894 (assassiné)
- Casimir PERIER 1894-1895
- Félix FAURE 1895-1899
- Emile LOUBET 1899-1906
- Armand FALLIÈRES 1906-1913
- Raymond POINCARÉ 1913-1920
- Paul DESCHANEL 28-2/29-9-1920
- Alexandre MILLERAND 1920-1924
- Gaston DOUMERGUE 1924-1932
- Paul DOUMER 1932 (assassiné)
- Albert LEBRUN 1932-1940

1870 · 1880 · 1890 · 1900 · 1910 · 1920 · 1930 · 1940

2 / ❺ LES COURANTS D'IDÉES

La vie spirituelle française, comme la mentalité où elle s'enracine, est faite d'oppositions et de tensions qui en assurent la diversité et la richesse : idéalisme et réalisme, traditionalisme et esprit révolutionnaire, etc D'où des « familles d'esprits » et des courants d'idées qui se sont affrontés tout au long de l'histoire.

Traditionalisme et esprit révolutionnaire

Depuis la fin du Moyen Age, on peut dire que la France est partagée, sur le plan philosophique et religieux, entre deux grandes traditions de sens contraire, qui semblen correspondre sensiblement aux données de la **personnalité** française [pp. 17 à 21] :

la tradition **catholique**, fondée sur le principe d'autorité, généralement conservatrice en politique, classique en littérature ; elle est représentée au XVIIe s. par Bossuet et par Malebranche, plus tard par Maine de Biran, Joseph de Maistre, Louis Veuillot et au XXe s. par Maurras ;

la tradition **révolutionnaire**, fondée sur l'esprit critique et le libre examen, souvent athée et matérialiste, progressiste en politique ; elle a pour représentants au XVIIe s les libertins, au XVIIIe les philosophes, au XIXe les promoteurs du positivisme, du socialisme et du scientisme, et les défenseurs du jacobinisme et de la laïcité.

Idéalisme et réalisme

Il est deux autres tendances, également opposées entre elles, qui ne se confonden nullement avec les précédentes et qui, issues du **caractère** national, s'expriment plu tôt dans le domaine littéraire, où elles ont donné naissance à deux courant persistants :

- l'**idéalisme**, composé d'esprit aristocratique, de galanterie et de préciosité exaltant la femme et l'amour platonique ; on le retrouve dans l'**esprit courtois**, che les précieux, Marivaux, Banville et jusqu'à Mallarmé et Giraudoux ;
- le **réalisme**, qui se combine d'ordinaire avec l'esprit critique, la satire, l'antiféminisme ; c'est l'**esprit gaulois,** celui du *Roman de Renart,* des fabliaux et des farces qui se perpétue chez Rabelais, Mathurin Régnier, Molière, Boileau, Voltaire, Beaumarchais, les romanciers réalistes, A. France, et Courteline...

Un humanisme rationaliste

Très tôt, ces diverses tendances, quelles que soient leurs oppositions, se sor néanmoins équilibrées grâce à une faculté maîtresse de la **personnalité** française, l **raison,** qui commande le **sens de la mesure**. Préparé par Montaigne, formulé pa Descartes — dont on a d'ailleurs simplifié la philosophie jusqu'à la caricature —, l **rationalisme** est en effet comme le fil conducteur de la pensée et de la littératur françaises, favorisant d'un siècle à l'autre le goût de l'analyse psychologique et susc tant toute une lignée d'écrivains **moralistes** — de Montaigne à André Gide, en pas sant par La Rochefoucauld, La Bruyère et Vauvenargues — préoccupés avant tout d définir un humanisme, une sagesse et un art de vivre.

RELIGION ET PHILOSOPHIE

En France, la philosophie a rarement constitué une forme d'activité autonome de l'esprit ; elle est liée tantôt à l'expression des convictions religieuses, tantôt à la pensée scientifique, tantôt à la pensée politique, tantôt à la morale, toujours à la littérature. Aussi ne peut-on la dissocier de l'histoire des courants d'idées et de l'histoire littéraire elle-même. En retraçant cette histoire, on constate que le fond du patrimoine philosophique français est constitué essentiellement, soit par des écrivains religieux, soit par les encyclopédistes, les moralistes et les réformateurs sociaux. Ils se répartissent d'eux-mêmes relativement à cette « droite » et à cette « gauche » littéraire dont parlait Thibaudet et dont l'opposition est si caractéristique de l'histoire nationale.

LES GRANDS COURANTS D'IDÉES ▼

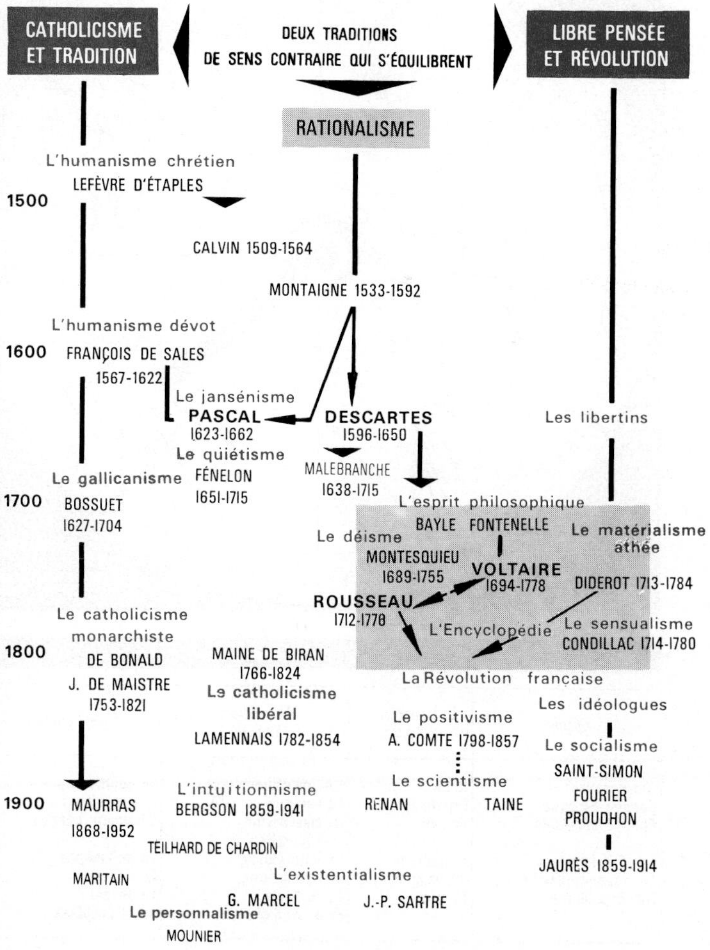

2 / ❺ LES MOUVEMENTS...

Mieux sans doute que les siècles, les mouvemen littéraires marquent les heures sur le cadran de l'hi toire. Si, dans sa recherche obstinée d'un humanism la France, au cours des derniers siècles, a subi tour tour l'influence des diverses cultures de l'Europe, elle su à chaque fois transformer ces influences en un mo vement et traduire les aspirations nouvelles dans de manifestes et des formules assimilables par tous, e même temps qu'elle définissait un type d'homme no veau.

AU CADRAN DE L'EUROPE

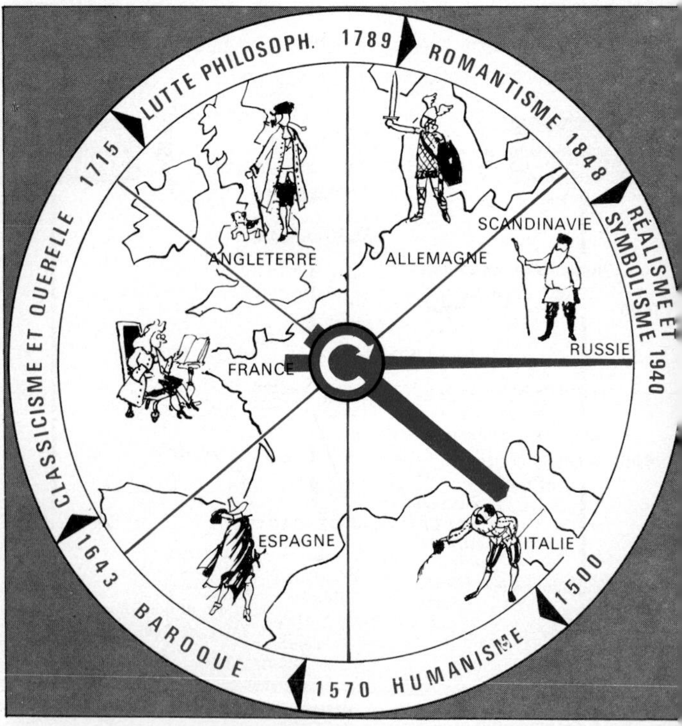

Époques et mouvements

Époque	*Influence dominante*	*Mouvement littéraire*	*idéal humain*
Renaissance	**Italie**	**L'humanisme**	**Le courtisan**
Époque baroque	**Espagne**	**Le baroque**	**le « cavalier »**
Époque classique	**France**	**Le classicisme, la « querelle »**	**L'honnête homme**
Ép. des lumières	**Angleterre**	**La lutte philos.**	**Le philosophe**
Ép. révolutionnaire	**Allemagne**	**Le romantisme**	**Le héros**
IIIe République	**Russie**	**Le réalisme et le symbolisme**	**Le savant ou le prophète**

:T LES GENRES LITTÉRAIRES

Courants d'idées, mouvements et thèmes se ioulent à chaque époque dans les «genres» litté- aires : poésie, roman, théâtre, essai, histoire. L'évolu- on de ces genres présente dans la littérature fran- aise, à de rares exceptions près, une continuité remar- uable : c'est que chacun d'eux ou presque répond à n trait de la mentalité nationale, notamment le théâtre, qui il convient par là même de faire une place à part ɔp. 140-141].

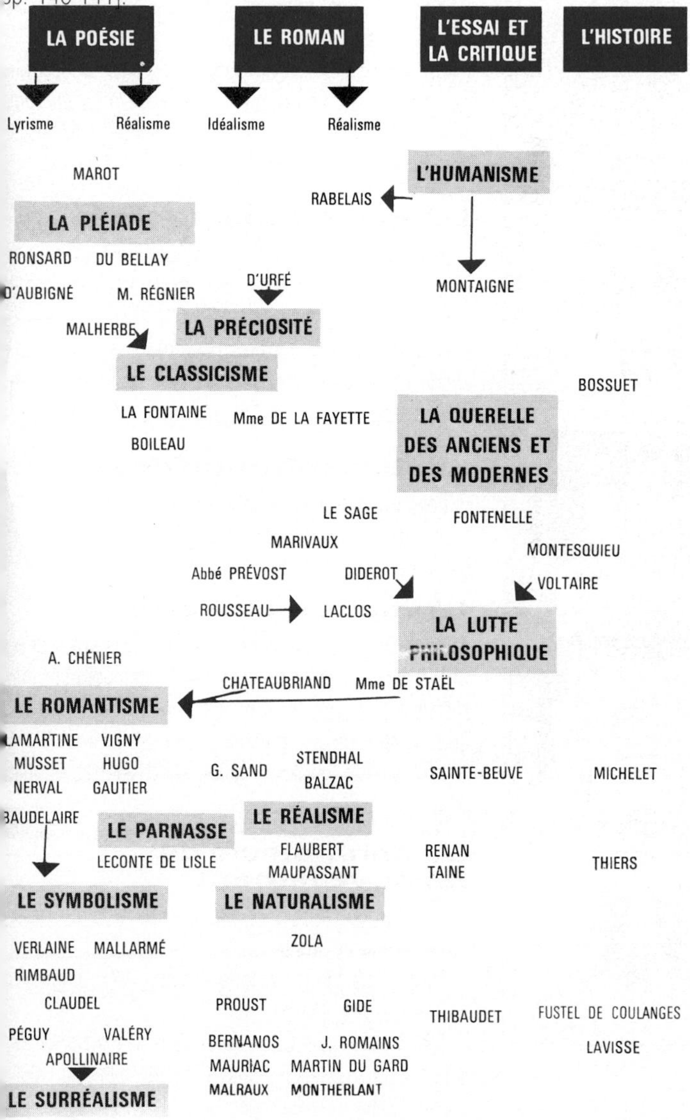

LE THÉÂTRE

Le théâtre s'est développé en Franc d'une façon continue. A toutes le époques, il a séduit un public épris d spectacle et de vie de société. Au sur plus, les deux genres traditionnels, tra gédie et comédie, ne satisfaisaient-ils pa les deux tendances cardinales de so caractère : idéalisme et esprit critique ?

Le théâtre est né du culte

XIIIe s. : les premiers miracles sont joués dar l'église même.

XIVe s. : sur le parvis des cathédrales, des confré ries d'amateurs représentent, dans une mise en scèn simultanée, d'interminables mystères où la cité entièr communie.

Le goût du spectacle

XVIe s. : on joue dans les collèges des pièces insp rées de l'Antiquité ; puis des troupes itinérantes s constituent.

XVIIe s. : le théâtre fixe son centre à Paris ; la mise e scène (féeries, machineries, illusions, métamorphose suscite des débauches d'ingéniosité.

La concentration des effets

Paris adopte la scène à l'italienne : une petite boît à cinq faces, ouverte vers le public — d'où une actio réduite aux récits et aux conflits psychologiques.

La vogue du théâtre

XVIIIe s. : la Comédie-Française, installée depu 1687 dans un théâtre en forme de demi-ellipse, insp rée de l'hémicycle romain, est le point de départ d'u engouement pour le théâtre.

XIXe s. : la mise en scène tend vers la « coule locale » et le réalisme.

Un demi-siècle de renouvellement

vers **1880 :** Antoine fonde le *Théâtre libre* : natur lisme, simplicité, vérité.

1891 : Paul Fort fonde le *Théâtre d'Art*, Lugné-Po le *Théâtre de l'Œuvre.*

1913 : Jacques Copeau fonde le *Vieux Colombier* sobriété et stylisation. Ses disciples : Pitoëff, Dulli Jouvet, Baty, J.-L. Barrault.

ET LES GENRES DRAMATIQUES

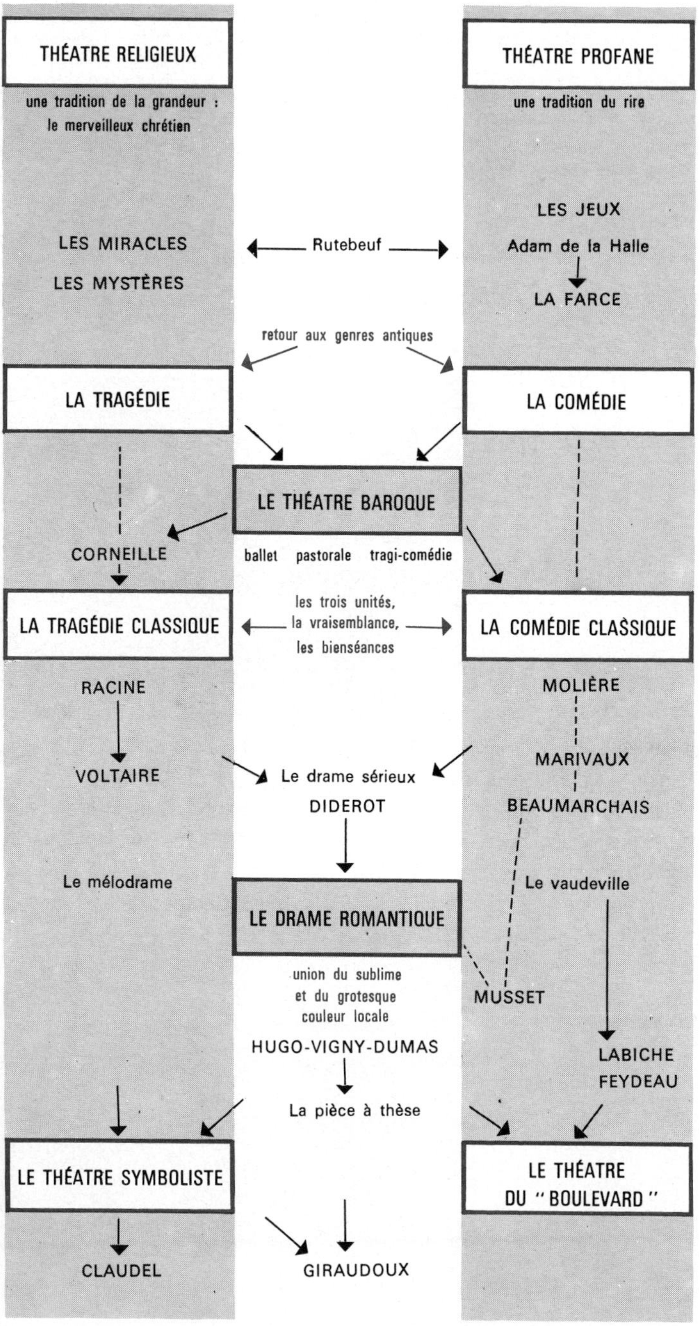

THÉATRE RELIGIEUX
une tradition de la grandeur : le merveilleux chrétien
THÉATRE PROFANE
une tradition du rire
LES MIRACLES
LES MYSTÈRES
Rutebeuf
LES JEUX
Adam de la Halle
LA FARCE
retour aux genres antiques
LA TRAGÉDIE
LA COMÉDIE
LE THÉATRE BAROQUE
ballet pastorale tragi-comédie
CORNEILLE
LA TRAGÉDIE CLASSIQUE
les trois unités, la vraisemblance, les bienséances
LA COMÉDIE CLASSIQUE
RACINE
VOLTAIRE
MOLIÈRE
MARIVAUX
BEAUMARCHAIS
Le drame sérieux
DIDEROT
Le mélodrame
LE DRAME ROMANTIQUE
Le vaudeville
union du sublime et du grotesque couleur locale
HUGO-VIGNY-DUMAS
MUSSET
LABICHE
FEYDEAU
La pièce à thèse
LE THÉATRE SYMBOLISTE
LE THÉATRE DU "BOULEVARD"
CLAUDEL
GIRAUDOUX

2 / 5 LA PEINTURE

Après la littérature, la peinture a tenu à toutes les époques une place importante dans la vie culturelle française. Toujours en quête de formules nouvelles, les peintres s'y sont néanmoins gardés de tout excès, jusqu'au jour où l'impressionnisme engage la peinture dans la grande aventure de l'art contemporain.

Moyen Age

- En France la peinture naît de la miniature : les manuscrits enluminés, hauts en couleurs, évoquent des paysages et des scènes de la vie familière.
- Sous la double influence des écoles flamande et italienne naît, au XVe s., une véritable école française avec Nicolas Froment et **Jean Fouquet**.

Poussin, ***L'Enlèvement des Sabines.***

XVIIe siècle

- Après la Renaissance, la peinture s'acclimate définitivement en France. Un nouveau mécénat encourage l'art du portrait où s'illustre **Philippe de Champaigne.**
- Les frères **Le Nain** peignent des scènes réalistes ; **Claude Lorrain** (1600-1682) évoque des architectures de féerie dans une lumière méridionale ; **Nicolas Poussin** (1594-1665), imprégné à Rome de l'esprit de l'Antiquité, annonce le classicisme par sa maîtrise de la composition et des formes (*Les Saisons)* ; **Georges de La Tour** sort aujourd'hui d'un injuste oubli.

Lorrain, ***Port au soleil couchant.***

- Sous Louis XIV, **Le Brun** (1619-1690) règne en maître, décorant les plafonds et le grand escalier de Versailles, peignant pour la postérité le Grand Roi et fixant dans un style d'apothéose la majesté de l'art classique ; avec lui, la peinture devient architecturale. A la fin du règne, **Rigaud** et **Largillière** maintiennent l'art du portrait.

Watteau, *Gilles.*

XVIIe siècle

- Avec la Régence, la peinture acquiert de la souplesse et de la grâce. **Watteau** (1684-1721) exprime l'esprit parisien dans toute sa finesse et définit l'atmosphère et les thèmes d'un siècle heureux de vivre.
- Après lui, **Boucher** (1703-1770) triomphe dans la pastorale ou dans la mythologie galante, **Fragonard** (1732-1806) dans les tableaux de genre et les sujets rustiques.
- La société aristocratique se mire dans les pastels de **Quentin de La Tour**, la bourgeoisie et la classe paysanne dans les toiles de **Chardin** et de **Greuze**.

Fragonard, *La Leçon de musique.*

Le Romantisme

- Tandis que **David** (1748-1825) et **Ingres** (1780-1867) maintiennent la tradition classique, les Romantiques cultivent le pittoresque et l'imagination, et réclament une liberté totale, tels **Géricault** (*Le Radeau de la Méduse*, 1824) et surtout **Delacroix** (1798-1863), dont les audaces annoncent la peinture moderne.

Corot, *Honfleur.* ▶

Les paysagistes

Les Romantiques avaient réintroduit le sentiment de la nature. Vers 1830, **Corot** (1796-1875) puis l'école de Fontainebleau, à Barbizon, avec **Millet** et Théodore **Rousseau**, donnent la première place au paysage, tandis que **Courbet** (1819-1877) fait triompher le réalisme (*L'Enterrement à Ornans*, 1851).

Courbet, *Les Cribleuses de blé.* ▶

Manet, *Le Fifre.* ▼

L'impressionnisme

L'impressionnisme marque le début d'un renouvellement complet de la peinture. Préparé par Édouard **Manet** (1832-1883), dont l'*Olympia* (1865) fait scandale, il s'impose avec Claude **Monet** (1840-1926), **Sisley, Pissarro**, qui peignent en plein air et rendent le miroitement de la lumière en divisant les tons. **Degas** et **Renoir** traduisent le mouvement de la vie moderne. **Van Gogh** dans son œuvre de visionnaire, **Gauguin** qui, avec l'école de Pont-Aven, introduit le symbolisme, **Cézanne** par sa recherche de formes géométriques, annoncent les fauves et les cubistes.

Cézanne,
Nature morte
aux pommes.

Rousseau,
La Noce.

Delaunay, La Tour Eiffel.

Renoir, Le Déjeuner des canotiers.

◀ Degas, *Les Repasseuses.*

Picasso, *Le Fauteuil rouge.* ▼

Fauves et cubistes

Vers 1905, les «fauves», **Matisse, Vlaminck, Dufy** expriment leur sentiment intérieur par une orchestration des couleurs. Puis, les cubistes créent un art libéré des apparences sensibles, en recomposant la réalité selon des formes abstraites. **Braque** introduit dans sa peinture le bois, le papier collé... L'Espagnol **Picasso** traverse toutes les écoles. Après l'époque bleue et l'époque rose, il vient au cubisme avec *Les Demoiselles d'Avignon* (1907), puis au surréalisme et à l'expressionnisme. De leur côté le douanier **Rousseau**, **Utrillo** revendiquent les droits de la peinture «naïve».

◀ Braque, *La Corbeille.*

Modigliani, *Femme aux yeux bleus.* ▼

L'entre-deux-guerres

Vers 1925, les surréalistes, avec **Chirico**, expriment le monde du rêve et de l'inconscient. L'école de Paris groupe des peintres tels que le Russe **Chagall**, l'Italien **Modigliani**, le Japonais **Foujita**, qui se rattachent, avec **Rouault**, au mouvement expressionniste.

LA SCULPTURE

« Le Français naît sculpteur, comme il naît géomètre. » (Luc-Benoist.) Ainsi s'explique peut-être une remarquable continuité dans l'histoire de la sculpture française, de cet art proche de la réalité, éminemment rationnel, à trois dimensions, où certaines qualités du caractère national ont pu s'exprimer mieux qu'ailleurs.

Claus Sluter, ***Puits de Moïse.***

Moyen Age

- La **sculpture romane**, souvent maladroite, mais bouillonnante de vie, est essentiellement monumentale : elle fait corps avec le bâtiment (bas-reliefs), sous la forme de chapiteaux et de tympans où les thèmes de l'Écriture s'animent d'une faune et d'une flore tumultueuses.
- La **sculpture gothique** se détache du mur tout en restant subordonnée à l'ensemble : figures et formes se calment et prennent leur place dans l'ordre symbolique de l'édifice, véritable encyclopédie du monde visible et invisible.
- Au XIVe s., la sculpture tend à se séparer complètement de l'église et cherche son autonomie : statues de la Vierge et des saints, tombeaux et calvaires.

Germain Pilon, ***Saint François.***

XVIe siècle

- La sculpture subit tardivement l'influence de l'Italie, et surtout celle de l'Antiquité : Jean Goujon, virtuose des formes, sculpte des nymphes et des allégories ; le catholique Germain Pilon partage son art entre les bustes saisissants de grands personnages et des compositions imprégnées d'un profond mysticisme.

Bains d'Apollon.

XVIIe siècle

- Tandis que, baroque attardé, Puget exprime dans des bas-reliefs audacieux son sentiment tragique de la vie, presque tous les sculpteurs du Grand Siècle travaillent pour la gloire de Versailles et du roi, sous la direction de Girardon (*Bains d'Apollon*).
- Coysevox, dont l'art triomphe dans le buste, est le sculpteur attitré de Louis XIV, dont les statues équestres ornent un peu partout les places royales.

XVIIIe siècle

- De véritables dynasties de sculpteurs se constituent (les Coustou) pour répondre à la commande française et étrangère.
- Bouchardon réagit contre l'art rocaille (*l'Amour*) ; Pigalle tend vers un réalisme épique, Falconet incarne le siècle de l'amour, tandis que Houdon excelle dans le buste (Diderot, Voltaire, Rousseau).

Houdon, *Rousseau.*

XIXe siècle

- Le Romantisme ne s'affirme guère que dans l'œuvre de Préault et de Rude. La sculpture s'en tient le plus souvent à l'académisme ou à l'éclectisme, sauf avec les compositions mouvementées de Carpeaux (*La Danse*, 1869).
- Après le naturaliste Dalou, **Rodin** (1840-1917) domine la fin du siècle par son génie puissant imprégné de romantisme et par son incomparable maîtrise technique : le célèbre *Penseur* (1880), *Les Bourgeois de Calais* (1889) s'insèrent dans le plan d'une composition immense, *La Porte de l'Enfer*, où s'exprime la hantise de la destinée humaine.

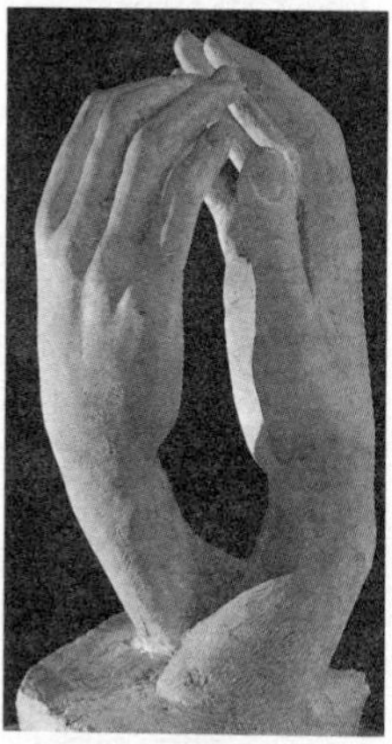

Rodin, *La Cathédrale.*

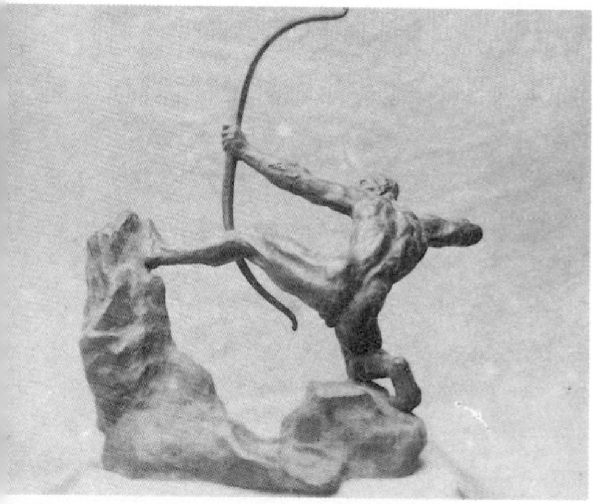

◀ Bourdelle, *L'Archer.*

- **Bourdelle** (1861-1929), son disciple, produit une œuvre considérable où se concilient malaisément une imagination débordante et un retour à l'archaïsme grec, comme dans *Héraklès archer* (1909), et dont le sommet est constitué par le *Monument du général Alvear*, à Buenos Aires (1914-1923).
- **Maillol** (1861-1944) ramène la sculpture à une simplicité dépouillée et sereine, proche de cette terre qu'il incarne dans des déesses pleines de force et de grâce telles que *Flore, Vénus, Pomone*.

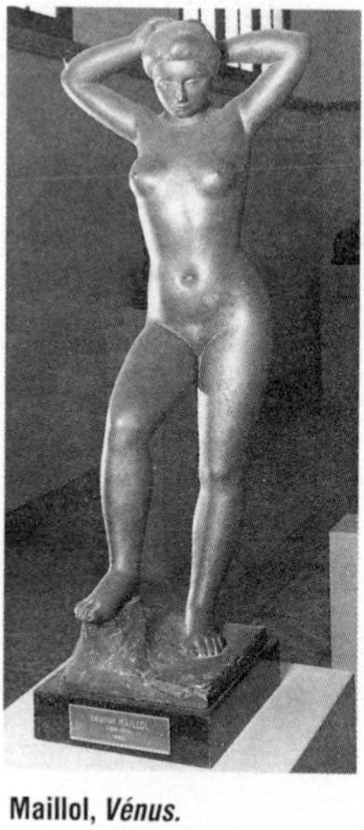

Maillol, *Vénus.*

2 / ❺ LA MUSIQUE

On a longtemps cru et répété que la musique était étrangère au génie français. S'il est de fait que celui-ci, au cours de l'histoire, s'est généralement mieux exprimé à travers la littérature ou les arts plastiques, on doit cependant noter, non seulement la continuité de la musique française, mais son caractère novateur, et la place importante qu'elle a conquise depuis la fin du siècle dernier.

Le Moyen Age

XIIe-XIIIe siècles

- Troubadours et trouvères chantent leurs poèmes en s'accompagnant de la vielle ou de la harpe.
- Pérotin invente un nouveau langage musical, la **polyphonie**, au moment même où s'élèvent les premières cathédrales gothiques.
- Adam de la Halle crée l'**opéra-comique** (*Jeu de Robin et Marion*).

XIVe siècle

- L'*Ars nova* (Guillaume de Machaut) introduit la mesure.

XVe siècle

- Le **contrepoint** triomphe (école franco-flamande, Josquin des Prés).

Les temps modernes

XVIe siècle

- « Premier âge d'or de la musique française », qui s'allie à la poésie (Roland de Lassus, Janequin).

XVIIe siècle

- **Lulli** introduit l'**opéra** d'Italie en France et en définit les caractéristiques essentielles. C'est alors que sont fixées les règles de la grande danse classique, grâce à la fondation de l'*Académie royale de danse* (1661), puis de l'*École de danse* de l'Opéra (1723).
- L'œuvre des **Couperin** impose en Europe l'usage du clavecin.

XVIIIe siècle

- **Rameau** établit les bases de l'**harmonie** moderne et introduit dans l'opéra la musique symphonique (*Les Indes galantes*, 1735).
- L'Allemand **Gluck** compose ses opéras sur des livrets français et les fait représenter à Paris (*Orphée*, 1774 ; *Alceste*, 1776).
- **L'opéra-comique**, né dans les foires, trouve sa forme avec Philidor et Grétry. L'introduction en France du *bel canto* italien provoque la « querelle des bouffons ».

XIXe siècle

- **Berlioz** (1803-1869), mal compris de son temps, réforme la symphonie en y introduisant le « programme » et l'autobiographie (*Symphonie fantastique*, 1830) et bouleverse les traditions par sa fougue romantique (*La Damnation de Faust*, 1846).

L'époque contemporaine : un renouveau

Claude Debussy.

Ce renouveau est préparé durant la seconde moitié du siècle par une pléiade de compositeurs qui imposent la musique française : **Gounod** (*Faust*, 1859) ; **Saint-Saëns**, qui réintroduit le goût de la musique symphonique, goût développé à Paris par la création des grands concerts ; **Bizet** (*L'Arlésienne*, 1872), **Lalo** (*Symphonie espagnole*, 1875), **Chabrier** (*España*, 1883), qui, en cultivant le folklore, enrichissent le mouvement, la couleur et les timbres ; Gabriel **Fauré**, qui excelle dans la mélodie comme dans la musique de chambre ; enfin César **Franck** (1822-1890), qui, renouant avec la tradition de Bach et de la musique religieuse (*Béatitudes*, 1869-1879), domine son époque et forme de nombreux disciples : Duparc, Ernest Chausson et Vincent d'Indy, fondateur de la Schola cantorum.

Claude Debussy et la génération de 1900

Claude **Debussy** (1862-1918) marque un tournant décisif. Son œuvre qui bouleverse toutes les traditions de la musique occidentale recèle en effet « un pouvoir de jeunesse qui n'est pas encore épuisé » (P. Boulez). Ouvert à toutes les influences (symbolisme de Mallarmé, modes antiques, Extrême-Orient), épris de liberté formelle, maniant subtilement les rythmes, les timbres, les tonalités et même le silence, il renouvelle tous les genres : mélodie, pièces pour piano (*Estampes, Préludes*), poème symphonique (du *Prélude à l'après-midi d'un faune*, inspiré de Mallarmé, 1892, à *La Mer*, 1904-1905), musique dramatique (*Pelléas et Mélisande*, 1902 : un « scandale » parisien), ballet (*Jeux*, dont la création en 1913 au théâtre des Champs-Élysées coïncide avec celle du *Sacre du printemps* de Stravinsky).

La génération de 1900 compte, comme en littérature, une série de créateurs au talent riche et puissant : Paul **Dukas** (*L'Apprenti sorcier*, 1897), Albert **Roussel** (*Le festin de l'araignée*, 1912), Florent **Schmitt** (*Salomé*, 1907), et surtout Maurice **Ravel** (1875-1937), novateur lui aussi, virtuose des rythmes et des timbres (*Boléro*, 1928), mariant l'imagination, la rigueur et l'ironie (*Ma Mère l'Oye*, 1908 ; *L'Enfant et les sortilèges*, 1925).

Le « groupe des Six »

1917 : aux ballets russes de Diaghilev, Jean **Cocteau** fait créer *Parade* d'Erik **Satie**, un contemporain de Debussy, dont la fantaisie déroutante et l'amour du burlesque séduisent quelques jeunes musiciens. Ceux-ci vont se réunir un moment sous le nom de « groupe des Six » autour d'une œuvre collective (*Les mariés de la Tour Eiffel*, 1921), avant de développer leur personnalité propre.

Parmi eux, Georges **Auric** s'est surtout consacré à la musique de film et de ballet, Francis **Poulenc** à la mélodie et à la musique chorale. Darius **Milhaud** (1892-1974), musicien fécond et généreux, s'est fait le champion de la polytonalité. **Honegger** (1892-1955) exprime son pessimisme et son angoisse dans des œuvres d'une intensité tragique (*Le roi David*, 1921 ; *Jeanne au bûcher*, 1935 ; *Symphonies*).

LA CHANSON

La chanson française procède d'une longue et riche tradition. Elle plonge de profondes racines dans le terroir national, mais elle subit également les influences venues de l'étranger.

Y. Guilbert vue par Toulouse-Lautrec.

Des troubadours au « Chat Noir »

La tradition est ancienne, depuis les chansons d'amour des trouvères et des troubadours, en passant par les chansons galantes, satiriques ou populaires du Grand Siècle, les bergerettes et les chansons poissardes, puis les chansons politiques et révolutionnaires du temps de Louis XV et de Louis XVI, les romances de **Béranger**, poète national populaire au XIXe s., jusqu'aux chansonniers du **Chat-Noir**.

Lorsqu'en 1882 Rodolphe de Salis ouvre à Montmartre le cabaret du *Chat-Noir*, où les poètes-chansonniers — parmi eux Aristide **Bruant** (*A la Bastoche, Nini-peau-de-chien...*) — viennent interpréter eux-mêmes leurs œuvres, la chanson connaît une véritable résurrection. Et la **chanson d'actualité** restera désormais l'une des veines principales de la chanson française.

De la « Belle Époque » à la Seconde Guerre

Charles Trénet, surnommé « le fou chantant ».

Le début du XXe s. voit le triomphe de la chanson de charme, de la chanson **comique-troupier** et de la chanson mi-satirique mi-grivoise qu'illustrent **Mayol, Fragson, Polin, Y. Guilbert** (*Madame Arthur*).

Dans l'entre-deux-guerres, c'est le triomphe du **music-hall**, de la revue à grand spectacle, de l'opérette à refrains avec **Mistinguett, M. Chevalier** (*Prosper, Ma pomme*), **J. Baker** (*J'ai deux amours*).

En même temps s'affirme un goût prononcé pour l'exotisme ; c'est l'irruption du **jazz** et des rythmes noirs. Avec le cinéma parlant, la chanson s'annexe un nouveau domaine. L'invention du microphone permet la création du style **intimiste (J. Sablon)**. Les grands noms de la chanson sont **Tino Rossi, Damia, Lys Gauty, Frehel, L. Boyer, M. Dubas.**

C'est le grand renouveau de la chanson française qui reprend ses droits en tant que valeur poétique, sous l'influence des frères Prévert, d'A. Capri, Mireille, J. Nohain, **Charles Trenet** (*Y'a d'la joie, Je chante, Boum*).

LE CINÉMA

La France a été le berceau du cinéma et, depuis la fin du XIXe siècle, ses cinéastes n'ont cessé d'apporter une riche contribution à l'épanouissement de « l'art des temps modernes ».

Les pionniers

En 1895, Louis **Lumière** présente à Paris ses premières projections animées : *La sortie des usines Lumière, La baignade en mer, L'arrivée du train en gare de La Ciotat*... En 1897, Georges **Méliès** construit à Montreuil le premier studio du monde où il invente les trucages : *Voyage dans la Lune* (1902). Bientôt se fondent en France plusieurs sociétés pour exploiter la nouvelle technique : Pathé, Gaumont, Éclair.

L'« avant-garde »

Dès les années 20, une « avant-garde » donne au cinéma français ses lettres de noblesse : **Germaine Dulac; Abel Gance** : *La Roue* (1922), *Napoléon*, sur triple écran (1927) ; **Marcel L'Herbier** : *L'homme du large* (1920), *Eldorado* (1921), *L'Argent* (1928) ; **Louis Delluc** : *Fièvre* (1921), *La Femme de nulle part* (1922) ; **Jean Epstein** : *Cœur fidèle* (1923), *La glace à trois faces* et *Finis terrae* (1928) ; **Jacques Feyder** : *Thérèse Raquin* (1928) ; **René Clair** : *Paris qui dort* (1924), *Entracte* (1924), *Un chapeau de paille d'Italie* (1927).

Les « classiques »

Les années 30 sont dominées par les œuvres de **Jean Vigo** : *Zéro de conduite* (1932), *L'Atalante* (1934) ; **Marcel Carné** : *Drôle de drame* (1937), *Hôtel du Nord* et *Quai des brumes* (1938), *Le Jour se lève* (1939) ; **Jean Renoir** : *La Chienne* (1931), *Boudu sauvé des eaux* (1932), *Le crime de M. Lange* (1935), *La Grande Illusion* et *La Marseillaise* (1937), *La Bête humaine* (1938), *La Règle du jeu* (1939) ; **Sacha Guitry** : *Le roman d'un tricheur* (1934) ; **Jacques Feyder** : *La Kermesse héroïque* (1935) ; **Marcel Pagnol** : *César* (1936) ; **Julien Duvivier** : *Pépé le Moko* (1936) ; **Jean Grémillon** : *Gueule d'amour* (1937) ; **René Clair** : *Le Million* (1931), *Quatorze Juillet* et *A nous la liberté* (1932). Déjà on pouvait parler des « classiques du cinéma »...

De la photographie au cinéma

- **1827. Niepce : première photographie sur verre.**
- **1838. Daguerre : premier daguerréotype permettant de fixer une image sur une plaque métallique.**
- **1882. Marey : invention du chronophotographe.**
- **1895. Les frères Louis et Auguste Lumière : première représentation du cinématographe.**
- **1927. Premier film parlant.**

Jean Gabin et Jacqueline Laurent dans *Le Jour se lève* de Marcel Carné.

LE MOBILIER

A travers les siècles de notre histoire, le mobilier, rudimentaire à l'origine, s'est peu à peu diversifié pour mieux répondre aux besoins des hommes et leur assurer un plus grand confort. Il a dû pour cela se dégager progressivement de la tutelle de l'architecture et de la sculpture, et conquérir son autonomie.

Chaire gothique.

Au Moyen Age : massif et sommaire

Le **coffre** ou **bahut**, en bois massif, sert de siège : il est l'ancêtre et l'élément de base de tout le mobilier. Muni d'un dossier, il devient une **chaire** pour le chef de famille ; garni de coussins, un **lit** (surmonté souvent d'un toit que supportent des colonnes) ; monté sur pieds, une **armoire** (appelée aussi buffet ou dressoir).

En même temps que la vie civile, se développent le luxe et le sentiment de l'art : les meubles se chargent de sculptures et d'ornements gothiques et finissent par ressembler parfois à des cathédrales en miniature.

Armoire Henri II.

Au XVIe siècle : plus élégant et plus varié

L'influence italienne détermine, surtout à partir de Henri II, une transformation profonde du mobilier. L'armoire prend des formes larges et monumentales ; le **cabinet** est un bahut avec tiroirs dressé sur quatre pieds et déjà orné parfois de marqueterie. Les meubles, toujours sculptés, se chargent de trophées, d'emblèmes et sont décorés de ciselures et d'incrustations. Les sièges, sous l'influence hispano-flamande, se garnissent de cuir et de velours cloué : on s'achemine vers plus d'élégance et de confort.

Pendule XVIIe s.

Au XVIIe siècle : naissance de l'ébénisterie

Le meuble conserve un caractère d'apparat et reste lourd et massif : sous Louis XIV, il tend vers la majesté. Mais il se libère peu à peu de l'architecture et trouve ses formes propres, grâce à l'emploi du tournage (pieds en spirale) et surtout à l'apparition de **l'ébénisterie** qui, en substituant le placage aux sculptures massives, transforme complètement le mobilier. Boulle excelle dans la marqueterie de bois, d'écaille ou de métaux.

Les sièges se diversifient, confortables et rembourrés, souvent garnis de tapisserie : le canapé, le lit de repos apparaissent ainsi que la commode et la console. Le décor s'enrichit de guirlandes et d'entrelacs.

Au XVIIIe siècle : intimité et variété

Le meuble, cessant d'être un décor d'apparat, est conçu davantage pour la vie intime, il est plus petit et plus varié ; les sièges se multiplient avec le triomphe de la vie de salon et de conversation : sofas, bergères, gondoles, cabriolets. Le meuble le plus typique est la *commode*, avec ses tiroirs superposés. Sous Louis XV apparaît le bureau à cylindre et sous Louis XVI se multiplient les vitrines et les bibliothèques.

Bergère Louis XV.

Au XIXe siècle : imitations et pastiches

Depuis la Révolution de 1789, qui rompt plus ou moins violemment avec les traditions, et durant tout le XIXe s., un style nouveau se cherche à travers toutes les imitations : retour aux formes et au décor antique sous l'Empire, retour au gothique avec les Romantiques, au style Renaissance et Henri II à l'époque de la bourgeoisie triomphante, en attendant les japonaiseries du « modern style » à la fin du siècle. Les formes deviennent de plus en plus conventionnelles et la banalité des meubles stéréotypés, fabriqués en série dans les grands magasins, est le fidèle reflet de la vie bourgeoise : salle à manger avec sa grande table et ses rangées de chaises, salon où dorment sous leurs housses des fauteuils « d'époque », chambre à coucher avec son lit de milieu, son armoire à glace et sa commode.

Commode Empire.

Au XXe siècle : recherche d'un style fonctionnel

Dès la fin du XIXe siècle cependant, sous la double influence de l'Union centrale des Arts Décoratifs et de l'École Boulle, se manifeste un effort pour libérer le mobilier du pastiche. L'Exposition des Arts Décoratifs de 1925 témoigne de cette recherche d'un style nouveau, qui s'efforce de définir une esthétique dans l'adaptation même du meuble à sa fonction. Dès lors, les lignes se simplifient, le décor se dépouille. Après le règne du fer forgé, le métal léger se combine au bois clair, les couleurs vives apparaissent.

Bureau en bois laqué, 1925.

LE COSTUME

XIIIe s.

chainse (chemise ou tunique), bliaud (blouse), robe longue, chape (manteau ample), toque.

XVe s.

M : pourpoint court et ajusté, chausses collantes, turban, toque ou bonnet, souliers à la poulaine avec un dard.
F : robe collante ouverte par-devant, traîne, hennin (coiffure haute et conique).

1530 François Ier

M : pourpoint décolleté, taille fine, hauts-de-chausses (culotte flottante), bouffants à crevés, toque avec plumet.
F : basquine (corsage) garnie de dentelles, vertugadin (robe bouffante).

1600 Henri IV

M : pourpoint à crevés, trousse bouffante attachée à la veste, fraise (collerette de dentelle).
F : vertugadin très ample, grande collerette à dentelles.

1640 Louis XIII

M : pourpoint ajusté, rabat, hauts-de-chausses, bottes à entonnoir, manteau sur l'épaule, perruque.
F : corsage ouvert en pointe, fichu, robe relevée laissant apparaître la jupe.

1690 Louis XIV

M : veste (gilet à manches), cravate de mousseline, justaucorps (redingote ajustée), culotte courte et collante.
F : tuyaux de dentelle sur les cheveux, robe à tournure.

1750 Louis XV

M : veste très longue, culotte à boucles, habit à la française à pans froncés à la taille ou redingote à l'anglaise, jabot de dentelle.
F : jupe à panier, manches en pagodes, talons très élevés.

1780 Louis XVI

F : mode excentrique, coiffure à sujets extravagants, robe à paniers, nœuds, guirlandes et bouquets innombrables.

1795 Révolution

M. : un sans-culotte : les révolutionnaires ont remplacé la culotte par le pantalon. Un « incroyable », jeune élégant royaliste : cravate énorme, habit à basques.
F : une « merveilleuse » : tunique à la romaine, grand chapeau à brides.

1830 Romantisme

M : jaquette à pans courts, pantalon, haut-de-forme.
F : crinoline, petit chapeau, ombrelle.

1860
le Second Empire

M : redingote, haut-de-forme, badine.
F : jupe évasée taille mince, capote (chapeau à coulisse et à brides).

1900
la Belle Époque

M : veston et pantalon noirs, gilet blanc, melon ou haut-de-forme, moustache en pointe.
F : corsage à col très haut, jupe-cloche, robe à tournure, voire à « strapontin », manches à gigots, manteau pèlerine, chapeau à fleurs et plumes.

1930

M : veston serré à la taille, pantalon étroit, chapeau mou.
F : allure sportive, jupe courte, taille très basse, cheveux coupés « à la garçonne ».

2 / ❺ LA TAPISSERIE

L'Apocalypse d'Angers (fin du XIVe s.), de Nicolas Bataille, est l'œuvre la plus saisissante de l'époque.

Moyen Age

Inspiré de l'Orient, l'art de la tapisserie est une création du Moyen Age français. Les premiers ateliers organisés apparaissent au début du XIVe s. à Paris, à Arras et à Tournai. Au XVe s. se multiplient les «tapisseries aux mille-fleurs» célèbres par leur coloris et leur fraîcheur : la *Dame à la licorne.* ▼

XVIe siècle

La tapisserie connaît un succès éphémère avec François Ier (ateliers de Fontainebleau), puis, après les guerres de religion, renaît sous Henri IV (ateliers du Louvre).

XVIIe siècle

Sous Louis XIII, les «ateliers de Paris» atteignent à une grande maîtrise. Mais c'est la création par Colbert des manufactures royales de Beauvais (1664), d'Aubusson (1665) et surtout des Gobelins (1667) sur laquelle Le Brun règne en maître, qui donne définitivement à la tapisserie ses lettres de noblesse. Les manufactures alimentent les châteaux royaux ou princiers en œuvres allégoriques et somptueuses à la gloire du Grand Roi : *Histoire du roi, Maisons royales, Conquêtes de Louis XIV.*

XVIIIe siècle

Tandis que les manufactures poursuivent une production devenue plus ornementale et plus fantaisiste (*Histoire de Don Quichotte, les Dieux*), la tapisserie française se répand dans toute l'Europe, où se multiplient les ateliers animés par des artistes français : Berlin, Munich, Berne, Florence, Rome, Saint-Pétersbourg, Madrid...

Mais la révolution française marque, pour plus d'un siècle, le déclin de la tapisserie.

INTRODUCTION AU PRÉSENT 2 / 6

La France d'aujourd'hui est née au lendemain de la Seconde Guerre mondiale. Vaincue en 1940, elle figure en 1945 parmi les vainqueurs.

Dans le drame de la défaite et de l'occupation, dans l'épopée de la Résistance, elle puise les forces d'un renouveau. Certes, le poids de la tradition pèsera sur les forces d'évolution, mais la transformation — non exempte de difficultés — sera rapide et profonde.

LA DÉFAITE

Le désastre militaire de 1940 apparaît comme l'épilogue tragique d'une longue période de stagnation.

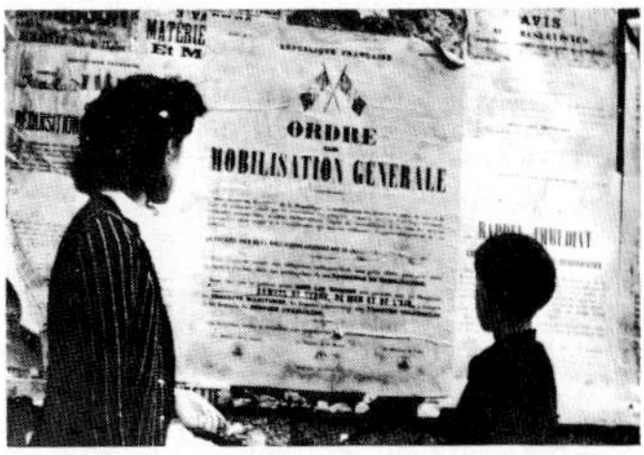

La « drôle de guerre »

Pour la France, la guerre éclate en septembre 1939. Le pays est mal préparé à l'affronter. La « **drôle de guerre** » se stabilise sur la ligne Maginot, puissante ligne de fortifications contre laquelle, pense l'état-major, l'ennemi usera ses forces. Patrouilles, faibles duels d'artillerie ; c'est à peine la guerre.

La débâcle

La grande offensive allemande commence le 10 mai 1940. Dès lors, la **retraite est générale**, elle s'opère dans le plus grand désordre. Aux unités désorganisées, coupées de leur commandement, s'ajoute sur les routes le dramatique **exode** de millions de civils qui fuient sous les bombardements de l'aviation. Les troupes allemandes, qui ne se heurtent qu'à la résistance sporadique et souvent héroïque d'unités isolées, réalisent une avance foudroyante. Le gouvernement se replie à Bordeaux. Paris est occupé le 14 juin. En quelques jours la moitié de la France est **envahie.**

L'exode en 1940.

VICHY...

La défaite militaire de la France entraîne la chute de la IIIe République. Le 10 juillet 1940, des parlementaires réunis à Vichy accordent les pleins pouvoirs au maréchal Pétain. Chef de l'« État français », Pétain annonce une « Révolution nationale ». Il instaure un régime d'ordre moral, paternaliste et autoritaire, avec la devise « Travail, Famille, Patrie ».

La collaboration

L'entrevue Pétain-Hitler à **Montoire** (octobre 1940) marque le début de la « collaboration ». Le chef de l'État espère-t-il modérer les exigences du vainqueur? Le régime de Vichy évolue en fait vers une **soumission** de plus en plus totale à la politique allemande : sous l'influence de Pierre Laval, qui souhaite la victoire allemande, il entérine la déportation des Juifs, l'instauration du travail obligatoire en Allemagne (S.T.O.), l'implantation de la police nazie (Gestapo).

Le régime évolue également vers le fascisme : l'État devient **corporatif**, la Nation est encadrée par la « Légion des combattants », une **Milice** est créée, participant à la répression des Résistants.

L'entrevue de Montoire (octobre 1940).

Le poids de l'occupation

Sommes perdues (en francs 1940) au profit de l'Allemagne :

- **Frais d'entretien des troupes d'occupation : 632 milliards de francs**
- **Réquisitions, dettes non remboursées : 450 milliards de francs**
- **Total : 1 100 milliards de francs**

La pénurie

L'occupation de la France devient **totale** le 11 novembre 1942, peu après le débarquement anglo-américain en Afrique du Nord. Les difficultés économiques s'accentuent, les **prélèvements** des occupants deviennent plus lourds, la pénurie accroît la misère : pénurie de matières premières, de combustibles et surtout de produits alimentaires. Le **rationnement** institué en septembre 1940 devient de plus en plus sévère.

La queue devant une crèmerie à Paris en 1941. La pénurie alimentaire entraîne le rationnement.

... ET LA RÉSISTANCE

La Résistance, qui rassemble tous ceux qui veulent continuer le combat contre l'occupant, prend des formes variées. Timide au début, elle s'organise progressivement et s'étend malgré les tortures, la déportation et les exécutions.
Le général Eisenhower estimera à 15 divisions l'apport militaire des Forces Françaises de l'Intérieur (F.F.I.).

La France libre

Le général de Gaulle qui, le 18 juin 1940, lance de Londres son célèbre **appel à la Résistance**, rassemble les Français de l'extérieur. Obtenant le ralliement de l'Afrique équatoriale française, il organise des forces qui **reprennent le combat** aux côtés des Alliés. Installé à Alger en juin 1943, il devient président du Comité Français de Libération Nationale, puis chef du Gouvernement Provisoire de la République Française.

La Résistance intérieure

Les **patriotes** qui, sur le territoire national, engagent la lutte contre le gouvernement de Vichy et contre l'occupant sont issus de toutes les familles spirituelles. Les organisations sont multiples et les communistes jouent un grand rôle. Les jeunes, qui fuient le Service du Travail Obligatoire, se réfugient dans les régions montagneuses et organisent des « **maquis** » qui harcèlent l'occupant. Pour les réduire, les Allemands montent de véritables expéditions militaires, comme dans le **Vercors** en juillet 1944.

En 1943, **Jean Moulin** parvient à regrouper tous les résistants français au sein du **Conseil National de la Résistance**, en liaison avec Londres. La Résistance, qui conquiert la sympathie agissante de la plus grande partie de la population, joue un rôle important dans la Libération de la France qui commence le 6 juin 1944 avec le **débarquement** anglo-américain en Normandie.

Par ailleurs, les troupes françaises constituées en Afrique du Nord — parmi lesquelles s'illustrent la colonne Leclerc, la 1re Armée française, le 7e chasseur d'Afrique... — contribuent activement à la victoire aux côtés des Alliés, participant à la campagne d'Italie, au débarquement en Provence (août 1944) et aux combats de la Libération jusqu'à Berlin.

Appel du 18 juin 1940

(extrait)

...« Moi, général de Gaulle, actuellement à Londres, j'invite les officiers et les soldats français qui se trouvent en territoire britannique ou qui viendraient à s'y trouver, avec leurs armes ou sans leurs armes, j'invite les ingénieurs et les ouvriers spécialistes des industries d'armement qui se trouvent en territoire britannique ou qui viendraient à s'y trouver, à se mettre en rapport avec moi. Quoi qu'il arrive, la flamme de la résistance française ne doit pas s'éteindre et ne s'éteindra pas. »

GÉNÉRAL DE GAULLE.

Résistant fusillé par des soldats allemands.

Ami si tu tombes
Un ami sort de l'ombre
A ta place

J. KESSEL et M. DRUON
Chant des partisans

2 / 6 LA QUATRIÈME RÉPUBLIQUE

Sur la France libérée souffle un vent de renouveau. Renouveau démographique d'abord, qui s'accompagne de profondes réformes des structures économiques et sociales. L'esprit de la Résistance anime les gouvernements de l'immédiat après-guerre. Au gouvernement provisoire (1944-1946) succède la IVe République (1946-1958).

De Gaulle défilant aux Champs-Élysées le 26 août 1944.

- **août 1944** – Libération de Paris.
- **mai 1945** – Fin des hostilités.
- **octobre 1945** – Référendum pour l'élection d'une Assemblée constituante.
- **octobre 1946** – Adoption d'une nouvelle constitution.
- **janvier 1947** – Vincent Auriol, premier président de la IVe République.
- **avril 1949** – La France adhère à l'O.T.A.N. (Organisation du Traité de l'Atlantique Nord).
- **avril 1951** – La France adhère à la C.E.C.A. (Traité de Paris).
- **décembre 1953** – René Coty, deuxième président de la IVe République.
- **mai 1954** – Défaite de Diên-Biên-Phu.
- **novembre 1954** – Début de l'insurrection algérienne.
- **janvier 1956** – Victoire du Front républicain Gouvernement Guy Mollet.
- **mars 1957** – La France adhère à la C.E.E. (Traité de Rome).
- **13 mai 1958** – Putsch militaire à Alger.
- **1er juin 1958** – Le général de Gaulle investi.
- **septembre 1958** – Un référendum approuve la nouvelle constitution.

Le gouvernement provisoire

Installé à Paris en août 1944, le Gouvernement Provisoire de la République présidé par le général de Gaulle s'inspire du programme du Conseil National de la Résistance : châtiment des traîtres, retour à la démocratie, réformes économiques ôtant aux puissances d'argent la direction d'importants secteurs de l'économie, réformes sociales...

La fin de la guerre (mai 1945), le retour des prisonniers et des déportés permettent un premier référendum populaire (octobre 1945) auquel les femmes participent pour la première fois : la Constitution de 1875 est condamnée, une Assemblée Constituante fixera les nouvelles institutions de la France. La Constituante élue place à la direction du gouvernement le général de Gaulle (novembre 1945) qui gouverne avec des ministres socialistes, communistes et M.R.P. (Mouvement Républicain Populaire). Mais, refusant le « Système des partis », le général démissionne en janvier 1946. Lui succèdent à la présidence du Conseil : Félix Gouin (janvier-juin 1946) et Georges Bidault (juin-décembre 1946).

Une nouvelle Constitution

L'élaboration d'une nouvelle Constitution qui fonde la IVe République se révèle difficile. La démocratie parlementaire, instaurée en octobre 1946, octroie de grands pouvoirs à l'Assemblée nationale. Après une éphémère expérience de tripartisme (gouvernement à ministres socialistes, communistes et M.R.P.), qui prend fin en mai 1947, c'est l'émiettement des partis, et les gouvernements de « troisième force » sont condamnés à l'immobilisme.

Le bilan de la guerre (1939-1945)

Pertes humaines

Morts :

Militaires tués à l'ennemi : 200 000 ; Prisonniers et déportés décédés : 240 000 ; Civils fusillés ou tués (bombardements) : 160 000. Total : 600 000.

Invalides : 800 000.

Pertes matérielles

Transports :

– Destruction d'une grande partie de l'infrastructure routière (2 500 ponts) et ferrée (500 ouvrages).

– 30 % des quais portuaires détruits ou hors d'usage.

– Disparition de : 2/3 des wagons de marchandises ; 2/3 des cargos ; 3/4 des pétroliers ; 4/5 des péniches.

Agriculture :

– Exploitations totalement détruites : 54 000 ; Partiellement détruites : 155 000.

Industrie :

– Entreprises totalement détruites :60 000 ; Partiellement détruites : 115 000.

Immeubles :

– Totalement détruits : 445 000 ; Partiellement détruits :1 556 000.

Les présidents et gouvernements de la IVe République

Léon Blum (18-12-1946/22-1-1947)
Vincent Auriol **(1947-1954)**
Paul Ramadier (22-1-1947/22-11-1947)
Robert Schuman (22-11-1947/24-7-1948)
André Marie (26-7-1948/31-8-1948)
Robert Schuman (31-8-1948/12-9-1948)
Henri Queuille (12-9-1948/27-10-1949)
Georges Bidault (28-10-1949/24-6-1950)
Henri Queuille (2-7-1950/4-7-1950)
René Pléven (12-7-1950/28-2-1951)
Henri Queuille (10-3-1951/10-7-1951)
René Pléven (11-8-1951/7-1-1952)
Edgar Faure (20-1-1952/29-2-1952)
Antoine Pinay (8-3-1952/22-12-1952)
René Mayer (6-1-1953/21-5-1953)
Joseph Laniel (26-6-1953/...
René Coty **(1954-1958)**
Joseph Laniel .../12-6-1954)
Pierre Mendès France (17-6-1954/5-2-1955)
Edgar Faure (23-2-1955/24-1-1956)
Guy Mollet (30-1-1956/21-5-1957)
Maurice Bourgès-Maunoury (12-6-1957/30-9-1957)
Félix Gaillard (6-11-1957/15-4-1958)
Pierre Pfimlin (13-5-1958/31-5-1958)
Charles de Gaulle (1-6-1958/8-1-1959

L'œuvre économique et sociale

L'économie a été gravement atteinte par la guerre. L'œuvre de reconstitution entre-rise dans le cadre d'un « Plan de modernisation et d'équipement » (Plan Monnet) et éalisée à partir de 1947 grâce à l'aide du plan d'assistance des États-Unis à l'Europe Plan Marshall) est rapide : en 1949-1950 le niveau de production d'avant-guerre st dépassé.

Le gouvernement provisoire et la IVe République réforment les structures écono-niques en décidant de nombreuses nationalisations, ils se préoccupent du progrès ocial en instituant la Sécurité sociale [p. 328] et en garantissant un Salaire Minimum nterprofessionnel Garanti (S.M.I.G.).

Les difficultés

Si l'œuvre économique et sociale est, par maints aspects, positive, si au plan xtérieur la IVe République entreprend une audacieuse politique de « construction uropéenne », les difficultés et les problèmes se multiplient. L'instabilité ministérielle 21 gouvernements se succèdent de 1946 à 1958), la dépendance à l'égard des tats-Unis, la division de la gauche alourdissent le climat politique. Les difficultés nancières s'accroissent, la monnaie s'effondre, et il faut procéder à de nombreuses évaluations du franc. La situation sociale demeure tendue, les conflits se multiplient. n dépit du trop bref passage au pouvoir de **Pierre Mendès France** (1907-1982), ui y déploie des qualités remarquables d'homme d'État et sait mettre fin honorable-nent à la désastreuse guerre d'Indochine (1954), le drame algérien, qui éclate le er novembre 1954, divise les Français et est à l'origine directe de la chute de la Ve République en 1958.

2 / 6

LA Vᵉ RÉPUBLIQUE

Née en 1958, la Vᵉ République est dominée jusqu'en 1969 par la personnalité du général de Gaulle. Celui-ci fonde le nouveau régime sur une Constitution qui assure au président de la République la prééminence politique. Il tient son autorité du peuple qui l'a élu, et l'assoit sur un gouvernement issu de la majorité parlementaire, permettant ainsi la stabilité de l'exécutif.

- **sept. 1958 - Début de la Vᵉ République.**
- **janvier 1959 - Le général de Gaulle : premier président de la Vᵉ République.**
- **mars-juil. 1962 -Accords d'Évian, indépendance de l'Algérie.**
- **oct-nov. 1962 - réforme de la constitution (président élu au suffrage universel).**
- **déc. 1965 - Élection présidentielle, général de Gaulle réélu contre François Mitterrand.**
- **mai-juin 1968 - Agitation des étudiants, puissantes grèves.**
- **avril 1969 - Démission du général de Gaulle.**
- **juin 1969 - Georges Pompidou élu deuxième président de la Vᵉ République.**

Les institutions

La Constitution qui fonde la Vᵉ République [p. 236] soumise à un référendum populaire, en septembre 1958, est approuvée massivement : 79 % de oui. Le mois suivant, le général de Gaulle est élu président de la République par un collège de notables (grands électeurs) dont la plupart sont délégués par les municipalités. Après modification de la Constitution (1962), il sera réélu, en 1965, au suffrage universel direct.

Issue d'une situation de **crise**, la Vᵉ République se dote des moyens nécessaires à la fois pour réformer les structures de la Nation et pour mettre fin à la guerre d'Algérie. L'évolution des institutions est caractérisée par un **renforcement** constant du **pouvoir exécutif** [p. 237] et par l'élection de majorités parlementaires solides qui assurent au pays une vie politique stable.

La décolonisation

La Vᵉ République achève la **décolonisation** opérée sans grands heurts en Afrique Noire mais qui, en Algérie, est réalisée dans des circonstances dramatiques, après une prolongation et une intensification de la guerre menée depuis 1954. L'**indépendance de l'Algérie** est consacrée par les accords d'Évian (1962). Plus de 1 million de Français d'Algérie, les « rapatriés » regagnent la Métropole. Leur intégration est facilitée par des indemnisations.

L'indépendance nationale

Le nouveau régime proclame hautement **l'indépendance** de la France, notamment à l'égard des États-Unis. La France entreprend la constitution d'une force de dissuasion atomique, elle se retire de l'Organisation du Traité de l'Atlantique Nord [p. 263].

Une monnaie forte

La Ve République veut doter la France d'une monnaie forte. Une dévaluation réussie, en décembre 1958, et un **assainissement financier** permettent d'améliorer la balance commerciale et d'accroître les réserves de change. En 1960, un « nouveau franc » est créé. Toutefois, la situation financière se dégrade, le franc est de nouveau dévalué en 1969.

Le général de Gaulle, fondateur de la Ve République.

« Toute ma vie je me suis fait une certaine idée de la France. La France ne peut être la France sans la grandeur. »

Général de Gaulle.

Mai 1968

Le général de Gaulle et les gouvernements de la Ve République se montrent plus soucieux de **croissance économique** que de réformes sociales. Des critiques s'élèvent contre l'**autoritarisme du régime**. Le mécontentement grandit et, en mai-juin 1968, les émeutes estudiantines à Paris et un puissant mouvement de grèves dans tout le pays (9 à 10 millions de grévistes) révèlent le profond malaise de la société française.

Mai 1968 à Paris : la construction d'une barricade.

La crise, à la fois sociale et politique, ébranle le régime qui redresse cependant la situation et en tire un bénéfice politique immédiat, avec des élections législatives qui lui sont très favorables. Après son dénouement, elle laissera des traces profondes et durables : celle d'un esprit d'inspiration contestataire et utopique. (Contestation de la société de consommation et de toute forme de pouvoir, utopie d'une société autogérée et d'un individu complètement autonome.) Des mouvements minoritaires s'engouffreront dans la brèche ainsi ouverte : mouvements féministes, régionalistes, voire autonomistes, écologistes, pacifistes... dont l'action débouchera parfois sur d'incontestables évolutions sociales.

Après l'échec de son projet de réforme des institutions (avril 1969), le général de Gaulle se retire de la vie politique. Élu en juin 1969, Georges Pompidou lui succède à la présidence de la République.

Présidents et chefs de gouvernement de la Vᵉ République

Ch. de Gaulle	**(1958-1969)**
M. Debré	(1959-1962)
G. Pompidou	(1962-1968)
M. Couve de Murville	(1968-1969)
	(1969-1974)
J. Chaban-Delmas	(1969-1972)
P. Messmer	(1972-1974)
V. Giscard d'Estaing	**(1974-1981)**
J. Chirac	(1974-1976)
R. Barre	(1976-1981)
F. Mitterrand	**(1981)**
P. Mauroy	(1981-1984)
L. Fabius	(1984-1986)
J. Chirac	(1986-1988)
F. Mitterrand	**(1988)**
M. Rocard	(1988)

- novembre 1970. Mort du général de Gaulle.
- juin 1972. Parti Communiste et Parti Socialiste signent un programme commun de gouvernement.
- avril 1974. Mort du Président G. Pompidou.
- mai 1974. Valéry Giscard d'Estaing est élu 3ᵉ Président de la Vᵉ République.
- septembre 1977. Rupture de l'Union de la gauche.
- avril-mai 1981. François Mitterrand est élu 4ᵉ Président de la Vᵉ République. Dissolution de l'Assemblée nationale.
- juin 1981. Élections législatives. Le Parti Socialiste obtient la majorité absolue. Gouvernement Pierre Mauroy.
- mars 1986. Élections législatives (majorité de droite) ; gouvernement J. Chirac.
- mai 1988. F. Mitterrand est réélu Président de la République. Dissolution de l'Assemblée nationale.
- juin 1988. Élections législatives (majorité de gauche), gouvernement M. Rocard.

L'ÉVOLUTION RÉCENTE

Après un premier septennat, marqué par cinq années de gouvernement et de majorité de gauche, puis deux années de cohabitation avec un gouvernement et une majorité de droite, François Mitterrand a été réélu Président de la République en mai 1988. Deux grandes dates pour ce second mandat : le bicentenaire de la Révolution et le grand marché unique européen de 1992, mais aussi un grave problème à résoudre : le chômage.

L'après-de Gaulle

La crise de mai 1968 [p. 163], sans provoquer de changement révolutionnaire, accélère un mouvement de **contestation** de l'ordre établi et de **libération** des mœurs.

Après la démission du général de Gaulle, l'élection de **Georges Pompidou** à la présidence de la République (juin 1969) assure la continuité des institutions dans un contexte de forte expansion économique.

En 1974, sous le septennat de **Valéry Giscard d'Estaing,** la France doit faire face à une **crise** économique qui se généralise dans le monde [p. 167] : les difficultés économiques et sociales s'accumulent.

L'arrivée de la gauche au pouvoir

La montée du chômage et de l'inflation fournit des arguments à l'opposition de gauche. Celle-ci enregistre d'importants succès aux élections cantonales de 1976 et municipales de 1977. Mais, lors des élections législatives de 1978, les trois partis de l'union de la gauche (socialistes, communistes et radicaux de gauche) échouent dans leur tentative d'actualisation du « Programme commun de gouvernement » signé en 1972. Cette désunion permet à la droite de conserver de justesse la majorité.

Mais, le 10 mai 1981, le candidat **François Mitterrand** est élu Président de la République contre V. Giscard d'Estaing et dissout aussitôt l'Assemblée nationale.

Les élections législatives des 14 et 21 juin 1981 confirment et amplifient le succès de la gauche (près de 56 % des suffrages). F. Mitterrand nomme un gouvernement dirigé par **Pierre Mauroy** où entrent, pour la première fois depuis 1947, quatre ministres communistes.

Le gouvernement fait adopter par le Parlement une série de lois : décentralisation [p. 250], nationalisations [p. 267], réforme de la justice [p. 255], relance d'une politique de la recherche [p. 193] et de la culture [p. 190], nombreuses mesures sociales.

Politique généreuse, mais coûteuse, dont le succès est compromis par l'aggravation de la crise internationale. En juin 1982, le gouvernement Mauroy doit instaurer une politique de rigueur et d'austérité, poursuivie par le gouvernement de **Laurent Fabius,** qui lui succède en juillet 1984.

Le retour de la droite

Aux élections législatives de mars 1986, la droite retrouve la majorité. En conformité avec la Constitution, F. Mitterrand nomme comme Premier Ministre **Jacques Chirac,** le président du R.P.R., le parti le plus puissant de la nouvelle majorité. Ainsi s'instaure, pour la première fois dans l'histoire de la Ve République, une « **cohabitation** » entre un Président de gauche et un Premier Ministre de droite.

Avec le gouvernement qu'il a constitué, J. Chirac va mettre en œuvre une politique de rupture avec celle menée par la gauche, notamment dans le domaine économique. Au nom du libéralisme, il est ainsi procédé à des privatisations d'entreprises que la gauche avait nationalisées en 1982.

Réélection de F. Mitterrand et victoire des socialistes

Après deux ans de cohabitation arrive le moment de l'élection présidentielle : le 8 mai, F. Mitterrand est réélu brillamment face à son Premier Ministre, J. Chirac, et dissout l'Assemblée nationale. Les élections législatives de juin voient la victoire du Parti Socialiste, mais sans majorité absolue, ne devançant la coalition de droite que de 5 sièges. Le nouveau gouvernement est « ouvert » à quelques personnalités centristes et à des « techniciens ».

François Mitterrand. Né en 1916 à Jarnac (Charentes). Avocat. Prisonnier de guerre évadé. Résistant. Député de la Nièvre en 1946. Dix fois ministre de 1947 à 1958. Candidat unique de la gauche en 1965 contre le général de Gaulle. Adhère au Parti Socialiste en 1971 et en devient le premier secrétaire. Candidat à l'élection présidentielle de mai 1974. Est élu 4e Président de la Ve République en mai 1981 et réélu le 8 mai 1988.

L'élection présidentielle d'avril-mai 1988

- **Au premier tour (24 avril).** 9 candidats sont présents. Inscrits : 38,13 millions. Votants : 31,02 millions. Abstentions : 18,62 %.
- **Au second tour (8 mai).** Votants : 32,10 millions. Abstentions : 15,93 %. Résultat (Métropole et Outre-Mer).

François Mitterrand : 16,71 millions de voix (54,02 % des suffrages exprimés) : ÉLU.

Jacques Chirac : 14,22 millions de voix (45,98 % des suffrages exprimés).

DE L'EXPANSION...

Les transformations intervenues dans la vie économique française depuis la fin de la Seconde Guerre mondiale sont d'une ampleur telle que l'on peut parler d'une profonde mutation. Elles se sont opérées jusqu'au début des années 70, dans une phase de grande expansion ; elles se poursuivent depuis 1974, dans un contexte de crise.

Le début d'une renaissance

La France de l'immédiat avant-guerre semblait vouée à la stagnation. Pauvre en hommes, protégée de la concurrence étrangère par un rempart douanier, repliée sur son Empire colonial, « chasse gardée » destinée à lui fournir des débouchés privilégiés, elle était figée dans une sorte de léthargie.

La **Libération** marque le début d'une **renaissance**. La reconstruction de l'économie, après la crise des années 30 [p. 127] et l'effondrement de la guerre [p. 158], est rapide : dès 1949, la France retrouve le niveau de production d'avant-guerre. L'effort de reconstruction, soutenu par l'aide américaine (Plan Marshall), s'accompagne d'une **rénovation** des structures et des méthodes de production.

Un cadre nouveau

L'activité économique se développe dans un cadre caractérisé par :

— la généralisation de la **révolution scientifique et technique** marquée notamment par la rapide diffusion des découvertes scientifiques dans les processus de production : industrie nucléaire, informatique, industries aéro-spatiales...

— un **renouveau démographique** qui se maintient jusqu'au début des années 60 [p. 162]. L'économie se trouve stimulée par l'accroissement des besoins en équipements sociaux (logements, écoles...) et l'augmentation de la demande des ménages.

— l'accroissement du **rôle économique de l'Etat** qui se traduit par la création d'un important secteur public [p. 244], la planification de l'économie [p. 273], l'aménagement du territoire [p. 274].

— l'**ouverture des frontières** et l'intégration progressive de l'économie nationale dans les Communautés européennes [p. 164].

— la **concentration financière** des entreprises industrielles et commerciales confrontées à la concurrence internationale.

Une forte expansion

La reconstruction achevée, la France s'engage dans une phase d'expansion sans précédent dans son histoire. De 1949 à 1969, la production intérieure brute s'accroît au rythme annuel moyen de 5 % ; elle s'accroît de 5,9 % par an de 1969 à 1973. La mutation de son économie est marquée par : un grand essor de l'industrie [p. 292] ; une seconde révolution agricole [p. 278] ; un bouleversement de l'appareil de distribution [p. 310] ; un fort développement des échanges extérieurs [p. 312] ;

..A LA CRISE

Jn renversement de la conjoncture

Dès le début des années 70, divers signes de dérèglement se manifestent dans monde :

- Crise du **système monétaire international** établi à Bretton-Woods (Etats-Unis) en 944. A partir des années 70, les monnaies deviennent flottantes.
- Apparition aux Etats-Unis d'une situation nouvelle, la **stagflation** : stagnation de économie dans un contexte de hausse des prix.
- Bouleversement du **marché mondial de l'énergie** : en 1973, à l'occasion de la uerre du Kippour, les membres de l'Organisation des Pays Exportateurs de Pétrole).P.E.P.) parviennent à imposer à leurs clients de très fortes hausses du prix e l'« or noir ».

Les pays industrialisés importateurs de pétrole s'efforcent de corriger le déficit de ur balance commerciale en réduisant la demande intérieure et en accroissant leurs xportations. La compétition internationale devient plus âpre et prend l'allure d'une éritable « guerre économique ».

Agence Nationale Pour l'Emploi

.a crise en France

Après une longue période de prospérité, l'économie ançaise est, à partir de 1974, sévèrement touchée par ne **crise** qui s'étend à l'ensemble des pays d'éconoie libérale. Elle se manifeste par :

- **La récession**. Le taux annuel moyen d'accroisement du Produit Intérieur Brut passe de 5,9 % our la période 1969-1973 à 2,5 % pour la période 974-1980 et à 1,1 % de 1981 à 1985.
- **L'inflation**. La hausse annuelle moyenne des prix asse de 5,9 % pour la période 1969-1973 à 10,7 % pour la période 1974-1979. n 1980, l'inflation atteint 13,6 %.
- La multiplication des **faillites** d'entreprises industrielles et commerciales.
- **Le chômage**. Le nombre des chômeurs passe de 500 000 au début de l'année 974 à un million au milieu de l'année 1975, à plus de 2 millions en novembre 1981 t à plus de 2,5 millions en 1987.

Vers la fin de la crise ?

Depuis 1985, on observe une tendance à la reprise du taux d'accroissement du **.I.B**. Il devrait atteindre environ 2,5 % en 1988.

Depuis 1980, l'inflation est régulièrement redescendue jusqu'à 2,1 % en 1986.)epuis, elle semble se stabiliser autour de 3 %.

Les faillites sont en diminution, ainsi que le chômage qui se stabilise à environ ,5 millions. Seul le commerce extérieur, déficitaire depuis 1974, est toujours négatif nalgré l'embellie de 1986 (environ 30 milliards de déficit en 1987 et 1988). 'eut-être la France va-t-elle enfin sortir de la crise?

2 / 6 L'ENGAGEMENT EUROPÉEN

Le Parlement européen à Strasbourg.

C'est sous la IVe République que la France s'engage dans la voie européenne ; elle participe activement à la création de l'Europe des Six. Sous la Ve République le général de Gaulle s'oppose à toute solution supranationale. Après 1969, les présidents Pompidou (1969-1974) et Giscard d'Estaing (1974-1981) prennen plusieurs initiatives de « relance euro péenne ».

La coopération européenne

Au cours des années qui suivent la Seconde Guerre mondiale, la France adhèr aux organismes qui se constituent en vue de favoriser la **coopération économique et politique** entre les pays d'Europe occidentale. En 1948, elle devient membre d l'Organisation Européenne de Coopération Économique (O.E.C.E.) et, en 1950, adhèr à l'Union Européenne des Paiements (U.E.P.).

Son adhésion, en 1949, au **Conseil de l'Europe,** qui siège à Strasbourg, soulign son souci de contribuer à une **union politique** des États du vieux continent européen

La création de l'Europe des Six

En 1951, est créée la **Communauté Européenne du Charbon et de l'Acie** (C.E.C.A.), présidée par Jean Monnet, à laquelle adhèrent, aux côtés de la France, l République fédérale d'Allemagne, l'Italie et les trois pays du Benelux.

En mars 1957, les six pays membres de la C.E.C.A. signent les traités de Rome qu instituent simultanément la Communauté Économique Européenne (C.E.E. ou **Marché commun**) et la Communauté Européenne de l'Énergie Atomique (C.E.E.A. ou **Eura tom**). Ainsi est constitué un **vaste marché** de 180 millions de consommateurs. Les marchandises, les hommes, les capitaux doivent pouvoir y circuler librement ; les parte naires y créent les conditions d'une réelle concurrence entre les entreprises et metten en œuvre des politiques communes : politique agricole commune, et tentatives pou définir une politique européenne de l'énergie, des transports.

L'élargissement de la Communauté européenne

Après le départ du général de Gaulle, qui s'était montré hostile à l'adhésion de la Grande-Bretagne au Marché commun, le président Pompidou « relance » l'Europe à la **Conférence de La Haye** (1er et 2 décembre 1969). Les négociations engagées abou tissent à l'adhésion de trois nouveaux partenaires : la Grande-Bretagne, l'Irlande, le Danemark. Le 1er janvier 1973, l'Europe des Six se transforme en **Europe des Neuf.** En 1981, la Grèce devient le dixième partenaire européen, suivie en 1986 de l'Espagne et du Portugal.

.E PARLEMENT EUROPÉEN

Après la création de la C.E.E. et d'Euratom, fut instituée l'Assemblée des communautés européennes, ou Parlement européen. Celui-ci se réunit pour la première fois à Strasbourg en mars 1958 ; il comptait alors 142 membres délégués par leurs Parlements nationaux. En 1976, les chefs d'État et de gouvernement décidèrent, comme le prévoyaient les traités de Paris et de Rome, que le Parlement européen serait élu au suffrage universel direct.

Des élections eurent lieu en 1979 et 1984. En 1989, les 518 députés élus se sont répartis ainsi : 81 pour la R.F.A., la Grande-Bretagne, l'Italie et la France ; 60 pour l'Espagne, 25 pour les Pays-Bas, 24 pour la Belgique, la Grèce et le Portugal, 16 pour le Danemark, 15 pour l'Irlande, 6 pour le Luxembourg.

Ses pouvoirs et ses compétences

Le Parlement européen arrête le budget de la Communauté, après l'avoir établi, conjointement avec le Conseil. Celui-ci, qui comprend 10 membres (un ministre par gouvernement), prend les décisions et adopte les « lois communautaires ».

Il donne son avis sur les textes législatifs de la Communauté, proposés par la Commission. Celle-ci, composée de 14 membres nommés par leur gouvernement respectif, veille au respect des traités et gère les politiques communes.

Il exerce un contrôle sur l'ensemble des activités des institutions communautaires. Il peut ainsi censurer la Commission et la contraindre à démissionner.

Son organisation et son fonctionnement

Le Parlement européen est la seule institution communautaire qui se réunit et délibère en public. L'ensemble de ses activités est placé sous la direction d'un président assisté de 12 vice-présidents, qui constituent le Bureau, avec 5 questeurs chargés des tâches administratives et financières. Tous sont élus pour deux ans et demi.

17 commissions spécialisées mettent au point les travaux du Parlement. Celui-ci siège généralement une fois par mois pendant une semaine. Les sessions ont lieu à Strasbourg au Palais de l'Europe. Les commissions se réunissent normalement à Bruxelles, deux à trois jours par mois en moyenne. Le Secrétariat général est installé au Centre européen de Luxembourg.

Les débats du Parlement et de ses commissions ont lieu dans les sept langues officielles de la Communauté : allemand, anglais, danois, français, grec, italien, néerlandais. Tous les documents parlementaires sont rédigés dans ces langues.

Son mode d'élection

Dans chaque pays, les élections se déroulent conformément à la loi nationale. En France, les 81 députés sont élus pour cinq ans. Seules les listes qui ont recueilli au moins 5 % des suffrages exprimés peuvent obtenir des sièges.

L'exercice du mandat parlementaire européen est incompatible avec des fonctions gouvernementales, ou l'appartenance à des organismes européens. En revanche, il est possible de cumuler ce mandat avec celui de député ou de sénateur.

Depuis juin 1989, la représentation française est la suivante : UDF-RPR : 26 sièges ; PS : 22 sièges ; FN : 10 sièges ; Verts : 9 sièges ; Centre : 7 sièges ; PC : 7 sièges.

2 / 6 VERS L'EUROPE DE 1993

C'est en 1985 que le président de la Commission européenne, le Français Jacques Delors, proposa de réaliser un espace économique européen unique, en mettant en œuvre quelques centaines de directives. Pour atteindre cet objectif, il fixa un délai de huit ans. C'est donc le 31 décembre 1992 que devrait naître le grand marché unique.

Début 1986, l'Acte unique, conséquence des décisions du Conseil de Luxembourg est signé, puis ratifié par chacun des Parlements nationaux.

Les États-membres confirment donc leur volonté de réaliser « un espace sans frontières intérieures dans lequel la libre circulation des marchandises, des personnes, des services et des capitaux est assurée ». Pour tenir compte de la diversité et des déséquilibres qui peuvent exister au sein des douze pays-membres, il est prévu des « politiques d'accompagnement » dans les domaines de la politique sociale, de l'union économique et monétaire, de la recherche et du développement technologique, de l'environnement et de la coopération en matière de politique étrangère. « Une coopération plus étroite sur les questions de la sécurité européenne » est également envisagée pour « contribuer au développement d'une identité de l'Europe en matière de politique extérieure ».

Des référendums au Danemark et en Irlande ayant retardé sa ratification, l'Acte unique n'entre véritablement en vigueur que le 1er juillet 1987. Depuis cette date environ la moitié des quelque 280 directives proposées ont été adoptées. La majeure partie devrait être acquise fin 1990 afin que les Parlements nationaux puissent transposer les actes communautaires dans les législations nationales. Toutefois, au 1er janvier 1989, seulement deux directives sur les 65 qui auraient dû être entrées en vigueur l'étaient dans les douze États-membres.

Souvent, très techniques, ces actes n'ont pas toujours une importance primordiale. En revanche, certains délais devront être absolument respectés dans des domaines clés tels que : la libération des capitaux (1er juillet 1990) ; la reconnaissance mutuelle des diplômes (janvier 1991) ; l'harmonisation du droit des marques (décembre 1991), etc. Si des progrès incontestables ont donc d'ores et déjà été réalisés en ce qui concerne la suppression des frontières, pour la circulation des biens, des services et des capitaux, il reste encore beaucoup à faire notamment en matière de fiscalité, de politique d'attribution des visas, d'harmonisation des statuts de réfugiés.

Cependant, si l'on en croit une déclaration des chefs d'État et de gouvernement lors d'un Conseil européen de juin 1988, la réalisation du Marché unique « a désormais atteint un seuil d'irréversibilité, notamment auprès des acteurs de la vie économique et sociale ».

Les événements considérables qui se sont produits en Europe de l'Est en 1989-1990 (éclatement de l'empire soviétique, effondrement des régimes communistes suivi de la réunification de l'Allemagne...) posent en termes radicalement nouveaux le problème du devenir européen. Dans ce contexte, l'Acte unique prendra certainement une autre dimension. Toutefois, la situation en Europe pouvant connaître de nouvelles évolutions, l'avenir demeure incertain. Une chose est sûre : l'après Yalta est définitivement terminé.

3 / LA VIE CULTURELLE

3 / ❶ LES FONDEMENTS SPIRITUELS

Religion et laïcité : deux traditions solidement enracinées en France, et qui correspondent à deux tendances de l'esprit national. Depuis près de dix siècles, l'histoire de ce pays est marquée par leurs conflits. Même si aujourd'hui d'autres clivages sont apparus, ces tendances motivent et éclairent encore bien des comportements.

La France, pays de tradition catholique

La France est traditionnellement un pays catholique : « fille aînée de l'Église », couverte d'églises et de cathédrales, elle fut aussi de tous temps et est encore un pays de sanctuaires et de pèlerinages.

Certes, patrie de la liberté et de l'esprit critique, elle fut le théâtre de bien des **luttes spirituelles** et de sanglants **conflits** (guerres de Religion). Mais, tandis que celles-ci scindaient l'Allemagne en deux confessions et conduisaient l'insulaire Angleterre à un compromis — l'anglicanisme —, la France, par souci d'ordre et d'unité, a tout fait pour éliminer le protestantisme de son sol. Aujourd'hui encore, l'Église catholique demeure la première force religieuse du pays : elle possède une structure administrative solidement hiérarchisée : 38000 paroisses réparties entre 95 diocèses ; son clergé groupe 28000 prêtres diocésains, 13000 religieux et 75000 religieuses, enfin 80 % des Français sont baptisés. Toutefois, son influence dans la société française a sensiblement diminué.

Une large diversité de confessions

Le protestantisme, à l'origine, s'était répandu un peu partout en France. Mais les guerres de Religion, et surtout la Révocation de l'Édit de Nantes (1685) lui portèrent un coup sérieux [p. 112]. En 1789, il ne possédait plus ni temples ni écoles. Depuis lors, il s'est peu à peu reconstitué autour des îlots où il avait survécu : Alsace et Franche-Comté, sud du Massif Central et des Cévennes, ainsi que dans quelques grandes villes.

Aujourd'hui, on compte 950000 protestants — soit environ 1,5 % de la population — divisés en plusieurs Églises, dont la plus importante est l'Église Réformée de France. L'action de ces Églises est coordonnée par **la Fédération protestante de France** fondée en 1905.

En dépit des terribles persécutions et des déportations dont les Juifs ont été victimes sous l'Occupation, le **culte israélite** est resté très vivace en France. Placé sous l'autorité du Consistoire central et du grand rabbin, il groupe aujourd'hui quelque 700000 fidèles.

Il existe aussi une importante minorité de Français de confession orthodoxe. Enfin, l'**islam** est désormais la deuxième religion en France avec environ 3,5 millions de fidèles, dont 1,1 million de musulmans de nationalité française.

La « laïcité »

Le mot est né au XIXe s., mais le fait est beaucoup plus ancien. S'appuyant sur le principe de libre examen, certains humanistes au XVIe s., les libertins au XVIIe, les philosophes au XVIIIe ont peu à peu sapé l'autorité de l'Église ; en 1789, l'État cessait d'être catholique ; le Concordat de 1804 le déclarait seulement « chrétien ». Enfin, en 1905, par la loi de **séparation des Églises et de l'État,** celui-ci devient **laïque :** sans salarier aucun culte, il garantit à tous les citoyens la liberté de croyance et de pratique. La laïcité, concept spécifiquement français, se définit donc par la **neutralité** de l'État en matière religieuse, la tolérance et la coexistence pacifique des diverses familles spirituelles. Plus profondément, elle repose sur la libre pensée, le doute méthodique, l'épanouissement de l'homme. Ces idées ont été propagées notamment par la franc-maçonnerie et ont pris souvent, sous la IIIe République, la forme extrême de l'anticléricalisme. Les francs-maçons continuent à jouer un rôle actif dans la politique : en majorité de gauche, ils occupent bon nombre de postes importants dans les partis et, quand la gauche est au pouvoir, au sein du gouvernement.

Des structures parallèles

Conséquence de la loi de 1905 : l'Église catholique a dû créer tout un réseau d'institutions parallèles à celles de l'État, institutions dont certaines ont pris une grande extension. Le catholicisme français possède son propre enseignement (p. 170), sa presse (p. 220), ses éditeurs, ses œuvres sociales, ses associations professionnelles ; il a enfin ses mouvements de jeunesse et d'adultes, groupés au sein de l'Action catholique (créée en 1931).

La crise religieuse

En dépit de ses efforts, on a pu constater depuis le début du siècle un lent processus de déchristianisation qui a affecté les différentes confessions et a débouché, à partir des années 60, sur une véritable crise de la foi, liée à la crise plus générale de la civilisation occidentale.

Selon de récents sondages, environ 80 % des Français se disent catholiques, mais 50 % sont non-pratiquants, 15 % pratiquants occasionnels et seulement 15 % pratiquants réguliers. De 1970 à aujourd'hui, le nombre des prêtres est passé de 38000 à 28000.

La franc-maçonnerie en France

Principaux ordres ou « obédiences » :

- **Grand Orient de France (30 000 membres), attaché à la laïcité et au progrès ;**
- **Grande Loge de France (17 500 membres), qui met l'accent sur les aspects ésotériques de la tradition ;**
- **Grande Loge féminine, créée en 1952 (7 100 membres), issue de la précédente.**

3 / ❶ CRISE SPIRITUELLE

Après le mouvement de rénovation consécutif au Concile Vatican II, l'Église de France, souvent déchirée entre les partisans de la réforme et ceux de la tradition, vit actuellement une crise profonde que ne parviennent pas à endiguer quelques signes récents de renouveau.

Réveil spirituel et renouveau philosophique se trouvèrent un moment réunis après la Libération grâce à la publication posthume de deux séries d'œuvres : celles de Simone Weil qui, après avoir éprouvé la condition ouvrière et médité sur le marxisme, a vécu une intense expérience spirituelle ; celles de Pierre Teilhard de Chardin, à la fois paléontologiste, théologien et philosophe, qui s'efforçait de préciser à la lumière des derniers progrès de la science la place de l'homme dans la genèse universelle (*Le Phénomène humain*) et son rôle dans la société future (*L'Avenir de l'Homme*) en une audacieuse synthèse.

L'Église : rénovation et réactions

Le Concile Vatican II (1962-1965), comprenant que la cause la plus profonde de la crise de l'Église était l'inadaptation croissante de ses conceptions, de ses structures et de ses pratiques aux réalités du monde contemporain, a donné le signal d'un « aggiornamento » qui s'est traduit par un vaste mouvement de réformes et de rénovation. Au-delà des changements les plus visibles (tenue des prêtres, office en français, simplification de la liturgie), c'est l'esprit même de l'Église qui s'est transformé : retour à l'Évangile, effort de « conscientisation », engagement social.

Cette transformation n'a pas été sans susciter chez certains prêtres et fidèles des réactions parfois violentes. Animé par Mgr Lefebvre, qui fonde en 1970 le Séminaire d'Écône, le mouvement intégriste — ouvertement lié à des positions politiques d'extrême-droite — a depuis dénoncé inlassablement « déviations » et « subversion » au nom de l'unité indissoluble de la tradition. En 1988, Mgr Lefebvre a ordonné quatre évêques, malgré l'interdiction du Pape Jean-Paul II, officialisant ainsi un véritable schisme et accentuant le déchirement de nombreux catholiques.

Vers un œcuménisme ?

En même temps, un peu partout des dialogues se nouent, les rencontres se multiplient non seulement entre chrétiens de différentes confessions, mais aussi entre représentants des diverses religions. Plus que jamais, l'œcuménisme est à l'ordre du jour, par la voix du nouvel archevêque de Paris comme par celle du nouveau grand rabbin de France.

De telles initiatives, si on les rapproche de phénomènes significatifs comme la multiplication des sectes ou encore l'intérêt nouveau porté aux sciences traditionnelles, semblent bien s'inscrire dans une vaste quête spirituelle qui cherche des réponses au désarroi de notre époque et dont on ne peut encore mesurer les conséquences.

ET PHILOSOPHIQUE

Lorsque s'achèvent les trente années (1945-1975) de prééminence de l'existentialisme et du marxisme sur la pensée française, structuralisme, épistémologie et « nouvelle philosophie » vont s'efforcer de prendre le relais ou de s'imposer. Sans succès durable. La crise des concepts et des valeurs demeure une réalité.

Michel Foucault.

L'existentialisme

Réaction à la fois contre le rationalisme classique et l'intuitionnisme bergsonien, l'existentialisme, héritier de la philosophie allemande (Husserl, Heidegger), s'affirme vers 1945 comme un réveil philosophique : l'homme, livré à lui-même, surgi sans comprendre pourquoi dans un monde absurde, cherche à se saisir d'abord comme existant et comme sujet, à la fois libre, responsable et engagé dans le monde et dans l'histoire. Son chef incontesté est Jean-Paul **Sartre** (1905-1980) qui illustre sa philosophie (*L'Être et le Néant,* 1943 ; *Critique de la Raison dialectique*) par des romans, des pièces de théâtre et des œuvres de critique [p. 199]. A la revue *Les Temps Modernes,* qui lui sert de tribune, a collaboré le philosophe **Merleau-Ponty.** Mais, à l'existentialisme athée de Sartre, Gabriel **Marcel** (à qui l'on doit le terme) oppose, dans la lignée de Jaspers, un existentialisme d'inspiration chrétienne, qui met l'accent sur la transcendance des valeurs religieuses.

Le courant marxiste

Sartre, à partir de 1950, avait fait de plus en plus de l'existentialisme une réflexion sur le marxisme. Celui-ci en effet jouait depuis la Libération, notamment grâce à Louis **Aragon,** théoricien et romancier du communisme, un rôle important dans la pensée française qu'il va, de fait, dominer jusque vers le milieu des années 70. Lectures et relectures de Marx se succèdent, en même temps que les penseurs marxistes confrontent leurs approches avec la psychanalyse, le structuralisme, l'analyse des systèmes. Mais, à partir de 1975, le témoignage des dissidents soviétiques et l'irruption des « nouveaux philosophes » vont précipiter le déclin du marxisme.

Science et philosophie

Au cours des années 60, en réaction contre l'existentialisme, l'ethnologue **Lévi-Strauss,** le philosophe Michel **Foucault,** le critique Roland **Barthes,** le théoricien marxiste **Althusser** vont être groupés — un peu rapidement — sous la bannière du **structuralisme** [p. 194]. Dans le même temps s'amorçait un renversement significatif de notre époque. La réflexion épistémologique, voire philosophique allait être de plus en plus le fait des hommes de science : prix Nobel de biologie comme Jacques **Monod** ou François **Jacob,** physicien comme Olivier **Costa de Beauregard.**

« Enfants de mai 68 », les « nouveaux philosophes » (B.-H. **Lévy,** A. **Glücksmann**) vont brûler Marx après l'avoir adoré. Le marxisme, selon eux, ne peut déboucher que sur le totalitarisme. Contestés, à leur tour, comme « intellectuels médiatiques », ils se veulent les champions de l'idéologie des droits de l'homme.

LES PRINCIPES

L'enseignement joue dans un État moderne un rôle essentiel : il doit en effet préparer la jeunesse tout entière aux fonctions multiples de la société, donc être largement ouvert sur l'avenir. Mais en même temps il est l'héritier de toute une tradition qui, en France, remonte pour l'essentiel à la Révolution de 1789.

Depuis 1789

▶ Les principes directeurs de l'enseignement français ont été fixés par la **Révolution française :**

• L'instruction est publique, c'est-à-dire « commune à tous les citoyens » (Constitution de 1793).

• L'enseignement comporte trois degrés : primaire, secondaire et supérieur (décret du 15 septembre 1793).

• La culture s'étend aux sciences et à l'instruction civique : la Convention crée à cet effet en 1795 des Écoles Centrales et des Grandes Écoles.

▶ Le Premier Empire détermine les structures administratives des enseignements secondaire et supérieur selon une hiérarchie fortement centralisée et donne à l'État, dans ces deux domaines, le monopole de l'enseignement.

▶ La loi Guizot (1833) crée une école primaire dans chaque commune.

▶ La loi Falloux (1850), en proclamant la liberté de l'enseignement secondaire, tend à favoriser l'enseignement confessionnel.

▶ La **Troisième République** achève de réaliser les promesses de la Révolution : les lois de 1881-1882 (Jules Ferry) déclarent l'enseignement primaire laïque, gratuit et obligatoire. Elles créent les écoles normales d'instituteurs.

Mais la société bourgeoise du XIXe siècle a soigneusement maintenu la distinction entre l'enseignement primaire, ouvert à tous, et l'enseignement secondaire, réservé en fait aux enfants de la bourgeoisie, destinés à constituer les « élites » dirigeantes. L'opposition entre l'esprit « primaire » et l'esprit « secondaire » a marqué de son sceau l'histoire de la Troisième République.

L'enseignement français présente un certain nombre de caractères qui résultent directement de cette évolution historique :

Gratuité

L'enseignement pré-élémentaire et élémentaire public est gratuit depuis 1881 ; l'enseignement secondaire est devenu progressivement gratuit depuis 1933 ; dans l'enseignement supérieur les droits exigés des étudiants sont modiques, sauf dans certaines écoles privées de Commerce. Dans le primaire et les quatre premières années du secondaire, les manuels sont fournis gratuitement. Des **bourses d'études** et des aides diverses peuvent être octroyées aux élèves et aux étudiants.

ÉDUCATIF

Obligation

L'obligation scolaire est imposée par la loi : jusqu'à l'âge de 13 ans (1882), 14 ans (1936), 16 ans (1959).

Liberté

L'enseignement est un service public mais **non un monopole d'État.** A côté des écoles publiques existent des établissements d'enseignement privés qui peuvent être créés, sous certaines conditions, par des particuliers, des groupements, des institutions religieuses.

Certains de ces établissements reçoivent une aide financière de l'État.

En 1984, le gouvernement d'union de la gauche avait conçu le projet d'un **grand service public laïc et unifié** de l'Éducation nationale, intégrant ainsi l'enseignement privé. Mais, devant l'opposition de millions de défenseurs du privé descendus dans la rue, il a dû renoncer à ce projet.

Neutralité

Dans les établissements publics, l'État assure aux enfants et aux adolescents la possibilité de recevoir un enseignement conforme à leurs aptitudes dans un égal respect de toutes les croyances. Dans les établissements secondaires et les établissements primaires ayant un internat, l'instruction religieuse peut être donnée, à la demande des parents, en dehors des horaires officiels.

Collation des grades

Les grades et les diplômes ne sont accordés que par l'État. Toutefois certaines écoles techniques reconnues par l'État peuvent, sous certaines conditions, délivrer des diplômes.

Article 2 de la Constitution (1958)

« La France est une république indivisible, laïque, démocratique et sociale. Elle assure l'égalité devant la loi de tous les citoyens sans distinction d'origine, de race ou de religion. Elle respecte toutes les croyances... »

Jules Ferry (1832-1893).

L'État et les établissements privés

Depuis la loi Debré de 1959, les rapports entre l'État et les établissements privés sont régis par un système de contrats :

- **Établissements sans lien avec l'État (« hors contrat ») : ne bénéficient d'aucune aide financière de l'État et sont simplement contrôlés (salubrité, hygiène, moralité...).**
- **Établissements intégrés dans l'enseignement public : seulement quelques écoles d'entreprises. Sous certaines conditions, les maîtres en fonction peuvent être reclassés dans les cadres de l'enseignement public.**
- **Établissements qui ont passé avec l'État un contrat simple : les maîtres sont rémunérés par l'État. Les établissements s'engagent à respecter les normes et règles de l'enseignement public.**
- **Établissements qui ont passé avec l'État un contrat d'association : l'État assure les rémunérations des maîtres, mais aussi les dépenses de fonctionnement.**

3 / ❷ L'ORGANISATION

Les structures administratives de l'enseignement français, héritées en grande partie de l'empire napoléonien, sont à l'image des structures politiques : une pyramide qui, malgré la loi de décentralisation de 1982, demeure fortement centralisée.

L'administration

L'enseignement relève du ministère de l'Éducation nationale ; toutefois, certains établissements dépendent d'autres ministères : Agriculture, Défense, Affaires étrangères, Justice...

Le **centralisme** commande le fonctionnement de l'édifice : dans chacun des ordres d'enseignement, tous les fonctionnaires (administrateurs et enseignants) sont **nommés par le ministre ;** ils appliquent partout les mêmes programmes et, en théorie du moins, les mêmes méthodes. En réalité, les uns et les autres jouissent d'une grande liberté dans l'exercice de leurs fonctions. De plus, l'autorité de l'Administration centrale est tempérée par des **organismes consultatifs** élus. Enfin, la Loi d'orientation de 1968 a accordé une **plus grande autonomie** à l'enseignement supérieur : [pp. 184-185].

Les dépenses consacrées à l'**Éducation** représentent environ 20 % du budget de l'État. Le corps enseignant des enseignements primaire et secondaire (public et privé) compte plus de 860 000 personnes. S'y ajoutent 57 000 enseignants des Universités.

Les structures d'encadrement

UNE ADMINISTRATION CENTRALISÉE	DES ORGANISMES CONSULTATIFS
1 à l'échelon national :	
Le ministre de l'Éducation secondé par : – les services de l'Administration centrale – les Inspections générales	– le Conseil supérieur de l'Éducation nationale – les Conseils d'enseignement
2 à l'échelon de l'Académie :	
Le recteur nommé par le Conseil des ministres représente l'État	– le Conseil académique – la Commission académique de la carte scolaire
3 à l'échelon départemental :	
L'inspecteur d'académie dirige tous les services de l'Éducation nationale assisté de conseillers techniques	– le Conseil départemental de l'enseignement primaire – le Conseil départemental de l'enseignement technique

Enseignement public et privé

Parallèlement au service public d'éducation, un secteur privé, en partie hérité de l'histoire, se répartit en trois composantes : privé confessionnel, privé à but lucratif, privé patronal.

— Dans les **enseignements du premier et du second degré,** les établissements privés scolarisent plus de deux millions d'élèves, soit plus de 17 % de la population scolaire : le poids de l'enseignement catholique (97,6 % de l'enseignement privé dans le premier degré et 88,9 % dans le second degré) est important en Bretagne, dans le centre du Massif Central, la région lyonnaise, le Nord ; les écoles privées lucratives sont les plus nombreuses dans la région parisienne.

— Dans les **classes post-baccalauréat,** les établissements privés scolarisent environ 12 % des effectifs des classes préparatoires et accueillent 32 % des élèves des classes de techniciens supérieurs.

— Dans l'**enseignement supérieur,** de nombreuses écoles d'ingénieurs et instituts de formation de cadres ont un statut privé. L'enseignement catholique possède cinq centres universitaires importants, regroupant 20 000 étudiants environ.

Les effectifs

De 1950 à 1980, le nombre d'élèves et d'étudiants a — sous l'influence de la poussée démographique et de l'accroissement du taux de scolarisation — plus que doublé, passant de 6,4 à 14 millions. Pour des raisons démographiques, les effectifs baissent dans les écoles maternelles, tandis qu'ils augmentent dans les écoles élémentaires et les lycées.

Les diplômes

Sur quelque 37 millions de personnes âgées de plus de 15 ans, 33,3 % n'ont aucun diplôme ; 72,9 % n'ont pas de diplôme supérieur au certificat d'études ; 6,9 % ont un diplôme supérieur au baccalauréat.

Nombre de diplômes délivrés en 1986 :

- **Baccalauréat : 270 000.**
- **Brevet d'Études Professionnelles : 120 700.**
- **Certificat d'Aptitude Professionnelle : 288 000.**

CROISSANCE DES EFFECTIFS
enseignement public et privé

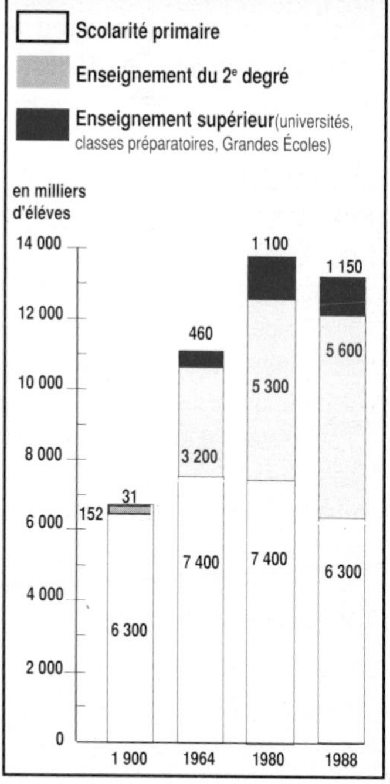

3 / ❷ LA RÉFORME DU SYSTÈME ÉDUCATIF

Après la dernière guerre, deux raisons rendent la réforme du système éducatif de plus en plus nécessaire : la **révolution démographique** [p. 316], qui exige des structures nouvelles (dans l'enseignement du second degré le nombre d'élèves a triplé entre 1939 et 1958), et la **révolution économique et sociale,** qui réclame des cadres nouveaux et des techniciens en grand nombre.

C'est en fonction de ces deux impératifs que plusieurs ministres de la Vᵉ République (Debré, Fouchet, Fontanet, Haby...) ont mis en chantier une série de réformes de l'éducation.

Réforme et « révolte »

En 1986, le gouvernement avait élaboré un projet de loi de réforme de l'enseignement supérieur qui prévoyait notamment une différenciation de 1 à 2 des droits d'inscription, l'instauration d'une sélection en cours d'études et la diversification des diplômes (qui devaient toutefois rester à caractère « national »). Ce projet fut contesté par des centaines de milliers de lycéens et d'étudiants qui manifestèrent dans les rues de Paris et obtinrent son retrait. Cette « révolte de l'automne » traduisait bien sûr leur hostilité à cette réforme, mais surtout, comme l'ont montré diverses enquêtes, leur inquiétude face à leur avenir professionnel, dans une période de crise économique et de fort taux de chômage, notamment chez les jeunes de 16 à 25 ans.

Des handicaps majeurs

La non-application de ce projet, tout comme l'échec de ceux qui l'ont précédé, a incité le gouvernement, en 1989, à inscrire l'éducation au premier rang de ses priorités. Le système éducatif français souffre, en effet, de deux handicaps majeurs. D'une part, l'échec scolaire : 25 % des élèves ne maîtrisent pas les « apprentissages fondamentaux » (lecture, orthographe) et effectuent de nombreux redoublements ; en outre, sur environ 600 000 jeunes qui quittent l'école chaque année, plus de 100 000 n'ont aucune qualification professionnelle et sont donc condamnés au chômage. D'autre part, le « malaise des enseignants », c'est-à-dire le profond désarroi d'un groupe social qui se sent dévalorisé, tant sur le plan économique et social (salaires très inférieurs à ceux de catégories analogues, perte de prestige au sein de la société) que culturel (perte du monopole de la transmission des connaissances).

Pour tenter d'apporter une solution à ces deux graves problèmes, le gouvernement a donc élaboré un projet de loi d'orientation pour la rénovation du système éducatif et des propositions pour la revalorisation de la fonction enseignante. Quoique assez mal accueillis, malgré plusieurs semaines de discussions, par la majorité des syndicats d'enseignants et des associations de parents d'élèves, ces textes ont été adoptés par le Parlement en juillet 1989.

L'ENSEIGNEMENT PRIMAIRE

L'enseignement primaire, dispensé à 7 millions d'enfants, comporte deux cycles : un cycle pré-élémentaire (écoles maternelles) et un cycle élémentaire (écoles primaires).

L'enseignement pré-élémentaire

2,5 millions d'enfants de moins de 6 ans fréquentent quelque 18 000 **écoles maternelles**. Les élèves y sont admis dans la mesure des places disponibles. Si tous les enfants âgés de 6, 5 et 4 ans sont scolarisés, la proportion tombe à 95 % pour les enfants âgés de 3 ans et à 35 % pour ceux âgés de 2 ans.

Les activités de ces classes sont **éducatives** au sens large : initiation à la vie de groupe, activités d'éveil, travaux manuels; l'apprentissage de la lecture n'est abordé qu'en fin de période.

Une classe maternelle.

L'enseignement élémentaire

Il accueille les enfants de 6 ans (scolarité obligatoire) à 11 ans et dure 5 ans :
- un an de **cours préparatoire** (C.P.),
- deux ans de **cours élémentaire** (CE_1 et CE_2),
- deux ans de **cours moyen** (CM_1 et CM_2).

4,2 millions d'élèves sont scolarisés dans quelque 40 000 **écoles primaires** créées et entretenues par les communes (l'État assure la rémunération des instituteurs). L'enseignement, mixte, porte sur la lecture, l'expression orale et écrite, le calcul, le dessin, l'histoire, la géographie, l'instruction civique, les sciences (biologie, technologie), l'éducation physique et sportive, le chant, le dessin.

La rénovation pédagogique

Au XXe s., du fait du développement des sciences, l'enseignement tendait de plus en plus à devenir une acquisition de connaissances encyclopédiques pratiquée « en série ». Sous l'influence d'expériences étrangères comme celles de Dewey, de Decroly, de Mme Montessori, et des progrès de la psycho-pédagogie de l'enfant avec les travaux de Binet et de Piaget, une réaction se dessina en France. Entre les deux guerres, le mouvement de l'Éducation nouvelle lutta pour mettre au centre des préoccupations de l'éducateur non plus le savoir, mais l'enfant : véritable révolution pédagogique, qui tendait vers l'épanouissement de la personnalité et une meilleure adaptation à la vie. Grâce à des pionniers comme Cousinet (le travail libre par groupes), Profit (les coopératives scolaires), Freinet (l'imprimerie à l'école), le mouvement se répandit d'abord dans l'enseignement primaire.

Ce mouvement de renouveau a été – dans les enseignements primaire et secondaire – favorisé par de multiples organismes.

L'Institut National de Recherche Pédagogique (I.N.R.P.) et le Centre National de Documentation Pédagogique (C.N.D.P., 29, rue d'Ulm, 75230 Paris Cedex 05) assurent des émissions de radio et de télévision, éditent des films, diapositives, disques, dossiers... : ils coordonnent les initiatives en matière pédagogique, par l'intermédiaire d'un réseau de centres régionaux.

L'ENSEIGNEMENT SECONDAIRE

Longtemps réservé à une minorité issue des classes sociales les plus favorisées, l'enseignement du second degré est devenu un enseignement de masse dispensé aujourd'hui à plus de 5,6 millions d'élèves.

Les diverses formes d'enseignement sont réparties en trois groupes.

Des cas particuliers

▶ **Certains établissements comportent des sections sport-études qui offrent à des élèves ayant atteint un haut niveau dans la compétition sportive la possibilité de poursuivre des études secondaires tout en pratiquant un entraînement intensif dans leur spécialité.**

▶ **Des lycées climatiques sont implantés dans des régions favorables au traitement de certaines maladies (par exemple les lycées climatiques de La Baule et de Briançon).**

▶ **Le Centre National d'Enseignement à distance (Tour Paris-Lyon, 209-211 rue de Bercy 75581 Paris Cedex 12) dispense un enseignement par correspondance à des élèves empêchés de fréquenter un établissement d'enseignement direct pour des raisons de santé, d'éloignement, de situation de famille...**

Le premier cycle du second degré

Au terme des études élémentaires tous les élèves sont dirigés vers un enseignement dit du **premier cycle** du second degré qui dure 4 années, en principe de 11 à 15 ans. Cette formation, assurée dans 4900 **Collèges,** est fondée sur l'étude de disciplines dites «de base» (français, mathématiques, langues vivantes étrangères) et «d'éveil» (histoire et géographie, économie, éducation civique, sciences expérimentales, éducation artistique, manuelle et technique); elle est complétée par une éducation physique et sportive.

Les 4 années de scolarité au Collège sont réparties en **deux cycles** :

- **le cycle d'observation** (classes de 6e et de 5e) : tous les élèves reçoivent un enseignement commun;
- **le cycle d'orientation** (classes de 4e et de 3e) : à côté des enseignements communs, les élèves choisissent des enseignements complémentaires appelés «options» (générales ou technologiques).

Le **Brevet des Collèges** est un examen qui s'ajoute au contrôle continu des connaissances.

Le second cycle court

Le second cycle court de l'enseignement secondaire est organisé dans 1400 lycées Professionnels (L.P.).

— Les élèves des classes de 5e ou de 4e des Collèges orientés vers les L.P. peuvent y préparer en trois ans un **Certificat d'Aptitude Professionnelle** (C.A.P.).

— Ceux issus des classes de 3e des Collèges peuvent, dans un L.P., obtenir en deux ans un **Brevet d'Études Professionnelles** (B.E.P.).

(Des L.P. agricoles préparent en deux ans à un B.E.P. agricole.)

Le second cycle long

L'enseignement du second cycle long prend en charge les élèves issus des Collèges qui, après orientation, sont admis à préparer en trois ans (de 15 à 18/19 ans) un **Baccalauréat,** un **Brevet de Technicien,** ou un **Baccalauréat Professionnel.** Cet enseignement est dispensé dans 1 160 **lycées** où, comme dans le premier cycle, la mixité est généralisée.

A l'exception de quelques sections particulières, tous les élèves des classes de seconde des lycées (devenues **« secondes de détermination »**) suivent dans les disciplines fondamentales des enseignements identiques auxquels s'ajoutent des enseignements optionnels. Cet aménagement est destiné à ne décider de la spécialisation des études qu'au moment où cela est indispensable.

Les lycéens entrant en terminale sont orientés vers différentes sections :

- **Baccalauréat de l'enseignement du second degré :** A (lettres avec maths ou langues ou arts) ; B (économique et social) ; C (mathématiques et sciences physiques) ; D (mathématiques et sciences de la nature) ; E (mathématiques et techniques).
- **Baccalauréat D'** délivré par les lycées agricoles.
- **Baccalauréat de technicien** (BTn) **F** avec quatre ensembles d'options : option technologies industrielles, option sciences et technologie des laboratoires, option sciences médico-sociales, option musique.
- **Baccalauréat de technicien** (BTn) **G :** techniques administratives ou quantitatives de gestion ou commerciales.
- **Baccalauréat de technicien** (BTn) **H :** informatique, programmation.
- **Brevet de technicien** (B.T.) du secteur industriel (mécanique, électricité, verrerie, céramique, bâtiment et travaux publics, chimie, industries alimentaires, industrie de l'habillement...) ou B.T. divers (B.T. des Transports, ameublement, tourisme...).

En 1986, des baccalauréats professionnels ont été créés : on en comptait 19 en 1988.

Les « secondes de détermination »

L'enseignement hebdomadaire comporte :

- **Un tronc commun : français (15 h), mathématiques (4 h), sciences physiques (3 h 30), histoire et géographie (4 h), langue vivante (3 h), éducation physique et sportive (2 h).**
- **Des options obligatoires : soit un enseignement technique spécialisé (11 h) ; soit initiation économique et sociale (2 h) et un enseignement optionnel : grec (3 h), latin (3 h), 3e langue vivante, langue vivante pour débutant (3 h), technologie industrielle non spécialisée (3 h), gestion et dactylographie (5 h), arts plastiques (4 h), musique (4), sport (3 h).**
- **Des enseignements facultatifs : 3e langue vivante (3 h), préparation à la vie sociale et familiale (1 h)...**

L'ENSEIGNEMENT SUPÉRIEUR

L'enseignement supérieur — qui, au sens large, englobe les diverses formations post-baccalauréat — rassemble 1,1 million d'étudiants. Aux universités — dont les origines remontent au Moyen Age — s'ajoute un réseau très diversifié d'Établissements spécialisés et de Grandes Écoles.

▲ La faculté Jussieu à Paris.

Les universités

La loi d'orientation de l'Enseignement supérieur (novembre 1968) a substitué aux anciennes **facultés** de droit, de médecine, de sciences, de lettres et de pharmacie des établissements publics à caractère scientifique et culturel : **les universités.** Une nouvelle loi se propose de mieux adapter les structures et le fonctionnement des universités aux exigences d'une recherche et d'une société en pleine mutation.

On compte 71 universités (dont 13 dans la région parisienne) regroupant en leur sein 785 **Unités de Formation et de Recherche** (U.F.R.), cellules de base des universités. L'U.F.R. est gérée par un **Conseil élu,** composé de représentants des enseignants, des chercheurs, des étudiants, des membres du personnel non enseignant et éventuellement de personnalités extérieures.

On distingue trois types d'études universitaires :

▶ Les études technologiques en I.U.T.

Les **Instituts Universitaires de Technologie** (I.U.T.), rattachés aux universités, dispensent en deux ans une formation générale et technologique, sanctionnée par le **Diplôme Universitaire de Technologie** (D.U.T.).

▶ Les études universitaires générales.

L'enseignement est organisé en trois cycles d'études successifs, chacun d'eux étant sanctionné par un ou plusieurs diplômes nationaux :

— *le premier cycle* (deux ans) est un cycle de **formation générale** et d'**orientation** sanctionné par le **Diplôme d'Études Universitaires Générales** (D.E.U.G.) qui comporte de très nombreuses options ;

— *le deuxième cycle* (un ou deux ans) est un cycle d'**approfondissement** et de **spécialisation** qui offre des formations fondamentales et des formations à finalité professionnelle. Les études du second cycle sont sanctionnées par la **licence** et la **maîtrise ;** il existe des maîtrises plus spécialisées : maîtrise de sciences et techniques (M.S.T.) ; maîtrise des méthodes informatiques appliquées à la gestion (M.I.A.G.E.), etc.

— *le troisième cycle* (un à cinq ans) est un cycle de **haute spécialisation** et de **formation à la recherche.** Il sanctionne des formations à finalité professionnelle : diplôme d'études approfondies (D.E.A.) ; diplôme d'études supérieures spécialisées (D.E.S.S.) ; diplôme de docteur-ingénieur ; des formations orientées vers la recherche : doctorat du 3e cycle, doctorat d'État.

▶ **Les études universitaires conduisant aux professions de santé.**

Études de médecine, études odontologiques, études pharmaceutiques, études de biologie humaine.

Les établissements spécialisés

Bien que faisant partie des filières post-baccalauréat, les **sections de Techniciens Supérieurs** — qui en deux ou trois ans permettent d'obtenir un Brevet de Technicien Supérieur (B.T.S.) — fonctionnent dans les lycées. Il en est de même des **classes préparatoires** aux Grandes Écoles.

Par ailleurs, de très nombreux établissements spécialisés (instituts et écoles) dispensent une formation professionnelle de haut niveau. Le recrutement propre à chaque établissement se fait souvent sur concours. Les études (en général deux ou trois ans) recouvrent divers secteurs d'activité : le secteur industriel et scientifique ; l'architecture ; la gestion, l'administration des entreprises, l'information ; la santé et les carrières sociales ; les carrières artistiques ; la fonction publique et l'enseignement ; le secteur militaire.

L'enseignement universitaire

Il comprend des matières obligatoires et des matières à option. D'une manière générale, chaque matière se compose d'un certain nombre d'éléments de base ou Unités de Valeur (U.V.) correspondant à un enseignement spécialisé homogène. Il subsiste néanmoins une organisation par année de certains enseignements (Médecine, Pharmacie, enseignements dispensés par les I.U.T....). Le contrôle des connaissances est assuré de façon continue pendant l'année universitaire au cours de séances de travaux pratiques (T.P.), de travaux dirigés (T.D.) et d'examens périodiques ou terminaux.

UNIVERSITÉS 970 000

▼

● Droit et Sciences économiques	17,2 %
● Sciences	12,6 %
● Lettres	25 %
● Dentaire et Médecine	13,2 %
● Pharmacie	3,4 %
● Instituts universitaires de technologie	6,4 %
● Divers	22,2 %

▼

180 000 Établissements spécialisés (instituts, écoles), classes préparatoires, Grandes Écoles

▼

1 150 000 étudiants au total

Des institutions originales

- **Le Collège de France, fondé en 1530 par François Ier à l'instigation de l'humaniste Guillaume Budé. Y ont professé Michelet, Renan, Bergson, Valéry.**
- **Le Muséum d'Histoire naturelle (« Jardin des Plantes ») qui s'est illustré depuis Buffon grâce aux plus grands naturalistes comporte (outre des collections de premier ordre) un enseignement hautement scientifique.**
- **Le Conservatoire National des Arts et Métiers, fondé en 1794, d'abord musée technologique, auquel fut adjointe en 1819 une École supérieure pour l'application des sciences.**

LES GRANDES ÉCOLES

Parmi les Établissements d'enseignement supérieur, les **Grandes Écoles** ont acquis une place privilégiée. Assurant un enseignement de très haute qualité, destinées à fournir les cadres supérieurs de la nation, elles offrent une voie très recherchée. On y accède par **concours**.

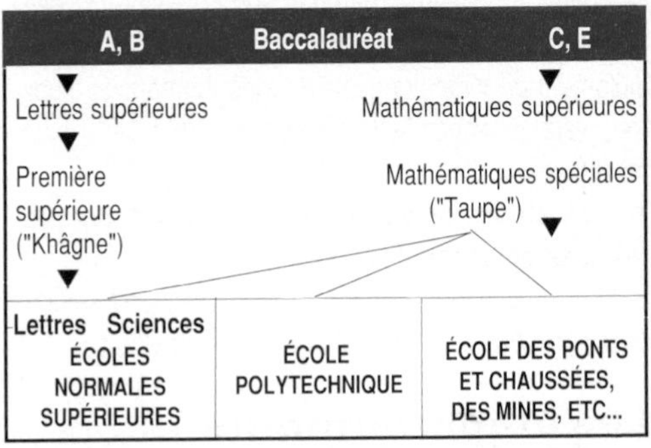

Table d'orientation des Grandes Écoles

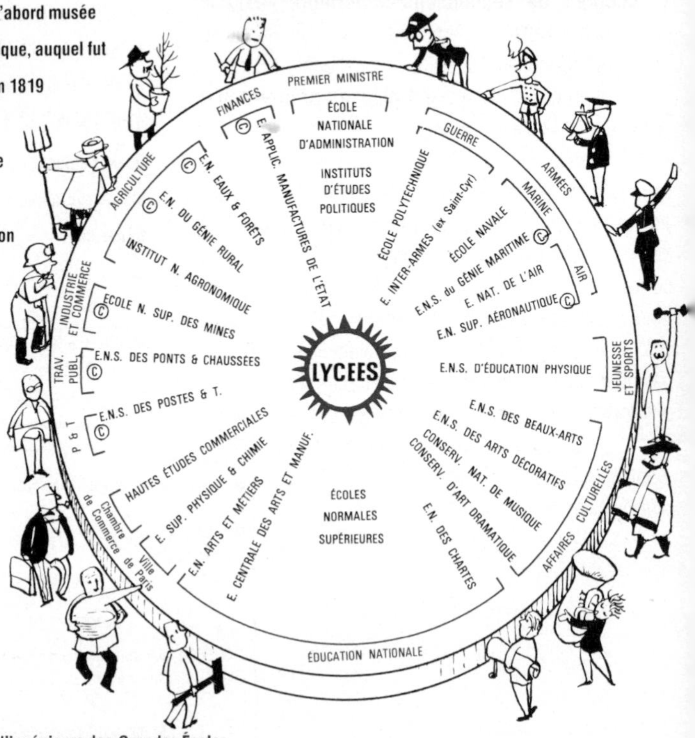

© Corps d'ingénieurs des Grandes Écoles
En bleu : les ministères dont elles dépendent.

LA FORMATION PERMANENTE

Dès le début du siècle, les œuvres périscolaires et postscolaires et les universités populaires prolongeaient l'action de l'école parmi les jeunes et les adultes qui n'avaient pu continuer leurs études au-delà du premier degré. L'évolution accélérée des connaissances et des techniques, la nécessité d'assurer la promotion sociale des travailleurs ont progressivement imposé l'idée que l'éducation ne saurait plus se limiter à l'école, mais doit se prolonger toute la vie.

De multiples organismes

Plusieurs ministères contribuent à la **formation permanente :** Éducation nationale, Agriculture, Postes et Télécommunications, Armées, etc. Le ministère de l'Éducation nationale, par exemple, dispose de groupements d'établissements pour la formation continue (G.R.E.T.A.) regroupant près de 6000 établissements qui proposent des stages d'initiation, de perfectionnement ou de promotion professionnels, et préparent aux diplômes professionnels nationaux. Il dispose aussi de deux importants organismes d'enseignement **postscolaire** et **postuniversitaire :** le Conservatoire National des Arts et Métiers (C.N.A.M.) par l'intermédiaire du Centre National d'Enseignement à distance (C.N.E.D.). Par ailleurs, l'Université accueille des adultes non diplômés sous certaines conditions.

La formation professionnelle continue

La loi du 16 juillet 1971 sur la **formation professionnelle continue** dans le cadre de la formation permanente étend le bénéfice d'un congé individuel de formation (C.I.F.) à tous les salariés, quelles que soient la taille de l'entreprise et sa structure, indépendamment des stages organisés dans le cadre de la formation interne de l'entreprise. Les salariés ont le droit de s'absenter durant les heures de travail pour recevoir une formation, sans que le contrat de travail soit rompu. Cinq grandes catégories de **stages** sont organisées : convention, prévention, adaptation, promotion, perfectionnement-entretien. Le **financement** est assuré par les organismes paritaires agréés par l'État et par les employeurs.

Formation continue et Éducation nationale

Par rapport à l'Éducation nationale, la formation continue peut être définie comme ayant une triple mission :

- **Correction : pallier les aléas de la prévision en matière de formation.**
- **Complément : permettre d'adapter des diplômes à l'exercice d'un métier déterminé.**
- **Rattrapage : tendre à rétablir entre les travailleurs l'égalité des chances en leur offrant des possibilités de promotion professionnelle et de promotion sociale.**

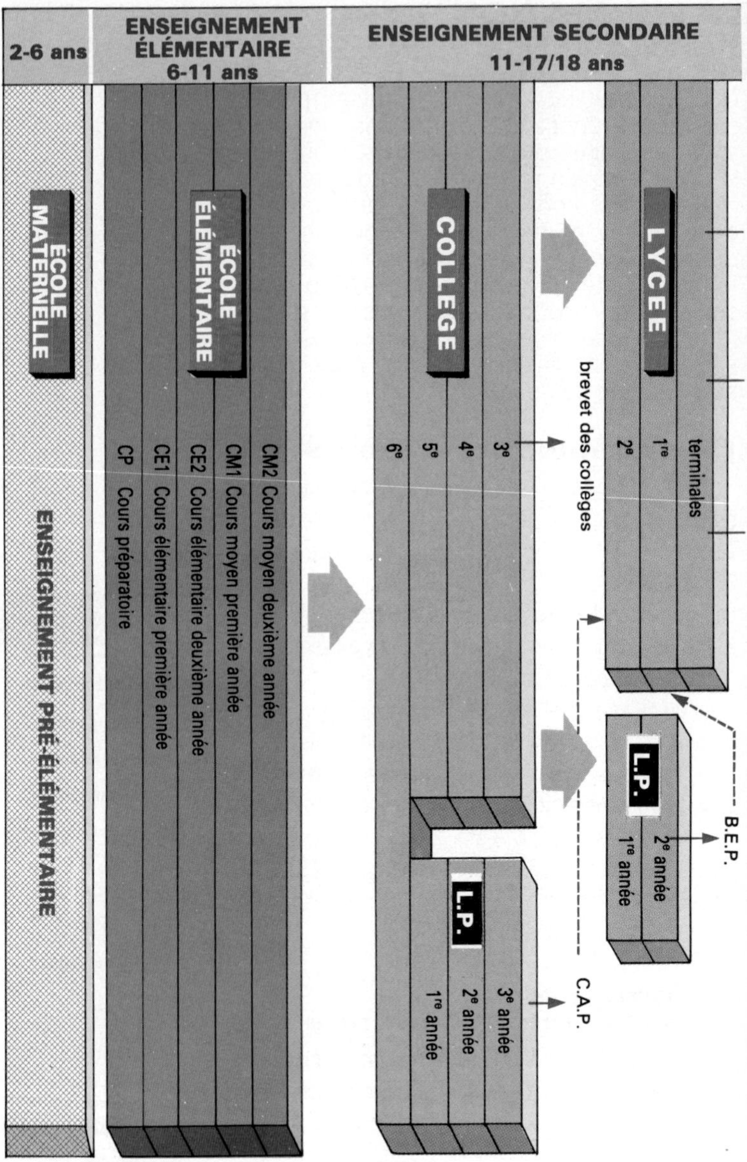

Les structures générales de l'enseignement

Itinéraires de formation. L.P. : Lycée Professionnel.

U.F.R. : Unité de Formation et de Recherche. I.U.T. : Institut Universitaire de Technologie. P.C.E.M. : Premier Cycle d'Études Médicales.

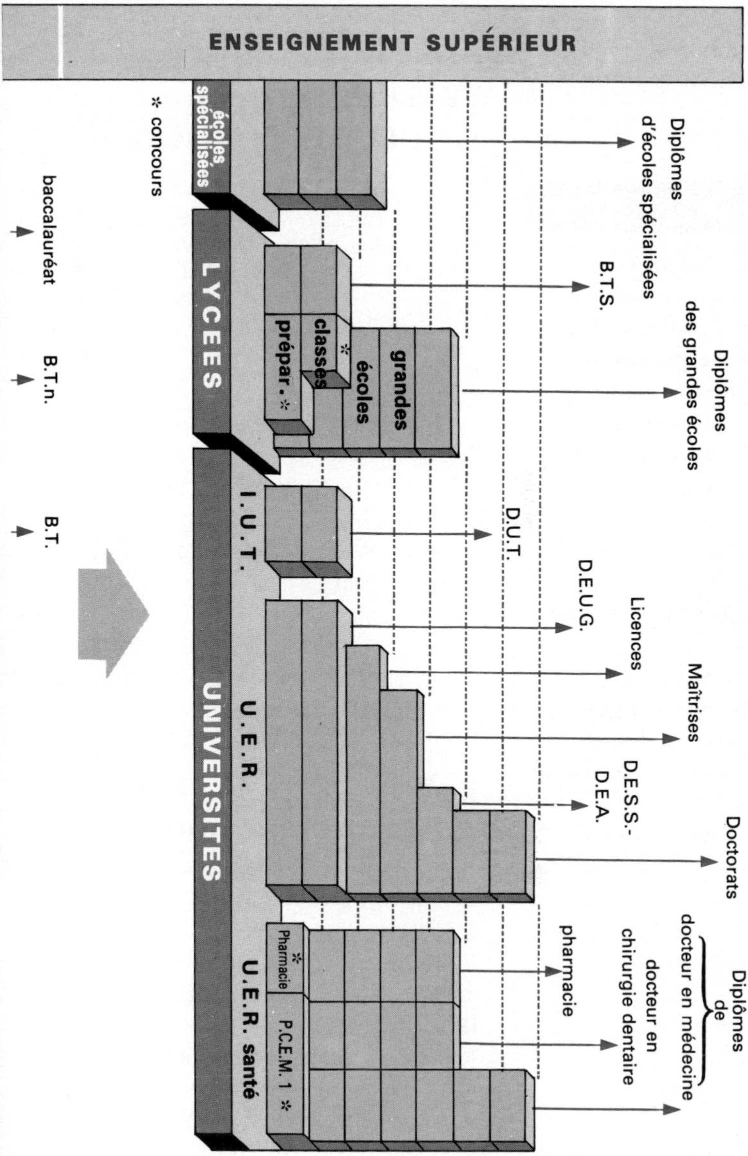

D'après l'Office National d'Information sur les Enseignements et les Professions (O.N.I.S.E.P.).

Diplômes. C.A.P. : Certificat d'Aptitude Professionnelle. B.E.P. : Brevet d'Études Professionnelles. B.T. : Brevet de Technicien. B.T.n. : Baccalauréat de Technicien. B.T.S. : Brevet de Technicien Supérieur. D.U.T. : Diplôme Universitaire de Technologie. D.E.U.G. : Diplôme d'Études Universitaires Générales. D.E.S.S. : Diplôme d'Études Supérieures Spécialisées. D.E.A. : Diplôme d'Études Approfondies.

LE PATRIMOINE CULTUREL NATIONAL

En matière culturelle, l'État a traditionnellement joué en France le rôle de « protecteur des arts ». L'intervention, dans ce domaine longtemps réservé à une élite, demeure importante dans la mesure où l'élévation du niveau culturel de la nation tend à confier à la culture un caractère de service public.

Un ministère de la Culture a d'abord pour mission les compétences en matière de « **beaux-arts** » qui étaient, sous la IIIe République, dispersées entre plusieurs ministères. La Ve République institua en 1959 un **ministère des Affaires culturelles** qui fut confié à *André Malraux*. Ce ministère, qui s'appelle désormais ministère de la Culture et de la Communication, a pour mission la conservation, la diffusion et l'enrichissement du patrimoine culturel national, ainsi que la promotion du cinéma, de la musique, de la danse et de l'art lyrique.

La conservation du patrimoine culturel

Depuis 1964 fonctionne une « Commission nationale de l'Inventaire général des monuments et des richesses artistiques » chargée de recenser les témoins du passé.

Afin de protéger les monuments et les sites, le ministère s'appuie sur une législation qui distingue **les monuments classés** (principaux monuments historiques) et **les monuments inscrits** (monuments moins importants). Les peintures murales, sculptures, vitraux, meubles, orgues... font également l'objet d'un « classement » ou d'une « inscription ». De plus, certains sites et quartiers de villes **classés** sont **protégés**.

Une politique de la culture

A partir de 1981, un nouvel élan a été donné à la politique culturelle. La décentralisation aidant, cette politique s'est développée en associant les représentants des diverses catégories sociales et en favorisant la créativité dans tous les domaines et plus particulièrement dans le cinéma, la musique et la danse.

L'héritage artistique et culturel

- **Un riche patrimoine :** **La France possède un capital d'œuvres artistiques d'une incomparable richesse, légué par toutes les époques :**
  - **plus de 30 000 immeubles et 110 000 objets « monuments historiques » ;**
  - **4 millions d'œuvres d'art conservés dans des musées** **[p. 217]** **;**
  - **900 000 dossiers classés aux Archives ;**
  - **20 000 gisements archéologiques prospectés ;**
  - **400 000 bobines de films détenues par le Centre National du Cinéma.**
- **Un patrimoine vivant, qui ne cesse de s'enrichir. Chaque année, 300 immeubles sont classés et quelque 3 000 œuvres d'art entrent dans les musées.**

LES ACADÉMIES

L'Institut de France

Installé quai de Conti à Paris, dans l'ancien Collège des Quatre-Nations, l'Institut de France, le plus illustre des grands corps savants, groupe depuis 1975 cinq grandes Académies, dont les plus anciennes remontent au XVIIe siècle, au temps où une mode venue d'Italie multipliait dans toute la France cercles et cénacles littéraires.

L'**Académie de médecine,** formée de 130 membres, n'est pas rattachée à l'Institut.

Il faut citer encore, sur le plan national, les Académies d'agriculture, d'architecture, de marine, de pharmacie, etc.

En province, de nombreuses académies, dont la plus ancienne et la plus célèbre est l'*Académie des jeux floraux* de Toulouse (dont l'origine remonte à 1323), maintiennent les traditions régionales et constituent des foyers de culture plus ou moins actifs.

L'Académie des inscriptions et belles-lettres

Fondée par Colbert en 1664, 45 membres ordinaires (linguistes, historiens, orientalistes), des membres libres, associés et correspondants. Elle assure la publication de grands ouvrages collectifs (recueils d'inscriptions, *Journal des Savants*, etc.).

L'Académie des sciences

Fondée par Colbert en 1666, 130 membres titulaires et 80 autres membres répartis en 8 sections spécialisées.

L'Académie des Beaux-Arts

Fondée en 1795, 50 membres répartis en 7 sections. Elle contrôle et organise les concours des « grands prix de Rome ».

L'Académie française

Créée par Richelieu en 1635, elle comprend 40 membres, les « immortels », élus par cooptation. Elle a toujours compté, outre des écrivains, des diplomates, des juristes, des savants, des militaires, etc.

Elle a pour mission essentielle de « travailler à épurer et à fixer la langue, à en éclaircir les difficultés et à en maintenir les caractères et les principes ». Une de ses tâches principales est donc la rédaction et la mise à jour d'un *Dictionnaire* dont les huit éditions successives (1694, 1718, 1740, 1762, 1798, 1835, 1877, 1935) permettent de suivre l'évolution de la langue. Elle a publié également en 1933 une *Grammaire*. Elle décerne en outre chaque année des prix (prix littéraires et prix de vertu).

Ses membres, titulaires des « quarante fauteuils » (qui sont aujourd'hui des chaises), portent dans les cérémonies l'« habit vert », agrémenté d'une cape, d'un bicorne et d'une épée.

Les séances publiques annuelles et les réceptions de nouveaux membres ont lieu « sous la coupole », dans l'ancienne chapelle du Collège **[p. 199]****.**

L'Académie des sciences morales et politiques

Fondée en 1795, 40 membres répartis en 6 sections (philosophes, historiens, juristes, économistes).

3 / ❸ LA RECHERCHE SCIENTIFIQUE

La recherche scientifique et le développement des technologies occupent en France plus de 310 000 personnes dont 125 000 chercheurs et ingénieurs de recherche. Le financement, assuré pour près de 50 % par l'État, représente quelque 2 % du Produit Intérieur Brut.

« Le problème est le même dans tous les pays : il s'agit de concilier le libre développement de la recherche créatrice et les efforts dirigés en vue d'atteindre rapidement certains objectifs déterminés, d'ordre politique ou économique. »

P. Piganiol.

Des hommes

De grands noms ont assuré à la science française, depuis le début du siècle, une place de premier plan, notamment en physique, avec les travaux de Pierre et Marie Curie sur le radium, de Jean Perrin, puis d'Irène et Frédéric Joliot-Curie sur la structure de l'atome, du prince Louis de Broglie sur la mécanique ondulatoire ; en mathématiques, avec les travaux d'Henri Poincaré et d'Émile Picard, puis d'une équipe de savants qui a pris le nom collectif et fictif de Bourbaki ; en médecine, en biologie, etc.

Cette grande tradition est maintenue aujourd'hui par des savants de réputation internationale. Quatre médailles Fields ont récompensé depuis 1950 les travaux des mathématiciens Schwartz, Serre, Thom, Grothendieck : **le prix Nobel** a été attribué en 1965 aux professeurs F. Jacob, A. Lwoff et J. Monod pour leurs travaux sur les mécanismes de la génétique bactérienne, la synthèse des protéines et le rôle de l'acide ribonucléique ; en 1966, au professeur Kastler pour la découverte du pompage optique ; en 1970, à Louis Néel pour l'ensemble de ses travaux concernant le magnétisme ; en 1980, au physiologiste Jean Dausset et en 1988 à l'économiste Maurice Allais.

Pour observer les nébuleuses, le télescope électronique de l'Observatoire de Haute-Provence (réalisé par le C.N.R.S.) est un des instruments les plus puissants du monde.

Des organismes

Il a fallu presque un demi-siècle pour que la recherche scientifique, d'abord limitée aux Universités, parvienne à acquérir son autonomie : c'est seulement en 1939 en effet que la Caisse des recherches scientifiques créée en 1901 est devenue le **Centre National de la Recherche Scientifique.**

Le C.N.R.S. a pour mission de développer, orienter et coordonner les recherches scientifiques de tous ordres, et d'analyser pour le gouvernement d'une manière permanente la conjoncture scientifique.

Il crée et entretient plus de 1 300 laboratoires dans lesquels travaillent plus de 26 000 chercheurs. Il subventionne la publication de périodiques, de thèses et d'ouvrages scientifiques, ainsi que des colloques et des voyages d'études.

Parmi les autres grands centres de recherche, il convient de citer : l'Institut National de la Recherche Agronomique (I.N.R.A.), l'Institut National de la Santé et de la Recherche Médicale (I.N.S.E.R.M.), le Centre National d'Études des Télécommunications (C.N.E.T.), le Centre National d'Études Spatiales (C.N.E.S.), le Commissariat à l'Énergie Atomique (C.E.A.), l'Institut Pasteur, les Instituts Gustave Roussy et Curie (cancer).

Une politique de la recherche

Depuis quelques années, les pouvoirs publics se sont efforcés de promouvoir certaines **actions prioritaires :**

- Mise en valeur des acquis scientifiques et techniques notamment dans trois secteurs : **information et communication, espace, microbiologie.**

- Développement des recherches appelées à avoir un impact important sur l'économie et la société : **énergie, génétique, biologie...**

- Accentuation de la coopération notamment dans le **secteur des matériaux** associant physiciens, chimistes, mécaniciens.

- Étude des systèmes complexes interactifs, système atmosphérique, milieu océanique, interactions biologie-société...

Depuis 1981, les gouvernements socialistes ont consacré à la recherche des budgets de plus en plus importants et ont multiplié les efforts pour associer plus étroitement les Universités, le C.N.R.S. et les entreprises, notamment dans les domaines de la biotechnologie, de la micro-électronique et des énergies nouvelles.

Ces dernières années, d'importants efforts ont été réalisés pour associer plus étroitement le C.N.R.S., les universités et les entreprises.

L'I.N.R.A.

(Institut National de la Recherche Agronomique) Créé en 1946, c'est un organisme d'État placé sous l'autorité du ministère de l'Agriculture. Il a pour mission :

- **d'organiser, exécuter et publier tous les travaux de recherche scientifique intéressant l'agriculture ;**
- **de diffuser les modalités d'application des résultats de nos recherches.**

L'Institut Pasteur

Créé en 1887 à l'initiative de Louis Pasteur.
2 000 personnes y travaillent, dont 500 chercheurs permanents, répartis dans plus de 80 unités de recherche. Ses principales activités sont la recherche fondamentale (biologie, bactériologie, virologie...) ; les applications biomédicales (recherche de nouveaux vaccins : hépatite B, SIDA...) et biotechnologiques.
Depuis 1900, 8 prix Nobel sont issus de l'Institut Pasteur.

3 / ❸ LES SCIENCES HUMAINES

Les sciences humaines et sociales, dont certaines sont nées en France il y a moins d'un siècle, ont subi depuis une trentaine d'années le contrecoup des mutations intervenues dans les sciences exactes, les techniques et l'ensemble de la société. Elles ont remis en question leurs concepts et leurs méthodes et tendent de plus en plus aujourd'hui à converger autour de leur objet commun : l'homme, dans sa double dimension individuelle et sociale.

Vers une science de l'homme

Entre les deux guerres, l'ethnologue Marcel Mauss considérait déjà toute société comme un « fait global total ». Après 1945, son disciple Claude **Lévi-Strauss** définit l'anthropologie comme « une connaissance de l'homme associant diverses méthodes et diverses disciplines » et, s'inspirant du raisonnement par analogie remis en honneur par la cybernétique, établit des relations entre les structures linguistiques, les systèmes de parenté, les systèmes d'organisation sociale et les mythes. Il pose ainsi les fondements du **structuralisme** (*Anthropologie structurale*, 1958), dont Jean **Piaget** montrera la fécondité pour le développement des recherches interdisciplinaires. Enfin, *Les Mots et les choses* (1966) de Michel Foucault constitue un véritable essai d'ethnologie culturelle de notre société.

Psychologie et psychanalyse

Mais de quel homme s'agit-il ? Et que reste-t-il aujourd'hui, après un demi-siècle de psychanalyse, après le surréalisme et l'existentialisme, de ces images et de cet humanisme sur lesquels s'était fondée la culture française [p. 136] ? La personnalité, éclatée depuis longtemps en instances multiples, se cherche et se structure à travers le langage, selon Jacques **Lacan** (1901-1981, *Écrits*, 1966) dont le *Séminaire* a proposé une nouvelle lecture de Freud à une génération de disciples subjugués.

Mais l'individu est aussi à la fois un être en continuel développement et un être social. Les travaux de Jean **Piaget** sur la psychologie génétique ont donné un nouvel essor en France aux sciences de l'éducation, tandis que la psychologie sociale s'attache de plus en plus aujourd'hui à l'étude des groupes (ethniques, nationaux, etc.) en quête de leur différence.

La « nouvelle histoire »

L'histoire avait été la première à reconvertir ses méthodes, puisque dès 1929 Lucien **Febvre** et Marc **Bloch,** en fondant les *Annales,* la définissaient comme une science interdisciplinaire qui s'efforce d'embrasser l'ensemble des faits de civilisation dans leur dynamisme. Depuis lors la « nouvelle histoire » n'a cessé de préciser sa démarche, en se définissant avant tout comme structurale, c'est-à-dire privilégiant l'étude des structures profondes de la société, en particulier celle des mentalités (**Le Roy Ladurie,** R. **Mandrou,** G. **Duby**, P. **Chaunu**) ; d'où l'idée, développée par Fernand **Braudel** (*L'Identité de la France*), de différents temps de l'histoire (la « longue durée »).

Linguistique et sémiotique

Après 1945, la linguistique, grâce notamment à la rencontre de Lévi-Strauss et de Roman **Jakobson,** issu du Cercle de Prague, a joué en France un rôle de premier plan pour la « formalisation » des sciences humaines selon des modèles logico-mathématiques. S'inspirant des principes formulés au début du siècle par F. de Saussure, **Greimas** a énoncé les règles d'une *Sémantique structurale* (1966), puis, au cours des années 60, Roland **Barthes** posait les principes d'une sémiologie ou étude des systèmes de signes (*Éléments de sémiologie,* 1964), bientôt appliquée à la littérature, à l'art, au cinéma et à tous les domaines.

Économie et politique

Le développement spectaculaire des ordinateurs et de l'informatique depuis 1950 a donné naissance à des disciplines nouvelles (sciences de l'information, de la communication). Il a conduit d'abord les sciences économiques à renouveler leurs méthodes et leur a permis l'élaboration de modèles sophistiqués, tant pour l'étude des phénomènes micro-économiques (ménages, entreprises) que macro-économiques (monnaie, comptabilité nationale, échanges internationaux) où les écoles s'affrontent. Dans les sciences politiques, où s'étaient distingués André **Siegfried,** puis Raymond **Aron,** l'analyse systémique, née aux États-Unis, a introduit également en France, à partir de 1970, des méthodes de modélisation rigoureuses.

La sociologie en question

Mais la crise de la civilisation, dont les événements de mai 68 ont précipité la prise de conscience, le renouvellement de la biologie, l'introduction de l'analyse systémique ont conduit la sociologie à s'interroger sur elle-même. J. **Baudrillard** a dénoncé *La Société de consommation* (1970) et Michel **Crozier** *La Société bloquée* (1970), tandis qu'Alain **Touraine** jetait les bases d'une sociologie de l'action (*Production de la société,* 1973), et s'efforçait d'esquisser la société post-industrielle. De son côté, Edgar **Morin** (*Le paradigme perdu,* 1973) entend promouvoir une théorie transdisciplinaire fondée sur un « organisationnisme » régissant à la fois le biologique et le social, où la société se présente comme un système ouvert auto-éco-ré-organisateur, et où la vie introduit en permanence le désordre et la créativité (*La Méthode ; Pour sortir du XXe siècle,* 1981, *Science avec conscience,* 1982). Enfin, Pierre Bourdieu élabore dans *La Distinction* (1979) une « critique sociale du jugement ».

Choc du futur et prospective

Durant les vingt dernières années, on a pris conscience du fait que le futur agissait de plus en plus sur le présent : pollutions, urbanisation, relations internationales, etc. Déjà les géographes avaient réorienté leur travail en ce sens : la « géographie appliquée » se consacrait à l'aménagement de l'espace, l'écologie s'imposait comme science. Mais, tandis qu'aux États-Unis se développait une discipline spécifique, la futurologie, le philosophe Gaston **Berger** créait en France la **prospective,** qui s'efforce d'anticiper sur ce que peut être l'avenir à long terme et d'orienter dès maintenant les choix et les décisions qui l'engagent. Depuis une quinzaine d'années, grâce à l'apport de la dynamique des systèmes, prévision et prospective n'ont cessé de se développer et de donner lieu à des travaux collectifs considérables, tels ceux dus à l'Association « Futuribles ».

3 / ❸ LE THÉÂTRE

A la suite de la poésie, et précédant les autres « genres » littéraires, le théâtre, peu après la Libération, a été le lieu d'expériences souvent extrêmes dont les effets sont loin d'être épuisés. Un des éléments qui les ont favorisées a été la politique de décentralisation culturelle qui a précédé de trente-cinq ans la décentralisation générale du pays.

Le théâtre service public et la décentralisation

Depuis Louis XIV jusqu'à la Libération, le théâtre en France était resté une sorte de **monopole parisien.** Deux salles seulement étaient traditionnellement subventionnées par l'État : **la Comédie-Française** (la « maison de Molière ») et **l'Odéon.** Or, au lendemain de la Libération, il fut inauguré une politique de **décentralisation théâtrale** et de **subventions** aux jeunes compagnies : le théâtre devenait dans une certaine mesure un service public. Ainsi furent créés le Grenier de Toulouse, la Comédie de Saint-Étienne, le Théâtre de Villeurbanne (Roger Planchon), d'autres encore ; les festivals d'été se développent, l'exemple étant donné en Avignon (1947) par Jean **Vilar** qui dirigera durant douze ans (1951-1963) le Théâtre National Populaire (le T.N.P.) à Paris, où il s'efforcera d'attirer dans l'immense salle du Palais de Chaillot un public neuf avec des moyens nouveaux, tandis que Jean-Louis **Barrault,** autre élève de Dullin, installera sa compagnie à l'Odéon-Théâtre de France, où il révélera notamment l'œuvre de Claudel.

Parmi les grands acteurs qui ont illustré la scène (et aussi l'écran) depuis un demi siècle, citons aussi : **Raimu, Fernandel,** M. **Simon, Bourvil, Arletty,** J. **Gabin** P. **Brasseur,** P. **Fresnay,** G. **Philipe,** M. **Morgan,** E. **Feuillère,** M. **Renaud** J. **Marais...**

Le théâtre de tradition

Après 1945, des écrivains déjà célèbres se tournent vers le théâtre. Dans un style d'une densité classique, **Montherlant** (1896-1973), à travers *La Reine morte, Port Royal,* poursuit sa quête d'un héroïsme aux accents cornéliens qui cachent mal un cynisme désabusé, tandis que l'on confond abusivement sous l'étiquette d'« existentialistes » les pièces d'Albert **Camus** (*Caligula,* 1944 ; *Les Justes,* 1949) et celles où Jean-Paul **Sartre,** sous une forme dramatique qui reste traditionnelle, exprime sa conception de la liberté et de l'engagement (*Les Mouches,* 1943 ; *Les Mains sales,* 1948).

Cependant, tandis qu'**Audiberti** dissimule ses obsessions sous des prouesses verbales parfois déconcertantes (*Quoat-Quoat, Le Mal court*), **Salacrou** poursuit non sans mérite un théâtre métaphysique, et Jean **Anouilh,** alternant *Pièces roses* et *Pièces noires* avec succès, jette sur le monde qui l'entoure un regard impitoyable et amusé. La tradition du boulevard ne se dément pas, avec Marcel **Achard,** André **Roussin** et leurs émules.

Le nouveau théâtre

C'est vers 1950 qu'en marge de cette production restée conformiste, le théâtre est remis totalement en question par plusieurs auteurs, tous d'origine étrangère et s'ignorant entre eux, dont les œuvres, d'abord incomprises, puis contestées, vont connaître en quelques années un succès international : Eugène **Ionesco,** qui crée un théâtre de la dérision, du rien, où le langage tourne fou (*La Cantatrice chauve, Les Chaises*), mais derrière lequel se profile l'obsession de la mort (*Le Roi se meurt*) ; **Adamov,** dont les premières pièces (*La Parodie, La grande et la petite Manœuvre*) expriment la solitude et l'incommunicabilité entre les êtres ; **Beckett** ou l'anti-théâtre, celui de l'attente, du vide et de la négation de tout (*En attendant Godot, Fin de partie*). Théâtre d'avant-garde, nouveau théâtre, théâtre de l'absurde ? En tout cas, « degré zéro » du théâtre, à partir duquel était engagé un processus irréversible.

Nouvelles influences

Durant les années 60, deux influences, s'exerçant l'une et l'autre de façon posthume, vont donner une impulsion à la recherche d'un théâtre neuf : celle de **Brecht** (mort en 1956), qui oriente un Armand **Gatti** vers l'éclatement du temps et de l'espace scénique et des personnages ; celle d'Antonin **Artaud,** ce surréaliste qui avait fondé sans succès en 1932 le Théâtre de la Cruauté : mort en 1948, voici qu'on croit le retrouver dans le « théâtre panique » d'**Arrabal** où se mêlent le happening, le sacré et le sacrilège, ou encore dans les pièces de Jean **Genet** (*Les Nègres*, 1959, *Les Paravents*, 1966), et qui semblait faire éclater l'idée même de représentation théâtrale.

Le théâtre mis en question

Mai 68, la « prise de l'Odéon », la contestation de toutes les formes établies, la fête, l'improvisation collective, à l'instar du Living Theater (fondé aux États-Unis en 1951) ou du Théâtre-Laboratoire du Polonais Grotowski (fondé en 1959 à Wroclaw) : toutes les influences convergent alors pour remettre en question à la fois le statut de l'acteur, de l'œuvre, du théâtre et du public. D'où une réalisation exemplaire comme la création de *1789*, puis de *1793* par Ariane **Mnouchkine** au Théâtre du Soleil, qui a touché près de 300 000 spectateurs en quatre ans (1971-1974) : à la fois création collective, jeu total où le public devient la foule participant à l'événement, et réflexion politique sur l'histoire. D'où aussi les spectacles d'Antoine **Vitez** pour faire « le théâtre de tout » et de Patrice **Chéreau,** mais aussi de Robert **Hossein** pour un théâtre plus « populaire » (*La Liberté ou la mort* sur la Révolution, ci-dessous).

Ouvert à toutes les recherches, aux courants venus de tous les pays, le théâtre aujourd'hui, éclaté en centres innombrables, scènes d'essai, cafés-théâtres, semble connaître un regain de popularité (cf. le succès du festival d'Avignon).

3 / ❸ LA LITTÉRATURE :

Depuis la Libération, sous l'apparence d'une certaine continuité, ce sont, après le théâtre, tous les genres qui sont tour à tour mis en question : nouveau roman, nouvelle critique, nouveaux philosophes ; ces modes successives ne sont-elles pas le signe d'une volonté de renouvellement des formes, des fins et des valeurs ?

Albert Camus.

Présence de la poésie : continuité...

En dépit de la révolution surréaliste, qui avait remis en cause les fondements mêmes de la littérature et de la poésie, celle-ci devait retrouver dans la clandestinité, chez d'anciens surréalistes comme Paul **Eluard** (*Le Livre ouvert*) ou **Aragon** (*Le Crève-cœur*) des accents d'une émouvante actualité.

Après la tourmente, on voit se poursuivre et s'épanouir l'œuvre de poètes majeurs issus de la génération précédente [p. 131] : Jules **Supervielle,** Pierre-Jean **Jouve**, Patrice de **La Tour du Pin,** Jean **Cocteau** et son *Requiem* (1962), sorte de testament poétique ; **Claudel,** qui relit et commente inlassablement la Bible ; enfin **Saint-John Perse,** dont les recueils successifs (*Exil,* 1941-1944 ; *Vents,* 1945 ; *Amers* 1957) évoquent l'épopée du monde avec un souffle et une richesse d'images qui paraissent inépuisables (il obtint le Prix Nobel de littérature en 1960).

Quant au surréalisme, il reprend un nouveau souffle grâce à André **Breton** qui, avec *Arcane 17* et *L'Ode à Charles Fourier* (1945), l'engage « sur le chemin de la Gnose » et reconstitue un groupe actif avec Benjamin Péret, Jean Arp et les romanciers Julien Gracq et Pieyre de Mandiargues.

... et novation

René **Char** (1907-1988) s'est assez vite dégagé de l'emprise surréaliste pour réaliser une poésie concentrée où s'exprime la vie dans sa présence immédiate et lumineuse, cependant qu'Henri **Michaux** (1899-1984), poète sans visage, ne cesse d'explorer les ressources du langage et de l'esprit et d'interroger *L'Espace du dedans* (1944) en faisant de la drogue un moyen de connaissance. Avec Francis **Ponge** (1899-1988), ce sont les choses elles-mêmes qui deviennent objet de l'exploration poétique (*Proêmes,* 1948 ; *Le Grand Recueil,* 1961). Michel **Leiris,** un des premiers adeptes du surréalisme, n'a jamais cessé d'explorer les étranges ressources du langage pour éclairer sa perpétuelle quête de soi (*La Règle du jeu,* 1948 ; *Fibrilles,* 1966). Quant à Raymond **Queneau,** destructeur et réinventeur infatigable, il joue presque mathématiquement avec le langage (*Exercices de style,* 1947) ou la poésie (*Cent mille milliards de poèmes,* 1961).

De la guerre est née une nouvelle génération de poètes, dominée par les noms de Pierre **Emmanuel** (1916-1984), dont le lyrisme puissant exprime à la fois « l'Épopée spirituelle d'une époque » et les conflits d'un poète chrétien engagé (*Babel,* 1952 ; *Jacob,* 1970), d'André **du Bouchet** et d'Yves **Bonnefoy.**

UNE LENTE MUTATION

Autour de l'existentialisme

Après *La Nausée* (1938), **Sartre,** parallèlement au théâtre, exprime sa philosophie dans une vaste suite romanesque, *Les Chemins de la Liberté* (1945-1949). Simone de **Beauvoir** lui fait écho (*L'Invitée,* 1943 ; *Les Mandarins,* 1955). En marge, Albert **Camus** (1913-1960), parti du nihilisme avec *L'Étranger* (1942), s'oriente vers un humanisme empreint de pessimisme dans des œuvres denses et fortes (*La Peste,* 1947 ; *L'Homme révolté,* 1952). Critiques et public ont cru pouvoir parler alors de groupe ou d'école (malgré l'immense succès et l'influence profonde de leurs œuvres, Sartre et Camus n'auront d'ailleurs pas de véritable postérité littéraire) : il n'y eut en réalité, en dehors de fortes œuvres, qu'une mode « existentialiste » qui se répandit durant quelques années dans les cafés et les caves de Saint-Germain-des-Prés, où l'on chantait les *Paroles* de **Prévert** et où s'agitait l'étrange silhouette de Boris **Vian** (1920-1959), ingénieur, trompettiste, cinéaste, chansonnier et surtout auteur méconnu de romans, dont on ne découvrira qu'avec vingt ans de retard la richesse d'invention mêlée à la plus violente des satires sociales (*L'Écume des jours,* 1947 ; *L'Automne à Pékin,* 1947 ; *L'Arrache-cœur,* 1953).

Continuités romanesques

Si l'après-guerre a vu des romanciers comme Maurice **Genevoix** rester fidèles jusqu'au bout à la saveur du terroir, Albert **Cohen** poursuivre sa vaste saga d'une famille juive, Marcel **Jouhandeau** ou Julien **Green** leur interminable recherche autobiographique du péché, **Céline** construire son propre mythe dans la langue tourmentée qui avait fait le succès du *Voyage* et qui le replace aujourd'hui au premier rang des écrivains du siècle, Jean **Giono** a su se renouveler par une réflexion sur son temps et sur lui-même (*Le Bonheur fou,* 1957).

Une nouvelle génération, fidèle dans l'ensemble à la tradition romanesque, a pris dès la Libération la relève des aînés. Favorisé par la multiplication des prix littéraires, le développement du livre de poche et des médias, le roman connaît dès lors une expansion sans précédent et un public élargi. Citons Hervé **Bazin,** Michel **Déon,** Maurice **Druon,** F. **Nourissier,** Christine de **Rivoire,** R. **Nimier,** R. **Gary,** Françoise **Sagan,** sans oublier la poursuite de l'œuvre considérable de l'écrivain belge Georges **Simenon.**

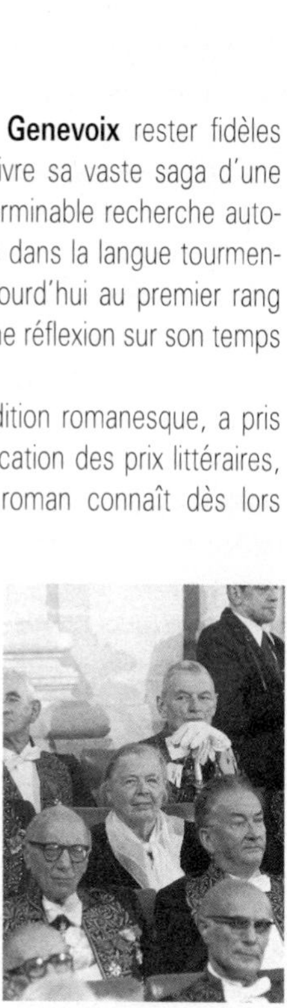

Il faut mentionner à part les romans de Marguerite **Duras** et ses dialogues de films, ainsi que la discrète carrière de Marguerite **Yourcenar** [photo ci-contre] (1903-1987) dont les *Mémoires d'Hadrien* et *L'Œuvre au noir* devaient ouvrir pour la première fois à une femme les portes de l'Académie française.

Littérature et politique

Il faut faire une place à part — signe des temps — à deux romanciers, convertis sur le tard à la politique : François **Mauriac** qui, à 70 ans, se découvre une plume de pamphlétaire pour dénoncer dans son *Bloc-Notes* le colonialisme au Maghreb, puis pour soutenir tour à tour Pierre Mendès France et le général de Gaulle ; André **Malraux,** un des chefs de la Résistance, devenu ministre sous de Gaulle, qui se consacre, dans *Les Voix du Silence* et ses *Antimémoires,* à une vaste méditation sur l'art et les civilisations.

Expériences

Tandis que, suivant les voies tracées par le surréalisme, **Pieyre de Mandiargues** cultive dans ses poèmes et ses romans (*La Marge,* 1967) une sorte d'érotisme onirique et fantastique, et que Julien **Gracq** fait surgir le merveilleux du quotidien et de l'attente (*Au château d'Argol,* 1938 ; *Le Rivage des Syrtes,* 1951), deux autres écrivains préparent depuis longtemps dans la solitude les mutations prochaines : Georges **Bataille** (1897-1962), dont *L'Expérience intérieure* (1943) offre une sorte de théologie négative ; et Maurice **Blanchot** (né en 1907) qui s'efforce de définir *Le Livre à venir* (1959), celui où se crée *L'Espace littéraire* (1955) du langage.

Le « nouveau roman »

Ainsi se prépare le « nouveau roman » : ni école, ni groupe, mais quatre écrivains qui, dans les œuvres qu'ils publient entre 1953 et 1959 aux Éditions de Minuit, postulant l'agonie du roman traditionnel, proscrivent l'anecdote et toutes les conventions de forme, de temps, d'espace, de cohérence psychologique. Nathalie **Sarraute** (*Martereau,* 1953 ; *Le Planétarium,* 1959) ; Claude **Simon** (*La Route des Flandres,* 1960), qui a reçu le prix Nobel en 1985 ; Alain **Robbe-Grillet** (*Les Gommes,* 1953 ; *Djinn,* 1981), qui se donne volontiers après coup comme le théoricien de l'équipe (*Pour un nouveau roman,* 1963) ; Michel **Butor** (*L'Emploi du temps,* 1956 ; *La Modification,* 1957).

Quelques lauréats du prix Goncourt

1916, Henri Barbusse, *Le Feu* (prix 1914) – 1919, Marcel Proust, *A l'ombre des jeunes filles en fleurs* – 1925, Maurice Genevoix, *Raboliot* – 1933, André Malraux, *La Condition humaine* – 1948, Maurice Druon, *Les grandes Familles* – 1949, Robert Merle, *Week-end à Zuydcoote* – 1954, Simone de Beauvoir, *Les Mandarins* – 1956, Romain Gary, *Les Racines du ciel* – 1957, Roger Vaillant, *La Loi* – 1966, Edmonde Charles-Roux, *Oublier Palerme* – 1968, Bernard Clavel, *Les Fruits de l'hiver* – 1970, Michel Tournier, *Le Roi des Aulnes* – 1975, Ajar, *La vie devant soi.* – 1977, Didier Decoin, *John l'Enfer* – 1979, Antonine Maillet, *Pélagie-la-charrette* – 1980, Yves Navarre, *Le jardin d'acclimatation* – 1981, Lucien Bodard, *Anne-Marie* – 1982, Dominique Fernandez, *Dans la main de l'ange* – 1983, Frédérick Tristan, *Les Égarés* – 1984, Marguerite Duras, *L'Amant* – 1985, Yann Queffélec, *Les Noces barbares* – 1986, Michel Host, *Valet de nuit* – 1987, Tahar Ben Jelloun, *La Nuit sacrée* – 1988, Érik Orsenna, *L'Exposition coloniale* – 1989, Jean Vautrin, *Un grand pas vers le bon Dieu.*

[p. 203]

La « nouvelle critique »

En réalité, le renouvellement de la critique, en partie conséquence du développement des sciences humaines [p. 194], est dû autant aux célèbres ouvrages du philosophe Gaston **Bachelard** sur la psychanalyse de l'imagination (*L'eau et les rêves,* 1942) qu'à la « psychanalyse existentielle » de Sartre (*Baudelaire,* 1947, *Saint Genet,* 1952). La critique thématique issue de Bachelard sera développée par Georges **Poulet**, Jean **Rousset,** Jean **Starobinski,** Jean-Pierre **Richard.** La critique sociologique, sous l'influence de Lukács, progresse dans un sens marxiste avec Lucien **Goldmann.** La psychanalyse se fait « psycho-critique » avec **Mauron.**

Mais le renouvellement le plus important procède de la linguistique et du structuralisme. En 1963 se déclenche la querelle de la « nouvelle critique » : Roland **Barthes** (*Essais critiques,* 1964 ; *Critique et vérité,* 1966), dénonçant la « critique universitaire », plaide pour une analyse du langage littéraire défini comme un ensemble de structures signifiantes, donc pour une sémiologie de la littérature.

Sous l'impulsion de Philippe **Sollers,** la revue *Tel Quel,* se référant à la fois à Bataille, Artaud, aux philosophes Michel Foucault et Jacques Derrida, à Jacques Lacan, au linguiste Chomsky, au marxiste Althusser, présente dans *Théorie d'ensemble* (1968) une « théorie de l'écriture textuelle » et proclame avec Blanchot la « mort de l'auteur ».

Une littérature de transgression ?

Après le nouveau théâtre des années 50, le nouveau roman des années 55, la nouvelle critique dix ans plus tard, après les « nouveaux philosophes », on peut constater d'abord que si les genres littéraires continuent en apparence à se bien porter (le roman en particulier garde son public et ses producteurs attitrés), leurs frontières tendent à s'effacer : tandis qu'un Patrick **Modiano** (*La Place de l'étoile*) cherche son identité entre l'imagination et le souvenir autobiographique, les romans de Michel **Tournier** (*Le Roi des Aulnes,* 1970 ; *La Goutte d'or*) sont traversés de méditations philosophiques ; chez **Le Clézio** (*Désert,* 1981 ; *Le Chercheur d'or*), on est aux prises avec des visions cosmiques et des vertiges d'apocalypse.

Nouveau baroque, qui tenterait de cerner, à travers les jeux de la réalité et de l'illusion, la métamorphose du monde actuel ? Il vaudrait peut-être mieux parler d'une littérature de « transgression », au sens où elle transgresse ses limites, sous des influences multiples : le roman policier, le cinéma, les médias, la révolution scientifique et technologique, et aussi le roman de science-fiction, qui la prolonge dans le futur et qui, en dépit d'œuvres comme celles de Gérard Klein ou de René Barjavel, n'a pas encore acquis en France ses titres de noblesse. Ici, les recherches d'un Michel **Butor** dans *Mobile,* qui évoquent les mobiles de Calder, rejoignent celles poursuivies en musique par Boulez ou par Xenakis [p. 206] : l'œuvre s'ouvre à son destinataire avec ses possibilités multiples et celui-ci est invité à devenir lui-même créateur. De nouvelles relations se tissent entre l'auteur, l'œuvre et le public, comme entre les diverses formes d'expression.

Dans une ligne plus traditionnelle, de nouveaux romanciers se sont imposés à l'attention, tels que Michel **Braudeau,** Didier **Decoin,** Annie **Ernaux,** Yann **Queffélec,** Pascal **Quignard,** Marie **Susini,** Jean **Vautrin**...

L'ÉDITION ET LE LIVRE

L'édition française, héritière d'une longue tradition, adapte lentement ses structures au monde actuel. Mais elle conserve, grâce à sa qualité et à sa personnalité, une grande puissance de rayonnement, et de nombreuses initiatives s'efforcent aujourd'hui de lui conquérir un public nouveau.

Principaux prix littéraires

- **Prix Goncourt (décerné depuis 1904 par l'Académie Goncourt).**
- **Prix Fémina (décerné depuis 1904 par un jury de douze femmes de lettres).**
- **Prix Théophraste Renaudot (décerné depuis 1925 en même temps que le Goncourt et pour « réparer ses injustices »).**
- **Prix Médicis.**
- **Prix Interallié, fondé en 1945.**
- **Prix de la Critique littéraire (fondé en 1945).**
- **Autres prix : Deux-Magots – Humour noir – Libraires – Littérature policière – Académie française...**

40%	Littérature générale
20%	Livres pour la jeunesse
16%	Enseignement
3%	Encyclopédies, dictionnaires
2%	Sciences et techniques
19%	Autres publications

Des formules nouvelles

Le marché de l'édition — malgré la crise qu'il subit depuis quelques années — a enregistré une rapide progression au cours des deux dernières décennies. Si le **livre « de luxe »** n'a pas perdu de son prestige, le grand développement du **livre de poche,** imité des « pocket books » américains, vendu à un prix modéré, permet d'atteindre de nouvelles couches de la population (environ 90 millions d'exemplaires commercialisés chaque année). Par ailleurs se multiplient les **collections de petit format** dont le rôle essentiel est de faire le point des connaissances et des problèmes actuels sous une forme maniable et accessible à tous.

Une grande diversité

L'édition française emploie environ 100 000 personnes. La production annuelle de livres, de l'ordre de 30 000 titres (quelque 365 millions d'exemplaires), est d'une très grande **diversité** (voir ci-contre), mais moins de 50 % des ouvrages sont des nouveautés et 15 % sont des traductions.

Depuis 1945 la France fait un gros effort pour la diffusion de ses livres **à l'étranger** (12 % du chiffre d'affaires), diffusion qui est naturellement liée au rayonnement de la langue française dans le monde [p. 223].

Concentration de l'édition

Le nombre d'éditeurs qui déposent au moins un titre est, chaque année, supérieur à 3 500 , mais la concentration financière ne cesse de s'accentuer. Onze maisons d'édition réalisent plus du quart du chiffre d'affaires total de la branche ; parmi elles, deux groupes dominent ce secteur : Hachette (Grasset, Stock, Lattès, Livre de Poche...) et le Groupe de la Cité (Presses de la Cité, Larousse, Julliard, Nathan, Bordas...). D'autre part, l'édition française est caractérisée par une extrême concentration géographique : les sièges sociaux de la presque totalité des grands éditeurs sont installés à Paris, et en particulier dans le 6e arrondissement.

L'édition est un pari

L'éditeur français digne de ce nom, surtout l'**éditeur littéraire,** conçoit son métier un peu comme une **aventure,** voire un pari. Il s'agit surtout d'avoir du flair, de découvrir les bons auteurs, et de constituer une **« écurie »,** qui donnera à la firme sa personnalité et lui permettra de faire bonne figure dans la « course aux prix » [p. 200].

Une tradition française : le dictionnaire encyclopédique

La tradition créée par l'Académie française au XVIIe s. [p. 191], continuée au XVIIIe par Bayle, Voltaire et les Encyclopédistes, entretenue au XIXe par Littré et Pierre Larousse, semblait au XXe avoir perdu de sa force. Or, depuis 1930 et surtout 1945, on assiste dans ce domaine à une flambée nouvelle. Dictionnaires et encyclopédies se multiplient, témoignant non plus, comme au XVIIIe s., d'une volonté de combat, mais du besoin de voir clair dans la profusion croissante des disciplines et des connaissances, et de mettre celles-ci à la portée d'un public de plus en plus vaste.

Principaux dictionnaires et encyclopédies

Dictionnaires de langue

- **Dictionnaire de l'Académie française (9e éd. commencée en 1932) : reste le législateur de la langue.**
- **Le « Littré », véritable « trésor » de la langue : deux rééditions récentes (Hachette-Gallimard, Club français du Livre).**
- **Le « Robert » (6 vol.), refonte complète du Littré avec mise à jour des citations.**
- **Le « Petit Robert » (2 vol.), noms communs et noms propres.**
- **La série des Dictionnaires Larousse.**
- **Les Dictionnaires Hachette.**

Encyclopédies générales

- **L'Encyclopédie française (commencée en 1932).**
- **L'Encyclopédie de la Pléiade (commencée en 1951 sous la direction de Raymond Queneau) comprendra environ 40 vol. et se présente comme un « cycle d'études ».**
- **La Grande Encyclopédie Larousse (20 vol.).**
- **Le Dictionnaire encyclopédique Quillet (6 vol.), clair et pratique.**
- **L'Encyclopœdia Universalis (20 volumes et suppléments annuels).**

LES BIBLIOTHÈQUES...

Pour répondre aux besoins d'usagers de plus en plus nombreux et aux exigences d'un véritable service public, les responsables culturels nationaux et locaux se sont efforcés de multiplier et de moderniser les bibliothèques à travers le pays. D'importants progrès ont été réalisés ces dernières années, mais beaucoup reste à faire, notamment en matière d'équipement (micro-films, informatisation des fichiers, etc.).

Bibliothèques parisiennes...

Paris possède plus de vingt **grandes bibliothèques.** Les plus riches sont la bibliothèque de la *Sorbonne* (3 millions de livres et de brochures), la bibliothèque *Sainte-Geneviève* (3 millions de livres), la bibliothèque de l'*Arsenal*, la bibliothèque de l'Institut de France dite « *Mazarine* » (350 000 imprimés, 1 900 incunables et 5 000 manuscrits).

La Bibliothèque de France (B.F.), future première bibliothèque de France, va être construite à Paris, sur 7 hectares, entre les ponts de Tolbiac et de Bercy, à partir de 1991, pour être achevée en 1995.

... et de province

Sur l'ensemble du territoire, aux bibliothèques universitaires s'ajoutent :

— **Les bibliothèques centrales de prêt** qui, grâce aux **bibliobus**, desservent les petites communes de plus de 75 départements. Elles prêtent annuellement plus de 23 millions de volumes.

— **Les bibliothèques municipales.** On en dénombre environ 1 500, dont 600 dans les communes de plus de 10 000 habitants. Elles prêtent chaque année 75 millions de livres.

— De très nombreuses **bibliothèques spécialisées,** publiques ou privées. L'évolution récente est marquée par l'introduction de l'audiovisuel et le développement des activités d'animation.

La Bibliothèque nationale

La première bibliothèque de France est la Bibliothèque nationale, héritière de la Bibliothèque royale fondée par François Ier, qui instaura en 1537 le Dépôt légal, ou obligation d'y déposer un exemplaire de tous les ouvrages publiés en France – idée de génie que les autres pays devaient reprendre à leur tour. C'est en effet grâce au Dépôt légal, qui fonctionne depuis lors, que la Bibliothèque nationale comprend aujourd'hui près de 13 millions de volumes, auxquels s'ajoutent plus d'un million de cartes et plans, les 5 millions de gravures et documents du Cabinet des estampes et les 400 000 pièces du Cabinet des médailles. Ces richesses innombrables permettent à la Bibliothèque nationale d'organiser de nombreuses et remarquables expositions. En outre, en collaboration avec le Cercle de la Librairie, elle rédige la Bibliographie de la France, qui paraît régulièrement depuis sa fondation par Napoléon en 1811 et signale tout ce qui est publié.

Une partie des fonds de la Bibliothèque nationale, notamment le Dépôt légal, sera transféré dans la nouvelle Bibliothèque de France.

ET LES ARCHIVES

Les plus belles archives du monde...

Les **Archives nationales**, véritable « mémoire de la nation », furent organisées par la Révolution. Pendant longtemps, les administrations publiques négligèrent d'y envoyer régulièrement leurs documents. Aujourd'hui, la direction des Archives nationales collabore étroitement avec les différents services ministériels et étend son activité aux archives économiques et même aux archives privées.

La masse des documents ainsi engrangée dans les dépôts publics, à Paris et en province dans les **Archives départementales**, s'élève à plusieurs milliards de documents, ce qui représente 150 000 tomes et plus de 3 600 km de rayonnages : ce sont les plus belles archives du monde. ▼

... ont secoué leur poussière

Grâce à deux écrivains, Charles Braibant et André Chamson, qui ont dirigé tour à tour les Archives nationales depuis 1948, celles-ci sont désormais à même de livrer une partie de leurs trésors au public, érudits, historiens, journalistes, grâce à des expositions et à la publication de nombreux inventaires. Elles ont ainsi, en adoptant des méthodes nouvelles pour la sélection, le classement et l'utilisation du flot de documents qui leur parvient chaque jour, en créant des centres départementaux et des services éducatifs, en rajeunissant le musée de l'Histoire de France, largement contribué à cette « résurrection de la vie intégrale du passé » à laquelle s'était consacré **Michelet**, un des premiers et des plus illustres conservateurs des Archives nationales.

La Bibliothèque Publique d'Information (B.P.I.)

du Centre Pompidou (550 000 livres, 2 400 titres de périodiques). Encyclopédique, ouverte à tous, gratuite, la B.P.I. offre plus d'un million de documents multimédia. Chaque jour, plusieurs milliers de visiteurs ont librement accès aux salles de lecture, banques de données, laboratoires de langue, espaces musique ou salle d'actualité. La B.P.I. organise en outre régulièrement des expositions, des débats et des projections. Au cœur du Centre Pompidou, elle est un espace d'intense activité culturelle.

« Les archives sont le grenier de l'histoire. » L. Febvre.

La Vidéothèque

Créée en 1988, la Vidéothèque de Paris, située dans les nouveaux espaces du Forum des Halles, présente au profane comme aux professionnels de l'image de nombreux documents filmés dont certains du siècle dernier. Elle recèle des œuvres de professionnels, mais aussi des documents amateurs destinés à enrichir la mémoire collective.

L'école nationale des Chartes

Fondée en 1821, installée depuis 1897 à la Sorbonne, elle dispense l'enseignement des sciences auxiliaires de l'histoire : paléographie, archéologie, classement des archives et bibliothèques, etc. Elle forme, en trois ans, des archivistes-paléographes qui constitueront les cadres des archives et des bibliothèques publiques.

LA MUSIQUE

La musique, au cours du XXe siècle, a entièrement révisé ses structures traditionnelles. Dans cette métamorphose, la France, après Debussy, a joué un rôle de premier plan, en intégrant notamment les découvertes de novateurs européens tels que Stravinsky, Bartok et Schoenberg.

Olivier Messiaen

(né en 1909) a joué dans l'histoire de la musique contemporaine un rôle décisif. Tout en introduisant en Occident « la musique du monde entier » (modes du Moyen Age, rythmes de l'Inde), il se construit un langage très personnel, fondé à la fois sur l'inspiration et sur une réflexion théorique. Son inspiration, il la puise dans la nature, particulièrement dans les chants d'oiseaux, ses « plus grands maîtres » (*Le Réveil des Oiseaux*, 1953) et surtout dans la religion : pour ce fervent catholique, la musique est un acte de foi (*Petites Liturgies de la Présence divine*, 1945), l'orgue l'instrument privilégié (du *Livre d'orgue*, 1935, aux *Méditations sur le mystère de la Sainte Trinité*, 1972).

Les « aurores nouvelles »

L'aventure a commencé dans l'entre-deux-guerres avec les recherches originales d'un précurseur, Edgar **Varèse** (1885-1965) qui, installé aux États-Unis depuis 1917, n'a cessé, d'*Intégrales* (1926) à *Déserts* (1954), d'anticiper sur toutes les innovations qui devaient suivre. La musique électro-acoustique, notamment, allait pouvoir se développer en France dès 1928 grâce aux Ondes Martenot, qui vont tenter de nombreux compositeurs, de Florent **Schmitt** à Messiaen.

André **Jolivet** (1905-1974), novateur audacieux, influencé par Varèse, et séduit par l'atonalité (*Mana*, 1935), explorateur lui aussi des modes africains et asiatiques, a tenté, dans de puissantes œuvres symphoniques, d'exprimer sa spiritualité.

La nouvelle musique

Au lendemain de la Libération, un ingénieur français, Pierre **Schaeffer** (né en 1910), invente la musique concrète, créant ainsi un monde sonore entièrement nouveau (*Orphée*, opéra concret avec Béjart, 1953). Au Groupe de recherches de la R.T.F., il va former une brillante école de compositeurs français et étrangers (Ivo Malec, Pierre Henry, F. Bayle). Pierre **Boulez** s'en inspirera en fondant l'I.R.C.A.M. au Centre Pompidou.

Un art populaire

Dans le même temps, la musique, notamment avec le développement du **rock,** qui rassemble des foules, est devenue un art populaire, ce dont témoignent, depuis 1982, le succès de la **Fête de la musique** (21 juin) où communient par milliers un peu partout orchestres, interprètes et public, ainsi que de vastes manifestations musicales de caractère humanitaire ou politique. Enfin, la musique s'intègre, avec Jean-Michel **Jarre,** à de grandioses spectacles audiovisuels.

L'ART LYRIQUE, LA DANSE

L'art lyrique s'efforce de renouveler son répertoire et, surtout, depuis quelques années, d'introduire des innovations dans la mise en scène (Daniel Mesguich). Encouragé par les pouvoirs publics, il est diffusé à Paris par le Théâtre National de l'Opéra et par l'Opéra-Bastille. Créé pour répondre au renouveau que connaît l'art lyrique en France, il doublera les capacités d'accueil et de représentation du Théâtre de l'Opéra. Conçu comme un opéra populaire, il devrait mettre l'art lyrique à la portée de tous. En province, il existe de nombreux théâtres lyriques municipaux, notamment à Strasbourg (Opéra du Rhin), Avignon, Lille, Lyon, Marseille.

La danse

Après 1945, les compagnies de ballets se sont multipliées : ballets des Champs-Élysées, Ballets de Paris, Grand Ballet du marquis de Cuevas... Aujourd'hui, le public applaudit les compagnies chorégraphiques d'une douzaine de théâtres de province, le Ballet de Maurice Béjart, le prestigieux Ballet de l'Opéra de Paris (154 danseurs et danseuses).

Le ballet du XXe siècle, de Maurice Béjart.

Venu d'Italie, le ballet fit fureur dès la fin du XVIe s. en France. Il connut de grandes heures au temps de Lulli (1632-1687), puis au XVIIIe s., grâce à la fondation de l'Académie royale de danse (1661) et du Conservatoire de danse de l'Opéra (1713), qui établit les règles de la grande danse classique. Après s'être épanoui à l'époque romantique, le ballet français, tombé dans la convention, émigre en Russie, d'où il revient bouleverser la scène française en 1909 sous la forme des *Ballets russes* de Serge de Diaghilev. Dès lors, le ballet devient un art complet, auquel collaborent poètes, musiciens et peintres en renom. Serge Lifar renouvelle la danse à l'Opéra, où il entre en 1929.

Pierre Boulez

(né en 1925), formé par Messiaen, découvre grâce à Leibowitz la musique sérielle (fondée sur les douze sons de la gamme chromatique) imaginée trente ans plus tôt à Vienne par Schoenberg : il la développe à sa manière (*Le Marteau sans maître*, 1955) en explorant sans cesse de nouveaux horizons. S'efforçant de concilier, dans des œuvres puissantes d'accès difficile, la rigueur mathématique de la construction et des rythmes et la liberté de choix de l'interprète (*Structures pour deux pianos ; Pli selon pli, Portrait de Mallarmé*, 1960), P. Boulez a exercé une influence considérable, notamment grâce au *Domaine musical* où il a révélé durant vingt ans (1954-1974) de nombreuses œuvres d'avant-garde. En particulier celles d'Iannis Xenakis (né en 1922), Grec naturalisé Français, révolutionnaire passionné, architecte, élève de Messiaen, qui fait de la musique une quête perpétuelle où il intègre toutes les recherches nouvelles (*Diamorphoses*, 1958 ; *Herma*, 1961 ; *Nuits*, 1967) et invente la musique « stochastique » ou aléatoire.

LES ARTS PLASTIQUES

Depuis 1945, les arts plastiques sont entraînés dans la révolution des formes qui travaille le monde entier. La France est un lieu où s'affrontent les courants les plus opposés, depuis l'expressionnisme jusqu'à l'art abstrait, qui groupe dans l'« École de Paris » des artistes venus de tous les pays.

▲ L'Opéra de la Bastille lors de son inauguration le 13 juillet 1989.

L'architecture : audace et tradition.

Transformée par des techniques nouvelles, notamment par l'emploi du verre, l'architecture est de plus en plus conditionnée par les vastes programmes d'urbanisme suscités par l'essor des villes [pp. 336-337]. A cet égard, l'influence de Le Corbusier n'a pas cessé de se faire sentir sur les jeunes générations.

Cependant, il faut également citer Bernard **Zehrfuss** pour la conception du Palais de l'UNESCO, du C.N.I.T. et du Palais omnisports de Bercy [pp. 48-49], Adrien **Fainsilber** pour la Cité des sciences et de l'industrie de la Villette (1985) et Jean **Nouvel** pour l'Institut du Monde Arabe.

Plusieurs architectes étrangers ont, ces dernières années, apporté une importante contribution au renouveau de l'architecture en France. On peut citer notamment le Catalan Ricardo **Boffil** qui a conçu des ensembles de logements monumentaux à Marne-la-Vallée, en Ile-de-France, et à Montpellier ; l'Urugayen Carlos **Ott**, responsable de l'Opéra de la Bastille ; le Danois Otto **von Spreckelsen** pour l'Arche de la Défense et l'Américain d'origine chinoise **Ieoh Ming Pei** pour la pyramide du Louvre [p. 38].

Mathieu, *Hommage à M. de Vauban.* ▼

La peinture : art abstrait ou art figuratif ?

On peut dire sans exagération que, depuis vingt ans plus encore qu'avant la guerre, Paris est la véritable métropole de l'art moderne. Ce que l'on est convenu d'appeler l'« **École de Paris** » continue à rassembler nombre d'artistes étrangers venus se fixer dans la capitale, où s'affrontent l'art figuratif et l'art abstrait.

A la suite de **Kandinsky** et de **Mondrian**, qui

◀ B. Lorjou, *Canard de Barbarie au crochet.*

entendaient remplacer en peinture « le pittoresque par la mathématique », les jeunes promoteurs de l'**art abstrait** ou **non figuratif**, héritiers du cubisme, encouragés par les recherches audacieuses de Matisse, de Picasso, de Jacques Villon, veulent ramener le fait pictural à son expression la plus pure. D'où les offensives successives du Salon des *Réalités nouvelles*, en 1946, du *tachisme* en 1953, du Salon de Mai en 1957, où les toiles de Herbin, de Deyrolle, de Mathieu ont fait scandale. Or il est remarquable que ces recherches rejoignent les jeux de structures révélés par la biochimie ou la physique nucléaire, ce qui tend à conférer à certaine peinture abstraite une dimension cosmique lorsqu'elle évoque *L'Aventure nucléaire* ou *Soleils perdus*.

Néanmoins de nombreux peintres restent attachés à la tradition française de **l'art figuratif**. Les uns, comme André **Fougeron**, Amblard, Pignon, fondaient en 1948 le « *Réalisme progressiste* ». Les autres, sous le drapeau de « *l'Homme témoin* », expriment, comme l'existentialisme, l'angoisse de l'homme moderne, tels **Lorjou** évoquant *L'Age atomique* ou Bernard **Buffet** voué à un « misérabilisme » en noir et blanc, puis en couleurs. **Vasarely** a représenté l'*abstraction géométrique*, **Fautrier** et **Dubuffet** l'*art informel*, tandis qu'en réaction à l'abstraction géométrique **Hartung, Mathieu, Staël, Poliakoff** exprimaient l'*abstraction lyrique*.

Salons et galeries

- **Les œuvres des artistes sont présentées à Paris dans des Grands Salons annuels ; Salon des Indépendants, Salon d'Automne, Salon des Artistes français, Salon des Artistes décorateurs, Salon de la Société des Beaux-Arts, Salon des Tuileries, Salon de la jeune peinture et de la jeune sculpture.**
- **La Biennale de Paris réunit les artistes de moins de 35 ans, originaires d'une soixantaine de pays, qui confrontent leurs expériences.**
- **Plus de 400 galeries parisiennes exposent et vendent des œuvres d'art.**

La tapisserie

La **tapisserie** a connu un renouveau remarquable, grâce au peintre Jean **Lurçat** qui, avec Gromaire, ranimait en 1939 la manufacture d'Aubusson. Son œuvre abonde en symboles : *Terre, Air, Eau et Feu, L'Apocalypse.* Saint-Saëns (*Thésée et le Minotaure*), Picart Le Doux (*Migrations)*, dom Robert ont contribué pour leur part à cette renaissance, ainsi que Matisse, Léger et Cocteau (*Judith et Holopherne*), cependant que G.H Adam tentait d'exprimer sa vision du cosmos (*Galaxie*).

▲ **Jean Arp : *Ombre chinoise, Pierre de bronze.***

La sculpture

Comme les autres arts, la sculpture, « chose tangible », se prête à des cheminements très différents : art abstrait avec **Arp, Zadkine,** E. **Martin** (*Les Demeures*), **Adam, Stahli** (*Le Grand Astre*) ; expressionnisme avec Germaine **Richier** (*La Chauve-Souris, La Sauterelle, L'Orage, La Tauromachie, La Montagne, Le Christ d'Assy*), **Gimond, Giacometti** (*Sept figures et une tête*) ; influencée par la civilisation mécanique et les matériaux modernes avec **César** (*Le Poisson, la Victoire de Villetaneuse, La Pacholette*), **Tinguely** (*Hannibal*)...

Affiche d'Amnesty International conçue par Topor. ▼

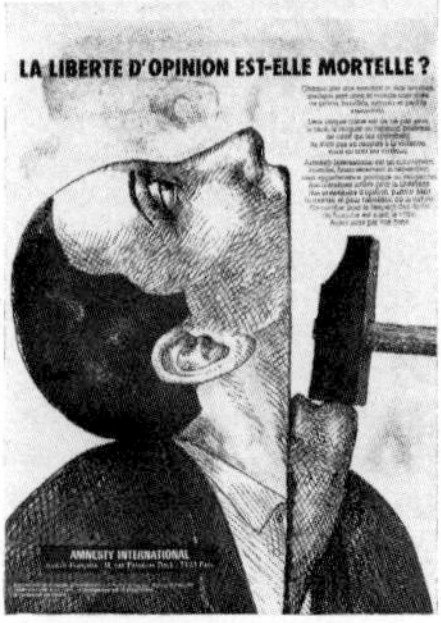

« Si éphémère qu'elle doive être, l'affiche peut présenter un excédent qui la rende capable de survivre à son usage et qui l'apparente alors à l'œuvre d'art. »

G. Gaëtan-Picon

L'affiche

On a pu dire de l'affiche qu'elle montre les idées et les valeurs véhiculées par une société. S'il acquiert très tôt ses lettres de noblesse avec Édouard **Manet** (*Les Chats*), **Daumier** (*Les entrepôts d'Ivry*), **Gavarni** (*La vie conjugale*), l'art de l'affiche triomphe à la fin du XIXe et au début du XXe s. : **Toulouse-Lautrec, Chéret, Legrand, Steinlein, Robbe, Chahiné, Lunois, Mucha, Cappiello...**

L'affiche se transforme, prend une place de plus en plus importante dans notre société avec l'énorme développement de la publicité (commerciale, artistique et, de plus en plus, politique) et devient un élément clé de la communication avec **Cassandre,** P. **Colin, Topor, Folon, Villemot, Tim, Morvan, Savignac...**

Par ailleurs, les arts mineurs voient revivre des traditions artisanales, sous des formes inspirées de l'esthétique la plus moderne : la **céramique,** à laquelle Picasso a donné à Vallauris une impulsion décisive, le grès, le verre soufflé, les émaux, les bijoux, le tissage, etc.

La photographie

Objet de laboratoire dans le premier quart du XXe s., la photographie est devenue un des phénomènes majeurs de notre époque, tout à la fois mémoire de l'histoire, technique au service de la science et moyen de transmission de messages. **Photo documentaire** et de reportage ou **photo « de création »,** la limite entre ces deux genres est imprécise et dans cette zone intermédiaire en photographie se déplace constamment la **notion d'art.**

Depuis Nadar dont les portraits nous restituent le mystère de Baudelaire, l'ironie d'Offenbach, l'humour de Rossini, nombre de grands photographes ont enrichi et enrichissent notre **patrimoine artistique :** Yan-Dieuzaide, Henri Cartier-Bresson, Robert Doisneau, Jean-loup Sieff, Jacques-Henri Lartigue, André Kertesz, Willy Ronis, Marc Riboud, Édouard Boubat, William Klein, Guy Le Querrec...

▲ **E. Boubat, *Été 1987.***

La bande dessinée

Si la recherche des origines de la **bande dessinée** donne lieu à de subtiles controverses, nul ne conteste aujourd'hui l'entrée de ce moyen d'expression graphique et narrative au panthéon des arts. « Plus immédiatement accessible que le cinéma ou la télévision, la B.D. constitue un media privilégié où s'entrecroisent les idéologies, explicites ou implicites, les héritages et les références culturels, les impératifs économiques, les carcans législatifs, mais aussi les révoltes, les innovations, les refus... » (Michel Pierre).

En France, aux héros de **Christophe** (Georges Colomb) : *La Famille Fenouillard* (1889), *Le Sapeur Camembert* (1890), *Le Savant Cosinus* (1893) ; de Pinchon et Caumery : *Bécassine* (1905) ; de Louis Forton ; *Les Pieds Nickelés* (1908), *Bibi Fricotin* (1924) ; d'Alain Saint-Ogan : *Zig et Puce* (1925) ; du Bruxellois **Hergé :** *Tintin et Milou* (1929), se sont ajoutés ceux de Morris et Goscinny (*Lucky Luke*) ; de Franquin (*Spirou, Gaston Lagaffe*) ; d'Arnal (*Pif le Chien*) ; de **Goscinny** et **Uderzo** (*Astérix*) ; ceux de Greq, Gotlib, Gir, Druillet, Fred, Fournier, Willem, Masse, Pichard, Bretécher, Bilal, Tardi...

3 / ❸ LA CHANSON

La radio, la télévision, le disque, la bande magnétique et la cassette, en diffusant massivement la chanson, en la faisant entrer plus intimement dans notre vie quotidienne, l'ont transformée et en font un véritable phénomène sociologique.

Yves Montand.

La chanson francophone

Véhicule le plus populaire de la langue française, la chanson francophone s'exprime aujourd'hui à travers une quarantaine de nations représentant plusieurs continents. En Amérique, le Québec a produit de nombreux chanteurs de grand talent : de Félix Leclerc, qui a ouvert la voie, à Georges Brassens et Jacques Brel, à Diane Tell, en passant par Gilles Vigneault, Robert Charlebois, Fabienne Thibault, Pauline Julien, Diane Dufresne... Mais la Belgique avec Julos Beaucarne, la Suisse avec Michel Buhler, le Cameroun avec Francis Bebey, « le Brassens des Tropiques », contribuent également à la renommée de la chanson d'expression française, sans pour autant se couper de la réalité vivante de leur peuple, en dépassant les frontières de la francophonie.

Une foisonnante richesse

La chanson française — plongeant de profondes racines dans le terroir national et subissant les influences venues de l'étranger — est caractérisée depuis plusieurs décennies par une extrême diversité et une foisonnante richesse. Parmi les auteurs et les compositeurs, ceux-ci se confondant d'ailleurs souvent avec ceux-là ont poursuivi avec succès une longue carrière inaugurée avant la Seconde Guerre mondiale : É. **Piaf** (1915-1963), T. **Rossi,** C. **Trenet**... ; d'autres s'affirment avec les **grandes vagues** qui, après 1945, renouvellent le répertoire. Les uns et les autres s'intègrent dans de multiples courants qui se perpétuent, se chevauchent, s'opposent ou se complètent, si bien que toute classification se révèle illusoire.

Trois grands moments

En schématisant, on pourrait distinguer, dans l'évolution de la chanson française depuis une quarantaine d'années, trois grands moments :

▶ Après la Libération naît la **chanson intellectuelle.** Sortie des caves de Saint-Germain-des-Prés et des cabarets du Quartier Latin, elle privilégie le **texte.** J. **Gréco** chante les couplets de Prévert, de Raymond Queneau, de Jean-Paul Sartre (*La Rue des Blancs-Manteaux*) ; L. **Ferré,** tour à tour tendre et contestataire, fait descendre la poésie dans la rue ; C. **Sauvage** chante Mac-Orlan, Brecht... La plupart des grands chanteurs actuels font leurs premières armes dans les cabarets de la « rive gauche » : *La Contrescarpe, Le Tabou, La Rose Rouge, L'Échelle de Jacob, L'Écluse, Le Cheval d'Or...*

▶ Vers la fin des années 50 avec **le triomphe du rock** venu d'outre-Atlantique, la chanson privilégie **le rythme,** J. **Hallyday** fait la conquête d'un vaste public jeune. A sa suite s'imposent R. **Anthony,** E. **Mitchell,** S. **Vartan,** C. **François,** M. **Polnareff, Sheila...**

▶ **Depuis quelques années, la « nouvelle chanson française »** se met à l'écoute de la vie quotidienne. Dans le même temps, en quête de nouveaux horizons, elle revendique la liberté du rêve. A. **Souchon,** M. **le Forestier,** M.-P. **Belle, Renaud,** B. **Lavilliers,** Y. **Duteil,** Y. **Simon,** F. **Cabrel,** J. **Guidoni,** J.-P. **Capdevielle,** J.-J. **Goldmann,** M. **Jonasz...** renouvellent le genre dans les domaines les plus divers.

Au-delà des engouements

Dans des genres très variés, des chanteurs triomphent depuis plusieurs années auprès de divers publics. Aux noms déjà cités il convient d'ajouter ceux de Michel **Sardou,** S. **Lama,** S. **Gainsbourg,** M. **Fugain,** J. **Clerc,** M. **Laforêt,** P. **Colombo,** S. **Reggiani,** G. **Moustaki, Nicoletta,** L. **Escudéro, Dalida,** E. **Macias,** N. **Mouskouri...** Enfin, au-delà des modes et des engouements passagers, la chanson française est dominée par les **grands noms** de G. **Brassens,** C. **Aznavour,** J. **Ferrat,** J. **Brel,** G. **Bécaud,** Y. **Montand, Mouloudji,** C. **Nougaro,** A. **Sylvestre,** G. **Béart,** P. **Perret...**

Le festival de Bourges

Créé en 1976, ce festival international de la chanson française s'est fixé pour objectif la promotion de jeunes talents et la découverte d'une musique vivante. Chaque année à Bourges, environ 100 000 personnes assistent à près de 100 spectacles où se produisent quelque 250 artistes. Concerts de jazz, de rock, de musique acoustique, chanteurs de renommée mondiale et interprètes inconnus attestent de la vitalité de la musique et de la chanson en France.
Le festival de Bourges est désormais une institution.

Les Rita Mitsouko.

80 millions de disques

Chaque année quelque 80 millions de **disques,** 22 millions de **cassettes** enregistrées (tous genres) et 51 millions de **cassettes** vierges sont vendus en France. Environ 60 sociétés d'édition phonographique (Phonogram, Pathé-Marconi, Barclay...) s'efforcent de répondre aux goûts variés du public. La société des auteurs, compositeurs et éditeurs de musique (S.A.C.E.M.) fondée en 1851 par E. Bourget assure la **protection** des œuvres en France et dans une soixantaine de pays liés par des accords de réciprocité.

Les « francofolies » de La Rochelle

Depuis leur création en 1984, les « francofolies » de La Rochelle constituent, chaque été, cinq jours de fête en musique et en chanson. Vedettes de la chanson française et francophone sont sur la scène, dans les rues, sur les ports, pour le plus grand plaisir d'un large public (30 000 personnes) de vacanciers. Eclectisme et qualité sont chaque année au rendez-vous.

LE CINÉMA

Le cinéma, à la fois industrie, divertissement et moyen d'expression artistique, connaît actuellement une grave crise économique. S'il s'est efforcé, depuis quelques années, de renouveler ses thèmes et ses moyens d'expression, parfois avec succès, il doit impérativement redresser sa situation financière.

La crise

Par rapport aux années 50 et 60, l'activité cinématographique française accuse un immense recul : de 450 millions de spectateurs par an, on est passé de 185 à 170 entre 1970 et 1985 à environ 130 millions aujourd'hui.

La fréquentation des salles, les productions, les recettes sont en baisse tandis que le coût des investissements ne cesse d'augmenter.

La chute de la fréquentation s'explique en grande partie par la concurrence de la télévision. En 1988, les six chaînes ont présenté près de 1400 films. Ce phénomène s'explique par les choix des téléspectateurs qui mettent les films largement en tête de leurs préférences. Conséquence de ce déferlement cinématographique sur le petit écran : outre la chute des entrées, la fermeture de nombreuses salles et la «banalisation» du film.

... et ses remèdes

Cette évolution incite les producteurs à demander aux responsables des chaînes de TV de participer davantage au financement des films : ce que fait Canal Plus dont la réussite repose d'abord sur la diffusion de nombreux films récents.

Cependant, le principal soutien du cinéma demeure l'État. En 1988, il a consacré 1 milliard de francs au financement de la production, sur un total de 1,4 milliard. En outre, avec l'argent des divers impôts et taxes, il accorde des aides aux producteurs et aux exploitants, ainsi qu'à certains projets de films, selon un système d'avance sur recettes.

A ce financement de l'État, il faut ajouter celui des sociétés de financement de la création audiovisuelle (S.O.F.I.C.A.) créées en 1985 à l'initiative du gouvernement, avec l'appui de banques.

Au-delà du soutien financier, le cinéma doit d'abord retrouver un public. Il lui faut pour cela répondre à ses attentes et s'adapter aux nouvelles conditions d'exploitation. Les multisalles d'hier sont désertées par les spectateurs. Ils leur préfèrent de nouveau les grandes salles modernisées qui ressuscitent la magie du cinéma-spectacle d'antan.

Un constant renouvellement

▶ Sous l'Occupation, de nombreux réalisateurs (J. **Renoir,** R. **Clair,** J. **Duvivier**) quittent la France pour Hollywood. Les œuvres marquantes du cinéma français sont des œuvres d'«évasion» : *Les Visiteurs du soir* (1942) et *Les Enfants du Paradis* (1943), de M. **Carné ;** *La Nuit fantastique* (1942), de M. **L'Herbier ;** *Le Mariage de Chiffon* (1942), de C. **Autant-Lara.**

▶ Après la Libération, la production française connaît un nouvel essor marqué par des films inspirés de la Résistance : *La Bataille du rail*, de R. **Clément** ; des œuvres poétiques : *La Belle et la Bête* (1948), *Orphée* (1950), de J. **Cocteau** ; des œuvres réalistes : *Antoine et Antoinette* (1947), de J. **Becker** ; des adaptations d'œuvres littéraires : *Le Journal d'un curé de campagne* (1950), de R. **Bresson** ; *Le Parisien* (1951), de M. **Ophüls** ; tandis que J. **Tati** invente un nouveau comique : *Les Vacances de M. Hulot* (1952)...

Aux cinéastes de l'entre-deux-guerres qui continuent de créer s'ajoutent de nouveaux réalisateurs et la production se diversifie avec **Christian-Jaque,** H. **Decoin, Delannoy,** P. **Kast,** L. **Daquin,** A. **Cayatte,** M. **Camus,** M. **Allégret,** Y. **Allégret,** Ph. **de Broca,** R. **Leenhardt,** J.-P. **Melville,** G. **Oury,** R. **Vadim...**

▶ Dans cette grande diversité de création, la fin des années 50 marque une rupture avec la révélation de la « *nouvelle vague* », dont les initiateurs sont pour la plupart membres de l'équipe des **Cahiers du Cinéma** réunie autour du critique A. **Bazin.** Elle se caractérise par une plus grande liberté de style, la recherche de thèmes plus proches de la vie, de faibles budgets, de nouveaux acteurs. Une pléiade de créateurs vont rapidement s'imposer : J.-L. **Godard** *(A bout de souffle)*, F. **Truffaut** *(Les Quatre Cents Coups)*, L. **Malle** *(Les Amants)*, C. **Chabrol** *(Les Cousins)*, E. **Rohmer** *(Ma nuit chez Maud)*, J. **Rivette** *(La Religieuse)*, Agnès **Varda** *(Le Bonheur)*, et surtout A. **Resnais** *(Hiroshima mon amour)*.

***Au revoir les enfants* de Louis Malle.**

Festivals du cinéma

Cannes : Festival international

Annecy : Film d'animation

Avoriaz : Film fantastique

Deauville : Cinéma américain

Cognac : Film policier

▶ Depuis lors, de nouveaux réalisateurs se sont affirmés dans les genres les plus divers : l'ethnographie avec J. **Rouch,** la politique avec **Costa-Gavras** *(Z)*, la comédie avec J. **Demy** ou P. **Richard** ; mais aussi C. **Lelouch** *(Un homme une femme, Les uns et les autres)*, M. **Pialat** *(Loulou, A nos amours)*, C. **Sautet** *(Les Choses de la vie, Une histoire simple)*, Y. **Robert** *(Nous irons tous au paradis)*, B. **Tavernier** *(L'Horloger de Saint-Paul, Un dimanche à la campagne)*, B. **Blier** *(Les Valseuses, Beau-père)*, C. **Zidi** *(Manon des Sources)*, A. **Corneau** *(Le Choix des armes)*, J. **Doillon** *(La Femme qui pleure)*. Les femmes cinéastes se multiplient : C. **Ackermann,** C. **Serreau** *(Mais qu'est-ce qu'elles veulent ?, Trois hommes et un couffin)*, sans oublier une romancière chevronnée, M. **Duras** *(Le Camion, India song)*. Parmi les nouveaux réalisateurs qui se sont révélés récemment, citons J.-J. **Annaud** *(La Guerre du feu, Au nom de la rose)*, J.-J. **Beineix** *(Diva, 37°2 le matin)*, L. **Besson** *(Subway, Le Grand Bleu)*.

3 / ❸ LES FESTIVALS

La multiplication des festivals dramatiques, musicaux, chorégraphiques.. est le signe d'une grande vitalité des activités artistiques et culturelles. On en compte plus de trois cents, répartis dans toutes les régions.

Paris et la province

A Paris, le théâtre, la danse et la musique animent au mois de juin le cadre prestigieux des **hôtels du Marais**. Plus particulièrement dédiés à la musique et à la danse, doivent être cités, dans la capitale, le *Festival Estival,* les *Semaines musicales internationales,* le *Festival d'Automne.*

La région parisienne et la province rivalisent d'imagination et d'initiative pour animer la vie culturelle locale et attirer un public étranger; *Festival des nuits de Bourgogne, des nuits de Flandre, des nuits d'Anjou, Festival de la Cité* à Carcassonne, *Théâtre d'été* de Beaune (Bourgogne), *Festival de la mer* à Sète, *Festival de Provins, de Royan.* La musique et la danse triomphent au *mai de Versailles,* au *festival d'Aix-en-Provence* (musique classique), aux *chorégies d'Orange* (art lyrique), à Prades, Besançon, Bordeaux, Antibes, aux *Choralies de Vaison-la-Romaine.*

A toutes ces manifestations s'ajoutent les *festivals du cinéma* [p. 214] et les spectacles *Son et Lumière* qui permettent d'admirer les palais, châteaux, églises... et d'assister à des évocations historiques.

On peut également citer un festival qui connaît un succès croissant depuis quelques années : celui de la bande dessinée qui, depuis 1973, a lieu chaque année à Angoulême et accueille environ 120000 personnes.

On peut enfin mentionner des manifestations très diverses : festival de la voyance, des sports de glisse, de l'érotisme, etc.

Le Festival d'Avignon

Créé en 1947 à l'initiative de **Jean Vilar,** le *Festival d'Avignon* proposait à l'origine d'initier au théâtre un vaste public populaire. Depuis 1966 il a élargi ses activités et la *Cité des Papes* accueille, en plus du Théâtre National de Chaillot, diverses troupes françaises ou étrangères, des corps de ballets classiques et modernes, des orchestres... De plus, sont organisés des spectacles-rencontres au cours desquels poètes, musiciens, cinéastes dialoguent avec le public. Le festival parvient à présenter, au cours d'une seule saison (12 juillet-14 août), 150 représentations théâtrales, musicales, chorégraphiques, de cirque; 150 films, 15 expositions. Lieu de rencontre de toutes les formes d'art et de publics les plus divers, le Festival d'Avignon a désormais une réputation qui dépasse largement les frontières de l'Hexagone.

MUSÉES ET MAISONS DE LA CULTURE

Les musées qui rassemblent le patrimoine artistique et historique de la France reçoivent chaque année des millions de visiteurs. Les Maisons de la Culture, créées à partir de 1961, avaient l'ambition de devenir des foyers de diffusion et de création artistique. Cet objectif n'a été que partiellement atteint.

Le Centre Georges-Pompidou (Paris).

Plus de 2 000 musées

On compte en France 33 **musées nationaux,** une trentaine de musées appartenant à des collectivités locales et quelque 950 musées contrôlés par l'État et 1 100 musées privés.

Le **Louvre**, ancienne résidence royale, le plus célèbre des musées nationaux, abrite 6 000 peintres, 2 250 sculptures, 46 000 gravures, 90 000 dessins et plus de 150 000 pièces d'antiquités égyptiennes, grecques et romaines... D'autres musées nationaux sont spécialisés : **Guimet** (art oriental), **Cluny** (art médiéval), **Saint-Germain-en-Laye** (antiquités gallo-romaines), **musée d'Art moderne, musée de Sèvres** (céramiques), **musée Rodin...** Ces dernières années, deux grands musées ont été ouverts à Paris : le musée Picasso, dans un hôtel particulier du Marais, et le musée du XIXe siècle (1848-1914) dans l'ancienne gare d'Orsay. Parmi les musées à caractère scientifique et technique : le Palais de la Découverte, le musée d'Histoire naturelle, le musée de l'Homme...

Les musées nationaux organisent chaque année de grandes expositions consacrées à des peintres (récemment, Watteau, Renoir, le Douanier Rousseau, Monet, Degas, Van Gogh, Cézanne, Gauguin) ou thématiques et pluridisciplinaires, au Centre Pompidou (« Paris-Berlin » ou « Vienne, naissance d'un siècle »). Ces différentes expositions connaissent de très grands succès, accueillant des foules si considérables (plusieurs centaines de milliers de personnes), qu'on peut parler de véritable « ruée vers l'art ».

A Paris comme en province, les musées se sont multipliés et diversifiés : outre ceux déjà cités, on peut mentionner, dans la capitale, les musées des **Arts et Traditions populaires**, des **Arts décoratifs**, du **Cinéma**, de **l'Affiche** et de la **Publicité**, de la **Mode et du Costume** ; en province, les musées **Chagall** à Nice, **Fernand Léger** à Vallauris, **Paul Valéry** à Sète, le **Mémorial de la Paix** à Caen, **le musée d'Art moderne** à Villeneuve-d'Ascq, **gallo-romain** à Lyon, **de l'Automobile** à Mulhouse, etc.

Les Maisons de la Culture

Crées à l'initiative d'André Malraux, les Maisons de la Culture avaient pour objectif de « mettre la culture à la portée de tous ». Une Maison de la Culture devait être ainsi implantée dans chaque région. On en compte aujourd'hui 12 situées dans les plus grandes villes.

L'INFORMATION

ou le « quatrième pouvoir »

La presse tient une place importante dans la vie culturelle et politique du pays. Les Français lisent chaque année près de 8 milliards d'exemplaires de journaux et périodiques répartis en quelque 15 000 titres.

Depuis trois siècles...

En 1630, Théophraste Renaudot fonde la première gazette, qui, en 1762, devient l'organe officiel du gouvernement sous le nom de *Gazette de France*.

La presse moderne naît en France avec la Révolution de 1789 : presse d'opinion, qui prend son essor sous la monarchie de Juillet. Émile de Girardin introduit dans son journal, *La Presse*, le feuilleton et la publicité.

Posée en principe par la Déclaration des Droits de l'Homme, la liberté de la presse ne s'établit réellement en France que progressivement tout au long du XIXe siècle.

Mais pendant l'Occupation, de nombreux journaux se sabordent ou paraissent clandestinement. Ceux qui ont continué à paraître sont suspendus à la Libération et leurs biens confisqués.

La presse quotidienne : concentration et décentralisation

Depuis 1945, la concurrence grandissante de la radio et de la télévision, l'élévation des prix de revient et des coûts d'exploitation ont entraîné diverses conséquences :

- **Concentration** : le nombre des quotidiens est passé de 220 en 1939 à 82 actuellement ;
- Développement relatif de la **presse de province**, qui a su se moderniser et s'adapter à son public par des pages régionales et locales, sans toutefois parvenir à un rayonnement international comme dans d'autres pays ;
- Régression de la presse « d'opinion » proprement dite considérée dans son ensemble. Néanmoins la presse « d'information » représente l'éventail des principales tendances politiques.

ÉVOLUTION DE LA PRESSE QUOTIDIENNE D'INFORMATION

	1939	1945	1965	1980	1988
Paris	43 (6)	26 (6,5)	14 (5)	11 (4)	12 (2,5)
Province	177 (5)	153 (8,5)	92 (7)	74 (7)	70 (7,5)
Total	220 (11)	179 (15)	106 (12)	85 (11)	82 (10)

1er chiffre 43 : nombre de titres
2e chiffre (6) : tirage en millions d'exemplaires

LES GRANDS QUOTIDIENS D'INFORMATION A PARIS (1)

La Croix : 104 043 ex.
Le Figaro : 432 225 ex.
France-Soir : 284 752 ex. (en 1987)
L'Humanité : 109 314 ex.
Libération : 195 088 ex.
Le Monde : 387 449 ex.
Le Parisien libéré : 382 293 ex.
Le Quotidien de Paris : 67 000 ex.

(1) Auxquels s'ajoutent des quotidiens spécialisés, économiques et financiers : Les Échos (96 233 ex.), La Tribune de l'Expansion (38 000 ex.) ; sportifs : L'Équipe (230 524 ex.) et médicaux : Le Quotidien du médecin.

(Chiffres de diffusion 1988 — Source : Office de justification de la diffusion)

Triomphe de la presse périodique

Si la presse quotidienne connaît de sérieuses difficultés, la presse périodique en revanche n'a jamais été aussi prospère. En récapitulant et en jugeant les événements avec un certain recul, en offrant un condensé de l'évolution du monde, en complétant la vie professionnelle ou en apportant à chacun la distraction ou l'évasion nécessaires, elle forme en quelque sorte la toile de fond de sa vie privée. Aussi est-elle le raccourci de tous les secteurs de l'activité humaine : politique, religion, sport, jeunesse, culture, loisirs, santé, sans oublier la presse féminine : au total plus de 15 000 titres. Le tirage des 1 250 hebdomadaires dépasse désormais celui des quotidiens.

Les revues

Il est publié en France des centaines de revues, mensuelles pour la plupart, concernant tous les domaines de l'activité nationale et internationale. Dans le domaine culturel, les plus anciennes sont la *Revue des Deux Mondes*, fondée en 1829, et la *Nouvelle Revue française*, fondée en 1909. D'autres revues représentent

H : Hebdomadaire
M : Mensuel
B.M. : Bi-mensuel

Presse des Jeunes (25)

Hit Magazine (M.) ; Le Journal de Mickey (H.) ; Picsou Magazine (M) ; Pif Gadget (H) ; Podium Hit-Magazine (M.) ; Pomme d'Api (M.) ; Okapi (B.M.) ; Phosphore (M.) ; Ça m'intéresse (M.) ; OK ! (H) ; Salut ! (B.M.).

Presse économique, financière et sociale

Cadres et Maîtrise (B.M.) ; Les Échos (Q.) ; L'Expansion (B.M.) ; F.O. Magazine (M) ; Le Nouvel Économiste (H) ; Le Particulier (B.M.) ; Syndicalisme Magazine (M) ; L'Usine Nouvelle (H) ; La Vie Française/L'Opinion (H.) ; Vie Ouvrière (H.).

Presse féminine (25)

Biba (M) ; Bonne Soirée (H) ; Chez Nous (H) ; L'Écho Madame (H) ; Elle (H) ; Femme Pratique (M) ; Femmes d'Aujourd'hui (H) ; F. Magazine (M) ; Marie-Claire (M) ; Marie-France (M) ; La mode chic de Paris (trim.) ; Modes et Travaux (M) ; Pour vous Madame Modes de Paris (H) ; Vogue (10 par an) ; Cosmopolitan (M) ; Femme actuelle (H) ; Madame Figaro (H) ; Prima (M) ; Aujourd'hui Madame (H).

Presse « d'opinion » et « news magazines »

Le Canard Enchaîné (H.) ; L'Express (H.) ; L'Humanité Dimanche (H.) ; Minute (H.) ; Le Nouvel Observateur (H.) ; Le Point (H) ; Réforme (H) ; Hebdo T.C (H) ; Valeurs Actuelles (H) ; L'Événement du Jeudi (H) ; Le Figaro-Magazine (H).

Magazines illustrés

Hebdomadaires et mensuels, spécialisés et d'actualité :
Actuel (M) ; Le Chasseur français (M) ; Clair Foyer (M) ; Confidences (H.) ; Géo (M) ; Historia (M) ; Horoscope (M) ; Intimité (H.) ; Jours de France (H.) ; Lui (M) ; Notre Temps (M) ; Nous Deux (H.) ; Panorama Aujourd'hui (M) ; Parents (M) ; Paris-Match (H.) ; Le Pèlerin (H.) ; Photo (M) ; Point de Vue Images du Monde (H.) ; Science et Vie (M) ; Sélection du Reader's Digest (M) ; La Vie (H.) ; La Vie du Rail (H.) ; La Voix des Parents (B. M.) ; V.S.D. (H.) ; Week-End (H.)

Presse radio-télévision (15)

Télé Journal (H) ; Télé-Magazine (H) ; Télé-Poche (H) ; Télérama (H) ; Télé-7 jours (H) ; Télé-Star (H) ; Télé Loisirs (H) ; TV Couleur (H) ; TV Magazine (H).

Presse sportive

(environ 60 titres)
L'Auto-Journal (B.M) ; Dimanche-Turf (H) ; France Foot-Ball (H.) ; Onze (M) ; Tennis (M.) ; Moto-Journal (H) ; Bateaux (M) ; Greens (M) ; Cyclisme international (M) ; Drop (M).

Périodiques spécialisés en :

informatique (20), médecine (10), loisirs pratiques (30), cinéma (10), théâtre (2), voyages-aventure (8), arts (4), sciences (14), musique (9), histoire (4), spectacles (12), maison-jardin (20)...

des groupes ou des tendances particulières, comme *Esprit*, fondé par E. Mounier, les *Temps modernes*, fondés et dirigés jusqu'à sa mort par J.-P. Sartre, *Études, La Pensée, Europe, Autrement, Le Débat, Commentaires*...

Les agences de presse

Les journaux se procurent une partie de leurs **informations** auprès d'agences de presse.

Remplaçant l'ancienne **Agence Havas** — qui avait constitué un monopole de fait des informations — l'Agence France-Presse (A.F.P), créée en 1944, possède depuis 1957 un statut qui assure son indépendance. Une part de son financement est cependant assurée par l'État. C'est une des 10 grandes agences mondiales d'information, qui dispose de 99 bureaux en France et de 112 à l'étranger, collectant des informations dans plus de 150 pays.

Les autres grandes agences françaises sont l'Agence Centrale Parisienne de Presse (A.C.P) et l'Agence Générale d'Information (A.G.I).

La distribution

Environ 10 millions d'exemplaires de journaux parviennent chaque jour à quelque 4000 points de vente et au domicile de 2 millions d'abonnés. Les journaux représentent 2,2 milliards de colis par an, soit 30 % du tirage transporté par les P et T.

Les Messageries de Presse assurent le tri, le groupage, le transport et la distribution des publications. Les **Nouvelles Messageries de la Presse Parisienne** (qui associent cinq coopératives de presse et la Société Hachette) diffusent 2000 titres français et 600 étrangers.

Les groupes de presse

La presse française est en grande partie contrôlée par quelques groupes, chaque groupe de presse rassemblant un faisceau de titres divers dans une même société ou un jeu de sociétés. Parmi les principaux groupes de presse figurent : les groupes Hersant, Filipacchi, Amaury, Prouvost, Hachette, Éditions mondiales...

Un « empire » de la presse : le groupe Hersant

Le groupe de presse animé par M. Robert Hersant contrôle ou possède :

- **Des quotidiens parmi lesquels : « France-Soir », « Le Figaro », « Nord-Matin », « Nord-Éclair », « Paris-Normandie », « Presse-Océan », « Le Dauphiné Libéré », « Le Progrès », « L'Union de Reims », « France-Antilles »...**
- **Des hebdomadaires et bihebdomadaires : « Le Courrier de L'Eure », « La Voix du Bocage », « Le Pont-Audemer », « Les Nouvelles de Falaise », « Le Journal d'Elbeuf »...**
- **Des magazines : « Le Figaro-Magazine », « Madame Figaro », « TV Magazine », « L'Auto-Journal », « Champion », « Sport-Auto », « Le Cahier du yachting », « Bateaux », « La Revue nationale de la chasse », « Points de vente », « Market », la « Bonne Cuisine »...**
- **Le groupe Hersant comporte également une agence de presse générale (L'Agence Générale de Presse et d'Information), une agence de publicité (Publiprint), et un important secteur d'imprimerie.**

3 / ❹ LE PAYSAGE AUDIOVISUEL

Depuis le début des années 80, le paysage audiovisuel français a connu de profonds changements.

Après la création en 1975 de sept sociétés à capitaux d'État, dont trois chaînes de télévision, une Haute Autorité de la communication audiovisuelle fut instituée en 1982 pour coordonner l'activité de ces sociétés et leur assurer l'indépendance à l'égard des pouvoirs politiques (suppression notamment du monopole d'État sur la radio et la télédiffusion).

En 1986, elle fut remplacée par une Commission nationale de la communication et des libertés (C.N.C.L.) qui avait en particulier pour mission de favoriser la libre concurrence et l'expression pluraliste des courants d'opinion.

Une nouvelle loi votée en 1988 a substitué à la C.N.C.L. un Conseil supérieur de l'audiovisuel (C.S.A.), « autorité indépendante » dont le statut et les pouvoirs seront, quoique élargis (en matière de sanctions surtout), assez semblables à ceux des deux instances qui l'ont précédé.

La radio

Radio France (société nationale) émet sur cinq réseaux (allant des grandes ondes aux ondes courtes et des ondes moyennes à la modulation de fréquence) : France-Inter, France-Culture, France-Musique, FIP, Radio bleue et France Info.

Radio France Internationale (R.F.I) est une société nationale indépendante depuis 1986.

Des postes périphériques, qui vivent de la publicité, ont installé leurs antennes aux frontières de la France (Radio-Télé Luxembourg [R.T.L.], Europe n° 1, Radio Monte Carlo, Sud-Radio...). L'État français détient par l'intermédiaire de la SOFIRAD (Société Financière de Radio-diffusion) une part importante des actions de Radio Monte Carlo (83 %).

Depuis 1982, la loi a permis la création de radios privées locales émettant sur le réseau FM. Elles sont désormais un millier, implantées sur l'ensemble du territoire national, parmi lesquelles NRJ (77 stations), Radio Nostalgie (139), FUN (97), etc.

La télévision

On compte aujourd'hui environ 19 millions de postes, dont 16 millions en couleur (95 % et 80 % des ménages).

Les chaînes de télévision sont maintenant au nombre de six : deux chaînes du service public (sociétés nationales), Antenne 2 (A2) et France Région 3 (FR3), et quatre chaînes privées : TF1, Canal Plus (cryptée et à péage), la Cinq et M6. Une septième chaîne culturelle (la SEPT) qui diffuse des émissions sur FR3 est désormais une chaîne franco-allemande. Dans certaines régions frontalières, on peut capter deux chaînes périphériques : Télé-Monte-Carlo (T.M.C.) et Radio-Télé-Luxembourg (R.T.L.).

LA CULTURE FRANÇAISE DANS LE MONDE

La vie culturelle française est loin de se limiter aux frontières nationales. Malgré la concurrence toujours plus sévère d'autres cultures qui lui ont fait perdre, au moins en partie, son ancienne prééminence, elle continue d'exercer une influence notable dans le monde.

Les Français à l'étranger

La présence de la France à l'étranger est d'abord assurée par les Français eux-mêmes.

Près de 1,4 million de Français résident à l'étranger : 369 000 en Amérique, 653 000 en Europe, 267 000 en Afrique, 88 000 au Moyen-Orient et Proche-Orient, 30 000 en Asie et Océanie.

Présence de la langue française

Mais la présence de la France, c'est aussi celle de la langue française. Certes, depuis le siècle dernier, celle-ci a vu sa primauté supplantée par celle de l'anglais. Pourtant 90 millions d'habitants du globe, répartis sur tous les continents, ont aujourd'hui pour **langue maternelle** le français. On estime par ailleurs à 190 millions le nombre de personnes sachant le français mais vivant dans des sociétés non francophones.

En outre, le français occupe encore une position privilégiée comme **langue diplomatique** (environ 40 délégations sur 138 interviennent à l'O.N.U. en français) et reste pour beaucoup de peuples une langue de culture.

L'enseignement à l'étranger

• 20 000 professeurs et instituteurs français enseignent hors de France.

• On dénombre 1 350 établissements français qui s'adressent à plus de un million d'élèves et d'étudiants : instituts, lycées, centres de l'Alliance française, centres culturels.

La presse étrangère de langue française

La présence française dans le monde est renforcée par la presse de langue française qui ne compte pas moins de 2 000 journaux et périodiques : 225 en Suisse, 180 au Canada, 160 en Belgique, 70 au Maghreb...

• Belgique

Le Soir

La Libre Belgique

Bonnes soirées

• Suisse

Feuille d'avis de Lausanne

La Tribune de Lausanne

L'Illustré

Le Journal de Genève

• Canada

La Presse

Le Soleil

Le Petit Journal

La Patrie du Dimanche

Un réseau d'institutions culturelles

Associations culturelles ou religieuses

- L'Alliance française : 101, bd Raspail, 75006 Paris.
- La Mission Laïque Française : 9, rue Humblot, 75015 Paris.
- Le Comité Protestant des Amitiés françaises à l'étranger : 49, rue de Clichy, 75009 Paris.
- Le Comité Catholique des Amitiés françaises dans le Monde, 99, rue de Rennes, 75006 Paris.
- L'Alliance Israélite Universelle : 45, rue La Bruyère, 75009 Paris.

Organismes culturels

Des organismes sont au service de l'enseignement à l'étranger. Les principaux sont :

- **Le Centre International d'Études Pédagogiques (C.I.E.P.) à Sèvres (1, avenue Léon-Journault) et son antenne à Paris : le C.I.E.P.-Belc (Bureau pour l'Enseignement de la Langue et de la Civilisation), 9, rue Lhomond, 75005.**

- **Le Centre de Recherche et d'Études pour la diffusion du français (C.R.E.D.I.F.), à Saint-Cloud (École Normale Supérieure), élabore des méthodes et du matériel pédagogique pour l'enseignement du français, notamment à l'aide d'auxiliaires audio-visuels.**

Ces différents organismes animent chaque année de nombreux stages en France et à l'étranger.

Cette présence, la France en effet s'emploie depuis plus d'un siècle à la maintenir et à la développer méthodiquement. Ce fut pendant longtemps l'œuvre des **missions catholiques.** Puis naissaient tour à tour l'**Alliance Israélite Universelle** (1852), l'**Alliance française** (1883) et la **Mission laïque** (1902), qui fondaient un peu partout dans le monde des lycées et des foyers de culture française.

L'**Alliance française** compte un millier de comités ou d'associations affiliées ; son activité enseignante s'exerce dans plus de 600 centres répartis dans 86 pays et intéresse quelque 250 000 personnes. Elle possède à Paris une école internationale de langue française fréquentée chaque année par plusieurs dizaines de milliers d'étrangers.

Ces diverses associations apportent une contribution importante à la mise en œuvre de la politique culturelle de la France à l'étranger. C'est pour mieux définir et développer cette politique que fut fondé en 1900 dans le cadre du ministère des Affaires étrangères un modeste *Bureau des Écoles et des Œuvres,* transformé en 1945 et devenu depuis **Direction Générale des Relations Culturelles, Scientifiques et Techniques.**

La D.G.R.C.S.T. est représentée à l'étranger par 40 conseillers et attachés culturels qui travaillent dans le cadre des ambassades françaises. Elle entretient environ 150 Instituts ou Centres culturels et 77 lycées français. Elle dispose, hors des frontières, d'un réseau de plus de 20 000 enseignants. Elle envoie dans tous les pays, ainsi que l'Alliance française, des conférenciers, des expositions et les meilleures compagnies dramatiques. Elle fait de plus un effort considérable pour la diffusion du livre et du film français, ainsi que de programmes de radio et de télévision.

Le Commissariat Général de la Langue française est chargé de soutenir la promotion et le rayonnement de notre langue dans les différents pays.

Par ailleurs, le nombre d'**étudiants étrangers** dans les universités françaises s'est fortement accru. On en compte aujourd'hui 125 000 dont 70 000 originaires du continent africain.

LA FRANCOPHONIE

La francophonie constitue un espace linguistique et littéraire qui dépasse considérablement les frontières de l'hexagone. Depuis 1945, et plus encore depuis la décolonisation, la langue française n'est plus la propriété exclusive des Français ; bien plus, cette langue réputée pour son caractère « universel » montre aujourd'hui son aptitude à exprimer des différences, voire, comme au Québec, à affirmer des identités.

La francophonie, comprise comme une communauté de cultures diverses unies par la langue, est devenue une réalité. Elle a désormais ses « sommets » : le premier s'est réuni à Versailles en février 1986, le deuxième à Québec en septembre 1987 et le troisième à Dakar en mai 1989.

Elle possède son organisation internationale gouvernementale : l'Agence de Coopération Culturelle et Technique (A.C.C.T.), créée en 1970, qui rassemble 30 États-membres, et divers organismes privés, comme l'Association des universités partiellement ou entièrement de langue française (A.U.P.E.L.F.). En France, il existe désormais un ministère de la Francophonie rattaché au ministère des Affaires étrangères, ainsi qu'un Haut Conseil de la Francophonie institué en 1984.

Wallonie et Suisse romande

Elles font partie intégrante de l'espace francophone par la langue et la culture. Mais cette culture, même si elle présente certains traits caractéristiques, a été si étroitement associée au cours des derniers siècles à la culture française qu'il serait arbitraire de l'en séparer. Qu'il s'agisse de Rousseau, des symbolistes belges, de Ramuz, et davantage encore de Michaux ou de Simenon, des critiques Georges Poulet, Starobinski et Hubert Juin, des romanciers Françoise Mallet-Joris, Pierre Mertens, François Weyergans, Jacques Chessex et Robert Pinget, ne se sont-ils pas intégrés d'eux-mêmes à notre littérature nationale ?

Le Québec

Il en va tout autrement du Québec. Depuis la dernière Guerre mondiale, celui-ci a non seulement comblé en quelques années un retard soigneusement entretenu par un tout-puissant clergé conservateur, mais accompli au cours d'une génération une « révolution tranquille », que le discours du général de Gaulle en 1967, avec sa formule : « Vive le Québec libre ! » devait seulement précipiter ; révolution qui s'est traduite sur le plan culturel par un véritable réveil que marquèrent successivement le manifeste *Refus global* (1948), la fondation de la revue *Liberté* par le poète Jean-Guy **Pilon** (1958), puis de la revue *Parti pris* (1963), organe du « Front intellectuel de libération du Québec ». Dans la poésie originale et authentique d'Alain **Grandbois,** d'Anne **Hébert,** de Gaston **Miron** et de bien d'autres, comme dans les romans de Gérard **Bessette,** de Gabrielle **Roy,** de Marie-Claire **Blais,** de Réjean **Ducharme,** d'Antonine **Maillet,** de Jacques **Godbout,** de Michel **Tremblay,** il s'agit à la fois de s'opposer à l'influence anglo-saxonne et de définir la culture québécoise comme différente par rapport à celle de la « mère-patrie », bref de trouver son identité, qui s'affirme aujourd'hui sous de multiples formes : le théâtre, la chanson [p. 212], la télévision, et aussi la langue, ce *joual* qui est le parler de Montréal et qui voudrait être l'expression de cette différence.

L'Afrique noire

On a coutume de parler de littérature afro-antillaise depuis que, vers 1930, le Sénégalais Senghor et l'Antillais Césaire fondaient à Paris *L'Étudiant noir* et tentaient de définir ensemble la «négritude». Pourtant il est difficile après un demi-siècle de confondre deux domaines aussi différents.

Léopold Sédar **Senghor** (né en 1906) est le véritable fondateur de la poésie noire d'expression française. Dans *Chants d'ombre* (1945), *Éthiopiques* (1958), *Nocturnes* (1961), son lyrisme, qui s'alimente aux sources de la tradition orale, a su concilier l'ampleur du verset claudélien et les visions cosmiques d'un Saint-John Perse. Il a tenté toute sa vie de promouvoir la synthèse de la culture africaine et de l'humanisme européen vers une «civilisation de l'universel». D'autres, avant ou après les Indépendances, ont demandé au roman, comme Cheikh Hamidou **Kane,** de dire *l'Aventure ambiguë* (1961) du jeune Africain partagé entre deux cultures, ou comme le Camerounais Mongo **Beti** dans une œuvre riche et violente (*Le pauvre Christ de Bomba,* 1956 ; *Remember Ruben,* 1974), de dénoncer à la fois les méfaits de la colonisation et les erreurs des nouveaux pouvoirs. L'Ivoirien Ahmadou **Kourouma,** dans *Les Soleils des Indépendances* (1968), a su créer une nouvelle langue, tandis que Sembène **Ousmane,** après de fortes œuvres romanesques, créait le cinéma africain en vue d'atteindre un public authentique. On peut également citer Francis **Bebery** (Cameroun), Tchicaya **U' Tamsi** (Congo), Camara **Laye** (Guinée), Hampaté **Amadou Ba** (Mali).

Les Antilles

Mais c'est sans doute grâce au grand poète antillais Aimé **Césaire** (né en 1913) que la littérature afro-antillaise va trouver un public africain. Son théâtre, avec *La Tragédie du roi Christophe* (1964), *Une saison au Congo* (1965), retrace en effet la tragédie du peuple noir en quête de son indépendance. L'influence du surréalisme, la puissance du verbe, la violence de la révolte s'unissent dans l'œuvre de Césaire pour en faire l'une des plus significatives de notre temps. A sa suite, des Antillais comme Paul **Niger** ou Édouard **Glissant** se sont imposés à l'attention par le roman.

Le Maghreb

Au-delà de leurs différences et compte tenu de ce qui constitue leur unité profonde (langue arabe, religion islamique), on peut dire que les problèmes de littératures francophones d'Algérie, de Tunisie, du Maroc sont les mêmes pour l'écrivain : relation conflictuelle entre culture arabe et culture française, attitude envers le ou l'ex-colonisateur, conquête d'un public. Ces problèmes apparaissent dès les années 50 dans *La Statue de sel* (1952) d'Albert **Memmi,** qui y expose la situation ambiguë du juif tunisien, dans *La Terre et le Sang* (1953) de l'Algérien Mouloud **Feraoun,** dans *Les Boucs* (1955) du Marocain Driss **Chraïbi.** *Nedjma* (1956) de Kateb **Yacine** évoque de façon saisissante la tragédie algérienne. Depuis la décolonisation, des œuvres comme *La Répudiation* (1969) de l'Algérien Rachid **Boudjedra,** *Harrouda* (1973), *Le vainqueur de coupe* (1981), *L'Enfant de sable* (1985) et *La Nuit sacrée* (prix Goncourt 1987), du Marocain Tahar **Ben Jelloun,** prouvent que la langue française reste pour les écrivains maghrébins le moyen privilégié d'exercer leur regard critique sur leur propre société en devenir.

4 / LA VIE POLITIQUE

LES PRINCIPES ET LES FAITS

Pour comprendre les événements

(Repères bibliographiques.)

- **Ouvrages généraux**

G. Duby, R. Mandrou, J.-F. Sirinelli : *Histoire de la civilisation française,* **t. 2, A. Colin, 1984.**
R. Rémond : *Notre siècle 1918-1988,* **t. 6 de** *L'Histoire de France,* **sous la direction de J. Favier, Fayard, 1988.**
Y. Lequin (sous la direction de) : *Histoire des Français, XIXe-XXe siècles* **(I.** *La société,* **II.** *Un peuple et son pays,* **III.** *Les citoyens et la démocratie),* **A. Colin, 1983-84.**

- **Vichy et l'Occupation**

H. Amouroux : *La grande histoire des Français sous l'Occupation,* **8 vol., R. Laffont, 1976-1988.**
H. Rousso : *La Collaboration,* **MA éditions, 1987.**
R. O. Paxton : *La France de Vichy : 1940-1944,* **Le Seuil, 1973.**

IVe République

P. Avril et G. Vincent : *La IVe République, Histoire et société,* **MA éditions, 1988.**
H. Bonin : *Histoire économique de la IVe République,* **Economica, 1987.**
P.-M. de la Gorce : *L'Après-Guerre ; Naissance de la France moderne,* **Grasset, 1978.**

- **Ve République**

J. Chapsal : *La Vie politique sous la Ve République,* **1958-1974 et 1974-1987. P.U.F., 1981 et 1987.**
O. Duhamel et J.-L. Parodi (sous la dir.) ; *La Constitution de la Cinquième République,* **Presses de la Fondation nationale des sciences politiques, 1985.**
H. Hamon et P. Rotman : *Génération* **(I.** *Les années de rêve,* **II.** *Les années de poudre),* **Le Seuil, 1987 et 1988.**

- **Vie religieuse, politique et syndicale**

A. Chebel d'Appollonia : *L'Extrême-Droite en France, De Maurras à Le Pen,* **Éd. Complexe, 1988.**
R. Rémond : *Les Droites en France,* **Aubier-Montaigne, 1982.**
P. Robrieux : *Histoire intérieure du Parti communiste,* **4 vol., Fayard, 1980-1984.**
F. de Closets : *Tous ensemble, la « Syndicratie »,* **Le Seuil, 1986.**
P. Rosanvallon : *La Question syndicale,* **Calmann-Lévy, 1988.**
E. Maire : *Nouvelles frontières pour le syndicalisme,* **Syros, 1987.**
D. Hervieux-Léger : *Vers un nouveau christianisme,* **Cerf, 1986.**

- **Biographies**

M. Ferro : *Pétain,* **Fayard, 1987.**
J. Lacouture : *De Gaulle,* **3 vol., Le Seuil, 1984-1986.**
R. Roussel : *G. Pompidou,* **Lattès, 1984.**
F.-O. Giesbert : *Jacques Chirac,* **Le Seuil, 1987.**
F.-O. Giesbert : *Le Président,* **Le Seuil, 1990** (sur F. Mitterrand).

LES GRANDS PRINCIPES

La vie politique en France a toujours reposé sur des principes. La monarchie absolue se fondait sur le principe du droit divin. La Révolution lui a substitué de nouveaux principes (souveraineté du peuple) formulés dans la Déclaration des Droits de l'Homme et résumés dans les trois mots inscrits sur ses édifices publics : liberté, égalité, fraternité.

Liberté

La Déclaration des Droits de l'Homme affirme : « Les hommes naissent et demeurent libres... » Par là les Français restent fidèles à un individualisme issu des profondeurs de leur personnalité [pp. 17 à 21] mais qu'ils ont érigé en principe philosophique. Au cours du XIXe s., la passion de la liberté s'est traduite par des conquêtes successives dans tous les domaines : la pensée, la religion, la presse...

Le **libéralisme** en a été la première expression dans le domaine de l'idéologie.

Égalité

La Déclaration ajoute : « ... et égaux en droit ». Chaque homme est aussi un être social, un citoyen, et la société doit assurer non seulement le bonheur individuel, mais le bien commun. Or celui-ci repose sur la justice, et la volonté de justice sociale s'est traduite par l'égalité des droits et des devoirs : suffrage universel (1848), égalité de tous devant l'impôt, devant le service militaire, etc.

Le **radicalisme** a exalté simultanément la liberté et l'égalité, se référant sans cesse aux « immortels principes de 89 ».

Fraternité

Héritiers de Rousseau, les Français de 1789 et leurs descendants voient dans le « contrat social » l'affirmation d'une solidarité. Traduction laïque de la charité chrétienne, la fraternité est le complément naturel de l'égalité.

Le **socialisme** propose d'unir étroitement l'égalité et la fraternité exprimées par les citoyens dans le désir de vivre ensemble, de mettre en commun les grands moyens de production de la nation.

Ainsi se sont constituées, depuis plus d'un siècle, les grandes familles politiques françaises, à partir des principes de 1789 qui, pour les uns et les autres, définissaient la **démocratie**.

Actualité de la démocratie

Mais il y a loin des principes à l'application. Si la France, à travers régimes et révolutions, est parvenue en un siècle et demi à inscrire dans la réalité son idéal de liberté, l'égalité comme la fraternité n'ont été souvent que des mots d'ordre ou des espoirs.

Au reste, depuis la Première Guerre mondiale, les excès du capitalisme, la montée des fascismes, la naissance et le développement des Etats socialistes, puis les transformations profondes qu'ils connaissent vers la fin des années 80, le bouleversement des techniques et des conditions d'existence n'ont cessé d'« actualiser » la notion de démocratie. Depuis 1945, la France, à travers ses régimes successifs, s'est efforcée de l'adapter à son évolution et à celle du monde.

◄ **La Libération de Paris (25 août 1944).**

4 / 1 LES ÉLECTIONS

Dans toute démocratie, le choix des gouvernants est entre les mains des citoyens. La vie politique se concentre donc autour des élections. Le nombre des électeurs inscrits est passé de moins de 10 millions en 1848 à plus de 36 millions en 1981.

Un bureau de vote.

Le système électoral

Le suffrage universel a été institué pour la première fois en France en 1848 ; il était alors réservé aux hommes. Les femmes n'ont acquis le droit de vote qu'en 1945. En 1974, l'âge minimum des électeurs et des électrices a été ramené de 21 à 18 ans.

▶ **Élection présidentielle** : voir p. 165.

▶ **Élections législatives** : l'élection des **députés** à l'**Assemblée nationale** était assurée sous la IVe République au scrutin de liste à la **représentation proportionnelle** : le système traduit le plus fidèlement l'opinion des électeurs. La Ve République a institué le **scrutin uninominal majoritaire** à deux tours : chaque électeur doit voter, non pour une liste, mais pour un candidat ; si l'un des candidats de la circonscription réunit plus de la moitié des suffrages exprimés (majorité absolue) au premier tour, il est élu ; sinon, on procède à un second tour à la majorité relative. Seuls, les candidats déjà inscrits au premier tour et ayant obtenu au moins 12,5 % des suffrages exprimés peuvent se présenter au deuxième tour. Après un bref retour à la « proportionnelle », appliquée aux élections législatives de mars 1986, le gouvernement Chirac a fait voter par le Parlement le rétablissement du scrutin majoritaire.

L'élection des **sénateurs** s'effectue au suffrage universel indirect [p. 241].

▶ **Élections régionales :** en 1986, les conseillers régionaux ont été élus au scrutin proportionnel de liste.

▶ **Élections cantonales :** le Conseil général est élu au scrutin uninominal majoritaire à deux tours.

Élections municipales : le **Conseil municipal** est élu au scrutin de liste à deux tours, assurant en tout état de cause plus de la moitié des sièges à la liste arrivée en tête et répartissant les autres proportionnellement aux suffrages obtenus. Paris, Lyon et Marseille font l'objet d'un statut particulier.

Les élections

Dès l'ouverture de la campagne, l'électeur découvre les affiches des candidats sur les panneaux officiels. L'affichage, publicitaire ou « sauvage », va jouer un rôle croissant. Les réunions se multiplient, les débats télévisés retiennent l'attention de millions d'électeurs. Les résultats des sondages d'opinion, réalisés par l'Ifop, la Sofres, Louis Homès, provoquent d'abondants commentaires. Leur publication est interdite huit jours avant le scrutin. Le scrutin est ouvert sans interruption pendant un seul jour, un dimanche. Le vote est secret : chaque électeur passe à son tour dans l'« isoloir », puis dépose son bulletin dans l'urne et le dépouillement est effectué en public par les « scrutateurs » qui constituent le « bureau électoral ».

LES FORCES POLITIQUES

La situation politique en France depuis 1958 se caractérise par une bipolarisation durable gauche/droite, ce qui n'exclut pas, au sein de chacune des deux grandes familles politiques qui s'affrontent, l'existence de clivages, de divergences, voire de dissensions.

Depuis un siècle : la multiplication des partis

Outre l'individualisme national et le mode de scrutin, les circonstances historiques ont favorisé la multiplication des partis. Pendant la première moitié du XIXe siècle, l'opinion se partageait dans l'ensemble entre la **droite et la gauche** (selon la place occupée par les députés à l'Assemblée par rapport au président), autrement dit entre les **conservateurs** et les **libéraux,** ceux-ci se confondant peu à peu avec les républicains.

Mais sous la IIIe République, la droite se fractionna, tandis qu'on voyait se constituer successivement à l'extrême gauche les radicaux, puis les socialistes, enfin les communistes (1920), qui, chaque fois, repoussaient les précédents vers la droite. Ce **glissement progressif des partis vers la droite** caractérise la vie parlementaire française, tout autant que l'alternance des scissions et des regroupements

Aujourd'hui en France, tout le monde accepte, au moins officiellement, les « principes de 89 ». On peut donc dire que les idées et les valeurs démocratiques propagées par la gauche libérale au cours du XIXe siècle se sont imposées. Il n'en a pas moins subsisté deux attitudes opposées, qui ont longtemps caractérisé l'homme de gauche et l'homme de droite. Toutefois, ce clivage idéologique semble actuellement s'amenuiser.

Aujourd'hui

Après la période 1986-1988 qui a vu, à côté de la gauche socialiste et de la droite gaulliste et libérale, le Parti communiste et le Front national contester la bipolarisation, celle-ci a repris ses droits après les élections législatives de 1988 [p. 232].

« Les partis et groupements politiques concourent à l'expression du suffrage. Ils se forment et exercent leurs activités librement. Ils doivent respecter la souveraineté nationale et la démocratie. »
Constitution de 1958.

L'« homme de gauche »

L'« homme de gauche » est universaliste et antiraciste. Il croit au progrès, à la justice, aux droits de l'homme. Il dénonce les inégalités sociales et les privilèges de la fortune. Il défend les valeurs égalitaires (égalité des droits, des chances, des revenus). Il est partisan de l'État-Providence, garant de la protection sociale. Il est idéaliste et parfois utopiste.

L'« homme de droite »

L'« homme de droite » est plutôt nationaliste et défenseur des valeurs d'enracinement et d'identité culturelle. Il est partisan du libéralisme économique et de l'esprit d'entreprise. Conservateur, attaché aux traditions, il est souvent catholique. S'il dénonce le « Tout-État », il se prononce néanmoins pour l'ordre et l'autorité. Anti-égalitaire, il est réaliste et pragmatique.

4 / ❶ Forces de gauche

Les forces politiques aux élections législatives de juin 1988 (1er tour) (1)

Métropole et Outre-Mer

Inscrits : 37,94 millions

Votants : 24,94 millions

Abstentions : 13 M (34,26%)

Suffrages exprimés : 24,43 M

Voix obtenues (en % des suffrages exprimés) (2) :

• Extrême-gauche	0,36%
• Parti Communiste	11,32%
• Parti Socialiste	34,76%
• Mouvement des Radicaux de Gauche	1,11%
• Autres « Majorité présidentielle »	1,65%
• Écologistes	0,35%
• Régionalistes	0,07%
• Rassemblement pour la République (R.P.R.)	19,18%
• Union pour la Démocratie Française (U.D.F)	18,49%
• Divers droite	2,85%
• Front National	9,65%
• Extrême-droite	0,13%

(1) Voir composition de l'Assemblée Nationale p. 240.

(2) Les cartes des pages 233 et 234 permettent d'analyser les scores de la gauche et des écologistes d'une part, de la droite dans son ensemble d'autre part. Les résultats sont donnés en % des suffrages exprimés le 5 juin 1988 (1er tour).

▶ Le Parti Socialiste (P.S.).

L'actuel Parti Socialiste est l'un des héritiers des multiples courants qui ont traversé le mouvement socialiste en France. Il est le résultat de l'évolution de sa principale composante, la **Section Française de l'Internationale Ouvrière** (S.F.I.O.), et représente le courant du socialisme démocratique, membre de la IIe Internationale. Fondée en **1905** (union du Parti socialiste français et du Parti socialiste de France) et dirigée successivement par J. Jaurès, L. Blum, G. Mollet, la S.F.I.O. a connu de nombreuses scissions. Elle a été au pouvoir de **1936** à **1938,** puis de **1944** à **1951** et enfin de **1956** à **1958.** En juillet 1969 (à Issy-les-Moulineaux), un « nouveau Parti Socialiste » se crée par l'entrée à la S.F.I.O. de l'Union des clubs pour le renouveau de la gauche (U.C.R.G.) et de l'Union des groupes et clubs socialistes (U.G.C.S.).

En juin **1971** (congrès d'unification des socialistes à **Épinay-sur-Seine)**, la fusion de la Convention des Institutions Républicaines, que dirige François Mitterrand, avec le « nouveau parti socialiste », donne naissance au **Parti Socialiste** actuel au sein duquel s'expriment plusieurs tendances, parmi lesquelles le C.E.R.E.S. (Centre d'Études, de Recherches et d'Éducation Socialistes), et la « tendance Rocard ».

Après le Congrès d'Épinay, le Parti Socialiste réalise, sous la direction de F. Mitterrand, des **progrès spectaculaires**. Son audience grandit sans cesse. En **1981,** il accède au pouvoir : présidence de la République (F. Mitterrand), gouvernement (Pierre Mauroy), Assemblée nationale, où ses députés disposent de la majorité absolue des sièges.

Il perdra cette majorité en **1986,** mais retrouvera en **1988** une majorité relative (avec seulement 5 sièges de plus que la droite).

Premier secrétaire : P. Mauroy.

▶ Le Mouvement des Radicaux de Gauche.

Le M.R.G. émane du Parti Radical (fondé en 1901) à la suite d'une scission intervenue en juin 1972. Il a soutenu F.Mitterrand aux élections présidentielles de 1981 et 1988, et fait partie du groupe socialiste à l'Assemblée nationale.

▶ Le Parti Communiste Français (P.C.F.).

Né en **1920,** le P.C.F. fonde son action sur le marxisme-léninisme. Son mode d'organisation est basé sur le « centralisme démocratique » qui tente de concilier une certaine démocratie dans l'élaboration des décisions et une stricte discipline dans leur application. Sous la direction de Maurice Thorez (de 1930 à 1964), puis de MM. Waldeck-Rochet et **G. Marchais** (depuis 1972), le P.C.F s'est attaché à justifier son titre de parti de la classe ouvrière et d'organisation de masse.

En **1936** il soutient, sans y prendre de responsabilités, le gouvernement de Front Populaire. Clandestin sous l'Occupation, il prend une part active à la Résistance. A la Libération et jusqu'en mai 1947, il participe à l'exercice du pouvoir. Depuis cette date et jusqu'en **1981,** le P.C.F. est dans l'opposition.

En **1972,** il se prononce pour l'élaboration d'un programme commun de la gauche qui sera abandonné en **1977.** Le XXe Congrès, en **1976,** décide l'abandon de la notion de dictature du prolétariat.

En **1981** (élection présidentielle et élections législatives), le P.C.F enregistre une perte importante de son électorat. La même année, il devient parti du gouvernement.

En **1986,** son déclin se précipite : aux élections législatives, il tombe au-dessous du seuil des 10% (9,7%).

En **1988,** à l'élection présidentielle, son candidat, André Lajoinie, n'obtient que 6,7% mais, quelques semaines plus tard, aux législatives, il remonte à 11,3%.

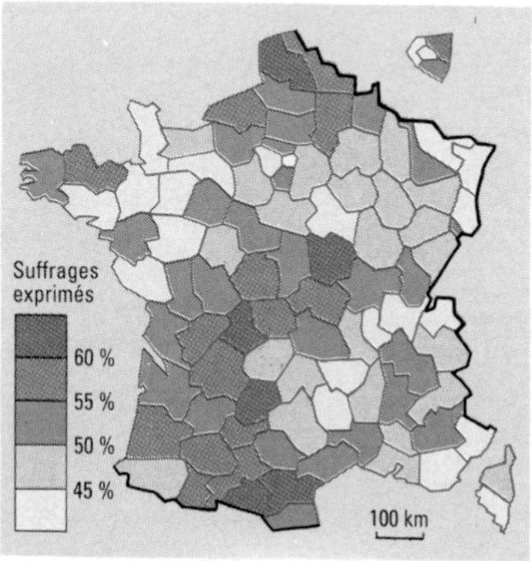

◀ Score de la gauche et des écologistes

Les relations socialistes-communistes

- **Avril 1905. Fondation de la Section Française de l'Internationale Ouvrière (S.F.I.O.). Principaux dirigeants : Jean Jaurès, Jules Guesde.**
- **Décembre 1920. Scission de la S.F.I.O. : la majorité fonde le Parti Communiste (Section Française de l'Internationale Communiste. S.F.I.C.) : la minorité conserve le nom du parti S.F.I.O.**
- **1936-1937. Front Populaire : gouvernement socialiste soutenu par les communistes.**
- **1946-1947. Tripartisme : gouvernements formés de socialistes, de communistes et de chrétiens sociaux (M.R.P.).**
- **Juin 1972. Socialistes et communistes signent un programme commun de gouvernement.**
- **Septembre 1977. Rupture des pourparlers pour l'actualisation du programme commun.**
- **Juin 1981. Reprise des discussions et, pour confirmer et conforter la victoire du 10 mai, nouvel accord pour le deuxième tour des législatives : désistement en faveur du candidat de gauche placé en tête par le suffrage universel. Quatre ministres communistes participent au deuxième gouvernement du septennat présidé par le socialiste Pierre Mauroy.**
- **1984. Plus aucun ministre communiste ne participe au second gouvernement socialiste de Laurent Fabius.**

Depuis cette date, le P.C. est souvent très critique à l'égard du Président Mitterrand et du gouvernement, même si, le plus souvent, il soutient celui-ci à l'Assemblée nationale.

4 / ❶

Forces de droite et du centre

Majoritaires de 1958 à 1981, puis entre 1986 et 1988, les forces de droite et du centre constituent l'opposition depuis les élections législatives de 1988.

Si l'attitude des partis de droite à l'égard du gouvernement est sans équivoque, celle des centristes — dont certaines personnalités ont accepté de faire partie de l'équipe gouvernementale issue des élections de juin 1988 — est plus nuancée. Ni soutiens ni opposants inconditionnels, ils s'efforcent d'apprécier l'action du gouvernement « au coup par coup ».

▶ **Le Rassemblement pour la République** (R.P.R.)

Héritier du mouvement gaulliste, le R.P.R est issu de plusieurs groupements qui, depuis la Libération, se sont successivement réclamés d'une « certaine idée de la France » forgée par le général de Gaulle. Il est présidé par Jacques Chirac, ancien Premier Ministre de V. Giscard d'Estaing (1974-1976) et de F. Mitterrand (1986-1988), maire de Paris depuis 1977 (88 députés).

▶ **L'Union pour la Démocratie Française** (U.D.F) créée en 1978 pour soutenir l'action de V. Giscard d'Estaing, alors Président de la République. L'U.D.F. (110 députés) est présidée par V. Giscard d'Estaing et fédère plusieurs formations :

— **Le Parti Républicain** (P.R.). (57 députés). Fondé en 1977, présidé par F. Léotard, il milite en faveur d'une « démocratie moderne libérale et généreuse ».

— **Le Centre des Démocrates Sociaux** (C.D.S.). (50 députés). Présidé par Pierre Méhaignerie, il se prononce pour une « démocratie sociale, pour la construc-

Aux partis politiques proprement dits, on peut ajouter des associations qui agissent essentiellement comme des groupes de pression. Parmi celles-ci, il faut signaler le rôle important joué par le mouvement SOS-Racisme (né en 1984), animé par Harlem Désir, qui a su mobiliser de nombreux jeunes, immigrés et non immigrés, contre le racisme. Il s'oppose avec vigueur aux thèses du Front National et organise de grandes fêtes antiracistes.

Un autre mouvement, France Plus, s'adresse plus spécifiquement aux jeunes franco-maghrébins, les « Beurs », en s'efforçant notamment de contribuer à leur intégration dans la société française.

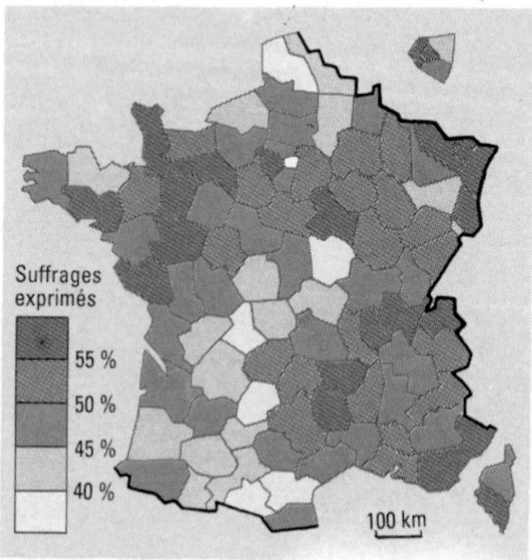

Scores de la droite. ▶

tion d'une Europe politique, pour une société de responsabilité et de solidarité».

— **Le Parti Radical** (3 députés). Parti d'appoint de l'U.D.F., il est à la droite ce que le M.R.G. est à la gauche.

▶ **L'Union du Centre** (U.D.C.). (41 députés). Groupe parlementaire qui, après les élections de 1988, s'est constitué à l'Assemblée nationale avec des membres de l'U.D.F. Sous l'impulsion de Raymond Barre, l'U.D.C. s'efforce de ne pas pratiquer une opposition systématique.

Autres formations

▶ Extrême-droite

Sa réapparition sur la scène politique française, avec le **Front National** (F.N.), a probablement été le fait politique le plus marquant de ces dernières années. Fondé en 1972 par Jean-Marie Le Pen, qui en est toujours le Président, le F.N. est resté pendant longtemps un «petit» parti ne dépassant guère 1 % des voix aux diverses élections. Mais, à partir de 1984, le nombre des suffrages qu'il obtient oscille entre 10 et 15 %. Le principal objectif du F.N. est la lutte contre l'immigration, jugée en grande partie responsable du chômage et de l'insécurité, au nom de la «préférence nationale».

A côté du F.N. existent de nombreux mouvements ou groupuscules qui se réclament soit du royalisme, soit du nationalisme plus ou moins fascisant.

▶ Extrême-gauche

Le courant trotskiste se compose de :

— La Ligue Communiste Révolutionnaire (L.C.R.), «section française de la IVe Internationale». Dirigée par Alain Krivine, qui fut candidat à l'élection présidentielle en 1969 et 1974.

— Lutte Ouvrière (L.O.) se réclame du «commnunisme révolutionnaire et internationaliste». Animée par Arlette Laguiller qui s'est présentée trois fois à l'élection présidentielle (1974, 1981 et 1988).

La Nouvelle Gauche. Elle est née fin 1988 de la fusion du Parti Socialiste Unifié (P.S.U.) — qui joua un rôle important en mai 1968 et compta dans ses rangs Pierre Mendès France et Michel Rocard — de certains dissidents (ou «rénovateurs») du Parti Communiste, comme Pierre Juquin, et d'écologistes déçus par les «Verts» (cf. ci-après).

Comme à l'extrême-droite, de nombreux petits groupes vivent ou survivent aux marges de l'extrême-gauche.

▶ Les Verts.

Issu en 1984 de la fusion de deux groupes écologistes, ce mouvement se donne pour objectif d'élaborer un projet de société écologiste et d'œuvrer pour sa réalisation. Mais son principal «cheval de bataille» est la lutte contre le nucléaire.

Si les Verts n'ont obtenu que 0,35 % des voix aux législatives de 1988 (2,4 % en 1978, 1,21 % en 1986), leur candidat à l'élection présidentielle, Antoine Waechter, a réalisé un score de 3,78 %. Il existe donc bien un certain courant écologiste en France, mais dont l'audience reste inférieure à ce qu'elle pourrait être, en raison de ses divisions politiques.

4 / 2 LES POUVOIRS

Depuis 1789, la France a expérimenté tous les régimes politiques. Oscillant entre deux extrêmes, elle a peu à peu trouvé l'équilibre dans la démocratie parlementaire. Mais celle-ci doit constamment faire face à de nouveaux problèmes.

Statue de la République, place de la République, à Paris.

Seize Constitutions en moins de deux siècles

Sous l'Ancien Régime, la France n'avait pas de Constitution écrite ; en fait, des coutumes limitaient le « bon plaisir » du souverain.

Depuis la Révolution, la France, comme la plupart de ses voisins, a dû apprendre la démocratie. Ce n'a pas été sans tâtonnements ni heurts. Conduits par leur esprit codificateur, les Français n'ont pas élaboré moins de seize **Constitutions** en 170 ans. La plupart reposent sur des principes hérités des philosophes du XVIIIe siècle : séparation des pouvoirs, responsabilité des ministres devant le Parlement. Mais, trop rigides dans leur formulation écrite, elles ont souvent conduit à l'**instabilité** politique.

Les Constitutions de la France

Monarchie constitutionnelle

- Constitution de 1791 (3-9).
- Le Roi a le droit de veto.
- Assemblée législative élue au suffrage censitaire indirect.

Ire République

- Constitution de 1793 (An I).
- Une Assemblée élue au suffrage universel (ne fut pas appliquée).
- Constitution de 1795 (An III).
- Etablit le Directoire.
- Constitution de 1799 (An VIII).
- Etablit le Consulat.
- Constitution de 1802 (An X).
- Etablit le Consulat à vie.

Ier Empire

- Constitution de 1804 (An XII).
- Etablit l'Empire.

Restauration

- Constitution sénatoriale de 1814 (4-6).
- Le Roi est rétabli.
- Charte de 1814 (4-6).
- Le Roi nomme les ministres.
- Deux assemblées : Chambre des Pairs, Chambre des Députés.
- Suffrage censitaire.

Cent jours

- Acte additionnel aux Constitutions de l'Empire (23-4-1815).
- L'Empire est rétabli.

L'organisation actuelle des pouvoirs

En 1940, la défaite entraîne **l'effondrement de la IIIe République** à laquelle se substitue un régime de fait dit de l'« État français » [p. 158]. Après la Libération de la France, la **IVe République**, organisée par la Constitution de 1946, est caractérisée par l'instabilité ministérielle [p. 160]. Sous la **Ve République** fondée en 1958 [p. 162], le fonctionnement du régime est conçu de façon à renforcer le pouvoir exécutif, donc à limiter par divers moyens le rôle du Parlement. La France évolue vers un régime de type présidentiel.

Ce régime a quelque peu évolué entre 1986 et 1988, lors de la période dite de « cohabitation », où un certain rééquilibrage entre les pouvoirs du Président et ceux du Premier Ministre s'est opéré au bénéfice de ce dernier (en l'occurrence J. Chirac). Depuis sa réélection en 1988 et la constitution d'un gouvernement à large majorité socialiste, F. Mitterrand semble avoir retrouvé la totalité de ses prérogatives présidentielles.

L'organisation des pouvoirs

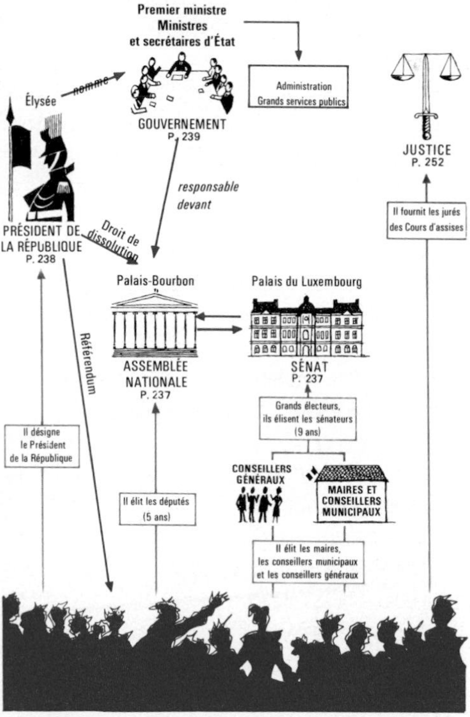

LE PEUPLE SOUVERAIN (les citoyens) détient le pouvoir

Monarchie de Juillet
- **Charte de 1830 (7-8).**
- **Le Roi nomme les ministres.**
- **Deux assemblées : Chambre des Pairs, Chambre des Députés.**
- **Suffrage censitaire.**

Seconde République
- **Constitution de 1848 (4-11).**
- **Président de la République élu.**
- **Une Assemblée législative.**
- **Suffrage universel.**

Seconde République puis Second Empire
- **Constitution de 1852 (14-1).**

Constitution plusieurs fois modifiée. Le 7 novembre 1852, le Prince-Président devient Empereur.

IIIe République
- **Constitution de 1875.**

IVe République
- **Loi constitutionnelle de 1945.**
- **Constitution de 1946 (27-10).**

Ve République
- **Constitution de 1958 (4-10).**

Modifiée en 1962 (référendum du 28 octobre) : Le Président de la République est élu au suffrage universel direct.

LE POUVOIR EXÉCUTIF

Le Président de la République

Le Président de la République est le **chef de l'État,** le premier personnage de la nation. Sous la IIIe et la IVe République, il était élu par les membres du Parlement réunis en **Congrès du Parlement.** La Constitution de 1958 a élargi le nombre des électeurs présidentiels et une réforme de la Constitution (référendum du 28 octobre 1962) a établi l'élection du Président de la République au **suffrage universel direct.**

Le mandat présidentiel, renouvelable, est de 7 ans. Le Président travaille au **palais de l'Élysée** à Paris ; le château de Rambouillet (Yvelines) et le fort de Brégançon (Var) sont mis à sa disposition.

Ses pouvoirs

Le Président de la République avait, sous les précédents régimes constitutionnels, surtout des fonctions **représentatives.** La Constitution de 1958 lui confère de **nouvelles attributions** et ses pouvoirs se trouvent renforcés par son élection au suffrage universel direct. Le pouvoir exécutif, en la personne du Président de la République, est devenu prépondérant.

Le Président de la République :

- Veille au **respect de la Constitution.** Il assure, par son arbitrage, le fonctionnement régulier des pouvoirs publics ainsi que la continuité de l'État. Il est garant de l'indépendance nationale, de l'intégrité du territoire, du respect des accords et des traités (art. 5).
- Nomme le Premier Ministre (art. 8).
- Promulgue les lois (art. 10) et signe les ordonnances et les décrets délibérés en Conseil des ministres qu'il préside.
- Peut soumettre à **référendum** tout projet de loi portant sur l'organisation des pouvoirs publics (art. 11).

Peut, après consultation du Premier Ministre et des présidents des Assemblées, prononcer la **dissolution de l'Assemblée nationale** (art. 12).

- Négocie et ratifie les traités.
- Nomme aux emplois civils et militaires de l'État, accrédite les ambassadeurs.
- Est le chef des armées.
- Dirige en fait la politique extérieure.
- Dispose de **pouvoirs exceptionnels** en cas de **menace grave** et immédiate (art. 16).

L'article 16

« Lorsque les institutions de la République, l'indépendance de la Nation, l'intégrité de son territoire ou l'exécution de ses engagements internationaux sont menacées d'une manière grave et immédiate et que le fonctionnement régulier des pouvoirs publics constitutionnels est interrompu, le Président de la République prend les mesures exigées par ces circonstances après consultation officielle du Premier Ministre, des Présidents des Assemblées, ainsi que du Conseil Constitutionnel. »

Comment est élu le Président de la République ?

Le Président de la République est élu à la majorité absolue des suffrages exprimés. Si celle-ci n'est pas obtenue au premier tour de scrutin, il est procédé, le deuxième dimanche suivant, à un second tour. Seuls peuvent s'y présenter les deux candidats qui, le cas échéant après retrait de candidats plus favorisés, se trouvent avoir recueilli le plus de suffrages au premier tour.

Le gouvernement

En un siècle, le nombre des membres du gouvernement a quadruplé.

En 1873, le premier cabinet de la Présidence de Mac-Mahon ne comprenait que 9 ministères. Les derniers gouvernements ont compté respectivement 44 membres (1981), 35 (1986) et 48 (1988).

Ses attributions

- Le Gouvernement détermine et conduit **la politique de la Nation.** Il dispose de l'administration et de la force armée. Il est responsable devant le Parlement dans les conditions et suivant les procédures prévues aux articles 49 et 50 de la Constitution (voir ci-contre).
- Le Premier Ministre **dirige l'action du Gouvernement**. Il assure l'exécution des lois.
- Les fonctions de membre du Gouvernement sont incompatibles notamment avec l'exercice de tout mandat parlementaire.

Le Premier Ministre

(Extraits de l'art. 21 de la Constitution)

Le Premier Ministre dirige l'action du Gouvernement. Il est responsable de la Défense Nationale. Il assure l'exécution des lois. Il peut déléguer certains de ses pouvoirs aux ministres.

Il supplée, le cas échéant, le Président de la République dans la présidence des conseils.

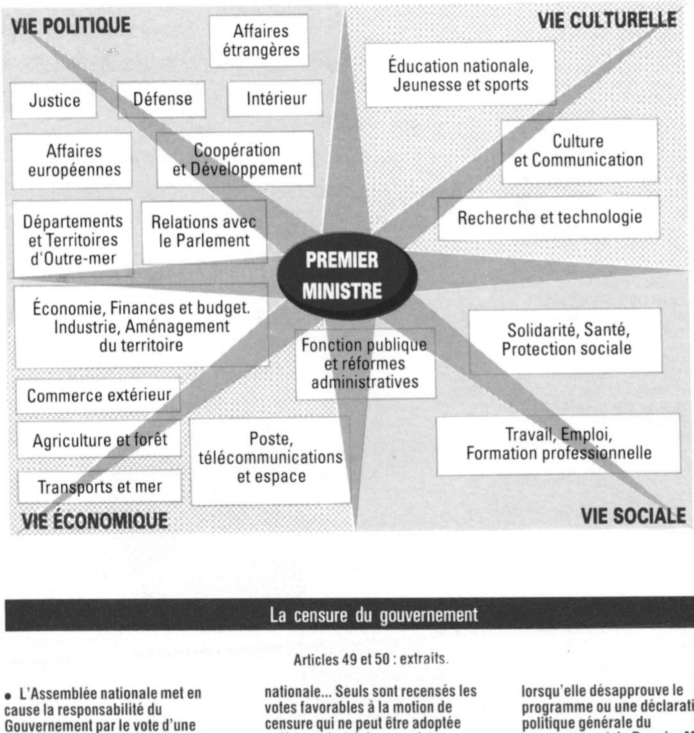

La censure du gouvernement

Articles 49 et 50 : extraits.

- L'Assemblée nationale met en cause la responsabilité du Gouvernement par le vote d'une motion de censure. Une telle motion n'est recevable que si elle est signée par un dixième au moins des membres de l'Assemblée nationale... Seuls sont recensés les votes favorables à la motion de censure qui ne peut être adoptée qu'à la majorité des membres composant l'Assemblée.
- Lorsque l'Assemblée nationale adopte une motion de censure ou lorsqu'elle désapprouve le programme ou une déclaration de politique générale du gouvernement, le Premier Ministre doit remettre au Président de la République la démission du Gouvernement.

LE POUVOIR LÉGISLATIF : LE PARLEMENT

Les pouvoirs du Parlement

La Constitution de 1958 a voulu limiter et préciser les pouvoirs du Parlement, tout en s'efforçant de rajeunir et de « rationaliser » son fonctionnement pour le rendre plus rapide et plus efficace.

Le Parlement siège 5 mois et demi par an au maximum (8 mois et demi au minimum sous la IVe République). Toutefois des sessions extraordinaires peuvent être convoquées soit par le Gouvernement, soit sur la demande de la majorité des membres de l'Assemblée.

Le Parlement incarne en principe le pouvoir législatif. Mais, pour éviter la prolifération des lois, la Constitution définit le « **domaine de la loi** », c'est-à-dire les limites à l'intérieur desquelles le Parlement peut légiférer, tout le reste constituant le « **domaine réglementaire** », où le Gouvernement peut agir par ordonnances.

Par ailleurs la Constitution a soigneusement réglementé le fonctionnement du Parlement et limité ses initiatives. C'est ainsi que le Gouvernement a priorité pour fixer l'ordre du jour des débats du Parlement, qui d'autre part ne peut prendre aucune initiative en matière de dépenses.

Le Parlement se compose de deux assemblées : l'**Assemblée nationale**, qui siège au Palais-Bourbon, et le **Sénat**, qui siège au Palais du Luxembourg.

L'élaboration d'une loi

1. **Initiative**
L'initiative des lois appartient concurremment au Gouvernement (projet de loi) et aux membres du Parlement (proposition de loi).

2. **Dépôt du texte**
Les projets et propositions de loi sont déposés sur le bureau d'une des deux assemblées : Assemblée nationale ou Sénat. (Les projets de loi de finances sont soumis en premier lieu à l'Assemblée nationale.)

3. **Discussion en commission**
Les projets et propositions de loi sont, à la demande du Gouvernement ou de l'assemblée qui en est saisie, envoyés pour examen à des commissions spécialement désignées à cet effet.

4. **Débat et vote**
Tout projet ou proposition de loi est examiné successivement dans les deux assemblées en vue de l'adoption d'un texte identique.

5. **Recherche d'un compromis**
Lorsque, par suite d'un désaccord entre les deux assemblées, un projet ou une proposition de loi n'a pu être adopté après deux lectures par chaque assemblée, le Premier Ministre a la faculté de provoquer la réunion d'une Commission mixte paritaire (7 députés et 7 sénateurs) chargée de proposer un texte sur les dispositions restant en discussion.

6. **Le dernier mot est à l'Assemblée nationale**
Si la commission mixte ne parvient pas à l'adoption d'un texte commun, le Gouvernement peut demander à l'Assemblée nationale de statuer définitivement.

7. **Promulgation**
Le texte définitif est transmis au Gouvernement aux fins de promulgation. La promulgation est le fait du Président de la République.

L'Assemblée nationale

Répartition des sièges [p. 232]
après les élections des 5 et 12 juin 1988.
Nombre total de sièges : 577.

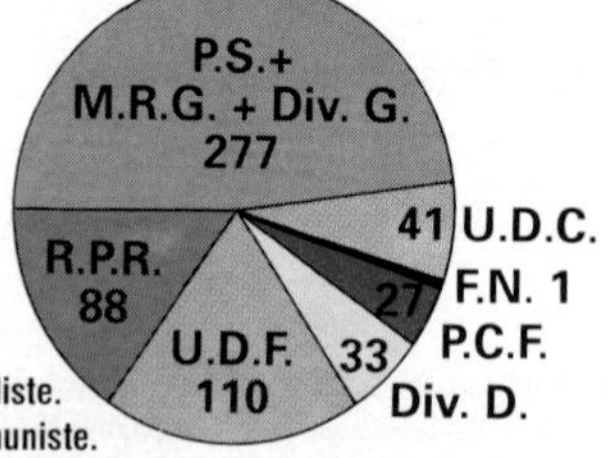

- **P.S. : Parti Socialiste.**
- **P.C. : Parti Communiste.**
- **M.R.G. : Mouvement des Radicaux de Gauche.**
- **Div. G. : Divers gauche.**
- **R.P.R. : Rassemblement pour la République.**
- **U.D.F. : Union pour la Démocratie Française.**
- **Div. D. : Divers droite.**
- **F.N. : Front National.**
- **U.D.C. : Union du Centre.**

L'Assemblée nationale

L'Assemblée nationale comprend 577 députés, âgés de 23 ans au moins, élus pour 5 ans au suffrage universel direct. Depuis 1958 l'électeur élit, en même temps que le député de sa circonscription, un **suppléant** désigné à l'avance pour le remplacer. Lorsque le suppléant vient lui-même à décéder ou à démissionner, on procède à une élection partielle. Le Président de l'Assemblée nationale est élu pour toute la durée de la législature (et non pour 1 an comme auparavant).

L'hémicycle à l'Assemblée nationale pendant une séance. Le public assiste aux débats.

Le Sénat

Le Sénat comprend 306 sénateurs, âgés de 35 ans au moins, élus pour 9 ans au suffrage universel par les députés, les conseillers généraux et les délégués des conseillers municipaux (*). Les Sénateurs représentent ainsi les « collectivités territoriales ».

Au point de vue législatif, le Sénat est essentiellement une chambre de réflexion et de proposition. En cas de désaccord avec l'Assemblée nationale, c'est celle-ci qui, en dernier ressort, a le pouvoir de décision.

* Le nombre des délégués varie en fonction de l'importance des communes :
— moins de 9000 habitants : 1 à 15 délégués ;
— de 9000 à 30000 habitants : tous les conseillers municipaux ;
— plus de 30000 habitants : tous les conseillers municipaux + 1 délégué par 1000 habitants.

L'immunité parlementaire

Aucun membre du Parlement ne peut :

- **être poursuivi, recherché, arrêté, détenu ou jugé à l'occasion des opinions ou votes émis par lui dans l'exercice de ses fonctions ;**
- **pendant la durée des sessions, être poursuivi ou arrêté en matière criminelle ou correctionnelle qu'avec l'autorisation de l'assemblée dont il fait partie, sauf le cas de flagrant délit ;**
- **hors des sessions, être arrêté qu'avec l'autorisation du bureau de l'assemblée dont il fait partie, sauf le cas de flagrant délit, de poursuites autorisées ou de condamnation définitive.**

La détention ou la poursuite d'un membre du Parlement est suspendue si l'assemblée dont il fait partie le requiert.

(Art. 26 de la Constitution.)

4 / ❷ LES CONSEILS

La Constitution de 1958 a créé ou maintenu un certain nombre d'organes secondaires en apparence, mais essentiels pour le bon fonctionnement du régime : le **Conseil Constitutionnel,** le **Conseil Économique et Social,** le **Conseil Supérieur de la Magistrature,** la **Haute Cour de Justice.** Mais elle en a modifié les compétences et les attributions.

Le Conseil Constitutionnel

Créé pour assurer le respect de la Constitution, il comprend 9 membres, désignés pour 9 ans (et non renouvelables), un tiers par le Président de la République et un tiers par le Président de chaque Assemblée. Il comprend, en outre, de droit, les anciens Présidents de la République, qui sont nommés à vie.

Le **Conseil Constitutionnel** a trois catégories de pouvoirs :

- Il veille à la constitutionnalité des lois, au cours de leur élaboration ou avant qu'elles soient promulguées, ainsi que des règlements des Assemblées.
- Il contrôle la régularité des élections et des référendums.
- Il décide souverainement, si le Président de la République est « empêché d'exercer ses fonctions ».

Enfin, en cas d'application des pouvoirs exceptionnels par celui-ci (art. 16) [p. 238], il doit être consulté sur toutes les mesures prises.

Le Conseil Économique et Social

Il est composé de 230 membres, dont deux tiers sont désignés par les organisations professionnelles (salariés, entreprises, agriculteurs, classes moyennes, activités sociales) et un tiers par le Gouvernement :

- Il **donne son avis** sur les projets de loi, d'ordonnance ou de décret, ainsi que les propositions de loi, qui lui sont soumis.
- Il peut être **consulté** par le Gouvernement sur tout problème de caractère économique ou social. Tout plan ou tout projet de programme à caractère économique ou social lui est soumis pour **avis.**

Le Conseil supérieur de la Magistrature

Il est présidé par le Président de la République. Le ministre de la Justice est vice-président de droit. Le Conseil comprend en outre 9 membres désignés par le Président de la République. Il **donne son avis** sur la nomination des magistrats et statue comme conseil de discipline des magistrats de siège [p. 256].

La Haute Cour de Justice

Composée de 24 juges (12 députés et 12 sénateurs élus par leur Assemblée), elle ne se réunit que dans des cas exceptionnels :

- pour juger le Président de la République, s'il est accusé de « haute trahison » ;
- pour juger, en cas de « crimes et délits », les membres du Gouvernement ainsi que leurs complices.

Les pouvoirs resteraient théoriques s'il n'y avait, entre gouvernants et gouvernés, tout un ensemble de rouages intermédiaires qui permettent l'application et l'adaptation des décisions politiques. Ces rouages constituent l'Administration, qui assure dans toute la nation la cohésion et la solidité de l'ensemble.

Une Cour souveraine : le Conseil d'État

Créé en 1799, héritier du Conseil du Roi de l'Ancien Régime, le Conseil d'État est une des plus anciennes institutions françaises et une des plus originales. Installé au Palais-Royal, il comprend 200 membres nommés par décret en Conseil des ministres et théoriquement révocables, placés sous la direction d'un vice-président. Sa fonction est double :

- Il joue d'abord le rôle de **conseil administratif et juridique** du Gouvernement. Divisé en sections spécialisées (Intérieur, Finances, Travaux Publics, Section sociale), il étudie les textes (lois, règlements ou décisions administratives) que le Gouvernement lui soumet pour avis, cet avis étant le plus souvent exigé par la loi.
- Il est aussi et surtout, depuis 1953, le juge d'appel, l'**instance suprême de la juridiction administrative** (c'est le rôle de la section du contentieux). Tout citoyen qui s'estime lésé par l'Administration peut ainsi « se pourvoir en Conseil d'État ».

Cour souveraine, indépendante en fait vis-à-vis des pouvoirs, le Conseil d'État jouit d'un grand prestige et incarne pour la nation tout entière la justice et le droit : c'est le **premier corps de l'État.**

L'École Nationale d'Administration (E.N.A.)

Fondée en 1945, elle relève du Premier Ministre et assure le recrutement et la formation des cadres administratifs supérieurs. Elle est accessible par concours, soit aux étudiants titulaires d'une licence ou du diplôme de sortie d'une École, soit aux fonctionnaires. Les études durent deux ans et demi et comportent des stages de longue durée dans l'Administration et dans l'industrie privée. Depuis 1982, une « démocratisation » de l'E.N.A. permet également aux syndicalistes, aux élus locaux et aux responsables d'associations d'y accéder par concours.

- **Un choix de carrières : Conseil d'État [p. 243] ; Cour des Comptes [p. 269] ; Inspection des Finances [p. 245] ; Corps diplomatique et consulaire, [p. 262] ; Corps préfectoral, [p. 246] ; Administrations centrales, [p. 245.]**

LE FONCTIONNAIRE...

2,6 millions d'agents de l'État

Depuis le début du XIXe siècle, la **fonction publique** a joué en France un rôle capital, notamment en assurant la continuité de l'État à travers les vicissitudes des régimes politiques. Cette fonction s'incarne dans un corps de **fonctionnaires** dont le nombre a plus que décuplé en un siècle. On compte aujourd'hui 2,6 millions d'agents de l'État (rémunérés sur le budget de l'État) : 1,89 million de titulaires civils, 366 000 agents non titulaires, 314 000 militaires de carrière et 157 000 ouvriers de l'État.

D'où l'opinion assez répandue que les fonctionnaires sont trop nombreux. Pourtant ce développement de la fonction publique paraît inévitable : il est lié à l'accroissement des tâches qui incombent aujourd'hui à l'État dans tous les domaines.

Misère et grandeur de l'Administration

L'**Administration française** jouit incontestablement d'une meilleure réputation à l'extérieur qu'à l'intérieur des frontières. A l'étranger, son prestige est dû à la qualité de son organisation, éprouvée par une longue expérience, à la précision de ses rouages, à sa structure rigoureuse et **fortement centralisée**. Les usagers au contraire, en France comme ailleurs, déplorent volontiers ses lenteurs, son formalisme, son faible rendement. Les méfaits d'une « **bureaucratie** » poussiéreuse ont d'ailleurs constitué longtemps une cible pour les chansonniers et les romanciers, qui daubaient volontiers la bureaucratie et les « **ronds-de-cuir** ».

Semblable opinion tend à devenir de plus en plus injuste, du moins pour de nombreux secteurs. En effet, il n'y a pas une Administration, mais des administrations multiples, fort différentes entre elles. De plus la mentalité et le comportement du fonctionnaire diffèrent selon les échelons. Enfin, soucieuse d'améliorer ses rapports avec les citoyens, l'Administration française a entrepris de rajeunir ses structures et ses méthodes.

Catégories de fonctionnaires

Outre une catégorie "hors échelle" de hauts-fonctionnaires, les agents civils titulaires rémunérés sur le budget de l'État se répartissent en 4 catégories :

Formation (1)	Catégories	Fonction
Enseignement supérieur	**A** (28%) ex : Administrateurs civils	Conception Direction
Enseignement secondaire	**B** (31,9%) ex : Instituteurs	Application
Fin de classe de 3e	**C** (34%) ex : Préposés PTT	Exécution spécialisée
Certificat d'études	**D** (6,1%) ex : Agents de bureau	Exécution simple

(1) Niveau théorique de recrutement.

L'employé de bureau

Issu généralement d'un **milieu modeste**, il est au fond assez fier de ne pas être compté au nombre des travailleurs manuels, mais d'appartenir à un **grand corps**, ou plutôt à un monde immense et sûr, celui des fonctionnaires : il est payé au mois, il a devant lui une existence toute tracée, avec la **retraite** au bout. D'où un sens aigu à la fois de la **dignité** et de la **sécurité**, auquel s'ajoute l'idée, vraie ou fausse, qu'il peut « s'élever » dans l'échelle administrative et sociale.

Les hauts fonctionnaires

Au sommet de cette échelle, les **hauts fonctionnaires** administrateurs — au nombre de 10 000 environ — constituent les « **grands corps de l'État** » : Conseil d'État, Cour des Comptes, Inspection des Finances, corps préfectoral, diplomatie, auxquels prépare aujourd'hui l'**École Nationale d'Administration**. D'où, plus encore qu'autrefois, un état d'esprit commun. Le haut fonctionnaire, généralement d'origine aisée, se sent héritier et dépositaire d'une grande tradition. Il a le sens des responsabilités, il veut « **servir** », jouer un rôle, il a habituellement le goût des idées générales et de la synthèse.

Les « grands commis »

De ce milieu cohérent et homogène sortent les « **grands commis** », ceux à qui des qualités exceptionnelles ont ouvert l'accès aux **postes de direction**. Disposant d'une puissance considérable (marchés, subventions, nominations, décorations, etc.), ayant le sens de l'intérêt général à long terme, menant le plus souvent une vie austère, travailleurs infatigables, ce sont à la fois des animateurs d'hommes et des réalisateurs. Certains tels que Gaston Berger, Louis Joxe, Louis Armand, ont organisé ou réorganisé depuis 1945 d'importants **services publics** : le Plan, l'enseignement supérieur, les Affaires étrangères, les chemins de fer. On peut dire, avec A. Sauvy, qu'en France « la faiblesse des hommes politiques a fait souvent la force des grands commis ».

L'Administration centrale : les ministères

L'ensemble des **services centraux** des différents ministères, du fait de la concentration administrative, a joué en effet jusqu'ici un rôle essentiel dans l'État. Il comprend en tout environ 40 000 personnes (à peine 3 % de l'ensemble des fonctionnaires).

Dans chaque **ministère**, tous les fonctionnaires sont placés sous l'autorité du ministre, entouré de son « **cabinet** » — une dizaine de personnes qu'il choisit et qui l'assistent dans toutes ses activités. Généralement plus stables que lui, les **Directeurs**, nommés par le gouvernement, sont chargés d'appliquer ses directives sur le plan administratif.

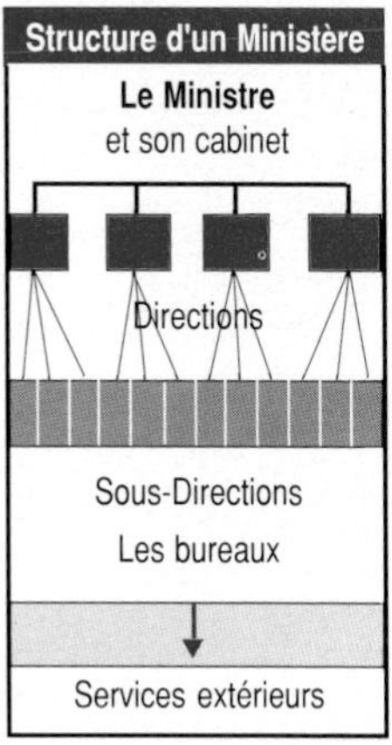

4 / ❸ L'ADMINISTRATION LOCALE

Une importante **réforme** de l'Administration locale a été entreprise en 1981 [p. 251]. Son application, échelonnée sur deux ans, a modifié profondément les modalités d'exercice des **pouvoirs locaux.** Avant d'en esquisser les grandes lignes, il est nécessaire de rappeler la structure des institutions à la veille des transformations en cours. Les pages qui suivent présentent ces institutions.

La présence du pouvoir central

Le **pouvoir central** agit sur l'ensemble du pays par l'intermédiaire d'une série d'échelons qui correspondent aux structures administratives créées par la Révolution.

Aujourd'hui la France métropolitaine comprend 95 **départements,** divisés en **arrondissements,** en cantons, et enfin en **communes,** héritières des anciennes **paroisses.** A chacun de ces échelons (sauf pour le canton) correspond un représentant du pouvoir central.

Circonscription administrative	Centre administratif	Responsable
région (22)	préfecture de région	préfet de région
département (95 + 4 départements d'Outre-mer)	préfecture	préfet
arrondissement	sous-préfecture	sous-préfet
canton	chef-lieu de canton	
commune (36 436)	mairie	maire (élu)

Sous l'Ancien Régime

La France était divisée en 34 provinces de dimensions très variées dont certaines seulement correspondaient aux régions naturelles, mais dont la plupart offraient une physionomie originale née à la fois du peuplement, de l'histoire et des mœurs, et que conservent encore parfois aujourd'hui la tradition et le folklore populaire.

Des anciennes provinces

Les assemblées élues

L'esprit de système des Français et les circonstances historiques ont favorisé, d'époque en époque, la construction de cet édifice administratif fortement **centralisé**. D'autres forces cependant ont joué en sens contraire : l'individualisme, l'esprit libéral, l'idéal démocratique. Aussi a-t-on créé des **assemblées élues** issues du suffrage universel et destinées à délibérer sur la gestion des affaires régionales et locales.

Néanmoins ces assemblées **— conseil général, conseil municipal —** sont placées sous la tutelle des représentants nommés par le pouvoir central.

Les regroupements

Afin de permettre l'adaptation de l'administration locale aux exigences du monde moderne, diverses modalités de **regroupement** ont été instituées :

▶ **Regroupement de communes.** Le regroupement peut s'opérer par **fusion** (fusion simple ou comportant l'association d'une ou plusieurs communes) ; par création de **communautés urbaines** (9 communautés urbaines regroupent 251 communes de près de 4 millions d'habitants) ; par création de **districts** ou de **syndicats de communes** (permettant la mise en commun de crédits destinés à la réalisation d'équipements collectifs).

▶ **Regroupement de départements.** En 1955, les départements sont regroupés en **régions de programme** qui servent de cadre à la mise en œuvre de plans régionaux de développement économique et social et d'aménagement du territoire.

Les régions de programme deviennent **circonscriptions d'action régionale** en 1960 et **régions** en 1972 (carte ci-dessous).

aux nouvelles régions

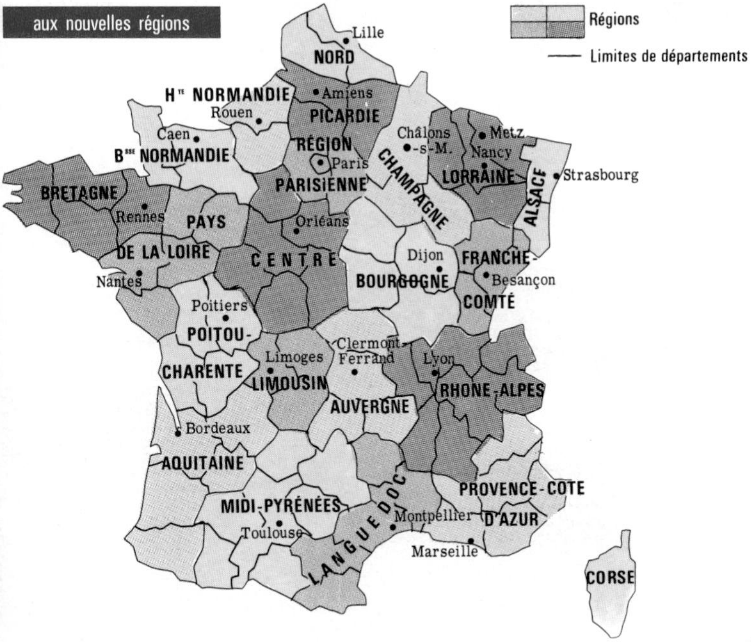

4 / ❸ UNE ADMINISTRATION CENTRALISÉE

Le pouvoir exécutif :
LE CONSEIL DES MINISTRES

L'esprit de système : tendance centralisatrice

LE PRÉFET, nommé par le Conseil des Ministres et révocable par lui, est le représentant, dans la région ou le département, de l'État, du gouvernement et de chacun de ses membres.
(22 préfets sont à la fois préfets de département et préfets de régions de programme, p. 243)

Un rôle difficile, qui exige à la fois souplesse et autorité.

SES ATTRIBUTIONS :

Comme agent de l'Etat
- Il veille à l'exécution des lois et des ordres du gouvernement.
- Il dirige les services de l'État.
- Il informe le gouvernement de l'état d'esprit de la population, de la conjoncture politique, économique et sociale.
- Il assure le maintien de l'ordre et de la sécurité. Il dispose, à cet effet, de la police et détient des pouvoirs judiciaires.
- Il contrôle la légalité des actes des collectivités locales.

LE SOUS-PRÉFET subordonné au préfet et nommé comme lui, la seconde comme AGENT DE L'ÉTAT.

LE MAIRE chef du pouvoir exécutif municipal, assisté de 1 à 12 adjoints : peut être (ainsi que ceux-ci) suspendu ou révoqué par le pouvoir central.

Une fonction lourde, qui tend à devenir un véritable métier.

SES ATTRIBUTIONS :

1 comme AGENT DE L'ÉTAT :

- exécute les lois et règlements ;
- exerce la police administrative ;
- est officier de l'état civil (mariages, etc.) ;
- applique les lois sociales, scolaires, électorales.

ÉLUS (avec ses adjoints par le Conseil municipal parmi ses membres pour la durée de son mandat.

2 comme REPRÉSENTANT DE LA COMMUNE

- préside le Conseil municipal et exécute ses décisions ;
- prépare le budget de la commune ;
- nomme et révoque les agents municipaux.

DES ASSEMBLÉES ÉLUES

Un effort de conciliation entre les tendances contradictoires de l'esprit français.

L'individualisme libéral : tendance décentralisatrice.

LE DÉPARTEMENT
La principale circonscription administrative de la France en même temps qu'une collectivité locale à part entière.

LE CONSEIL GENERAL
Élu pour 6 ans au suffrage universel à raison d'un membre par canton ; renouvelable par moitié tous les 3 ans. Il élit son président qui détient le pouvoir exécutif.

SES ATTRIBUTIONS :

- adresse au gouvernement des vœux et réclamations en matière d'administration générale ;
- contrôle les communes (chemins, foires et marchés, etc.) ;
- délibère et statue sur toutes les affaires d'intérêt départemental : budget, organisation des services, travaux publics, gestion des domaines ;
- participe aux élections sénatoriales.

L'ARRONDISSEMENT :

circonscription intermédiaire de faible importance.

LE CANTON :
division commode de l'arrondissement : le chef-lieu de canton est le foyer par excellence de la vie rurale (marché).

échelon de certains services de l'État : Justice, Gendarmerie, Ponts et Chaussées, etc.

LA COMMUNE :
une collectivité autonome multipliée par milliers : sur 36 400 communes, près des 2/3 ont moins de 500 habitants.

LE CONSEIL MUNICIPAL
composé de 11 à 69 membres élus pour 6 ans au suffrage universel direct ; 4 sessions par an (séances publiques).

SES ATTRIBUTIONS :

- participe aux élections sénatoriales ;
- élit le maire et ses adjoints ;
- véritable conseil d'administration de la commune, il règle par délibérations les affaires locales : services municipaux, voirie, budget, approvisionnement, gestion des domaines.

4 / ❸ DÉCENTRALISATION ET RÉGIONALISATION

Un rééquilibrage des pouvoirs centraux s'imposait comme une nécessité prioritaire dans la France du dernier quart du XXe siècle. La décentralisation mise en place par la loi de 1982 répond à cette préoccupation.

Une décentralisation nécessaire

Longtemps la France s'est satisfaite d'une répartition très inégale des pouvoirs entre l'**État,** les **départements** et les **communes,** chacune de ces collectivités assurant à son niveau et dans le cadre de sa compétence la participation des citoyens aux décisions qui les concernent. La **prépondérance écrasante du pouvoir étatique,** caractéristique du système français, semblait à l'abri de toute remise en cause. Toutefois, la croissance démographique et l'essor économique ont introduit de profondes **modifications.** La machine administrative est devenue trop lourde pour faire face à des problèmes de plus en plus nombreux et complexes. Aussi les pouvoirs publics se sont-ils efforcés de rapprocher des administrés les pouvoirs de contrôle, d'impulsion et de décision. Bien plus, ils ont entrepris d'étendre l'exercice des **responsabilités publiques** à des représentants de la population qui ne dépendent pas du pouvoir central.

Une amorce de régionalisation

Après l'échec du projet de **décentralisation** soumis aux électeurs par voie de référendum en 1969, la France s'est engagée timidement, sous la présidence de G. Pompidou, dans la voie de la **régionalisation.** La loi du 5 juillet 1972 portant **réforme régionale** est entrée en application en octobre 1973.

Chaque circonscription d'action régionale, qui prend alors le nom de **région,** devient un **établissement public** spécialisé (doté de la personnalité juridique et financière). La région parisienne et la Corse ont un statut spécial. Sans accéder au rang de collectivité territoriale (au même titre que le département ou la commune), la Région voit ses pouvoirs s'accroître.

- **Le Préfet de région** demeure l'organe d'instruction et d'exécution.
- La Région est dotée de **deux assemblées** [p. 251].
- Elle dispose d'un **budget** alimenté par trois sources :

— Un impôt d'État transféré : la taxe sur les permis de conduire.

— Des suppléments aux impôts d'État : taxe sur les mutations immobilières, taxe sur les cartes grises.

— Des suppléments à la fiscalité locale : taxes foncières sur les propriétés bâties et non bâties, taxe d'habitation, taxe professionnelle.

De plus, la région peut lancer des **emprunts** pour financer des opérations choisies pour leur effet d'entraînement et leur caractère régional.

La loi prévoit que la région pourra recevoir de l'État ou des collectivités locales des attributions nouvelles et les ressources correspondantes.

La mise en œuvre de la décentralisation

C'est le 2 mars 1982 qu'a été adoptée la loi sur les « droits et libertés et répartition des compétences des communes, des départements et des régions » ou loi de décentralisation. Véritable « révolution tranquille » après des siècles de centralisation, cette loi transfère l'exécutif départemental et régional du préfet aux présidents des assemblées élues (conseils généraux et régionaux). Elle supprime les tutelles administrative et financière, ainsi que tout contrôle a priori sur les actes des autorités communales, départementales et régionales. Enfin, elle accroît les possibilités d'intervention des collectivités locales en matière économique.

Promotion de la musique et de la danse par le Conseil régional d'Ile-de-France.

La région

C'est désormais une collectivité territoriale de plein exercice qui a compétence pour :

— promouvoir le développement économique, social, sanitaire, culturel et scientifique de la région et l'aménagement du territoire ;

— engager des actions complémentaires de l'État, des autres collectivités territoriales et des établissements publics de la région.

Le Conseil régional

Élu pour 6 ans au suffrage universel.

Le nombre des conseillers régionaux est le double de celui des parlementaires de la région (sauf Ile-de-France, Limousin, Corse et Outre-mer). Il comprend de 41 membres (Limousin) à 197 (Ile-de-France). Il élit son président qui est l'organe exécutif de la région. Le Conseil délibère, son président instruit les affaires et exécute les décisions.

Le Conseil économique, social et régional (C.E.S.R.)

- Il comprend :

— des représentants des organismes et activités à caractère économique, social, professionnel, familial, éducatif, scientifique, culturel et sportif ;

— des personnalités qui concourent au développement de la région.

- Il est consulté sur les affaires soumises au Conseil régional.

LE DROIT ET LA JUSTICE

L'ordre public est assuré par la justice, la police et l'armée. Il est fondé sur le respect et l'application des lois. Mais le droit français est resté en retard sur l'évolution de la société. Aussi des adaptations sont-elles nécessaires.

Le droit et les lois

Le **droit positif** est constitué en France par l'ensemble des **lois** écrites en vigueur (isolées ou groupées en codes : Code civil, Code pénal), complétées par des**décrets** et des **règlements** qui en précisent les modalités d'application.

Les **lois** relèvent du pouvoir politique : conformément au principe de la séparation des pouvoirs, elles sont le privilège du pouvoir législatif, c'est-à-dire du Parlement. La Constitution de 1958, on l'a vu, a précisé le « domaine de la loi » [p. 240].

Les lois constituent le fondement de la justice : le pouvoir judiciaire a pour mission d'appliquer les lois. Celles-ci sont sacrées pour les magistrats, qui n'ont pas le pouvoir de les discuter : en France, **le juge est subordonné au législateur.**

La jurisprudence

Mais il y a loin de la règle écrite à l'application : tandis que les professeurs de droit (juristes) s'efforcent de définir la **doctrine** incluse dans les textes législatifs, les magistrats ont continuellement recours, pour compléter ces textes, à la **jurisprudence,** ensemble des **sentences** rendues dans tel ou tel cas particulier, qui constitue véritablement un droit vivant.

Ainsi la justice française est un compromis continuel entre la **théorie,** fondée sur un code écrit, d'une rigidité toute cartésienne, et la **pratique,** fondée sur l'esprit de finesse et le sens des réalités. Elle exige du juge deux

Historique

Sous l'Ancien Régime, le droit français n'était pas unifié. Les provinces méridionales, ou pays de droit écrit, étaient restées fidèles au droit romain (code de Justinien), les provinces du Nord, ou pays de droit coutumier, au droit germanique (on n'y comptait pas moins de 60 « coutumes » différentes). Le droit canonique, établi par l'Église catholique, puis les grandes Ordonnances royales s'y étaient superposés, en s'efforçant d'y introduire quelque harmonie. Mais c'est de la Révolution française que date le droit moderne :

- **Elle en a proclamé les grands principes, issus de la philosophie du XVIIIe siècle et fondés sur le droit naturel et la raison : liberté individuelle, égalité de tous devant la loi, séparation des pouvoirs (Montesquieu).**
- **Elle a concilié et unifié les diverses législations antérieures en élaborant une série de codes (ou ensembles logiques de lois réglant les différents secteurs du droit),**

qualités : l'**objectivité** et la **mesure,** qualités qui se retrouvent dans le style judiciaire, masquées d'ailleurs par un jargon encombré d'archaïsmes, qui alimente depuis des générations la verve des auteurs comiques et des chroniqueurs.

L'organisation de la justice

Elle présente un certain nombre de caractères particuliers :

- A la différence de la plupart des autres pays, les juridictions **administratives** et les juridictions **judiciaires** sont rigoureusement **séparées.** C'est une application extrême de la doctrine de la séparation des pouvoirs, née de la crainte de voir le pouvoir judiciaire déborder sur le domaine politico-administratif, comme au temps des anciens Parlements.
- En revanche, la justice **civile** et la justice **pénale sont étroitement liées :** même structure, mêmes tribunaux, recrutement identique des magistrats.
- La juridiction est **à deux degrés :** en premier ressort, puis en appel.

Quelques principes

- La justice est **accessible à tous.**
- Elle est **gratuite** en théorie. En fait elle est chère (frais de timbre et d'enregistrement, honoraires), sauf en cas d'assistance judiciaire, où l'on est exonéré de tous les frais.
- Les débats sont **publics** (sauf en cas de **huis-clos,** prononcé pour des raisons morales ou de sécurité).
- Les décisions sont **motivées** (sauf en cour d'assises).

qui ont été mis au point et promulgués par Napoléon Bonaparte : le Code civil (1804), le Code de procédure civile (1806), le Code de commerce (1807), le Code d'instruction criminelle (1809), le Code pénal (1810). Cet ensemble de lois, à peu près unique dans l'histoire, a servi de modèle à de nombreux pays.
De nouveaux codes sont venus s'ajouter aux codes napoléoniens dans différents domaines, complétés par un très grand nombre de lois promulguées par les divers régimes politiques qui se sont succédé depuis le Premier Empire.

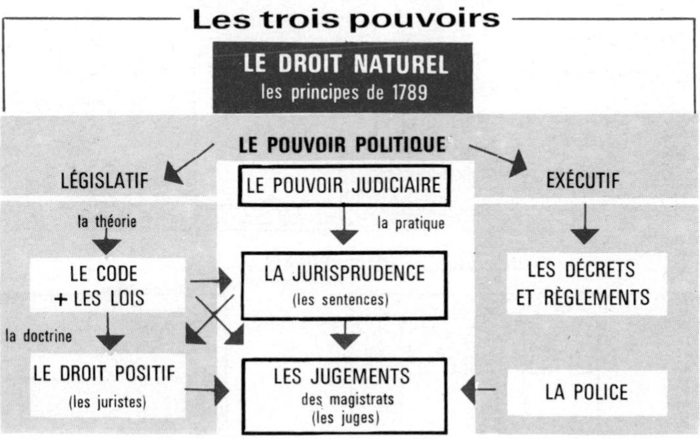

L'ORGANISATION JUDICIAIRE...

A peu près immuable depuis le début du XIXe siècle, l'organisation judiciaire s'est révélée inadaptée : la répartition géographique des tribunaux, qui ne correspondait plus à la répartition de la population, la prolifération désordonnée des lois, qui rendait surhumaine la tâche des magistrats, le formalisme de la procédure, qui provoquait la paralysie et l'asphyxie des tribunaux, faisaient de la justice une institution archaïque.

Le plan du Palais de Justice de Paris

1. Cour d'assises.
2-3-4. Cour de cassation (2. ch. civile, 4. ch. criminelle). 5. Appels correctionnels. 6. Cour d'appel. 7. Procureur général. 8. Tribunal correctionnel de grande instance. 9. Procureur de la République. 10. Police correctionnelle. 11. Salle des Pas-Perdus. 12. Tribunal civil de grande instance.
13. Préfecture de police.
14. Tribunal de commerce.
15. Tribunal administratif.
16. Conseil des prud'hommes.

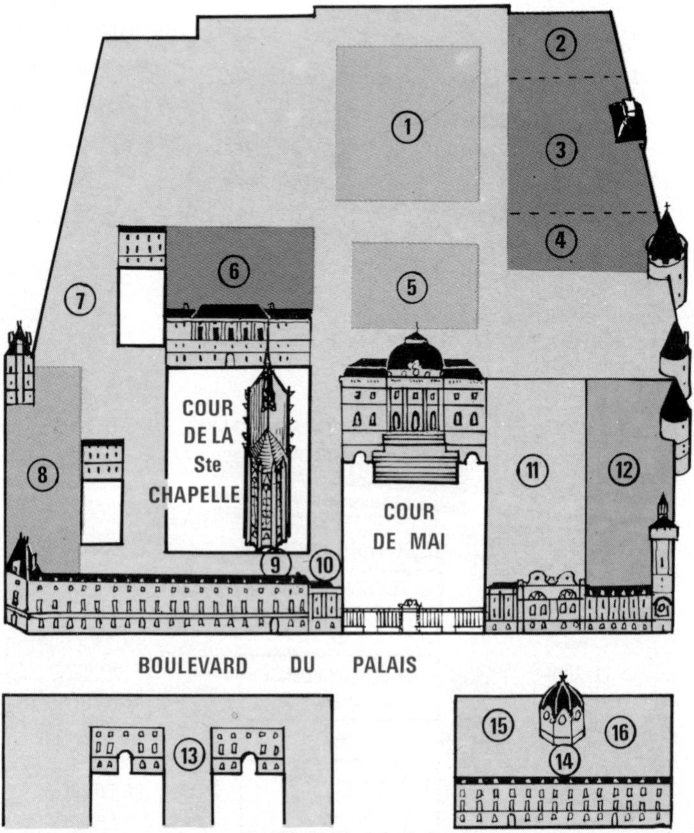

ET LA JUSTICE

▶ En 1958, la Ve République entreprend une réforme comportant :

- Regroupement des tribunaux et des magistrats ; suppression des justices de paix, remplacées par des tribunaux d'instance et de police.
- Renforcement du rôle des cours d'appel.
- Simplification de la procédure.
- Nouveau Code de procédure pénale.

▶ En 1981, François Mitterrand a décidé :

- une réforme du Conseil Supérieur de la Magistrature destinée à assurer l'indépendance de la justice ;
- une adaptation de la loi afin de « rapprocher la justice du peuple français ». La Cour de Sûreté de l'État a été supprimée et le Parlement a décidé l'abolition de la peine de mort.

Les tribunaux d'exception ont été supprimés et des mesures ont été prises en faveur des victimes de crimes ou délits. Enfin, l'élaboration d'un nouveau Code pénal a été annoncée et devrait être réalisée prochainement.

Juridictions spécialisées

- **Justice civile**

Conseils de Prud'hommes – Tribunaux de commerce – Juge des référés – Juge des tutelles – Tribunaux paritaires des baux ruraux – Juge des loyers commerciaux – Juge aux affaires matrimoniales – Tribunaux des affaires de Sécurité sociale – Juge de l'expropriation.

- **Justice pénale**

Juridictions pour enfants : Juge pour enfants – Tribunal pour enfants – Cour d'assises des mineurs – Juge de l'application des peines.

	Lieu	Infraction	Juridiction (JUSTICE CIVILE | JUSTICE PÉNALE)	Peine
	Paris		Cour de cassation contrôle la légalité des jugements	
	région		Cour d'appel (35 pour toute la France) organisme régulateur de la vie judiciaire	
Auparavant :	département	Crimes	| Cour d'Assises 3 magistrats + 9 jurés	Réclusion criminelle
Tribunal de première instance 1 par arrondissement (351 au total)	1 ou plusieurs par département	Délits	Tribunal civil | correctionnel Tribunal de grande instance (181 pour toute la France) 3 magistrats	Empris. plus de 2 mois Amende
Juge de paix 1 par canton (2 900 au total)	1 ou plusieurs par arrondissement	Contraventions	Tribunal d'instance (471) 1 juge | de police	Empris. 2 mois maximum

LA MAGISTRATURE

L'organisation de la justice repose sur un corps de fonctionnaires, la magistrature. On distingue :

- **Les magistrats assis** ou **du siège,** inamovibles, qui rendent la justice : membres de la Cour de Cassation, présidents et conseillers de cour d'appel, juges des tribunaux, juges pour enfants...
- **Les magistrats debout** ou **du parquet**, amovibles, qui représentent l'Etat (ministère public) auprès du tribunal ou de la cour et réclament l'application de la loi : procureurs généraux et avocats généraux près de la Cour de Cassation et des cours d'appel, procureurs de la République et leurs substituts près des tribunaux d'instance ou de grande instance. Ils peuvent être déplacés, révoqués ; ils dépendent de leurs chefs hiérarchiques et sont placés sous l'autorité du garde des Sceaux.

Le magistrat français

Individualiste, jaloux de sa liberté de pensée et de jugement, mais scrupuleusement respectueux de l'autorité hiérarchique et de la loi.

Depuis 1958, les magistrats sont formés et recrutés au sein de l'École nationale de la Magistrature analogue à l'Ecole nationale d'Administration [p. 243], et dont les élèves, nommés « auditeurs de justice », assimilés à des magistrats et recevant un traitement, effectuent des stages et reçoivent un enseignement approfondi destiné à les préparer à résoudre les problèmes de plus en plus complexes que leur pose la vie moderne.

LA MAGISTRATURE

LE MINISTRE DE LA JUSTICE ("GARDE DES SCEAUX")

↓

La magistrature comprend:

La magistrature debout ou ministère public (le "parquet") gardien de l'ordre public	**La magistrature assise** (le "siège")
• chargée de requérir l'application de la loi au nom de la société et du gouvernement;	• chargée de rendre la justice;
• comprend les procureurs, les avocats généraux et les substituts.	• comprend les présidents et les juges des différents tribunaux.
	PARMI EUX SONT CHOISIS LES JUGES D'INSTRUCTION.
↓	↓
Et ses auxiliaires chargés d'aider les magistrats	**Et ses auxiliaires** chargés d'aider les parties
• les greffiers consignent les jugements sur des minutes dont ils donnent copies aux parties;	• les avocats conseillent les justiciables, les assistent et assurent leur défense en justice;
• les huissiers exécutent les jugements.	• les avoués représentent les parties auprès des tribunaux civils.

LES PROCÈS

La justice civile

Le Français, dit-on, est né procédurier. Même si, depuis Racine, le « plaideur » s'est fait rare, la complexité des rapports sociaux multiplie de nos jours les procès civils où s'opposent le **demandeur** et le **défendeur**, soutenus par leurs avocats respectifs, qui instruisent le procès et les défendent en audience publique. Dans la justice civile, c'est le particulier qui, demandant protection au juge, introduit et poursuit l'action.

Un avocat

L'Ordre des avocats (le « barreau »), qui remonte à l'Ancien Régime, a été réorganisé en 1810. Dans chaque juridiction, le Conseil de l'Ordre, présidé par un bâtonnier, assure la discipline et la dignité de la profession.

La justice pénale

Au contraire, dans le cas d'infraction aux lois, c'est l'Etat qui doit en poursuivre la répression : dès lors l'« **action publique** » est engagée.

Une action en quatre actes :

- 1er acte : Le **procureur de la République** est saisi de l'affaire.
- 2e acte : **L'enquête préalable** : le procureur la confie à la **police judiciaire** [p. 258], qui constate l'infraction, dresse des procès-verbaux : elle peut garder à vue, en principe pendant 24 heures, les coupables présumés.
- 3e acte : **L'instruction** : le **juge d'instruction** recherche les auteurs de l'infraction, procède à l'interrogatoire de l'**inculpé** en le faisant comparaître devant lui par un **mandat d'amener** (ou un **mandat d'arrêt** s'il est en fuite) ; rend une ordonnance de non-lieu ou renvoie devant le tribunal compétent.
- 4e acte : **L'audience** : l'inculpé, devenu **prévenu** (en correctionnelle) **ou accusé** (en cour d'assises), est interrogé par le président ; les témoins défilent à la barre ; puis viennent les plaidoiries du substitut et des avocats ; enfin le tribunal se retire pour délibérer et rend son jugement.

1. **Président,**
2. **Assesseur,**
3. **Jury (composé, pour chaque affaire criminelle, de 9 citoyens (jurés) dont les noms sont tirés au sort.)**
4. **Greffier**
5. **Avocat de la partie civile**
6. **Accusé**
7. **Avocats de la défense**
8. **Avocat général**
9. **Pièces à conviction**
10. **Témoin**
11. **Public**

4 / ④ LA POLICE

La police est chargée d'assurer l'application et le respect des règlements destinés à maintenir l'ordre et la sécurité publiques.

• **La Police nationale** qui dépend du ministère de l'Intérieur (responsable de la défense civile) emploie 110 000 personnes.

A la Direction de l'Inspection générale, au Service central des voyageurs officiels, au Service de coopération technique internationale de police s'ajoutent :

— La police des **Renseignements généraux** qui réunit toutes les informations utiles au gouvernement et qui assure la surveillance des salles de jeu et des champs de courses.

— La **Direction de la Surveillance du Territoire** (D.S.T.) qui recherche et poursuit les manœuvres d'espionnage et d'ingérence dirigées de l'extérieur.

— La Direction centrale de la **Police judiciaire,** qui recherche les crimes et délits et en livre les auteurs aux tribunaux.

— La **Direction centrale des polices urbaines** qui veille au maintien de l'ordre sur la voie publique.

— Le Service central de la **Police de l'air et des frontières** qui contrôle la circulation des personnes et enquête sur les accidents de chemin de fer et d'avion.

— Les **Compagnies républicaines de sécurité** (C.R.S.), qui, au nombre de 61, constituent des réserves mobiles envoyées sur n'importe quel point du territoire pour faire respecter l'ordre, venir en aide à la population (calamités publiques, secours en montagne, etc) et surveiller la circulation routière.

— Services rattachés au cabinet du directeur général : Unité de coordination de la lutte anti-terroriste (U.C.L.A.T.) ; Unité de recherche, d'assistance, d'intervention, de dissuasion (R.A.I.D.), de la police nationale.

• **La Gendarmerie nationale** (3 658 brigades, 91 650 personnes) est une force militaire qui fait partie des forces armées et dépend du ministère de la Défense.

L'ARMÉE

« La Défense a pour objet d'assurer en tout temps, en toutes circonstances et contre toutes les formes d'agression, la sécurité et l'intégrité du territoire, ainsi que la vie de la population. Elle pourvoit de même au respect des traités, alliances et accords internationaux. »

L'organisation des forces armées

Le Président de la République, « garant de l'indépendance nationale, de l'intégrité du territoire, du respect des accords et des traités » (art. 5 de la Constitution), est le **chef des armées ;** il préside les Conseils.

Les dépenses militaires de la France représentent 16,1 % du budget national. Les effectifs budgétaires dans les armées s'élèvent à 694 000 personnes : 558 000 militaires (dont 254 000 soldats du contingent) et 136 000 civils.

Le système de la défense repose sur la **force de dissuasion nucléaire** (75 mégatonnes en 1980) « qui doit créer une menace permanente et suffisante... pour détourner un adversaire de ses intentions agressives ». L'organisation fonctionnelle des forces armées est fondée sur 4 systèmes de forces :

Les Forces Nucléaires et Stratégiques (F.N.S.) : forces aériennes stratégiques (Mirage IV et Mirage 2000, 2 unités de tir de missiles installées sur le plateau d'Albion, Vaucluse) ; force océanique stratégique (6 sous-marins à propulsion nucléaire : *Le Redoutable, Le Terrible, Le Foudroyant, L'Indomptable, Le Tonnant, L'Inflexible*), auxquels s'ajouteront deux autres unités. Il y a 16 missiles par sous-marin.

L'Arme Nucléaire Tactique (A.N.T.), conçue pour opérer sur le champ de bataille, comportant des unités d'artillerie nucléaire des armées de terre (Pluton), de l'air et de la marine.

Les Forces classiques : terrestres, aériennes, maritimes et aéronavales, forces de gendarmerie (p. 258).

Les Forces d'Outre-Mer : placées sous les ordres de 8 commandements inter-armées.

Les armes nucléaires stratégiques et tactiques ne peuvent être utilisées que sur ordre ou recommandation expresse du Président de la République.

Défilé militaire sur les Champs-Élysées (14 juillet 1989).

Les forces françaises

- **Terre : 2 400 chars, 1 200 pièces d'artillerie, plusieurs centaines d'hélicoptères, le tout réparti en 8 divisions blindées, 7 divisions d'infanterie, 1 division alpine, 1 division parachutiste, 1 division d'infanterie de marine, 1 division légère blindée.**
- **Air : 510 avions de combat + les forces aériennes stratégiques et le matériel d'entraînement, de ravitaillement, 1 division aéromobile.**
- **Marine : 5 porte-aéronefs : 2 porte-avions *(Clemenceau, Foch)* et 1 porte-hélicoptère *(Jeanne-d'Arc)* ; 22 sous-marins, dont 6 (et bientôt 7) sous-marins nucléaires lance-engins ; 20 gros bâtiments de combat, dont un croiseur lance-engins, le *De Grasse*, deux frégates lance-engins, le *Suffren* et le *Duquesne*.**

Grades et insignes		
	terre air	marine
	Général d'armée	Amiral
	Général de corps d'armée	Vice-amiral d'escadre
	Général de division	Vice-amiral
	Général de brigade	Contre amiral
OFFICIERS SUPÉRIEURS	Colonel	Capitaine de vaisseau
OFFICIERS SUPÉRIEURS	Lieutenant colonel	Capitaine de frégate
OFFICIERS SUPÉRIEURS	Chef de batail. / Commandant	Capitaine de corvette
OFFICIERS SUBALTERNES	Capitaine	Lieutenant de vaisseau
OFFICIERS SUBALTERNES	Lieutenant	Enseigne de vaisseau 1re classe
OFFICIERS SUBALTERNES	Sous-lieutenant	Enseigne de vaisseau 2e classe
SOUS-OFFICIERS	Aspirant	
SOUS-OFFICIERS	Adjudant-chef	Maître principal
SOUS-OFFICIERS	Adjudant	1er Maître
SOUS-OFFICIERS	Sergent-major	

Le service national

Depuis 1971 le **service national,** qui est universel, peut revêtir les formes suivantes :

- Le service militaire destiné à répondre aux besoins des armées ; durée 12 mois.
- Le service de défense (protection des populations civiles) ; durée 12 mois.
- Le service de l'aide technique (qui contribue au développement des départements et territoires d'outre-mer) et le service de la coopération (en faveur des États étrangers qui en font la demande) ; durée 16 mois.

Les jeunes Français sont normalement appelés à l'âge de 20 ans. Ils peuvent toutefois demander à être incorporés dès le 1er octobre de l'année de leurs 18 ans. Certains, notamment les étudiants, peuvent bénéficier d'un sursis d'incorporation.

La formation des cadres

L'armée nouvelle exige une reconversion et une qualification accrue des effectifs et surtout des cadres : d'où l'importance d'un enseignement spécialisé à tous les degrés. Cet enseignement relève dans sa totalité du ministère de la Défense.

L'enseignement militaire

ENSEIGNEMENT MILITAIRE SUPÉRIEUR	Institut des hautes études de défense nationale		
	Centre des hautes études militaires		
	TERRE École supérieure de guerre (1876)	MARINE École de guerre navale	AIR École supérieure de guerre aérienne
GRANDES ÉCOLES DE FORMATION	École polytechnique (à Paris) École spéciale militaire (ex Saint-Cyr, à Coëtquidan) École du service de santé militaire	École navale (1830) à Lanvéoc-Poulmic (Finistère)	École nat. sup. de l'aéronautique (à Paris) École de l'air (1935) à Salon-de-Provence
ÉCOLES D'APPLICATION	Infanterie : Montpellier Blindés : Saumur Artillerie : Draguignan etc.	École d'appl. des enseignes de vaisseau (sur navire-école) etc.	École des techniciens de l'armée de l'air (Saintes)
ENSEIGNEMENT DU SECOND DEGRÉ	La Flèche (Sarthe) St Cyr l'École (Yvelines)		Grenoble

ORDRES ET DÉCORATIONS

La Légion d'Honneur

• Elle est décernée aux Français qui se sont distingués par des mérites exceptionnels ou des services rendus à l'État, à titre militaire ou civil. Chaque ministère établit deux fois par an ses propositions. Les étrangers peuvent être d'emblée à tous les grades sans condition. On peut perdre son grade en cas d'indignité.

• **Des Maisons d'éducation,** créées par Napoléon, sont destinées aux filles des membres de l'Ordre et fonctionnent comme des lycées : Saint-Denis, Écouen, Les Loges (forêt de Saint-Germain-en-Laye).

La hiérarchie

Grand Maître : Le Président de la République
Grand Chancelier : Préside le Conseil de l'Ordre

2 dignités	▲ Grand-Croix Grand-Officier	plaque
3 grades	Commandeur ▲ Officier Chevalier	cravate rosette ruban rouge

Décorations militaires

• **La Médaille militaire,** créée par Napoléon III, est surtout décernée, sur proposition du ministère des Armées, aux sous-officiers et aux soldats en récompense d'exploits exceptionnels ou de longs états de service.

• **La Croix de Guerre,** créée pour les deux guerres mondiales, récompense des faits d'armes individuels ou collectifs.

• **L'ordre de la Libération,** créé par le général de Gaulle, comprend un millier de « compagnons », nommés entre 1940 et 1946.

Décorations civiles

Elles dépendent des différents ministères :

• **L'ordre du Mérite,** créé en 1963, et qui vient immédiatement après la Légion d'Honneur.

• **L'Ordre des Palmes académiques** (ruban violet) (Education Nationale), pour les membres du corps enseignant, les écrivains, etc. ; le Mérite Agricole, fondé en 1883 (ruban vert, dit « le Poireau » !), le Mérite maritime (1930), social (1936), commercial (1939), artisanal (1948), sportif (1956), du travail (1957), l'Ordre des Arts et Lettres (1957).

Historique

A l'instar des ordres religieux et militaires issus des Croisades, les rois créèrent, à partir du XIVe s., des ordres de chevalerie destinés à s'attacher une élite de sujets : ordres de Saint-Michel (créé par Louis XI) ; du Saint-Esprit (Henri III), le plus illustre, limité à 100 membres ; de Saint-Louis (Louis XIV, 1693), accessible à tous, nobles et roturiers, et comportant 3 grades : chevalier, commandeur, grand-croix. Cet ordre disparut avec les autres en 1830, mais inspira sans doute Napoléon Ier quand il créa la Légion d'Honneur (1802), le premier et le plus important des ordres existant actuellement.

4 / 5 RELATIONS

LA FRANCE ET LE MONDE

La France fut le premier pays à posséder, au Grand Siècle, un réseau d'ambassadeurs. Leur rôle, longtemps prépondérant, s'est progressivement transformé pour s'intégrer à un ensemble d'institutions fort complexes.

Le « Quai d'Orsay »

Le **« Département »,** ou ministère des Affaires étrangères, souvent désigné sous le nom de **« Quai d'Orsay »,** où il est situé à Paris, a été réorganisé depuis 1945. Aux côtés du ministre, dont il est le conseiller, le secrétaire général est en quelque sorte l'« éminence grise » du ministère : il assure le lien entre le gouvernement et les rouages administratifs, dont il coordonne le fonctionnement.

Les Directions

- Les services du ministère des Affaires étrangères sont groupés en 6 grandes directions selon un système de répartition à la fois géographique et méthodique.
- La Direction des **Affaires politiques** est numériquement la plus importante : centralisation des informations relatives aux différents aspects de la politique des États et des organisations internationales.
- La Direction des **Affaires africaines et malgaches,** créée en 1961.
- La Direction des **Affaires économiques et financières,** instituée en 1945.
- La Direction générale des **Relations culturelles, scientifiques et techniques :** échanges culturels, coopération culturelle et technique, affaires scientifiques.
- La Direction des Français à l'étranger et des étrangers en France.
- La Direction du **personnel** et de **l'Administration générale.**

Les « postes » à l'étranger

Le Département commande un réseau de postes diplomatiques et consulaires qui couvre le monde entier. Dans chaque pays, l'**ambassadeur** dirige l'ensemble de la **mission diplomatique.** Il est assisté de conseillers, de secrétaires et d'attachés d'ambassade, ainsi que d'une série d'attachés relevant d'autres ministères : attaché militaire, naval, commercial, financier, culturel.

Dans les grandes villes, le **consul général** ou **le consul** est en quelque sorte le délégué provincial de l'ambassadeur. Il représente les services administratifs de la métropole ; il est à la fois notaire, percepteur, officier d'état civil. Il traite notamment des affaires commerciales et économiques.

EXTÉRIEURES

Les grandes orientations

Dans un monde divisé en deux **blocs antagonistes,** soumis par moments à de dangereuses **tensions,** la France s'efforce de conduire une **politique étrangère** dont les grandes orientations sont :

- Souci d'**indépendance.** Si elle participe à l'Alliance atlantique (voir ci-dessous), la France entend assumer elle-même la charge de sa propre sécurité.
- Contribution permanente au **maintien de la paix** et de la **détente** dans le monde.
- Participation active à la **construction européenne.**
- Affirmation d'une **solidarité** à l'égard du **Tiers Monde.** Initiatrice du dialogue Nord-Sud, la France participe à toutes les négociations visant à établir un nouvel ordre économique mondial.
- Attachement au **respect** des **Droits de l'Homme.**
- Action en faveur du **rayonnement de la culture française.**

Les alliances militaires

La France constitue, avec les pays du Benelux, la République fédérale d'Allemagne, le Royaume-Uni et l'Italie, l'Union de l'Europe Occidentale (U.E.O.). Elle est partie au traité créant l'Organisation du Traité de l'Asie du Sud-Est (O.T.A.S.E.). Elle a conclu des **accords de défense** avec plusieurs États africains (Centrafrique, Côte-d'Ivoire, Sénégal, Gabon...) ; elle est par ailleurs liée par de nombreux accords d'assistance technique militaire : 1 300 coopérants militaires français séjournent dans 25 pays africains.

En 1949, la France a signé le **Traité de l'Atlantique Nord** mais, en 1966, elle a mis fin à l'intégration militaire de ses forces au sein de l'Organisation du Traité de l'Atlantique Nord (O.T.A.N.). Rejetant tout automatisme susceptible d'aliéner la maîtrise qu'elle entend garder de sa politique de sécurité, elle n'a toutefois pas quitté l'Alliance Atlantique et continue d'assumer sa solidarité avec les autres pays membres en cas d'agression de l'un d'eux. Elle participe à des manœuvres de l'O.T.A.N. et maintient sa participation à l'Eurocom (coopération des systèmes de transmission tactique) et au réseau Nadge (surveillance radar).

Le Président de la République François Mitterrand reçoit Abdou Diouf, Président du Sénégal.

Les immunités diplomatiques

Parmi les privilèges attachés à l'exercice de la fonction diplomatique figurent :

- **l'immunité des personnes ;**
- **l'inviolabilité de la correspondance (la valise diplomatique), des archives ;**
- **le droit d'asile.**

LA COOPÉRATION

Coopération et développement

Rattachée en 1966 au ministère des Affaires étrangères, la **Coopération** a pris une place grandissante dans les préoccupations gouvernementales. En 1981 a été créé un **ministère de la Coopération et du Développement ;** cette nouvelle appellation indique très clairement que la coopération s'intègre désormais dans une politique générale de développement.

Le changement de titre a ainsi valeur de symbole ; il veut marquer une rupture avec les références coloniales qu'a longtemps comportées le ministère de la Coopération : à une aide de conception un peu charitable et marquant trop souvent une relation de supérieur à inférieur, doit se substituer la volonté d'associer la France dans un **dialogue d'égal à égal** avec les pays pauvres. L'inflexion de la politique française dans ce domaine se traduit par des aménagements permettant à la notion de **développement autocentré,** endogène, de s'affirmer : développement destiné à renforcer la capacité des États à faire face par leurs propres moyens à leurs difficultés, notamment dans le **domaine alimentaire.** La coopération doit aider le Tiers Monde à élaborer un modèle de développement qui assure d'abord l'essentiel de ses besoins locaux.

L'aide de la France

Quelque 24 000 **coopérants** français (15 000 enseignants, 9 000 techniciens) sont répartis sur les cinq continents : en Afrique du Nord, au sud du Sahara, en Amérique latine, en Asie-Océanie, au Proche et au Moyen-Orient...

L'aide publique de la France au Tiers Monde représente 0,7 % du P.N.B. ; mais si l'on retranche les crédits accordés aux DOM-TOM, la part du P.N.B. tombe à 0,5 %. Cette aide se répartit ainsi (sans DOM-TOM) : Afrique subsaharienne (60,6 %), Afrique du Nord (16,4 %), Amérique (8,4 %), Asie du Sud (5,76 %), Extrême-Orient-Océanie (4,2 %), Proche-Orient (4 %), Europe du Sud (0,8 %).

Les missions d'aide et de coopération

26 États dans lesquels sont installées des Missions d'Aide et de Coopération (M.A.C.) relèvent du pouvoir de décision du ministre de la Coopération et du Développement : Benin, Burundi, Cameroun, Centrafrique, Congo, Comores, Côte-d'Ivoire, Djibouti, Gabon, Haïti, Haute-Volta, Maurice, Madagascar, Mali, Mauritanie, Niger, Rwanda, Sénégal, Seychelles, Tchad, Togo, Zaïre, Cap-Vert, Guinée-Bissau, Sao-Tomé-et-Principe, Guinée-Équatoriale. Le ministre, qui est consulté sur toutes les opérations de coopération et de développement intéressant l'ensemble des pays africains situés au sud du Sahara, est par ailleurs chargé de l'ensemble des négociations internationales intéressant le développement.

5 / LA VIE ÉCONOMIQUE

5 / ❶ L'ORGANISATION FINANCIÈRE ET ÉCONOMIQUE

LE RÔLE DE L'ÉTAT

Cinquième puissance mondiale après les États-Unis, l'U.R.S.S., le Japon, la R.F.A., la France se distingue, parmi les pays d'économie libérale, par l'importance du rôle de l'État dans l'économie.

Un rôle croissant

Le rôle de l'État s'est **accru,** dans les années 30, face à la **crise** et au lendemain de la Seconde Guerre mondiale pour répondre aux nécessités de la **reconstruction.** Le retour de la **gauche** au pouvoir en 1981, dans un contexte de crise, se traduit par une accentuation de l'intervention publique dans tous les domaines.

Un rôle multiple

L'intervention de l'État se manifeste de multiples façons :
— État **organisateur** (utilisant la loi, le décret, l'arrêté) : il définit la politique budgétaire, fiscale, monétaire, commerciale, énergétique...
— État **producteur,** par le biais des entreprises publiques [voir ci-contre].
— État **consommateur :** premier client de l'industrie nationale.
— État **investisseur :** il assurait, avant le nouveau train de nationalisations de 1982, 29 % de l'effort d'équipement des entreprises.
— État **financier :** il contrôle la quasi-totalité de la distribution du crédit.

Une économie néanmoins libérale

Malgré l'ampleur de l'intervention des Pouvoirs publics, l'économie française demeure une **économie libérale.**
— La propriété **privée** des moyens de production et d'échanges est très largement prépondérante.
— Les **mécanismes du marché,** l'initiative individuelle, la concurrence, le libre choix des consommateurs déterminent les orientations de la production.
— L'économie nationale est enfin largement **ouverte au monde.**

Taux de croissance annuelle du P.I.B.
(produit intérieur brut)

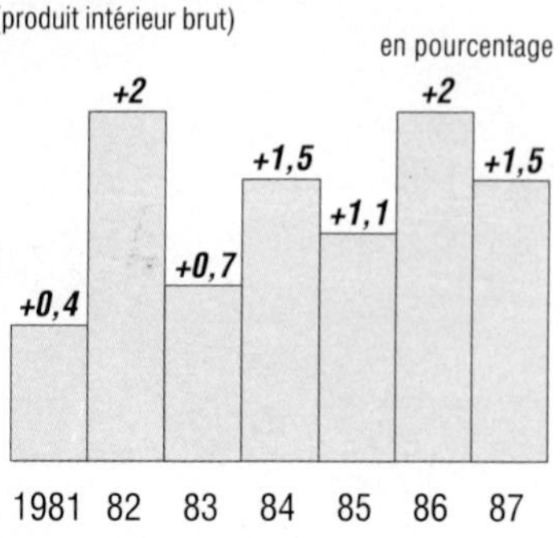

L'importance des entreprises publiques*

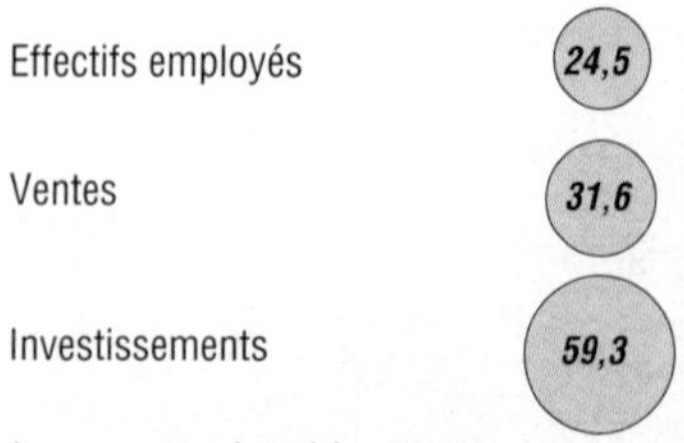

* en pourcentage du total des entreprises non agricoles

LE SECTEUR PUBLIC

L'accroissement du rôle de l'État dans la vie économique s'est traduit en France par la création d'un important secteur public.

Une grande diversité

Trois grandes catégories peuvent être distinguées :

▶ **Les services publics** : Postes et Télécommunications. Imprimerie Nationale, régies diverses (transports, eaux).

▶ **Les établissements publics** : entreprises nationalisées (Charbonnages de France, Électricité et Gaz de France, Régie Renault, Banques).

▶ **Les sociétés d'économie mixte** : Chemins de fer (S.N.C.F.), Compagnie Française des Pétroles.

Nationalisations et privatisations

En 1981, la gauche au pouvoir décide un nouvel **élargissement** du secteur public. Elle nationalise :

— 39 banques et 2 compagnies financières (Suez et Paribas) [pp. 270-271]

— 5 sociétés industrielles : Compagnie Générale d'Électricité, Saint-Gobain, Pechiney-Ugine-Kuhlmann, Rhône-Poulenc, Thomson-Brandt.

— 2 industries d'armement, la branche militaire de Matra, Dassault-Bréguet.

— 2 groupes sidérurgiques déjà contrôlés par l'État, Usinor et Sacilor.

De 1986 à 1988, la droite procédera à la privatisation de 13 sociétés dont 9 avaient été nationalisées entre 1981 et 1986.

L'économie sociale ou la « troisième voie »

Il existe en France un « tiers secteur », né d'une tradition qui remonte au début du XIXe siècle, et qui regroupe trois catégories d'institutions : les mutuelles, les coopératives et les associations à but non lucratif. Elles emploient au total un million de salariés et leurs activités touchent plus de la moitié des Français : c'est dire leur importance et le rôle de charnière qu'elles peuvent jouer. Aussi la gauche a-t-elle décidé d'encourager le développement de cette « économie sociale » qui favorise l'initiative, la solidarité et le sens des responsabilités.

Quelques entreprises publiques

• Banques et assurances
Banque de France, Banque Nationale de Paris (B.N.P.), Crédit Lyonnais, Crédit Agricole, Assurances Générales de France (A.G.F.), Groupe des Assurances Nationales (G.A.N.).

• Agriculture
Office National Interprofessionnel des Céréales, Office National des Forêts.

• Énergie
Charbonnages de France, Électricité de France (E.D.F.), Gaz de France (G.D.F.), Compagnie Nationale du Rhône (C.N.R.), Entreprises de Recherches et d'Activités Pétrolières (E.R.A.P.).

• Industrie
- Industries mécaniques : Renault, Société Nationale Industrielle Aérospatiale (S.N.I.A.S.).
- Industries chimiques : Institut National de Recherche Chimique Appliquée.

• Transports
Société Nationale des Chemins de fer Français (S.N.C.F.), Air France, Air Inter, Compagnie Générale Transatlantique, Compagnie des Messageries Maritimes, Régie Autonome des Transports Parisiens (R.A.T.P.).

• Information
Antenne 2, FR3, Société Nationale des Entreprises de Presse, Agence France-Presse.

LE BUDGET DE L'ÉTAT

Dominé par la philosophie libérale, le XIXe s. prônait la neutralité des finances publiques : réduit, le budget ne devait intervenir sur l'économie d'aucune façon, directe ou indirecte.
L'évolution a été caractérisée par un accroissement continu des dépenses publiques. Aujourd'hui le budget met en œuvre une politique financière à impacts économiques.

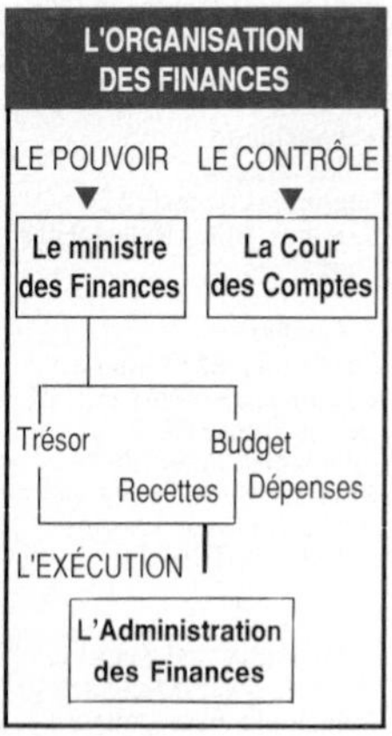

Les supports juridiques

Les supports juridiques du budget « acte législatif » sont au nombre de 3 :

- La **loi de finances initiale.** Le budget de l'État pour l'année suivante est déposé chaque année en octobre. Après son vote et sa promulgation en début d'année, un ensemble de décisions sont arrêtées qui lient l'administration : c'est l'objet de la « loi de finances initiale ».
- Le **collectif.** Toutefois, si des événements imprévisibles interviennent en cours d'exécution du budget, un « collectif » (budget complémentaire) est proposé par le Gouvernement au Parlement.
- La **loi de règlement.** Le budget exécuté reçoit ultérieurement une consécration sous forme de « loi de règlement ».

Recettes et dépenses

(Loi de finances initiale) en milliards de francs Budget initial

Année	Dépenses	Ressources
1989	1 167	1 067

Les recettes

La source essentielle des recettes réside dans **l'impôt** et le système fiscal français repose largement sur les **impôts indirects** (impôts sur la consommation). La taxe sur la valeur ajoutée (T.V.A.), taxe unique sur la valeur des biens de consommation, fournit environ 45 % des recettes fiscales. Le taux normal est de 18,6 % de la valeur hors taxe, mais il reste un taux majoré (33,3 %, sauf autos, motos : 28 %, et 4 % pour journaux non quotidiens) pour les produits de luxe et un taux réduit (7 % et 5,5 %) pour la plupart des produits alimentaires.

Au total, le rapport des recettes fiscales au Produit Intérieur Brut est d'environ 45 % (cotisations sociales comprises) contre 30 % aux U.S.A., 37 % en R.F.A. et 52 % en Suède.

Depuis 1988, il existe un impôt solidarité sur la fortune (I.S.F.) [p. 320].

Les dépenses

Elles se décomposent en dépenses civiles (dépenses ordinaires, investissements) et en dépenses militaires (voir ci-dessous).

Le budget fonctionnel permet de reconstituer les fonctions de l'État et de savoir où vont les fonds prélevés sur les contribuables : 18 % à l'Éducation ; 20 % au secteur travail, santé, emploi ; 19 % à la Défense...

Un principe essentiel de la comptabilité publique est que les « ordonnateurs » (ceux qui engagent les dépenses) ne sont pas les payeurs (ceux qui règlent les créances).

Autrement dit, les fonctionnaires des administrations « ordonnent » ou engagent les dépenses et les trésoriers-payeurs règlent les factures. Le contrôle est confié à la Cour des Comptes.

RECETTES	DÉPENSES
RECETTES FISCALES : 90% dont : • **Impôts directs** : 40% (impôt sur le revenu des personnes physiques : environ 20%; impôt sur les sociétés : environ 10%; autres : 10%) • **Impôts indirects** : 60% (TVA : environ 70%; impôt sur les produits pétroliers : 15%; autres : 15%)	**70%** : Dépenses ordinaires civiles
AUTRES RECETTES : 10% (provenant du domaine de l'Etat, des revenus d'établissements publics à caractère financier, etc...)	**19%** : Dépenses militaires **11%** : Investissements civils

La Cour des Comptes

Créée en 1807, elle est l'héritière de la *Chambre des Comptes* de l'Ancien Régime.

▶ Structure :
C'est un tribunal de quelque 270 magistrats (présidents, conseillers, auditeurs) répartis en cinq chambres.

▶ Attributions :
juger les comptes des comptables publics,
vérifier l'action des ordonnateurs,
informer le gouvernement, les parlementaires et l'opinion publique sur l'exécution du budget (Rapport annuel).

Le fonctionnement du budget

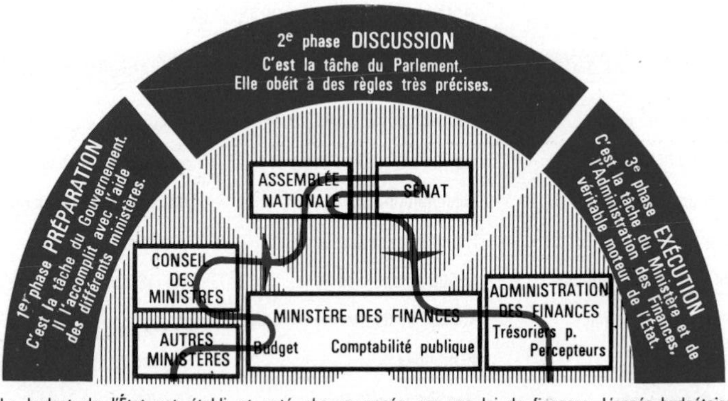

Le budget de l'État est établi et voté chaque année par une loi de finances. L'année budgétaire correspond à l'année civile. Les crédits doivent être utilisés dans le cadre du chapitre pour lequel ils ont été prévus (spécialité du budget), mais en pratique le gouvernement s'accommode très mal d'une telle rigidité. La discussion du budget fournit au Parlement l'occasion de discuter l'orientation donnée aux activités des différents ministères.

5 / ❶ LES BANQUES, L'ÉPARGNE, LE CRÉDIT

Le système bancaire

▶ La loi de 1945 distinguait notamment :

- **Les banques de dépôts** qui ne pouvaient recevoir de leurs clients des dépôts de plus de 2 ans. Avec le montant des dépôts reçus, elles ne pouvaient prendre de participations industrielles ou commerciales.
- **Les banques d'affaires,** spécialisées dans la prise et la gestion de participations dans les affaires existantes ou en formation et dans l'ouverture de crédits sans limitation de durée aux entreprises. Elles ne pouvaient investir que les fonds provenant de leurs ressources propres ou de dépôts de plus de 2 ans.

▶ Une importante **réforme bancaire** appliquée en 1966 a entraîné :

- Une atténuation des différences entre banques de dépôts et banques d'affaires. Les premières disposent plus librement des dépôts en faveur du financement à moyen ou à long terme.
- Une gestion plus souple des fonds. Un système de «réserves obligatoires» gèle à la Banque de France une partie des dépôts recueillis par les banques. Le taux de réserves peut être modifié par les autorités monétaires : c'est un moyen d'agir sur le volume du crédit.
- Un regroupement des banques.

La Banque de France

Institution d'État créée en 1800 et nationalisée en 1945, elle est à la fois :

- **l'institut d'émission qui a le monopole des billets de banque ;**
- **la banque centrale du pays, à la fois banque des banques et banque du Trésor de l'État ;**
- **un instrument de l'État dans sa politique du crédit : son directeur fixe le taux d'escompte et préside les organismes de contrôle.**

L'épargne

L'épargne des ménages représente 17 à 18 % du Revenu National disponible. Les Caisses d'épargne collectent 47 % de l'épargne liquide et à court terme.

Les caisses d'épargne

Elles bénéficient de la garantie de l'État et doivent verser toutes les sommes qu'elles reçoivent à la Caisse des Dépôts et Consignations, qui en assure la gestion.

Elles comprennent :

- **la Caisse nationale d'épargne, organisme public créé en 1881 et fonctionnant dans le cadre des Postes et Télécommunications.**
Elle utilise environ 18 000 guichets postaux.
Nombre de livrets : 15 millions.
Montant des dépôts : 316 milliards de F.
- **les Caisses d'épargne et de prévoyance, organismes autonomes créés en 1818 et placés sous la tutelle du ministre des Finances.**
Elles disposent de 23 000 points de collecte.
Nombre de livrets : 26 millions.
Montant des dépôts : 700 milliards de F.

L'État et les banques

Les banques jouent un rôle déterminant dans l'économie. Il n'est donc pas étonnant que l'État français ait jugé nécessaire de s'en assurer le contrôle. En 1945, il a **nationalisé,** non seulement la Banque de France, mais les plus grands établissements de crédit (Crédit Lyonnais, Société Générale, Comptoir national d'escompte et B.N.C.I. qui fusionnent pour former la Banque Nationale de Paris), et mis en place deux **organismes de direction et de contrôle** (voir ci-dessous) :

— En 1981, la gauche au pouvoir a étendu la nationalisation à une très large part du système bancaire (voir ci-dessous). 7 des banques nationalisées ont été privatisées entre 1986 et 1988.

Le crédit

Le gouvernement dirige donc en fait le volume et la répartition du crédit afin de réaliser au mieux la politique économique dont il a fixé les grandes lignes d'après les suggestions du Commissariat au Plan. C'est dans ce cadre que les banques et les organismes de crédit facilitent les investissements et l'activité des différentes branches de l'économie.

Les banques

On compte environ 400 banques inscrites. En 1981, la nationalisation est étendue aux banques dont les dépôts sont supérieurs à 1 milliard de francs, à l'exception :

- des banques étrangères ou sous contrôle étranger ;

- des banques dont le capital appartient pour moitié au moins à des sociétés à caractère mutualiste ou coopératif (ex. : la Caisse Nationale de Crédit Agricole) ; des Sociétés immobilières pour le Commerce et l'Industrie.

Parmi les banques privatisées entre 1986 et 1988 : la Société Générale, Paribas, Suez.

Quelques banques et établissements spécialisés :

- **La Caisse Nationale de Crédit Agricole : prêts aux agriculteurs et aux coopératives agricoles.**
- **Le Crédit Foncier créé en 1852 : prêts pour la construction et l'achat d'habitations.**
- **Le Crédit National créé en 1919 : prêts pour l'équipement industriel.**

La Caisse des Dépôts et Consignations

Établissement public, mais autonome, fondé en 1816, surtout pour centraliser les retraites des fonctionnaires, elle reçoit en outre aujourd'hui les dépôts, les fonds des Caisses d'épargne, de la Sécurité sociale, etc., et en consacre la presque totalité à des prêts.

Le Conseil National du Crédit

(51 membres), présidé par un ministre assisté du Gouverneur de la Banque de France, définit et suggère au gouvernement une politique de distribution du crédit.

Le Comité de la Réglementation Bancaire

(6 membres), présidé par le Gouverneur de la Banque de France, surveille le fonctionnement des banques en général.

5 / ❶ LA BOURSE

La Bourse peut être considérée comme le baromètre de l'économie. Obéissant à la loi de l'offre et de la demande, elle est sensible à la fois à la situation internationale, à la conjoncture économique et aux événements politiques. A la Bourse de Paris, de loin la plus importante, s'ajoutent six Bourses de province : Bordeaux, Lille, Lyon, Marseille, Nancy et Nantes.

Les Français et la Bourse

La part des **valeurs mobilières** ne représente qu'environ 5 % de **l'épargne** des Français. On estime que le nombre de titulaires de valeurs mobilières est de l'ordre de 4 millions. Mais 18 % des porteurs situés au sommet de la pyramide détiendraient 77 % de la valeur du portefeuille global.

La Bourse a connu récemment d'importantes réformes. En 1983 a été créé un second marché destiné à accueillir les sociétés moyennes (2800) ne pouvant satisfaire aux conditions d'accès à la cote officielle ou non intéressées par le « hors cote ». Ces sociétés peuvent faire appel à l'épargne publique et se procurer des fonds propres en émettant des valeurs mobilières. En 1988, la Chambre syndicale des agents de change qui gérait l'organisation et le fonctionnement du marché boursier français a été remplacée par deux organismes :

- Un Conseil des bourses de valeurs, chargé de la réglementation et de la surveillance des marchés.
- La Société des Bourses françaises qui a en charge la gestion même des marchés.

Cette réforme doit permettre à la Bourse française de faire face à la libéralisation des mouvements de capitaux s'opérant en Europe dans la perspective du Marché unique et à l'interconnexion croissante des places financières internationales. La Bourse française est la 6e dans le monde.

La capitalisation totale des actions et des obligations françaises de la cote officielle atteignait, à la fin de l'année 1987, 3030 milliards de francs.

Le volume total des transactions effectuées dans les 7 bourses des valeurs au cours de l'année 1987 a atteint près de 3080 milliards de francs. C'est au mois d'octobre 1989 que s'est produit le krach mondial qui s'est traduit par une baisse de 30 %, suivi en 1990 d'un nouveau krach provoqué par la crise du Golfe.

LA PROGRESSION DES TRANSACTIONS BOURSIÈRES (en millions de francs)

	Actions	Obligations	Total
1976	26,0	28,2	54,2
1980	56,8	63,2	120,0
1984	92,2	409,7	503,9
1985	166,0	718,8	884,8
1986	424,0	1 718,3	2 142,3
1987	593,8	2 485,2	3 089,0

LA PLANIFICATION

L'évolution de l'économie française est jalonnée, depuis 1946, par l'adoption de plans. Mais, depuis la mise en œuvre du premier plan (dit de modernisation et d'équipement), la nature même de la planification s'est profondément modifiée.

La nature du Plan

La planification française n'est pas impérative, comme dans les pays socialistes, mais indicative.

Créé au lendemain de la Libération pour faire face aux nécessités de la reconstruction, le plan devait alors faire respecter les choix du gouvernement par des moyens stimulants ou coercitifs.

Au cours des années 60 et 70, le plan devient une sorte de vaste étude prospective permettant surtout aux entreprises de mieux ajuster leurs prévisions.

En 1981, la gauche au pouvoir crée un **ministère du Plan** et de l'aménagement du territoire. Le ministre d'État, **Michel Rocard,** entreprend alors de faire du plan un véritable instrument de politique économique et sociale fondé sur des conceptions nouvelles : décentralisation et démocratisation des méthodes et des décisions, mutation essentiellement qualitative des structures, intégration de la dimension internationale et notamment des relations avec le Tiers Monde.

Devenu Premier Ministre en 1988, M. Rocard a nommé auprès de lui un Secrétaire d'État chargé du Plan.

- **1er plan : 1947/1953.** **Reconstruction. Priorité à 6 secteurs de base pour assurer le redémarrage de l'économie.**
- **2e plan : 1954/1957** **Amélioration des conditions de la production agricole et modernisation des industries. Souci d'un réaménagement régional.**
- **3e plan : 1958/1961** **Amélioration de la productivité. Équilibre des échanges extérieurs.**
- **4e plan : 1962/1965** **Reconversion industrielle. Effort en faveur des équipements collectifs.**
- **5e plan : 1966/1970** **Accroître la compétitivité de l'économie française.**
- **6e plan : 1971/1975** **Croissance forte et équilibré. L'industrialisation sera le levier de la croissance.**
- **7e plan : 1976/1980** **Sa mise en œuvre est perturbée par l'aggravation de la crise.**
- **8e-9e plans : 1981/1988** **Après un plan intérimaire de deux ans (1981-1983), le 9e plan met en œuvre de nouvelles méthodes. Objectifs : décentralisation, démocratisation, solidarité sociale.**
- **10e plan : 1989/1992** **La France, l'Europe.**

L'élaboration du Plan

1. Le Commissariat général au plan dégage les perspectives préliminaires afin d'éclairer les choix possibles : c'est l'*esquisse* du plan.

2. Le Gouvernement établit les objectifs généraux et fixe les *grandes options* (soumises, depuis le VIe plan, à un premier vote du Parlement).

3. Les Commissions de modernisation (auxquelles participent des experts, des délégués des administrations et des organisations syndicales et professionnelles) établissent les différentes *sections* du plan.

4. Le Commissariat réalise alors la cohésion définitive des sections, effectue la *synthèse* et rédige le *rapport* général.

5. Le Gouvernement soumet le rapport général au Conseil Supérieur du Plan et, muni des avis, arrête les décisions restées en suspens...

6. Le plan est soumis pour avis au Conseil Économique et Social [p. 242].

7. Le Plan devient enfin projet de loi et est soumis au vote du Parlement.

5 / ❶ L'AMÉNAGEMENT DU TERRITOIRE

Née en France dans les années 50, la politique d'aménagement du territoire a pour objet à la fois de lutter contre les conséquences d'une centralisation excessive, de remédier au déséquilibre entre les diverses régions et de contribuer à l'expansion économique de l'ensemble du territoire. Elle n'est pas une politique en soi, mais une préoccupation nouvelle de la politique économique.

Un aménagement nécessaire

Le territoire français a vu s'accentuer depuis plus d'un siècle un **double déséquilibre** économique et social :

— Déséquilibre entre la **région parisienne** qui, sur moins de 3 % du territoire, fournit environ le quart de la richesse nationale, et les **autres régions**. Cette prépondérance parisienne est liée à la centralisation politique et administrative.

— Inégal développement de part et d'autre d'une ligne Le Havre-Marseille : la **France du Nord-Est**, qui possède les principaux foyers industriels et une agriculture riche, s'oppose à la **France du Centre et du Sud-Ouest**, sous-industrialisée et handicapée par une agriculture souvent retardataire.

Aux problèmes liés à l'accentuation de ce double déséquilibre s'ajoutent, en diverses parties du territoire, ceux apparus au cours de l'évolution récente : des centres industriels jadis prospères sont touchés par le déclin de leur activité principale : Lorraine sidérurgique, bassins charbonniers du Nord et du Centre, foyers textiles des Vosges...

Après la loi de décentralisation de 1982, il s'agit désormais d'aménager le territoire décentralisé en supprimant les inégalités entre régions et en favorisant un développement équilibré à l'intérieur de chaque région par le soutien des initiatives locales.

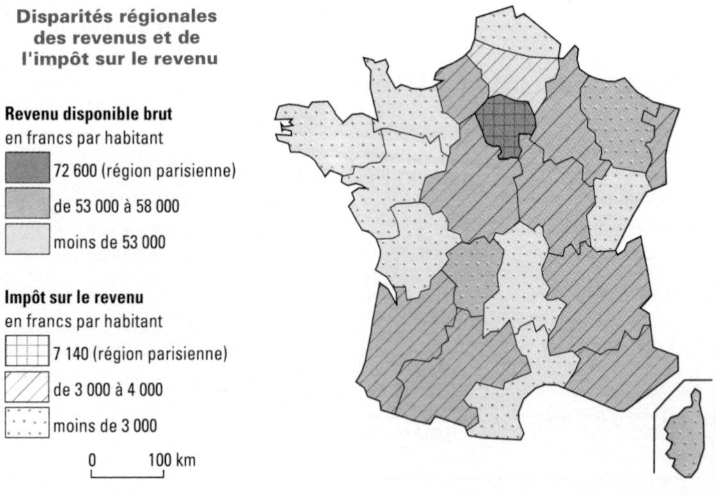

Des animateurs et des plans

La mise en œuvre de la politique d'aménagement est assurée par :

▶ **Des organes centraux** : une Commission Nationale d'Aménagement du Territoire, une Délégation à l'Aménagement du Territoire (D.A.T.A.R.).

▶ **Des organes régionaux** installés dans chacune des 22 régions [p. 247] (la région parisienne ayant toutefois un statut particulier) : Préfet de région, Assemblées régionales (Conseil régional et Comité Économique et Social) [p.243]. Tous ces organismes sont coiffés par un ministère de l'Aménagement du Territoire.

La politique régionale est définie par deux séries de documents :

▶ **Les plans régionaux** de développement économique et social et d'aménagement du territoire (P.R.D.E.S.A.T.) qui, pour chaque circonscription provinciale, sont une présentation générale des prévisions, orientations et moyens du développement économique.

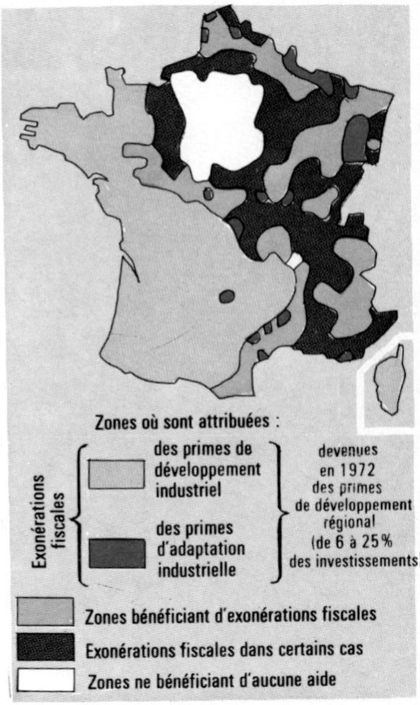

L'aide publique à l'implantation d'entreprises industrielles.

▶ **Les tranches régionales du plan national** (tranches opératoires) qui, pour chacune des régions, sont un catalogue des programmes d'investissements publics.

Des moyens d'intervention

Le financement de la politique régionale est assuré par :

▶ Une partie des **crédits budgétaires** de la nation et des crédits dont disposent les départements, les communes et, depuis 1973, les régions.

▶ **Des fonds spéciaux** tels le Fonds national d'aménagement foncier et d'urbanisme (F.N.A.F.U.), le Fonds d'intervention pour l'aménagement du territoire (F.I.A.T.), le Fonds de développement économique et social (F.D.E.S.), le Fonds d'intervention et d'action pour la nature et l'environnement (F.I.A.N.E.)...

▶ Des **aides publiques**. L'effort public est plus ou moins accentué selon les zones. Depuis la réorganisation intervenue en janvier 1972, les primes de développement industriel (P.D.I.) et les primes d'adoption industrielle (P.A.I.) sont remplacées par des primes de développement régional (P.D.R) dont le taux peut aller jusqu'à 25 % du montant des investissements nécessaires à l'implantation d'une entreprise.

▶ Des **Sociétés de développement régional**.

Parmi les organismes d'intervention d'ordre économique figurent de nombreuses **sociétés d'économie mixte** qui, dans le cadre de sociétés anonymes, associent des capitaux privés et des capitaux provenant d'institutions financières du secteur public. Ex. la Compagnie Nationale du Rhône.

5 / ❶ LES GRANDS AMÉNAGEMENTS

Progressivement harmonisée avec la planification, dotée d'une grande diversité de moyens, constamment remaniée, enrichie, l'action d'aménagement du territoire s'exerce simultanément sur plusieurs plans.

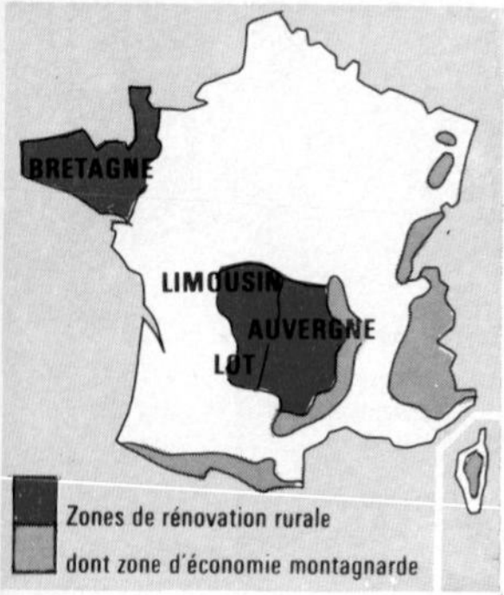

Zones de rénovation rurale

L'aménagement de l'espace rural

De vastes programmes d'**aménagements agricoles régionaux** sont confiés à des sociétés d'économie mixte (voir la photo du bas de la p. 227).

Par ailleurs, une **action de rénovation rurale** est engagée depuis 1967 dans des zones caractérisées par l'importance de la population agricole, l'inadaptation de l'agriculture à la concurrence, la faiblesse des structures industrielles. L'action de rénovation porte sur **trois propriétés communes :** rompre l'isolement, améliorer la formation des hommes, restructurer et adapter les productions.

Les autres aménagements

La politique d'aménagement s'est progressivement étendue à la répartition géographique de toutes les formes de l'activité économique.

▶ **Aménagement de l'espace industriel :** remédier au déséquilibre qui s'est aggravé entre Paris et la Province, réanimer les régions sous-industrialisées, implanter de nouvelles activités dans les régions en crise.

▶ **Aménagement de l'espace urbain :** aménagement de la région parisienne [p. 57], des métropoles d'équilibre [pp. 60-61] et des villes moyennes.

▶ **Aménagement des voies de communication :** voies routières et autoroutières ; voies navigables (mise au grand gabarit de liaisons existantes ; réaliser la liaison Méditerranée-mer du Nord, installations portuaires).

▶ **Aménagement de l'espace touristique** (littoral Languedoc-Roussillon, côte aquitaine, Corse...).

▶ **Protection de l'environnement** [p.314].

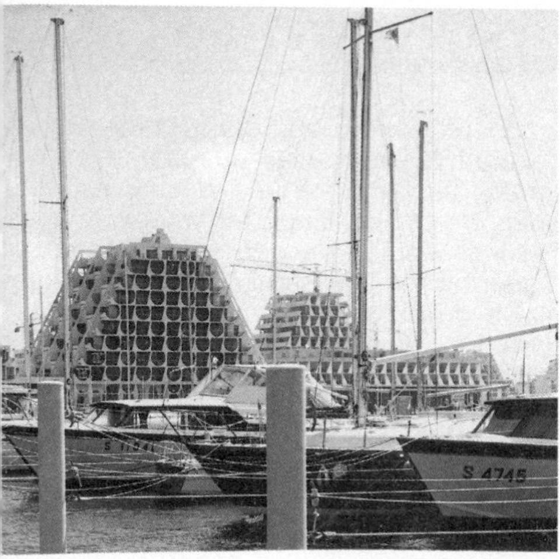

La Grande Motte sur la côte du Languedoc-Roussillon.

Sociétés	Missions principales
• Compagnies des friches et taillis pauvres de l'Est.	• Récupérer et remettre en valeur 150 000 ha de terres cultivables.
• Société de Mise en valeur de l'Auvergne et du Limousin.	• Reboisement.
• Société du Canal de Provence et d'Aménagement de la région provençale.	• Irriguer 60 000 ha de cultures fruitières et fromagères.
• Compagnie nationale du Bas Rhône-Languedoc.	• Substituer partiellement la polyculture intensive de fruits et de légumes à la domination actuelle de la vigne. • Irriguer 250 000 ha entre Arles et Narbonne.
• Société de Mise en Valeur Agricole de la Corse.	• Défrichement, irrigation et mise en valeur de 50 000 ha dans la plaine orientale.
• Compagnie d'Aménagement des Landes de Gascogne.	• Création de grandes fermes à maïs après défrichement de 150 000 ha de landes. Des études sont actuellement en cours pour définir de nouveaux objectifs.
• Compagnie des Coteaux de Gascogne.	• Irriguer 100 000 ha de maïs verger et prairies.

LA VIE RURALE

L'agriculture a longtemps tenu, dans l'économie française, une place importante. Depuis quelques décennies, son poids relatif diminue fortement (malgré l'accroissement de son efficacité). Pour s'adapter et s'assurer des débouchés, elle a dû entreprendre une reconversion profonde de ses structures et de ses méthodes.

L'agriculture française dans la C.E.E.

La France a paru longtemps être la principale bénéficiaire du Marché commun agricole. Grâce à l'étendue et à la qualité de ses sols, soucieuse de défendre les intérêts de ses agriculteurs, elle a su imposer à ses partenaires européens des règlements communautaires proches des siens, ainsi que la création du Fonds européen d'orientation et de garantie agricole (F.E.O.G.A.).
Mais, parallèlement à celle de la France, la production des autres pays du Marché commun s'est sensiblement accrue, d'où une surproduction et des excédents que les milieux agricoles ne parviennent pas à écouler.
La France n'a pu, non plus, obtenir que la protection communautaire joue pour l'ensemble des produits, d'où la concurrence pour son orge et son maïs du soja, du coprah ou du manioc, entrés dans la C.E.E. avec des droits faibles ou nuls. Il en a été de même

Les grandes tendances

Du fait de la géologie, du climat et de l'histoire, l'agriculture française est caractérisée par une **grande diversité**.

A l'abri de barrières douanières protectrices, élevées dans le dernier quart du XIXe s., elle est restée longtemps stagnante. Sa mutation est récente, elle est en grande partie liée à la création du Marché commun agricole. Secouant son inertie, le secteur agricole devient **un secteur à haute productivité**. Intervention de l'État, initiatives individuelles : de multiples forces contribuent au mouvement. Mais la métamorphose ne s'opère pas sans crises.

Parmi les grandes tendances peuvent être soulignés :
- La diminution du poids économique de l'agriculture qui ne fournit plus aujourd'hui que 3,7 % du P.I.B. et emploie 2,2 millions de personnes (contre 7 millions en 1940) : 1 million de chefs d'exploitation, 1 million d'associés d'exploitation, 165 000 salariés.
- la rénovation des structures foncières et techniques ;
- l'accroissement de la **productivité** qui a doublé au cours des 20 dernières années ;
- la dégradation du revenu des agriculteurs (– 9,9 % en 1983, – 7,8 % en 1985 et – 2,9 % en 1986) et l'endettement des chefs d'exploitation (43 %, moins de 100 000 F. ; 26 % de 100 à 250 000 F. ; 31 % plus de 250 000 F.) ;
- les difficultés nées du Marché commun agricole.

De graves disparités

L'écart du revenu entre un grand céréalier de Beauce et un paysan qui pratique la polyculture dans le Gers est aussi important qu'entre un cadre supérieur et un travailleur payé au salaire minimum. Il existe en fait deux types d'agriculteurs.

Les ressources de l'agriculture

La valeur de la production agricole atteint 297,4 milliards de francs (1987). La part de la **production animale** était de 44 % en 1939 et dépasse aujourd'hui 60 %. C'est la production laitière qui vient en tête, suivie de la viande de bœuf. La part de la **production végétale** est passée de 56 % en 1939 à 39,5 % aujourd'hui. En tête viennent les céréales (17 % du total), puis les fruits et légumes et le vin.

L'organisation du monde rural

Elle revêt de multiples aspects :

- **Organisations professionnelles** : Chambres d'agriculture départementales ; Fédération Nationale des Syndicats d'Exploitants Agricoles (F.N.S.E.A.)... ; Centre National des Jeunes Agriculteurs (C.N.J.A.) ; M.O.D.E.F. (Mouvement de défense des Exploitations Familiales)...
- **Organisations coopératives** (coopératives d'achat, de vente, de production, de services...).
- **Mutuelles, associations, sociétés diverses.**

pour la viande du Tiers Monde, le beurre néo-zélandais ou le sucre de canne des pays d'Afrique, des Caraïbes et du Pacifique, signataires des accords de coopération commerciale de Lomé (1975).
Conséquence : depuis 1984, la France est déficitaire : elle reçoit moins du budget communautaire qu'elle ne lui apporte. Enfin, l'instauration des montants compensatoires monétaires (M.C.M.), dont la France est à l'origine, a favorisé les pays à monnaie forte (Allemagne fédérale et Pays-Bas).
Pour répondre au mécontentement des agriculteurs français qui s'estiment pénalisés, les Pouvoirs publics s'efforcent d'obtenir le démembrement de ces M.C.M.
La France reste néanmoins le premier pays agricole de la C.E.E., avec une part en valeur de 27 % (Italie : 22,4 % ; RFA : 16,6 % ; Royaume-Uni : 10,7 %, etc.).

5 / ❷

LES STRUCTURES AGRICOLES

Les exigences des lois économiques modernes imposent l'utilisation des équipements les plus efficaces, le recours aux techniques les plus rationnelles. Elles conduisent un monde agricole longtemps resté artisanal à transformer profondément ses structures.

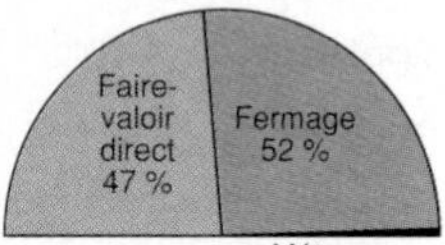

Répartition de la superficie agricole utile (32 millions d'hectares) selon le mode de faire-valoir.

Le remodelage des structures foncières

L'agriculture française a été longtemps doublement handicapée :

- par l'importance du nombre des **micro-exploitations** : au recensement de 1982, sur un total de 1057000 exploitations agricoles, on comptait 578000 «microfundia» couvrant moins de 20 ha qui se partageaient 15 % de la surface agricole totale et mobilisaient près du tiers des travailleurs ;
- par un trop grand **morcellement parcellaire** : 75 millions de parcelles réparties sur 32 millions d'ha.

L'évolution récente est caractérisée par :

- une diminution du nombre et **un accroissement de la taille** des exploitations : le nombre d'exploitations est passé de 2,3 millions (1955) à 1 million actuellement ; la taille moyenne de l'exploitation est passée de 16 à 28 ha. ;
- une correction du morcellement parcellaire par le **remembrement**. En 1950, les surfaces remembrées ne couvraient guère que 500000 ha. Aujourd'hui les travaux de remembrement ont été menés à bonne fin sur quelque 12 millions d'ha et sont en cours sur près de 1 million d'ha.

Le remembrement. Redistribution des terres effectuée en permettant à chaque propriétaire de recevoir des parcelles contiguës, plus faciles à cultiver, chacun recevant l'équivalent de ce qu'il a cédé. ▼

Le renouveau des structures techniques

Depuis 1945 les changements qui s'opèrent dans les domaines techniques et génétiques permettent de parler de **Seconde Révolution agricole.**

▶ La mécanisation

Le parc de **tracteurs** est passé de 35 000 en 1939 à 138 000 en 1950 et à 1,5 million aujourd'hui ; mais le tracteur reste un outil de rentabilité très inégale selon les exploitations, son plein emploi ne pouvant être assuré que sur de grandes exploitations.

Évolution du parc de machines (en milliers)

	1950	1960	1980	1985
Tracteurs	138	680	1 360	1478
Moissonneuses-batteuses	5	48	155	118

▶ La chimisation

La consommation **d'engrais** s'accroît : 2 millions de t. en 1960, plus de 5,6 millions aujourd'hui. Ce sont les départements de grande culture (région du Nord, Bassin parisien) qui se placent en tête. Malgré ces progrès évidents, la France n'utilise que 183 kg d'engrais par hectare de S.A.U. (surface agricole utile) contre 265 en R.F.A., 270 en Belgique. Aux engrais s'ajoutent les herbicides, les fongicides et de multiples produits utilisés contre les maladies cryptogamiques.

▶ La **« révolution biologique »**

Ses aspects sont nombreux : amélioration des espèces végétales (introduction de maïs hybrides, mises au point — par l'I.N.R.A. [p. 193] — de la nouvelle variété de blé dite « Étoile de Choisy ») ; « révolution fourragère » qui introduit une véritable culture de l'herbe et une exploitation rationnelle de la prairie ; perfectionnement des méthodes d'élevage [p. 284].

Les grandes catégories d'exploitations

	1955		1985			
Surfaces	Nombre d'expl. (en milliers)	% du total	Nombre d'expl. (en milliers)	% du total	Superficie totale (en milliers)	% de la superficie
moins de 5 ha	869	37,5	263	25	512	2
5 à 20 ha	996	43,2	315	30	3 732	13
20 à 50 ha	364	15,8	317	30	10 139	36
50 à 100 ha	60	2,7	123	12	8 299	29
plus de 100 ha	18	0,8	39	3	5 805	20
Total	2 307	100,0	1 057	100,0	28 487	100,0

5 / ❷ LES PRODUITS DU SOL

Première puissance agricole du Marché commun, la France se place en tête pour le blé, le vin, le sucre, l'orge, la viande de bœuf...

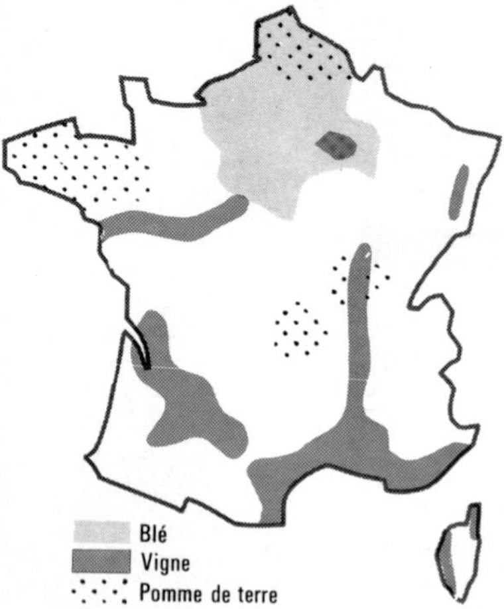

La production végétale fournit 39,5 % du revenu des agriculteurs. La vigne, le blé et les pommes de terre représentent 16 % de la valeur de la production agricole nationale.

Céréales

Cultivées sur l'ensemble du territoire (près de 10 millions d'hectares), les céréales occupent plus de la moitié des terres labourables. Elles ne fournissent toutefois que 15 % du revenu agricole.

Sont en régression :

- **L'avoine** (1 million de tonnes), qui sert surtout à la nourriture des chevaux.
- **Le seigle** (0,2 million de tonnes).

Sont en progression :

- **Le blé,** qui atteint, grâce à des procédés modernes de culture, des rendements très élevés : 16 q/h en 1950, 60,6 actuellement. La production a été de 26,5 millions de t en 1987. Le blé est présent dans toutes les régions, mais son domaine privilégié se situe dans le nord et les régions du Bassin parisien. Le Français consomme de moins en moins de pain (72 kg par personne et par an). Cinquième producteur mondial, la France exporte chaque année environ 13 millions de tonnes de blé.
- **Le maïs** (10 millions de t), qui constitue un excellent aliment pour le bétail (maïs hybride en Aquitaine).
- **L'orge** (10 millions de t), qui a vu sa production sextupler depuis 1939.
- **Le riz** (60 000 tonnes), introduit en Camargue pendant la dernière guerre.

La superficie des cultures

- **Avoine 0,31 M. ha**
- **Maïs 18,5 M. ha**
- **Orge 2,8 M. ha**
- **Blé 4,8 M. ha**
- **Pomme de terre : 293 000 ha**
- **Betterave sucrière : 585 000 ha**
- **Betterave fourragère : 248 000 ha**

Plantes sarclées et fourragères

La culture des plantes sarclées et des plantes fourragères est associée à celle des céréales.

- **La pomme de terre** (6 millions de t) occupe 200 000 ha, notamment dans le Massif armoricain, le Massif Central, le Nord... Elle sert à la consommation alimentaire et fournit à diverses industries des matières premières (fécule, amidon, glucose, alcool).

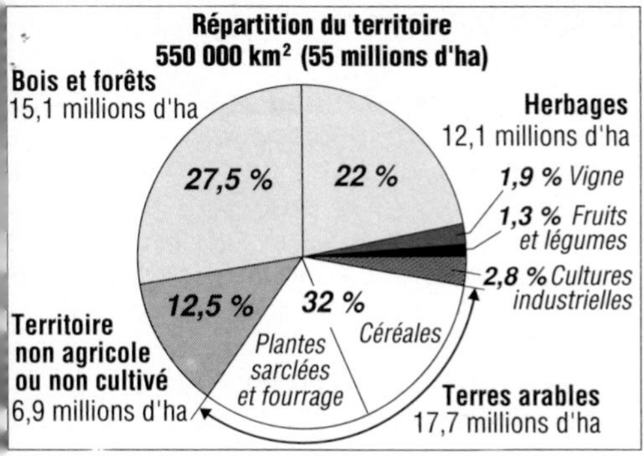

La forêt (voir p. 286)

- **La betterave à sucre** (28 millions de t) est cultivée en assolement avec le blé : les terres limoneuses de la Beauce à la Flandre fournissent les 3/4 de la récolte.
- Enfin, la culture des **plantes fourragères** (trèfle, luzerne, sainfoin) se développe en liaison avec l'essor de l'élevage.

L'élevage (voir p. 284)

Légumes et fruits

Le climat de la France se prête particulièrement bien à la production des légumes et des fruits ; régions méditerranéennes, « ceinture dorée » de Bretagne, qui fournissent les primeurs ; Val de Loire, « jardin de la France ». Cette production est extrêmement variée et certains produits sont réputés : artichauts et choux-fleurs de Bretagne, melon du Vaucluse, pommes à cidre de Normandie, fruits de la vallée du Rhône. Les cultures maraîchères sont surtout développées dans la région parisienne et autour des grandes villes. La consommation de légumes secs (lentilles, haricots, pois cassés) est en régression, tandis que celle des légumes verts et des fruits s'accroît.

Vigne

Le vignoble français s'étend sur 1 000 000 ha. On compte 568 000 viticulteurs qui font une déclaration de récolte. Production : 70,5 millions d'hl en 1987, mais 83 en 1979 [p. 335].

Cultures industrielles

A la betterave et à la pomme de terre s'ajoutent :
- le **tabac** (Aquitaine, Alsace), dont la culture (38 000 tonnes) est réglementée par l'État ;
- le **houblon** (Alsace) ;
- les **plantes oléagineuses**, comme le colza ;
- les **plantes textiles,** comme le lin et le chanvre.

Les appellations

Les vins selon leurs qualités sont classés en 4 catégories :
- **A.O.C. (Appellation d'Origine Contrôlée) : vins, des grands crus.**
- **V.D.Q.S. (Vins Délimités de Qualité Supérieure) : vins de cru de réputation régionale ou vins de marque.**
- **Vins de pays.**
- **Vins de table.**

L'ÉLEVAGE

Les productions de l'élevage sont stimulées par une demande croissante liée à l'urbanisation et à l'élévation générale du niveau de vie. Elles procurent au paysan moyen plus de 60 % de son revenu : les produits laitiers viennent en tête, suivis par la viande de bœuf et de porc.

21 millions de bovins.

La modernisation des méthodes

L'élevage français se transforme avec le développement de méthodes modernes.

▶ Les **progrès de la génétique** permettent d'améliorer la qualité du bétail. Les races de qualité médiocre sont éliminées au profit des races plus productives : la normande et la frisonne pour le lait, la charolaise, la limousine pour la viande. La pratique de **l'insémination artificielle** (95 centres d'insémination) intéresse la plus grande partie du troupeau bovin. Toutefois le retard reste sensible dans la pratique du **contrôle laitier**.

▶ L'augmentation des **rendements** est recherchée par l'amélioration et la diversification de la nourriture (développement des aliments composés).

Les types d'élevage

Tandis que l'élevage des bovins, des porcs et de la volaille progresse, les ovins se stabilisent et les chevaux régressent.

La recherche d'une plus grande **rentabilité** est croissante : 85 % de la volaille est issue d'élevages de plus de 1 000 poulets, 70 % des porcs viennent d'élevages de plus de 400 têtes.

▶ **Les bovins**. 67 % des éleveurs fournissent à la fois du lait et de la viande, 22 % sont spécialisés dans le lait, 11 % dans la viande. Le troupeau compte 21 millions de têtes (dont 5,8 millions de vaches laitières).

▶ **Les ovins.** Le troupeau est passé en un siècle (1850-1950) de 35 à 8 millions d'unités. Après une lente reprise, il se stabilise autour de 12 millions de têtes. Les régions d'élevage sont la Provence, la Corse, les Causses, mais aussi les Pyrénées-Atlantiques, le Limousin et la Normandie (prés salés).

▶ **Les porcs**. Le troupeau est estimé à 12 millions de têtes.

▶ **Les chevaux**. L'effectif global a fortement diminué : 2,4 millions de têtes il y a une vingtaine d'années, quelque 300 000 aujourd'hui. Le cheval de trait (qui subsiste dans quelques fermes) a cédé la place au tracteur. L'élevage des « pur-sang » et des « demi-sang » voit son intérêt s'accroître.

▶ **La volaille**. Cet élevage, qui échappe à toute analyse statistique, est important. La production annuelle est estimée à 1,4 million de tonnes de viande et à 900 000 tonnes d'œufs.

Les produits de l'élevage

▶ **La viande**. La France est le plus grand producteur de viande du Marché commun. Et le Français est le plus gros mangeur de viande d'Europe.
Malgré l'importance de la production nationale, le solde de la balance import-export est déficitaire.

▶ **Les produits laitiers.** La production de **lait** est passée de 150 millions d'hl en 1950 à 320 millions aujourd'hui. Le lait en poudre et le **beurre** (600 000t) manquent de débouchés. A la suite d'accords conclus dans le cadre de la C.E.E., la France a dû réduire sa production.

La production de **fromages** (1,3 million de t) se place, pour la quantité, au second rang mondial après les États-Unis. Les régions françaises fournissent quelque 350 variétés de fromages fabriqués avec du lait de vache, de chèvre ou de brebis (roquefort) [p. 335].

Production de viande
(en milliers de tonnes)

Bœuf	1 700
Veau	390
Porc	1 600
Mouton	160
Cheval	24
Volaille	1 300

Le gruyère et le Comté

Selon un usage qui remonte au XIIIe s., chaque producteur apporte son lait à la coopérative où l'on fabrique en commun le fameux gruyère ou le Comté, dont chaque « roue » pèse de 40 à 50 kilos. Il est traité pendant plusieurs mois dans des caves spéciales.

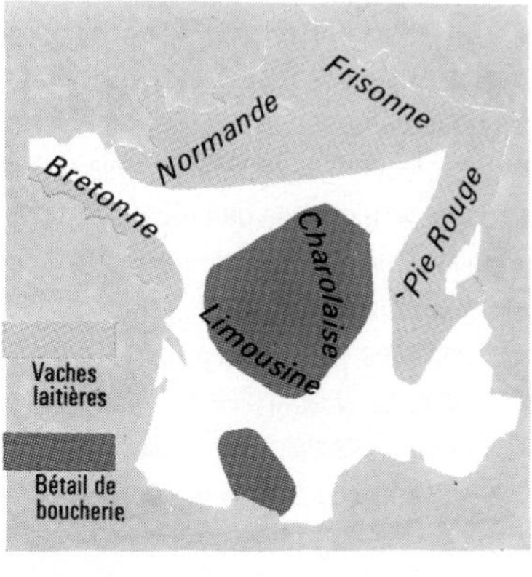

L'élevage des bovins.

LA FORÊT...

La France, à l'origine grand pays de forêts, souffrit durant des siècles d'un déboisement progressif. Ce n'est qu'au XIXe s. que l'on comprit l'utilité des forêts pour la stabilisation des sols et pour la richesse qu'elles constituent. Depuis lors, une politique de reboisement a été entreprise. La forêt couvre aujourd'hui 25 % du territoire.

La forêt française est composée d'**essences** très variées : 33 % de résineux, 67 % de feuillus. Composition : futaies 49 % ; taillis sous futaies 30 % ; taillis peu productifs 21 %.

A qui appartient la forêt ?

- État : 10 % (forêts domaniales).
- Communes : 16 %.
- Particuliers : 74 %.
- Total : plus de 13,5 millions d'hectares.

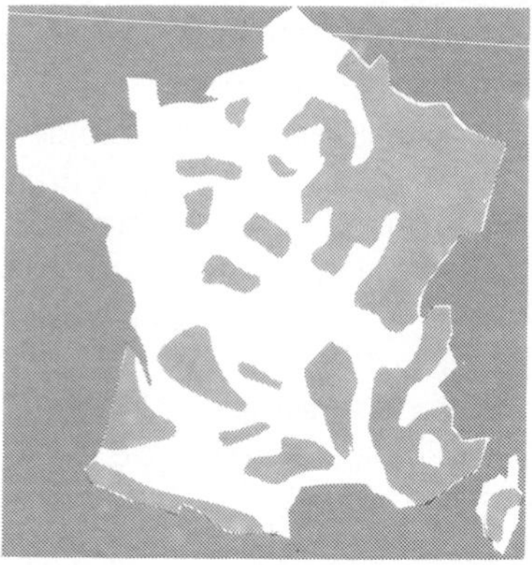

▲ Dans les Landes des forêts de pins ont été presque entièrement créées depuis la fin du XVIIIe siècle.

La défense des forêts

- Le Fonds Forestier National, créé en 1946, aide les propriétaires privés à reboiser et exécute des travaux pour leur compte.
- Les groupements forestiers, mis en place en 1954, sont des associations de propriétaires privés qui gèrent un même massif forestier.
- Les centres régionaux de propriété forestière (1963) encadrent les propriétaires forestiers et vulgarisent les méthodes de la sylviculture.
- L'Office National des Forêts remplace depuis 1964 l'administration des Eaux et Forêts dans la gestion des forêts de l'État et des Communes.

La forêt française fournit chaque année 30 millions de mètres cubes de bois commercialisé. Mais l'insuffisance de grumes de résineux contraint à des importations.

L'enseignement et l'administration des Eaux et Forêts

- L'école nationale des eaux et forêts (Nancy, 1824).
- L'école nationale d'ingénieurs des travaux des eaux et forêts dite « École des Barres ».

C'est une des administrations les plus anciennes de la France. Son organisation actuelle date de 1801. Son corps supérieur comprend des inspecteurs généraux, des conservateurs et des ingénieurs. Son corps intermédiaire comprend des ingénieurs des travaux.

ET LA PÊCHE

Avec 3000 km de côtes, la France se classe vers le 25e rang (pour le tonnage) des pays qui exploitent les ressources de la mer. La modernisation provoque un déclin de la pêche artisanale.

▲ La pêche en France : 18000 marins pêcheurs; 12000 embarcations; 730000 t de prises par an.

Les ressources des côtes

Elles sont multiples :
- **l'élevage des huîtres et moules (180000 t) ;**
- **la récolte du varech et du goémon ;**
- **les marais salants, surtout en Méditerranée (1630000 t de sel).**

Les industries côtières

Elles occupent 25000 personnes et comprennent notamment :
- **les fabriques de conserves, sur l'Océan :**
- **les ateliers de salaison et de fumaison, sur la mer du Nord et la Manche :**
- **les chantiers navals.**

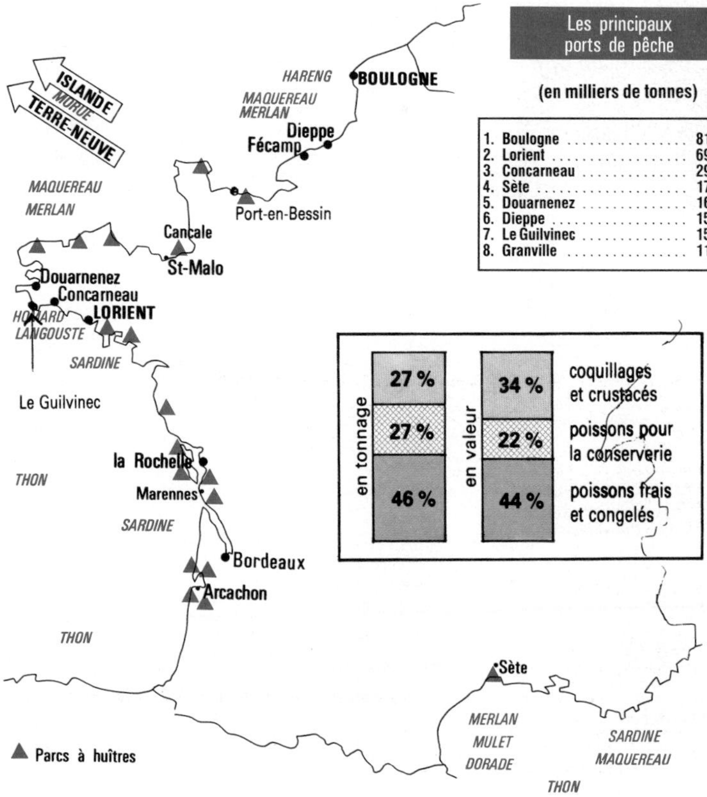

Les principaux ports de pêche

(en milliers de tonnes)

1.	Boulogne	81,5
2.	Lorient	69,5
3.	Concarneau	29,5
4.	Sète	17,1
5.	Douarnenez	16,0
6.	Dieppe	15,3
7.	Le Guilvinec	15,3
8.	Granville	11,2

5 / ❸ L'ÉNERGIE

LA DÉPENDANCE ÉNERGÉTIQUE

L'énergie est l'aliment indispensable à la vie économique. Médiocrement dotée en ressources naturelles, la France a fortement accru sa dépendance énergétique. La hausse massive du prix de l'énergie importée a été, depuis 1974, un important facteur d'aggravation de la crise généralisée de l'économie.

Des ressources insuffisantes

Les ressources énergétiques traditionnelles localisées sur le territoire français ne permettent de couvrir qu'une partie des besoins nationaux.

▶ **Le charbon.** La production, localisée dans le Nord-Pas-de-Calais, en Lorraine et, secondairement, sur le pourtour du Massif Central, a fortement diminué : 55 millions de tonnes en 1955, 16 millions de tonnes aujourd'hui. La France, qui a sacrifié son potentiel charbonnier, **importe** plus de charbon qu'elle n'en produit.

▶ **Les hydrocarbures.** Quelques puits situés en Aquitaine et dans le Bassin parisien ne fournissent que 3,6 millions de tonnes de **pétrole** soit moins d'un centième des besoins. Le **gaz naturel** extrait en Aquitaine (5,5 milliards de m^3) couvre moins du cinquième de la consommation.

▶ **L'électricité hydraulique.** Un gros effort a été entrepris au lendemain de la Libération pour développer la production d'électricité d'origine hydraulique : centrales **au fil de l'eau** qui utilisent le débit des grands fleuves (Rhône, Rhin), usines d'**éclusée,** usines de **lacs**... Les sites les plus favorables étant équipés, les nouvelles installations sont de plus en plus coûteuses.

Production d'électricité (1988)

360 milliards de kW/h

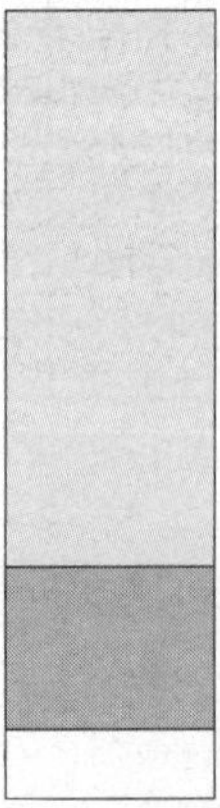

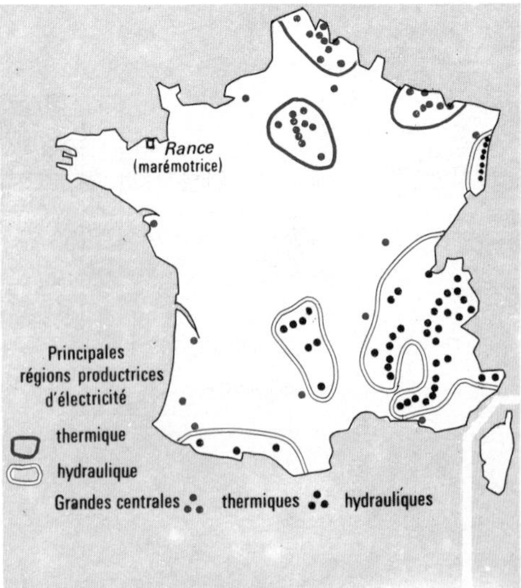

▶ **L'électricité nucléaire.** Aussi la production d'hydroélectricité diminue-t-elle régulièrement depuis quelques années au profit de l'électricité nucléaire, dont la part est passée de 2,6 % en 1970 à 25 % en 1980 et près de 70 % aujourd'hui.

Une consommation accrue

Le spectaculaire **développement économique** des décennies 50 et 60 et l'**élévation du niveau de vie** des Français ont provoqué une véritable **« soif d'énergie »**. Les besoins de l'industrie et des transports, la mécanisation de l'agriculture, l'amélioration du confort ménager ont entraîné, en moins de 25 ans, près d'un **triplement** de la consommation d'énergie. Dans le même temps la structure de la consommation s'est modifiée : jusqu'en 1975, on constate un déclin de la part du charbon, une croissance de la part des hydrocarbures et un maintien de la part d'électricité hydraulique ; depuis 1975 et surtout depuis le choc pétrolier de 1973, on assiste à la chute du charbon qui retrouve son niveau d'il y a un siècle, au déclin du pétrole et à la progression constante de l'énergie nucléaire.

▲ **Installations pétrolières.**

Une forte dépendance

Ayant à faire face à une demande croissante avec des ressources limitées, la France a largement fait appel à l'**importation.** Elle **importe** actuellement 53 % **de l'énergie qu'elle consomme :** plus de 62 millions de tonnes de **pétrole** brut (pour 32 % en provenance du Moyen-Orient) qu'elle traite dans 13 raffineries ; 15 millions de tonnes de **charbon** (R.F.A., Australie, États-Unis) ; 25,5 milliards de m^3 de **gaz naturel :** Pays-Bas, Algérie, U.R.S.S....

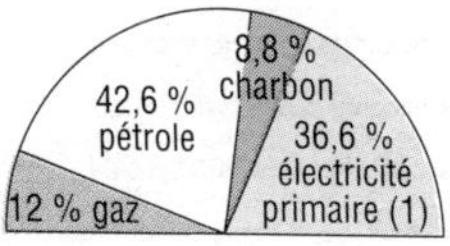

(1) nucléaire : 69,9 %
hydraulique : 20,8 %

Consommation énergétique de la France en 1988 : 204,8 millions de tonnes

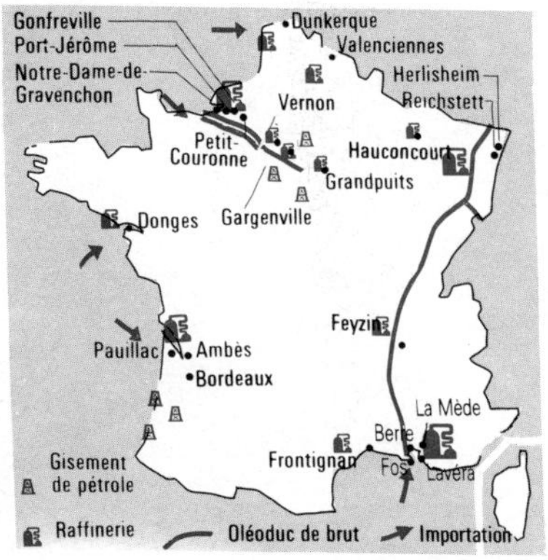

5 / ❸ VERS L'INDÉPENDANCE ÉNERGÉTIQUE ?

Parce que la dépendance énergétique fait peser sur l'économie française de lourdes contraintes, les Pouvoirs publics s'efforcent de conduire une politique de l'énergie de plus en plus autonome. Cette politique s'appuie sur des économies d'énergie et le développement du nucléaire.

Les politiques de l'énergie

L'évolution des politiques énergétiques a été et demeure étroitement liée aux fluctuations du marché mondial de l'énergie.

Au lendemain de la Seconde Guerre mondiale, les Pouvoirs publics mettent l'accent sur l'exploitation prioritaire des **ressources nationales :** charbon, hydroélectricité.

Au cours des décennies 60 et 70, la France s'approvisionne largement en **pétrole** sur un marché mondial caractérisé par des prix **anormalement bas.** C'est alors que la **dépendance** énergétique s'accroît.

Depuis 1974, les conséquences de la hausse massive du prix des hydrocarbures conduisent à rechercher de nouvelles solutions.

Les différents gouvernements qui se sont succédé ont mis en œuvre et poursuivi une politique qui doit permettre d'assurer l'indépendance énergétique du pays et

Sites nucléaires au 1er janvier 1988

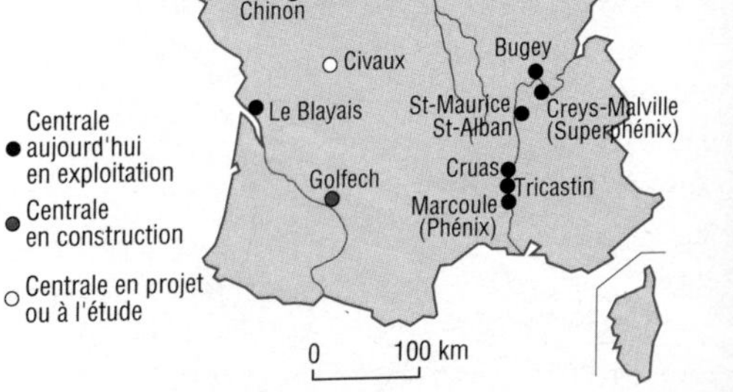

Les économies d'énergie

À partir de 1973, année de mise en œuvre du programme électronucléaire, un front réunissant groupes d'extrême-gauche et écologistes s'opppose, parfois violemment, au « tout-nucléaire ». Aujourd'hui, ce sont essentiellement les Verts qui demeurent les adversaires les plus déterminés du nucléaire civil et militaire.

Les types de centrales nucléaires

▶ Centrales de la 1re génération (filière française).
Elles utilisent de l'*uranium naturel* (combustible), du *graphite* (modérateur), du *gaz carbonique* (fluide de transmission). Exemples : les premières installations de Chinon, Saint-Laurent-des-Eaux.

▶ Centrales de la 2e génération (filière américaine).
Elles utilisent de l'*uranium enrichi.* L'*eau* sert à la fois de modérateur et de fluide de transmission. Exemples : Fessenheim, Gravelines, Dampierre...

▶ Centrales de la 3e génération (surrégénérateurs).
Le combustible est un mélange d'*uranium naturel* et de *plutonium.* Il n'y a pas de modérateur. Le fluide de transmission est du *sodium.* Exemple : Creys-Malville.

Par ailleurs, une usine installée à La Hague traite des déchets radioactifs et en extrait le plutonium.

de créer des emplois nouveaux. Pour cela, deux grands axes :
— les économies d'énergie ;
— le développement du programme électro-nucléaire.

Économies d'énergie et énergies de substitution

▶ Les économies d'énergie

Depuis 1982, l'Agence française pour la maîtrise de l'énergie regroupe l'Agence pour les économies d'énergie (créée en 1974), le Commissariat à l'énergie solaire (créé en 1978), le Comité géothermique et la Mission nationale pour la valorisation de la chaleur.

Son objectif est de parvenir à réaliser en 1990 une économie d'énergie de 65 millions de tonnes équivalent pétrole (TEP) (35 millions en 1985), et de remplacer certaines énergies par d'autres moins chères et d'origine nationale.

▶ Les énergies de substitution

• **L'énergie éolienne :** le long de l'Atlantique et de la Manche, dans le bas cours du Rhône. Il existe en Bretagne, à Lannion, un Centre national d'essais éoliens (C.N.E.E.L.).

• **L'énergie géothermique**
Dans certaines zones favorables, elle peut couvrir jusqu'à 90 % des besoins de chauffage nécessaires aux logements. On compte 130 forages géothermiques. La production représente 0,08 % de la consommation française d'énergie.

• **L'énergie marémotrice**
Avec l'usine de la Rance, en Bretagne, près de Saint-Malo, la France possède la plus grande usine marémotrice du monde..

• **L'énergie solaire**
Il existe une centrale en Corse du Sud, à Vignola, et une centrale expérimentale (Thémis) dans les Pyrénées orientales. Les énergies de substitution ne représentent plus que 4,3 % de l'ensemble de la production énergétique, contre 5,3 % en 1980. Elles sont donc loin de se substituer aux énergies traditionnelles, et encore moins à l'énergie nucléaire, comme les écologistes l'avaient espéré il y a quelques années.

L'énergie nucléaire

▶ Les programmes
Le Commissariat à l'Énergie Atomique (C.E.A.), organisme public, est créé en 1945. Ses principaux centres de recherche sont installés à Saclay, Fontenay-aux-Roses (Région parisienne), Pierrelatte et Marcoule (S.-E.).
Les Pouvoirs publics retiennent d'abord la filière française qu'ils abandonnent en 1969 pour adopter la filière américaine.
En 1974, au lendemain de la « crise pétrolière », le cabinet présidé par P. Messmer décide d'accélérer l'équipement du pays en centrales nucléaires. Il met en œuvre un vaste programme qui prévoit pour 1985 un équipement de 45 000 mégawatts devant alors fournir 72 % de l'électricité consommée alors en France.
En 1976, le gouvernement accepte le projet de construction à Creys-Malville, sur le Rhône, de Super-Phénix, surrégénérateur d'une capacité de 1 200 MW (centrale de la 3e génération). E.D.F., E.N.E.L. (Italie) et R.W.E. (R.F.A.) participent à la réalisation. Le programme Messmer lancé en 1974 est remanié à plusieurs reprises. Il se heurte à l'opposition des municipalités dans le choix des sites, notamment à Plogoff où le projet d'installation d'une centrale est abandonné après 1981. Depuis cette date, les gouvernements successifs ont appliqué, dans ses grandes lignes, le programme nucléaire défini en 1974.

▶ Les ressources
Les réserves françaises en minerai d'uranium représentent environ 3 % des réserves mondiales. Les principales mines sont situées dans le Limousin, dans le Forez et en Vendée. Une première concentration est opérée près des lieux d'extraction. Un dernier affinage est effectué dans l'usine de Malvesi près de Narbonne. **(P. 298).**

STRUCTURES ET PRODUCTION

L'activité industrielle occupe en France 4,7 millions de personnes, soit 20 % de la population active. (Elle en occupait 6,1 millions en 1974, soit une diminution de 22 %.) L'industrie française est caractérisée par une grande diversité de structures et une gamme de fabrications très étendue.

Une grande diversité

L'appareil productif industriel est très **diversifié.** Il comporte un **secteur nationalisé** non négligeable [p. 267] et un **secteur privé** dans lequel se côtoient l'atelier individuel et la firme multinationale.

Les **petites et moyennes entreprises** (P.M.E.) tiennent numériquement une place prépondérante (97 % du total des entreprises non artisanales). Les plus petites d'entre elles travaillent fréquemment en sous-traitance pour le compte des grandes firmes.

Au sommet de l'échelle, 445 entreprises emploient plus de 1 000 personnes : elles occupent 46 % de la main-d'œuvre, réalisent 54 % du chiffre d'affaires et financent 68 % des investissements.

Les **cinq premières** firmes industrielles, par l'importance de leur chiffre d'affaires, sont, en 1988 : 1. I.B.M. France ; 2. Peugeot S.A ; 3. Saint-Gobain ; 4. C.G.E. ; 5. L'Air liquide.

Foyers industriels en France. ▶

Une industrie en mutation

La modernisation de l'industrie, rendue nécessaire par le retard accumulé avant 1939 et les destructions provoquées par la Seconde Guerre mondiale, a été entreprise dès la Libération et a revêtu une réelle ampleur à partir des années 60, accélérée par la formation du Marché commun, entraînant une concentration financière caractérisée par la constitution de groupes puissants qui contrôlent de multiples filiales en France et à l'étranger (sidérurgie, automobile, électronique, aérospatiale). Mais après avoir connu une phase **exceptionnelle croissante** (doublement de la production de 1962 à 1973), l'industrie française a été sévèrement touchée par la **crise.** Des secteurs sur lesquels des régions entières avaient fondé leur prospérité depuis le XIXe siècle sont atteints : industrie textile, charbon, sidérurgie, construction navale. Cette crise résulte de la perte de certains débouchés et surtout de la concurrence de pays à main-d'œuvre bon marché. Elle a pour conséquence un chômage important, notamment dans les régions comme le Nord-Pas-de-Calais, le Languedoc-Roussillon, la Haute-Normandie... Cette situation, conséquence en grande partie du choc pétrolier de 1973, n'est cependant peut-être pas irréversible.

Si certains secteurs paraissent condamnés, d'autres, représentant des industries d'avenir (agro-alimentaire, aéronautique, électronique, pharmacie...) connaissent déjà de réels succès. Reste à résoudre le problème clé de l'emploi industriel. Depuis 1974, les effectifs ont diminué de 100 000 par an en moyenne. La création d'emplois est un impératif.

Chaîne robotisée chez Peugeot.

Investissements étrangers

La participation étrangère est supérieure à 20 % du capital dans environ 2 500 entreprises françaises de plus de 20 salariés. Les entreprises à participation étrangère majoritaire emploient 17,5 % de l'effectif, distribuent 19 % des salaires, représentent 22 % des ventes et 26,5 % des exportations. Les étrangers investissent de moins en moins dans l'industrie et de plus en plus dans l'immobilier. Les principaux investisseurs sont américains (23 %), allemands (20 %), anglais (11 %), belges et luxembourgeois (9 %) ou proviennent d'autres pays de l'Europe occidentale (20 %).

LES INDUSTRIES DE BASE

Les matières premières

Le sous-sol français fournit du **minerai de fer** (12 millions de t d'un minerai de faible teneur, essentiellement en Lorraine) ; de la **bauxite** (1,4 million de t, en Provence) ; de la **potasse** (1,6 million de t, en Provence) ; du **soufre** (1,1 million de t provenant de la désulfuration du gaz de Lacq) ; du **sel** (Lorraine). La production de minerai de cuivre, de plomb, de zinc est négligeable. De façon moins nette que le fer qui subit une chute spectaculaire, la production de l'ensemble des matières premières est en régression.

Un laminoir à froid chez Usinor. ▼

La sidérurgie

Avec une production annuelle de 18 millions de tonnes d'**acier,** la France se classe au 8e rang mondial et au 3e rang européen. 23 hauts fourneaux produisent 14 millions de tonnes de **fonte.** En crise depuis 1975, la sidérurgie française a dû supprimer 70 000 emplois (sur un total de 157 000). Toutefois, en 1987 et 1988, elle a retrouvé son niveau record de production atteint en 1979. **Usinor** et **Sacilor** qui produisent la presque totalité de l'acier courant sont passés sous contrôle de l'État.

Géographie de la sidérurgie

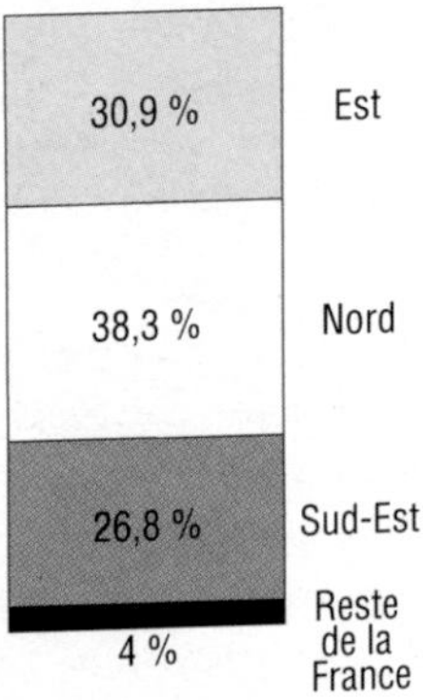

L'aluminium

La production d'**aluminium** (322 000 t, 11e rang mondial) est contrôlée par le groupe Pechiney-Ugine-Kuhlmann, nationalisé en 1981.

La **bauxite** est transformée en **alumine** dans 4 usines : agglomération marseillaise (2 usines), Gardanne et Salindres.

L'électrolyse s'est fixée dans les régions riches en hydro-électricité (Alpes, Pyrénées) et à Noguères, où la première usine du Marché commun est alimentée par une centrale thermo-électrique fonctionnant au gaz naturel de Lacq.

La chimie de base

Elle produit 17 200 tonnes, la chimie organique 9 500, la parachimie 2 100.

L'industrie chimique a vu ses effectifs passer de plus de 300 000 en 1978 à 280 000 aujourd'hui. Elle est dominée par de grandes entreprises comme l'Air liquide (5e entreprise française) et Rhône-Poulenc.

LES INDUSTRIES DE TRANSFORMATION

Productrices de biens d'équipement et de biens de consommation, industries traditionnelles ou industries de pointe, les industries de transformation, extrêmement diversifiées, multiplient leurs efforts en vue d'accroître leurs exportations.

Force et faiblesses

De nombreuses branches de l'industrie française ont été plus ou moins sévèrement touchées par la **crise** et ont dû opérer de douloureuses restructurations : sidérurgie, industries textiles, constructions navales, bâtiment et travaux publics... La construction automobile, longtemps épargnée, demeure fragile. La situation de l'industrie de la machine-outil est préoccupante : les importations sont supérieures aux exportations.

Cependant, des efforts considérables ont été accomplis dans le domaine des technologies nouvelles et des industries de pointe [pp. 298 et 299].

L'industrie automobile

Née vers 1895 dans la région parisienne, l'**industrie automobile** française a vu sa production passer de 45000 véhicules en 1913 à 224000 en 1938, à 3 millions d'automobiles (4e rang mondial) et 0,5 million de camions (5e rang) aujourd'hui.

La construction automobile est dominée par deux firmes : **Renault,** entreprise nationalisée en 1945, et le groupe privé **P.S.A. Peugeot-Citroën.**

La production au sens large (construction, équipements, accessoires-organes...) occupe 725000 personnes ; mais si l'on prend en compte les réparations, l'entretien et toutes les activités annexes, l'automobile fournit du travail à 2,2 millions d'actifs, soit 10 % de la population active française.

La *région parisienne* rassemble encore la moitié de la main-d'œuvre de la branche, mais la décentralisation, favorisée par les Pouvoirs publics soucieux de corriger les déséquilibres régionaux, accroît la part de la **province.** Renault, déjà établie au Mans avant-guerre, s'est installée à Flins, à Cléon, au Havre-Sandouville ; Citroën s'est fixée à Caen, à Metz, à Rennes. Peugeot, installée depuis l'origine à Sochaux-Montbéliard, a créé une usine à Mulhouse. Récemment, les firmes françaises

Le bâtiment et les travaux publics

Branche particulière de l'économie nationale, associée à la production industrielle, le bâtiment et les T.P. fournissent près de 7 % de la valeur ajoutée par l'ensemble des branches (agriculture, industrie et services).

Baromètre de l'activité générale en raison de la part qu'elles occupent dans les investissements et des incitations qu'elles suscitent dans de multiples secteurs, les activités des travaux publics et du bâtiment ont progressé, jusqu'en 1973, au rythme actuel moyen de + 6 %.

La récession qui s'est installée en 1974 a durement touché un grand nombre d'entreprises.

400000 emplois ont été perdus (le quart des effectifs). Une reprise semble s'amorcer.

- **Le bâtiment**

– *Nombre d'entreprises* : 302000. Plus de la moitié d'entre elles n'ont pas de salariés ; 285000 occupent de 1 à 10 salariés. Grandes entreprises : Bouygues (59000 personnes), S.A.E. (23000).

– *Effectifs* : 945000 salariés.

- **Les travaux publics**

– *Nombre d'entreprises* : 5900. 4800 d'entre elles emploient moins de 50 salariés. Grandes entreprises : S.P.I.E. Batignolles (Schneider), S.C.R.E.G., Société Générale d'Entreprise, Société Routière Colas, Grands Travaux de Marseille, Dumez S.A....

– *Effectifs* : 255000 salariés.

– Quelques réalisations dans le monde : Barrage de Cuenta (Brésil), Hôtel Cosmos (Moscou)...

ont créé des emplois dans les régions en difficulté : le Nord, la Lorraine. La France exporte plus de la moitié de sa production de voitures particulières.

La construction navale

Avec seulement 253 000 tonneaux de jauge brute lancés en 1987 (1,4 million en 1974), la construction navale française se place entre le 12e et le 15e rang dans le monde. Ce secteur en crise fournit 2 % de la production mondiale.

Les industries chimiques

Les **industries chimiques** françaises se classent au 6e rang mondial. Elles présentent une balance commerciale **excédentaire.** Industrie de « matière grise » qui fait une large place à la recherche, la chimie pénètre dans presque toute l'activité nationale. Elle englobe des branches très diverses (grands corps de la chimie minérale, produits de la chimie organique, parachimie) auxquelles se rattachent les industries du verre, du pneumatique...

En raison de la rapidité du **progrès technique** et de l'importance des capitaux nécessaires au développement de la recherche et au renouvellement des

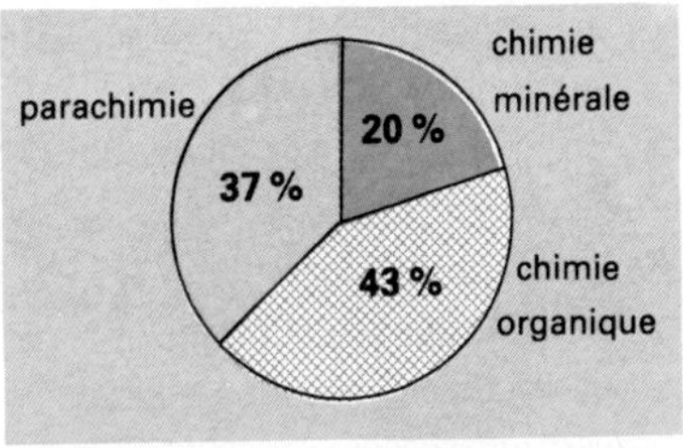

Répartition du chiffre d'affaires des industries chimiques. ▶

Les industries chimiques. ▶

équipements, les entreprises sont incitées à la **concentration** financière :
— **chimie lourde** : Rhône-Poulenc, C.D.F. chimie, Entreprise Minière et Chimique, Ugine-Kuhlmann (Chimie), Alto-Chimie...
— **Parachimie** : L'Oréal, Roussel-Uclaf...
— **Pneumatiques** : Michelin, Kléber-Colombes...

Les industries agro-alimentaires

Elles représentent un secteur qui prend une place grandissante dans l'économie nationale. En raison de la grande **diversité des activités** (meunerie, semoulerie, fabrication de pâtes alimentaires, biscuiterie, biscotterie, aliments diététiques et de régime, entremets et desserts instantanés, alimentation animale) et malgré la concentration des producteurs de matières premières, on dénombre plus de 4000 entreprises de plus de 10 salariés (80 % des entreprises comptent de 10 à 100 salariés), employant 400000 salariés. Les principales firmes sont : le groupe BSN (Gervais-Danone, Evian, Kronenbourg, Panzani), Sodima (lait), Socopa (viande), Moët-Hennessy-Louis Vuitton (cognac, champagne et... bagages), Saint-Louis-Lesieur (sucre, huile...).

Ces industries, **dispersées,** se localisent dans les zones portuaires (Nantes, Bordeaux, Marseille), aux abords des grandes villes, dans les régions agricoles (vallée du Rhône : conserveries de fruits et de légumes).

La balance commerciale est **excédentaire** (un des excédents les plus élevés de notre commerce extérieur).

L'industrie textile

Quelque 2350 entreprises emploient directement 215000 personnes (52 % de femmes) et traitent chaque année plus de 1 million de tonnes de fibres et fils textiles : chimiques 70 %, coton 25 %, laine 3 %, autres fibres 1,5 %.

L'industrie textile française est aujourd'hui sévèrement concurrencée par les pays du Tiers Monde et les pays développés (Europe, États-Unis). La balance commerciale est **déficitaire.** Les compressions de main-d'œuvre posent dans certaines régions (Nord, Alsace-Lorraine) de graves problèmes sociaux. (Baisse de 60 % des effectifs dans l'industrie lainière depuis 1970.)

▲ **Une usine de conditionnement pharmaceutique Roussel-Uclaf.**

Les grandes régions textiles

- **La région du Nord concentre plus de :**
50 % de l'industrie de la laine,
33 % de l'industrie du coton,
près de 100 % du travail du jute et de la filature du lin.
- **L'Alsace et les vallées vosgiennes détiennent :**
33 % de la filature du coton,
50 % du tissage du coton.
- **La région lyonnaise réalise près de 100 % des soieries.**
- **La Normandie travaille le coton et la laine.**
- **Mazamet est le premier centre mondial de délainage.**

5 / ④ TECHNOLOGIES NOUVELLES ET INDUSTRIES DE POINTE

Depuis quelques années, des résultats, souvent remarquables, ont été atteints dans certains secteurs (nucléaire, armement, aéronautique, aérospatiale, ferroviaire, électrique et électronique...), plaçant la France dans les premiers rangs mondiaux.

L'industrie nucléaire

Depuis le début des années 70, la France a mis en œuvre un programme nucléaire très ambitieux. Rapidement, le nucléaire est devenu la principale source de production d'électricité : 70 % en 1987, le plus fort taux dans le monde. La France est le deuxième producteur mondial d'électricité d'origine nucléaire derrière les États-Unis. C'est Électricité de France (E.D.F.) qui est le principal responsable du programme nucléaire, y consacrant la moitié de ses investissements. A l'exception de la centrale de Marcoule qui dépend du Commissariat à l'énergie atomique, les vingt plus importantes centrales dépendent d'E.D.F. Le programme en cours doit prendre fin en 1991 : le nucléaire devrait alors fournir plus de 80 % de l'électricité nationale. Compte tenu du potentiel nucléaire, une partie de l'électricité produite est exportée.

Actuellement, le parc électronucléaire français comprend une cinquantaine d'unités. Parmi elles, le réacteur surgénérateur Superphénix est le premier au monde de ce type. 14 autres unités sont en construction ou devraient l'être prochainement, soit un total définitif de 63 d'ici 1993. Le choix en faveur du nucléaire a permis à la France de faire passer son taux d'indépendance énergétique de 25 % en 1975 à environ 50 % aujourd'hui, de diminuer régulièrement ses importations de pétrole, de réduire sensiblement le coût de la production électrique et d'exporter de l'électricité (p. 291).

L'armement

L'industrie française de l'armement emploie 300 000 personnes. La France est le troisième pays exportateur mondial d'armes, derrière l'U.R.S.S. et les États-Unis. La production d'armes représente 2,6 % du P.I.B. marchand et la vente environ 5 % du total des exportations françaises.

L'aéronautique et l'aérospatiale

L'industrie aéronautique française est la troisième au monde derrière les États-Unis et l'Union soviétique. Ces dernières années, elle a produit un certain nombre de réalisations de dimension internationale : l'avion franco-britannique Concorde, il y a quelques années, succès technologique, mais échec commercial, et, plus récemment, l'appareil européen Airbus, grande réussite technologique et commerciale, mais aussi les hélicoptères de l'Aérospatiale et les avions militaires et privés de Dassault.

Dans le domaine spatial, la fusée européenne Ariane (lancée par l'Agence Spatiale Européenne) est également un très grand succès. Ce secteur est un de ceux qui ont connu le développement le plus rapide ces dernières années. Les exportations sont trois fois supérieures aux importations, soit un excédent de 30,5 milliards, le plus élevé du commerce extérieur français, tandis qu'en dix ans l'industrie aéronautique et spatiale a augmenté ses effectifs de 20 000 salariés.

Quatre entreprises dominent ce secteur :

- L'Aérospatiale, contrôlée par l'État, emploie 43 000 salariés. Elle construit les avions Airbus, des hélicoptères et engins militaires.
- Dassault Breguet, contrôlée par l'État depuis sa nationalisation en 1982. Ses 16 000 salariés fabriquent essentiellement des avions militaires, notamment des « Mirage » et, plus récemment, le « Rafale ».
- Matra, nationalisée en 1982, puis privatisée en 1988. Emploie 38 000 salariés qui fabriquent des équipements dans le domaine aérospatial, des satellites, des missiles, mais aussi des métros urbains.
- La S.N.E.C.M.A., société nationalisée qui emploie 26 000 salariés et fabrique des réacteurs (3e rang mondial).

L'industrie ferroviaire

Malgré une raréfaction des marchés, l'industrie ferroviaire demeure un domaine clé des secteurs français de pointe. Le réseau T.G.V., vers le Sud de la France qui est une grande réussite, tant technologique que commerciale, vient d'être complété par un T.G.V. Atlantique, puis, à moyen terme, par divers réseaux intra-européens. L'échec de l'exportation du T.G.V. aux États-Unis a été en partie compensé par sa vente à l'Espagne. L'industrie ferroviaire a dégagé en 1987 un solde commercial de plus de 4 milliards de francs. Dans le domaine des métros, la France jouit également d'une excellente réputation. Ses ingénieurs ont construit notamment les métros de Montréal, Mexico, Rio, Athènes, Santiago, Le Caire... (p. 305).

L'industrie électrique et électronique

Ce secteur a connu très récemment un important développement, avec plusieurs branches relevant de domaines en pleine expansion, comme l'informatique et les télécommunications. La production de l'industrie électrique et électronique se divise en :

— biens d'équipement (80 % du chiffre d'affaires) électriques (générateurs, transformateurs, éclairage urbain...) et électroniques (ordinateurs, centraux téléphoniques, appareillage médical...)

— biens de consommation (10 % du CA) : radios, TV, magnétoscopes, machines à laver, réfrigérateurs...

— biens intermédiaires (10 % du CA) : accumulateurs, composants électroniques, semi-conducteurs...

Dans ce secteur cohabitent petites et très grosses entreprises (au total 1 500). Les effectifs diminuent régulièrement (10 % par an) depuis une douzaine d'années, surtout parmi les ouvriers. Les exportations représentent près de la moitié du CA. Environ 75 % des exportations sont constituées de biens d'équipement.

Si la France exporte des radars et des centraux téléphoniques très appréciés dans le monde, elle doit acheter des appareils radio-TV et des ordinateurs, d'où un solde commercial en diminution. Trois branches occupent une place de premier plan : le matériel téléphonique ; le matériel d'équipement ménager ; enfin, et surtout, l'informatique et la bureautique. Ce secteur est le plus important et le plus dynamique. Son chiffre d'affaires et ses effectifs ne cessent d'augmenter. Toutefois, la part des entreprises étrangères (I.B.M.) reste prédominante. Il faut signaler le spectaculaire succès du Minitel, ce micro-ordinateur domestique que possèdent trois millions de Français, ce qui situe la France au premier rang dans le monde pour ce type d'appareil.

5 / ❹ LES SERVICES

Les services, ou secteur tertiaire, sont marchands (transports, assurances, banques...) et non marchands (enseignement, santé...). Les premiers appartiennent souvent au secteur privé, les seconds sont à la charge de la collectivité. Tous occupent une place de plus en plus importante dans l'activité économique du pays. Actuellement, environ deux tiers des Français travaillent dans les services. Dans la consommation des ménages, les dépenses de services (santé, transport, loyer, loisir et culture) représentent 40 % du total.

Services marchands

Les transports, «véritables poumons du développement économique», sont un des points forts de ce secteur, en particulier les transports routiers et aériens. Plus difficile est la situation des chemins de fer et surtout du transport maritime.

La distribution

Recouvrant l'ensemble des secteurs du commerce de détail et de gros, la distribution est une des activités de service qui s'est le plus transformée. Au cours des vingt-cinq dernières années, le «petit commerce» a progressivement laissé la place aux grandes surfaces. De même, le commerce de gros, notamment industriel, a sensiblement progressé, tandis que le commerce de détail, alimentaire surtout, diminuait légèrement.

Les banques et les assurances

Banques et organismes de crédit se partagent le commerce de l'argent et jouent donc un rôle essentiel dans le développement économique du pays. L'ensemble des établissements de crédit se répartit en six catégories : les banques à vocation générale et spécialisée, les établissements mutualistes et corporatifs, les caisses d'épargne et de prévoyance, le Crédit municipal, les sociétés financières, les institutions financières spécialisées.

Quatre des grandes banques françaises (B.N.P., Crédit Agricole, Crédit Lyonnais et Société Générale) se classent parmi les 20 premières banques du monde.

Les assurances ont également un rôle financier de premier plan dans la vie économique.

Qu'il s'agisse de compagnies d'assurance privées, nationalisées ou de mutuelles, l'assurance française, à l'activité internationale importante, se situe au cinquième rang mondial, avec 4,25 % du total des primes (4e rang pour les assurances-dommages).

S'ils sont très nombreux les risques couverts relèvent essentiellement de deux domaines : l'assurance-vie et l'assurance-automobile.

L'ARTISANAT

Répartition des entreprises artisanales	
Bâtiment	38 %
Alimentation	14 %
Mécanique (automobile, motocycles, cycles)	13 %
Habillement et pelleteries	10 %
Coiffure	6 %
Bois et ameublement	5 %
Chaussure	3 %
Divers	23 %

Une tradition nationale

Depuis le Moyen Age jusqu'à nos jours, les métiers artisanaux ont connu en France une remarquable vitalité. Aujourd'hui encore, malgré son déclin, l'artisanat demeure important.

On compte 888 000 entreprises artisanales occupant 782 000 chefs d'entreprise, 1 104 000 salariés et 207 000 associés d'exploitation.

Au total, l'artisanat occupe plus de 2,3 millions d'actifs et fait vivre quelque 6 millions de personnes.

On peut penser que si l'artisanat est demeuré si vivace en France, c'est qu'il correspond à certaines caractéristiques de la mentalité nationale : individualisme, liberté dans le travail, souci de la qualité et de la mesure.

L'artisanat en face de la révolution économique

Il est permis de se demander si, devant les nécessités de la concentration industrielle, l'artisanat ne représente pas une forme d'économie aujourd'hui dépassée. De fait, bien des petits métiers — forgerons, tonneliers, bourreliers, tuiliers, etc. — sont en voie de disparition ; d'autres doivent renoncer à produire pour se spécialiser dans la réparation.

Pourtant grâce à la **Confédération générale de l'Artisanat français et de l'Union des Artisans français,** la profession s'est organisée. Elle a obtenu un régime fiscal particulier, qui lui permet de mieux supporter la concurrence de la grande industrie, et l'élaboration d'un **Code de l'artisanat** (1952). Elle a aussi transformé ses techniques pour s'adapter aux exigences des consommateurs.

Grâce à ces diverses mesures, l'artisanat connaît aujourd'hui une prospérité nouvelle, du moins dans certains secteurs. De 1981 à 1987, il a créé 36 000 emplois nouveaux.

La clef de l'artisanat : l'apprentissage

Les Chambres des Métiers, depuis 1925, ont concentré leurs efforts sur l'organisation de **l'apprentissage.** L'artisanat forme 85 000 apprentis.

5 / ❺ LES TRANSPORTS

Les transports constituent le système circulatoire de l'organisme économique du pays ; ils emploient 6 % de la population active (plus d'un million de personnes) et représentent 6 % du produit national.

Trafic des marchandises. ▼

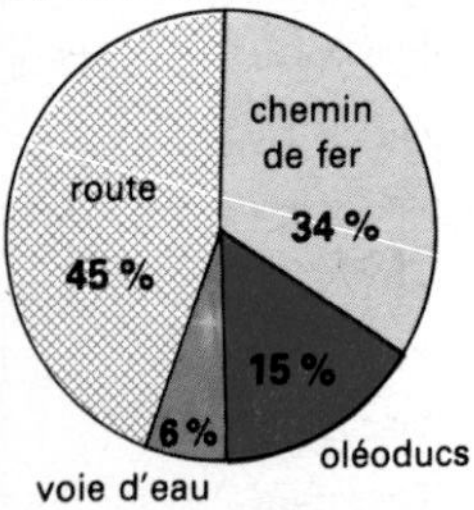

Dans chacune de leurs branches d'activité, la France, qui a souvent été à l'avant-garde, continue d'occuper une place de premier plan avec des réalisations comme le T.G.V., l'Airbus, les réseaux de métro...

Mais ils subissent particulièrement les conséquences des évolutions économiques, avec des secteurs en expansion (transports routiers et aériens) et d'autres qui connaissent des difficultés (transports ferroviaires et surtout maritimes).

Les grandes routes nationales

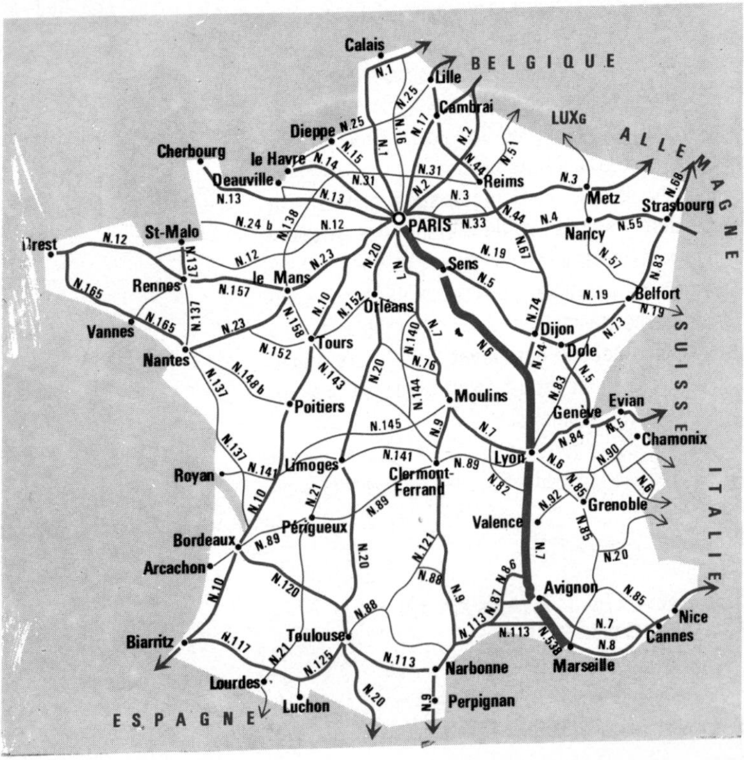

LA ROUTE

Un réseau dense

Le réseau routier actuel est l'héritier du réseau **centralisé** de l'Ancien Régime. Il comprend 1 500 000 km de chaussées viables réparties en 3 catégories : routes nationales, 28 000 km, routes départementales, 347 000 km, chemins ruraux : 700 000 km et voies communales : 420 000 km. C'est le réseau le plus **dense** du monde.

▲ Le réseau des routes secondaires est un des meilleurs du monde.

Une circulation croissante

Le **parc automobile** national compte plus de 26 millions de véhicules (dont 4 millions de véhicules utilitaires). Le trafic annuel de voyageurs est estimé à plus de 548 milliards de voyageurs/km. Chaque véhicule particulier parcourt en moyenne 13 800 km. Le bilan annuel des accidents de la route est désastreux : 10 000 morts et 250 000 blessés par an en moyenne.

Le **trafic annuel de marchandises** est supérieur à 89 milliards de t/km. Il est réalisé par des entreprises qui assurent le transport de marchandises pour leur compte propre et par 27 000 entreprises de transports publics.

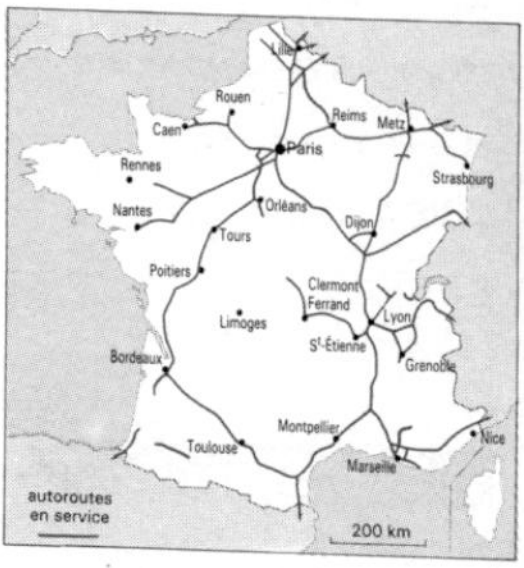

Le réseau des autoroutes tend à reproduire et à doubler le réseau routier traditionnel en l'ouvrant davantage encore sur le reste de l'Europe.

Une politique autoroutière

La France s'est engagée tardivement dans une **politique autoroutière.** En 1955, un premier programme a prévu, en 15 ans, la construction de 1 525 km d'autoroutes, dont la liaison Paris-Méditerranée. En mars 1960, un nouveau plan a été élaboré. Enfin, le schéma directeur routier de 1971, remplaçant celui de 1955, a permis de franchir le pas des 5 000 km d'autoroutes en 1980. En 1992, la France devrait en compter 8 600.

Le financement des autoroutes de liaison est désormais confié à des sociétés privées et la pratique du péage est généralisée.

Un échangeur sur l'autoroute du Nord. ▼

LES CHEMINS DE FER

D'un siècle à l'autre

- **1825. Première ligne de chemin de fer, de Saint-Étienne à Andrézieux.**
- **1837. Inauguration du chemin de fer de Paris à Saint-Germain-en-Laye.**
- **1842. Une loi établit un plan de voies ferrées centralisé comme les routes, partagé entre six grandes compagnies ou réseaux.**
- **1850-1930. Les chemins de fer introduisent une véritable révolution dans les transports et la vie économique.**
- **1937. Création de la S.N.C.F.**

La S.N.C.F.

En 1937 est créée la Société Nationale des Chemins de Fer Français (S.N.C.F.), société d'économie mixte dont le capital appartient pour 51 % à l'État, pour 49 % aux anciennes compagnies. La S.N.C.F. compte 218 000 agents actifs. Depuis 1982, elle est un établissement public, industriel et commercial.

La S.N.C.F. : une toile d'araignée

Le tracé des 34 600 km de voies ferrées qui constituent aujourd'hui l'ensemble du réseau français, tracé établi par une loi de 1842, suit de très près le réseau routier : il évoque, comme lui, l'aspect d'une vaste toile d'araignée. Toutes les grandes lignes partent **en étoile** de Paris vers les villes importantes de France et d'Europe, les liaisons transversales ayant été plus ou moins sacrifiées.

Le trafic

▶ Sur l'ensemble du réseau circulent 2 285 locomotives électriques, 762 automotrices électriques, 2 000 locomotives Diesel, 760 autorails et 53 turbotrains. Le parc de matériel roulant compte en outre 12 500 voitures-voyageurs et 180 000 wagons et 109 rames du T.G.V.

Chaque jour 13 000 trains circulent en moyenne dont 5 000 trains desservant la banlieue parisienne.

▶ La S.N.C.F. transporte actuellement 780 millions de **voyageurs** par an (480 millions sur le réseau de la banlieue parisienne). Un voyageur parcourt en moyenne 78 km.

▶ Le trafic annuel de **marchandises** est passé de 132 millions de tonnes en 1938 à 266 millions de t en 1974 et à 140 millions de t aujourd'hui. Le chargement moyen des wagons est de 34 tonnes et le parcours moyen d'une tonne est de 358 km.

Le rail est surtout utilisé pour le **transport des pondéreux :** produits de la sidérurgie, produits de carrières et matériaux de construction, produits pétroliers...

▶ L'évolution récente est caractérisée par :

- La multiplication des **trains spéciaux** pour voyageurs (au moment des départs massifs en vacances).
- Le développement des **trains-autos-couchettes** (590 000 véhicules transportés chaque année).
- Le grand essor du transport des marchandises par **conteneurs.**
- La **fermeture** de nombreuses **lignes secondaires,** peu fréquentées et non rentables. Depuis 1968, plus de 7 000 km de voies ont été fermées.

La Géode à la Cité des Sciences et de l'Industrie de la Villette (Paris).

La Grande Arche de la Défense (Paris).

La fusée Ariane (réalisation européenne).

Le futur tunnel sous la Manche (projet franco-britannique).

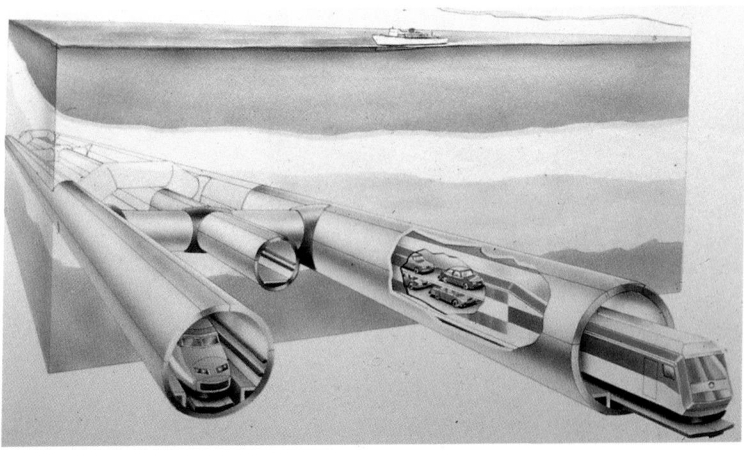

Une reconversion totale

Pour faire face à la **concurrence de la route,** de la voie d'eau et des oléoducs et réduire le déficit de son exploitation, la S.N.C.F. a dû opérer une reconversion totale, à la fois technique et commerciale.

▶ En 1973, la traction à vapeur a complètement disparu au profit de la traction électrique (80 % du trafic) et du moteur Diesel (20 % du trafic sur 9 900 km de voies électrifiées). Des lignes régulières de **turbo-trains** ont été mises en service. Un des services ferroviaires les plus rapides du monde (le T.G.V. : Train à Grande Vitesse) a été mis en exploitation en 1981 entre Paris et Lyon. Le T.G.V. Atlantique a été mis en service fin 1989.

Le confort des voitures pour voyageurs est sans cesse amélioré. Enfin, l'électronique est utilisée tant pour la gestion administrative que pour les systèmes de signalisation, d'aiguillage et de triage.

▶ Diverses conventions signées depuis 1970 précisent les charges qui incombent à la Société Nationale et à l'État. La S.N.C.F. est désormais dotée d'une plus large autonomie de gestion (p. 299).

Le réseau du T.G.V. en 1990.

LES VOIES FLUVIALES

Dans le domaine des voies fluviales, la France a accumulé un lourd retard. Son équipement, comparé à celui des pays du Benelux ou de l'Allemagne, est médiocre. Toutefois, un renouveau récent est amorcé.

▶ **Les faiblesses** tiennent à l'absence d'homogénéité du réseau, à l'insuffisance des voies à grand gabarit (2 000 km de canaux en gabarit européen) et à la vétusté de nombreuses installations (175 écluses sur les 291 km du canal de la Marne au Rhin).

▶ **Le renouveau** se manifeste par l'amélioration de la batellerie, l'aménagement des voies, la modernisation des ports, le développement des techniques modernes (technique du «poussoir»). Le trafic est passé de 47 millions de t en 1954 à près de 80 millions de t aujourd'hui.

▲ Un train de péniches.

Le canal de Bourgogne. ▶

Les grands travaux

Pour mettre le réseau des voies navigables à l'échelle des nouveaux besoins, la France a mis en train un programme de grands travaux : canalisation de la Moselle, aménagement du Rhin [p. 68], et du Rhône [p. 13], etc. Elle a entrepris la réalisation d'une liaison à grand gabarit Méditerranée-mer du Nord.

- **Longueur du réseau :** 8 600 km dont 3 900 de fleuves et rivières et 4 500 de canaux.
- **Péniches en service :** 5 000, d'une capacité totale de 2,4 millions de tonnes.
- **Tonnage transporté :** 80 millions de tonnes.

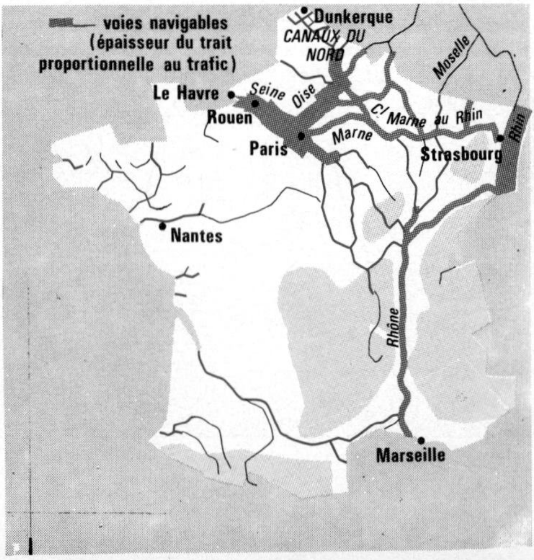

LA MARINE MARCHANDE

La flotte marchande française doit constamment s'adapter aux exigences techniques du monde moderne et aux conditions de la concurrence internationale.

▶ Elle a dû se reconstituer après la Seconde Guerre mondiale : 800 000 tjb (tonneaux de jauge brute) en 1945, 2,7 millions de tjb en 1950. Aujourd'hui, avec un tonnage global de 4,5 millions de tjb (12 en 1978), elle se classe au 19e rang mondial (3 % du tonnage mondial). Elle assure une bonne partie du commerce extérieur français (72 % des importations, 28 % des exportations).

▶ L'évolution récente est caractérisée par :

- un recul des **paquebots,** concurrencés par l'avion (en 1974, le grand paquebot *France* a été désarmé, puis vendu en 1980) ;
- le développement des **navires spécialisés :** pétroliers (*Batilus,* 550 000 T.P.L. (tonnes de port en lourd), lancé en 1976) ; méthaniers (*Jules-Verne, Descartes,* 50 000 m^3) ; minéraliers (*Cetra-Centaure,* 170 000 t), navires polythermes ; porte-conteneurs : les car-ferries ;
- la modernisation des **ports :** Cap d'Antifer (près du Havre) et Fos sont équipés pour recevoir des pétroliers de plus de 500 000 t.

Dans la rade de Marseille un des plus grands pétroliers du monde. ▼

Principaux ports maritimes

Principaux ports maritimes	Voyageurs (millions)	Marchandises (millions de t)
Marseille	1,1	91,3
Calais	9,1	11,9
Le Havre	0,90	51,1
Boulogne	2,6	3
Dunkerque	1,2	32,4
Bordeaux	-	9,4
Rouen	-	21,1
Nantes	-	24,6

Répartition des bâtiments

- **28 navires à passagers (dont 22 transbordeurs et 4 aéroglisseurs marins)**
- **250 cargos (dont 50 porte-conteneurs)**
- **112 navires citernes (dont 69 pétroliers long cours totalisant 7,9 millions de tjb).**

Les grandes compagnies maritimes

145 sociétés d'armement, mais la moitié de la flotte appartient aux cinq premiers groupes.

Une importante société mixte dépend de l'État : La Compagnie Générale Maritime et Financière qui compte une flotte de 69 navires.

Le secteur privé est très diversifié :

- **Chargeurs Réunis - Compagnie Paquet.**
- **Société Navale Delmas-Vieljeux.**
- **Créé en 1964, le Consortium Européen des Transports Maritimes (Cétramar) réunit les Chargeurs Réunis, L'Union Navale, L. Dreyfus et Cie, la Société Anonyme de Gérance et d'Armement.**

5 / ❺ L'AVIATION COMMERCIALE

La France a été un des premiers pays à organiser des liaisons aériennes internationales sur le plan commercial : Paris-Londres et Paris-Prague en 1920, France-Afrique en 1925 et France-Amérique du Sud en 1936.

▶ La Compagnie nationale **Air France** est née en 1933 de la fusion de plusieurs entreprises privées. Elle est devenue en 1948 une société d'économie mixte placée sous contrôle de l'État.

Air France exploite un réseau de 930 000 km couvrant le monde entier (75 pays et 187 escales). Elle n'a pourtant pas de monopole ; il existe à côté d'elle plusieurs compagnies de moindre importance :
— l'Union de Transports Aériens (U.T.A.) ;
— Air Inter, créée en 1960 (où sont associées Air France, l'U.T.A., la S.N.C.F. et diverses banques d'affaires), qui s'est spécialisée dans l'exploitation des lignes intérieures ;
— un comité des transports aériens complémentaires (C.T.A.C.) regroupe 18 compagnies assurant des services par lignes régulières ou à la demande en métropole et outre-mer.

▶ Paris, avec ses deux aéroports **(Orly** et **Roissy-Charles de Gaulle)**, est à la 9e place mondiale pour l'importance du trafic (37 millions de passagers).

Les **aéroports** de **Nice** et de **Marseille** se disputent la première place en province. L'aéroport de **Satolas** (près de Lyon) a été inauguré en 1975.

Air France

Air France transporte entre 13 et 14 millions de passagers par an.
Sa flotte compte 7 Concorde, 27 Boeing 747, 33 Boeing 727, 17 Air Bus A300, 7 Air Bus A310, 4 Air Bus A320.

▲ **Appareil de prestige de l'aviation française, le supersonique Concorde, en vol.**

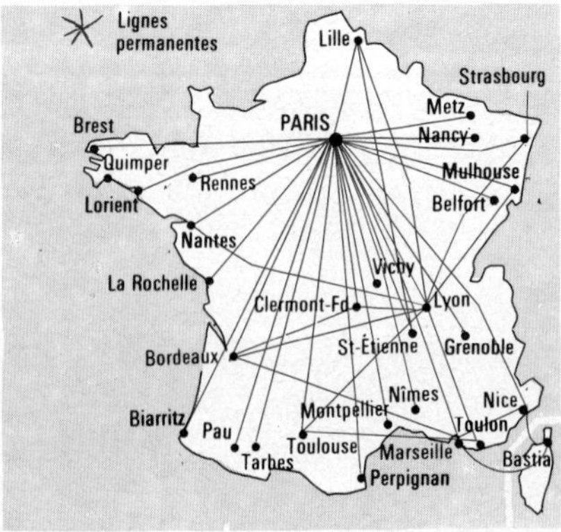

Le réseau d'Air Inter. ▶

LES POSTES ET TÉLÉCOMMUNICATIONS

▶ L'Administration des P.T.T., aujourd'hui France Télécom, emploie 305 000 personnes et gère un budget annuel de 172 milliards de francs. Elle assure le fonctionnement des 17 200 **établissements postaux** (dont 9 400 recettes de plein exercice) répartis sur l'ensemble du territoire métropolitain.

▶ Le **trafic annuel** est de l'ordre de 16,4 milliards d'objets. Le courrier est trié en partie automatiquement. Depuis 1966 fonctionne un service CEDEX (Courrier d'Entreprise à Distribution Exceptionnelle).

▶ Pour **l'équipement téléphonique** la France a rattrapé un lourd retard. Le nombre de lignes principales est passé de 4,2 millions en 1970 à 16 millions en 1981 et 25 millions en 1988 et le nombre d'abonnés est passé de 4 000 en 1960 à 145 000 aujourd'hui. Le **réseau télégraphique** est l'un des plus modernes du monde.

▶ Les P.T.T. assurent en outre un grand nombre de **services financiers.** La Caisse Nationale d'Épargne gère 18,2 millions de comptes (épargne ordinaire) et l'avoir des déposants est de 276 milliards de francs (1987). Le service des chèques postaux, créé en 1918, gère aujourd'hui 8,3 millions de comptes.

Les P.T.T. se sont lancés dans une politique commerciale ambitieuse, fondée en particulier sur le développement de la **télématique :** le **Minitel** permet ainsi, par adjonction d'un clavier et d'un écran ou d'un téléviseur à un récepteur téléphonique, de communiquer ou de recevoir des informations (réservations, annuaire téléphonique, banques de données, etc.).

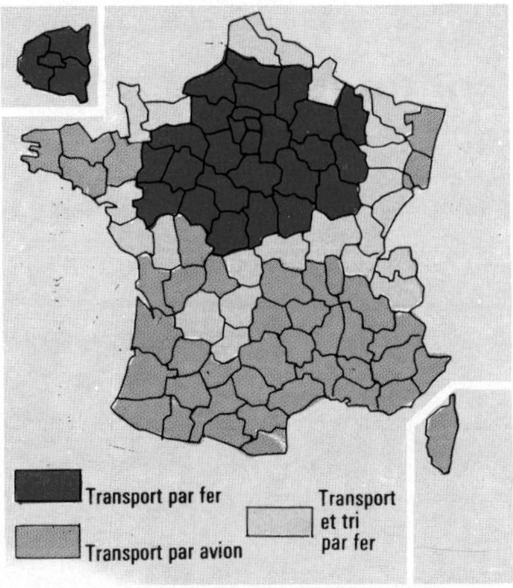

◀ Acheminement des lettres au départ de Paris à la dernière expédition de la soirée.

Quelques dates

- L'abbé Claude Chappe réalise en 1793 le premier télégraphe aérien.
- La poste est décrétée monopole d'État en 1798. Toutefois son développement est lent : en 1830, la plupart des communes sont encore dépourvues de toute relation postale. Les tarifs varient selon la distance (zones postales).
- 1845 : le télégraphe électrique commence à remplacer le télégraphe aérien ; son succès sera prodigieux.
- La loi de 1846 crée les facteurs ruraux. La Constituante de 1848 abolit les zones postales et crée les timbres-poste. En 1870, on compte déjà 16 000 facteurs ruraux et on manipule plus de 700 millions d'objets par an.
- Bientôt (1879) le téléphone vient concurrencer le télégraphe et prend place en 1889 dans l'Administration des Postes. Télégraphes et Téléphones (P.T.T.), aujourd'hui ministère des Postes et Télécommunications.

LE COMMERCE INTÉRIEUR

Les nouveaux magasins à grande surface de vente

(nombre en 1988)

- **Supermarchés (5 780) :**

Magasins de 400 à 2 500 m², à libre-service pour la majorité des rayons, vendant la totalité des produits alimentaires et offrant un grand assortiment de marchandises générales.

- **Hypermarchés (690) :**

Grande unité de vente d'une superficie supérieure à 2 500 m², avec vente généralisée en libre-service, vendant un très large assortiment de produits alimentaires et de marchandises générales. Les établissements sont pourvus d'un grand parc à autos.

Superficie totale : 8,3 millions de m².

Nombre de salariés : 123 000.

La France compte environ 560 000 établissements commerciaux, soit un établissement pour 100 habitants. Le commerce est un des secteurs qui a connu le plus de bouleversements au cours des dernières décennies. En 30 ans, il a subi de profondes transformations aussi bien dans les méthodes que dans les circuits de vente.

Une révolution commerciale

▶ Elle se manifeste par un **perfectionnement des techniques de vente.** La publicité, persuasive, conquérante, progresse (Publicis Conseil, HDM, RSGG, Bélier Conseil), sans atteindre toutefois l'ampleur qu'elle connaît aux États-Unis par exemple. La pratique de la vente à crédit se développe également, de même que la vente par libre-service, la vente par correspondance (La Redoute, les 3 Suisses) et la vente par appareils automatiques.

▶ Elle se manifeste d'autre part par une **concentration de l'appareil de distribution**, phénomène qui correspond à une concentration dans l'espace de la population, provoquée par l'accroissement de l'urbanisation. Si certaines branches telles que l'épicerie, l'alimentation générale, la droguerie sont touchées par la multiplication des grandes surfaces, d'autres branches se développent : produits d'hygiène et de beauté, boutiques de mode, de produits gastronomiques...

Le commerce intégré

Le commerce intégré ou concentré, qui, dans une même entreprise, rassemble les fonctions de gros et de détail, prend une place croissante dans l'appareil commercial français : il réalise aujourd'hui près du quart du chiffre d'affaires total.

▶ **Le secteur de type capitaliste** comprend les grands magasins nés au XIXe s. (Bon Marché, fondé en 1852 par Boucicaut, Printemps, Galeries Lafayette, Samaritaine...) ; les magasins populaires nés dans l'entre-deux-guerres (Uniprix fondé en 1929, Prisunic,

Monoprix...) ; les sociétés à succursales multiples (Docks Rémois, Familistère, Goulet-Turpin...) ; les nouveaux magasins à grande surface de vente (p. 310).

▶ **Le secteur de forme coopérative** englobe des sociétés coopératives de consommation (magasins Coop) et les coopératives d'entreprises ou d'administrations.

◀ Un magasin à grande surface de vente.

Le commerce non intégré

Les établissements commerciaux qui assurent séparément les opérations de commerce de gros et de commerce de détail réalisent 75 % du chiffre d'affaires total du commerce intérieur.

▶ **Le commerce de gros,** intermédiaire entre les producteurs et les commerçants de détail, est encore très dispersé puisqu'en moyenne chaque grossiste approvisionne 6 détaillants.

▶ **Le commerce de détail**, en contact direct avec le consommateur, revêt des aspects multiples. On distingue :

- Les commerçants qui exercent **en association** : les chaînes volontaires associent des grossistes à des détaillants (Spar, Sopegros-Avam qui a créé la Fédération Internationale Alimentaire ; d'autre part, les groupements coopératifs de détaillants permettant de centraliser les achats en vue d'obtenir de meilleures conditions du grossiste ou du fabricant.
- Les commerçants indépendants non affiliés : les sédentaires (les plus nombreux) et les itinérants.

Commerce de détail

Répartition du chiffre d'affaires (en % du total) 1987 : 1 378 milliards de francs.

Alimentaire	**41,1**
• Alimentation g^ale^ dont :	30,9
Hypermarchés	18,6
Autres magasins	12,3
• Commerce des viandes	5,9
• Commerces alimentaires spécialisés	4,3
Non-alimentaire	**51,1**
• Non-alimentaires non-spécialisés	4,3
• Non-alimentaires spécialisés	38,9
dont : Habillement, maroquinerie, chaussures	11,3
Entretien, équipement du foyer	15,1
Hygiène, loisirs, culture, sport	7,0
Pharmacies	6,2

◀ Le petit commerce traditionnel.

LE COMMERCE EXTÉRIEUR

La France se classe au 4e rang des pays exportateurs après les États-Unis, la République fédérale d'Allemagne et le Japon et au 3e rang des pays importateurs. Les exportations de marchandises représentent 20 % du P.I.B. (Produit Intérieur Brut).

Le volume des échanges

Au début du XXe s., les échanges de la France avec le reste du monde représentaient 9 % du commerce mondial. L'entre-deux-guerres a été marqué par une baisse relative du commerce extérieur français qui ne représentait plus en 1938 que 4 % des échanges mondiaux alors en stagnation. Après 1945, et surtout au cours des décennies 50 et 60, le volume des échanges s'est fortement accru, dépassant 6 % d'un commerce mondial en expansion. Depuis le déclenchement de la crise mondiale (1974), le commerce français accumule les **déficits** dus notamment à la lourdeur de la facture pétrolière, avec un record de 93 milliards de francs en 1982. En 1987 et 1988, on a encore enregistré environ 30 milliards de déficit.

La politique commerciale

La première moitié du XXe s. avait été marquée par quelques timides tentatives d'aménagement du **cadre protectionniste** sévère établi dans le dernier quart du XIXe s. C'est depuis la fin de la Seconde Guerre mondiale que la politique commerciale française s'est engagée dans la voie de la **libération des échanges** : janvier 1948, signature de la Charte de La Havane et adhésion au G.A.T.T. (General Agreement on Tarifs and Trade, Accord général sur les tarifs douaniers et le commerce) ; avril 1948, adhésion à l'O.E.C.E. (Organisation Européenne de Coopération Économique) ; 1951, adhésion à la C.E.C.A. (Communauté Européenne du Charbon et de l'Acier) ; 1957, adhésion à la C.E.E. (Communauté Économique Européenne) qui participe, de 1964 à 1967 au Kennedy Round, et de 1975 à 1979 au Tokyo Round.

La crise mondiale multiplie les comportements **protectionnistes**.

Les exportateurs français

On compte 25 000 entreprises françaises exportatrices. Les 50 plus importantes réalisent 30 % des ventes à l'étranger et les 950 suivantes, 35 %. Parmi les principales firmes exportatrices :

1 - Peugeot, 2 - Renault,
3 - Usinor-Sacilor,
4 - Thomson, 5 - Compagnie générale d'électricité (C.G.E.),
6 - Aérospatiale,
7 - Rhône-Poulenc,
8 - IBM France,
9 - Elf-Aquitaine,
10 - Saint-Gobain.

Balance commerciale de la France

(Résultats F.O.B./F.O.B.)
en milliards de francs

1978	+ 6,2
1979	– 10,4
1980	– 57,8
1981	– 50,9
1982	– 93,2
1983	– 48,9
1984	– 24,7
1985	– 30,7
1986	+ 0,5
1987	– 31,4

La géographie et la structure des échanges

La décolonisation et la baisse des droits de douanes ont contribué à modifier profondément la **géographie des échanges** (voir ci-dessous) : la part de la zone franc dans le total des échanges est passée de 30 % en 1938 à moins de 4 % actuellement.

La **structure des échanges** (voir ci-dessous) est devenue celle d'un pays industrialisé à haut niveau de vie, fortement **dépendant** de l'extérieur pour ses approvisionnements en matières premières et produits énergétiques.

C.A.F. = Coût Assurance Fret.

F.O.B. = Free On Board = franco à bord.

Les 10 principaux exportateurs (1987)

(en milliards de dollars)

1. R.F.A.	294
2. États-Unis	253
3. Japon	231
4. France	148
5. Royaume-Uni	131
6. Italie	116
7. U.R.S.S.	108
8. Canada	97
9. Pays-Bas	92
10. Belgique/ Luxembourg	84
Autres pays	921
Total mondial	2 475

Structure des échanges extérieurs (1980)

	Importations C.A.F. 921 milliards de francs	Exportations F.O.B. 889 milliards de francs
Produits agricoles et alimentaires	12,5 %	17,2 %
Produits énergétiques	10,6 %	2,1 %
Produits industriels	76,3 %	79,8 %
dont :		
Matières premières et produits intermédiaires	26,2 %	27,1 %
Biens d'équipement professionnels	21,4 %	23,3 %
Automobiles et matériel de transport terrestre	9,6 %	13,2 %
Autres biens destinés aux ménages	19,1 %	16,2 %
Divers	0,2 %	0,6 %

Les 10 principaux importateurs (1987)

(en milliards de dollars)

1. États-Unis	424
2. R.F.A.	228
3. France	158
4. Royaume-Uni	154
5. Japon	151
6. Italie	125
7. U.R.S.S.	95
8. Canada	92
9. Pays-Bas	91
10. Belgique/ Luxembourg	83
Autres pays	974
Total mondial	2 575

Géographie des échanges

	Importations en %	Exportations en %
Pays industriels à économie de marché	81	79,1
dont : Communauté Européenne	61	60,4
Australie, Canada	20	18,7
Pays à économie socialiste	3,5	2,8
Pays pétroliers	4,4	4,2
Autres pays en voie de développement	11,1	13,9

5 / 6 LA PROTECTION DE L'ENVIRONNEMENT

La France n'échappe pas au fléau qui, dans le dernier tiers du XXe siècle, frappe les pays de civilisation moderne : la dégradation de la nature. La prise de conscience du danger que représentent l'enlaidissement, la pollution, la destruction du cadre naturel est récente. Elle demeure par bien des aspects insuffisante.

Les parcs nationaux

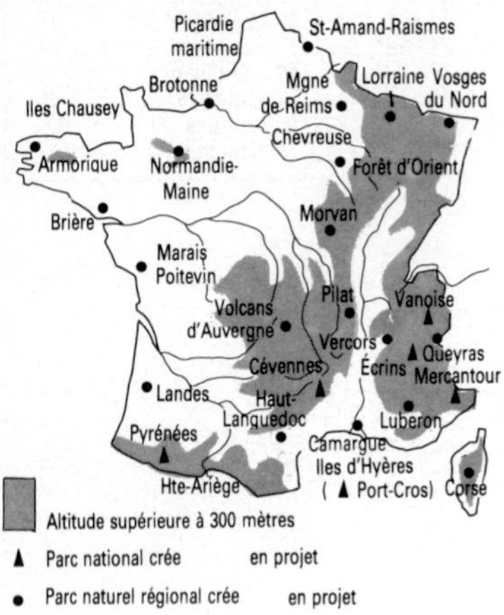

Les moyens mis en place

- 1960 : Création des parcs nationaux.
- 1964 : Loi sur la protection des eaux. La France est partagée en 6 bassins hydrauliques.
- 1971 : Création d'un ministère de la Protection de la nature et de l'Environnement.
- 1971 : Création d'un Fonds d'intervention et d'action pour la nature et l'environnement (F.I.A.N.E.).
- 1981 : Création d'un ministère de la Mer.
- 1988 : Création d'un Secrétariat d'État à la prévention des risques technologiques et naturels majeurs.

La politique mise en œuvre

L'action du ministère de la Protection de la nature et de l'Environnement (créé en février 1971) comprend notamment :

▶ **La recherche et l'expérimentation.**

▶ **La lutte contre les nuisances et les pollutions.**

▶ **La protection du milieu naturel** par l'organisation :

- de parcs nationaux (dont le but est de protéger un milieu naturel remarquable et de le mettre à la disposition du public) ;
- de parcs régionaux (mis en œuvre par des collectivités locales, ce sont des territoires habités et cultivés, mais dont la vocation est également de permettre aux citadins un contact avec la nature et un enrichissement culturel) ;
- de réserves naturelles (lieux privilégiés où est assurée la protection d'une flore et d'une faune remarquables) ;
- d'espaces, sites et monuments naturels ; de zones de chasse et de pêche.

▶ **L'amélioration du milieu de vie** en milieu urbain et en zones industrielles.

▶ **La formation des hommes.**

▶ **L'action internationale :** participation aux manifestations et aux travaux internationaux.

6 / LA VIE SOCIALE

6 / ❶ LA POPULATION

Au 1er janvier 1988, la France comptait 55,5 millions d'habitants.

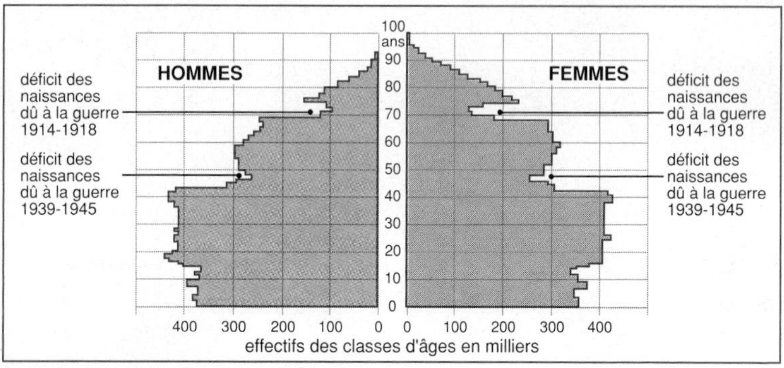

Espérance de vie

- **Hommes :** **71 ans**
- **Femmes :** **79 ans**

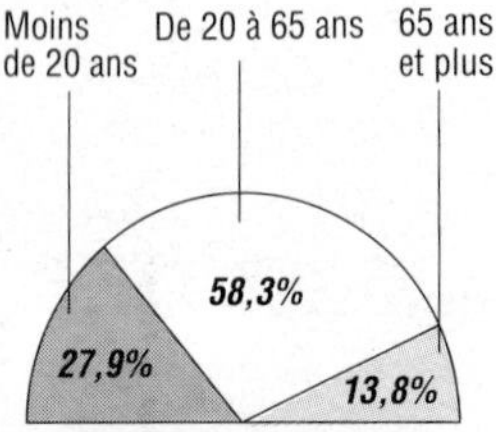

Répartition par âges de la population française

1850-1939 : le vieillissement

En 1800, la France, avec 28 millions d'habitants, était, après la Russie, le pays le plus peuplé d'Europe.

En 1900, bien que sa population fût passée, au cours de la seconde moitié du XIXe s., à 40 millions, elle ne venait plus qu'au 5e rang : elle n'avait que peu participé à l'accroissement démographique de l'Europe.

En 1939, sa population restait stationnaire, en raison du maintien d'une forte mortalité et d'une baisse sensible de la natalité. Le nombre des décès dépassait celui des naissances : la France tendait à se dépeupler et sa population vieillissait.

Après la guerre : un renouveau

Après 1945, grâce aux progrès de la médecine et à la Sécurité sociale, le taux de mortalité est tombé en 20 ans de 15 à moins de 11 ‰. Grâce notamment aux mesures prises en faveur de la famille, le taux de natalité s'est fortement élevé, passant de 14,6 ‰ en 1938 à 21,3 ‰ en 1947 et se maintenant en moyenne à 18,2 ‰ entre 1955 et 1960.

Depuis 1964 : baisse de la natalité

Comme la plupart des pays développés, la France enregistre, depuis le milieu des années 60, une **baisse de la natalité.** D'abord lente, avec même une légère reprise entre 1969 et 1971, la chute de la natalité s'est précipitée à partir de 1973 pour atteindre 14 ‰ en 1977. Une légère amélioration s'est, depuis, affirmée. En 1988, taux de natalité 14 ‰ ; taux de mortalité 10 ‰.

(Le taux de mortalité infantile : 7,7 décès avant l'âge de 1 an pour 1000 naissances vivantes, est l'un des plus bas du monde.)

Urbanisation

Depuis un siècle, comme dans les autres pays industrialisés, la **population rurale** (communes de moins de 2 000 habitants) diminue au profit de la **population urbaine.** Les ruraux représentaient, au milieu du XIXe s., les 2/3 de la population totale ; leur part est tombée aujourd'hui à 27 %. Avec un taux d'urbanisation de 75 %, la France est cependant en retard sur la plupart des pays industriels voisins.

Inégale répartition

Répartition de la population française

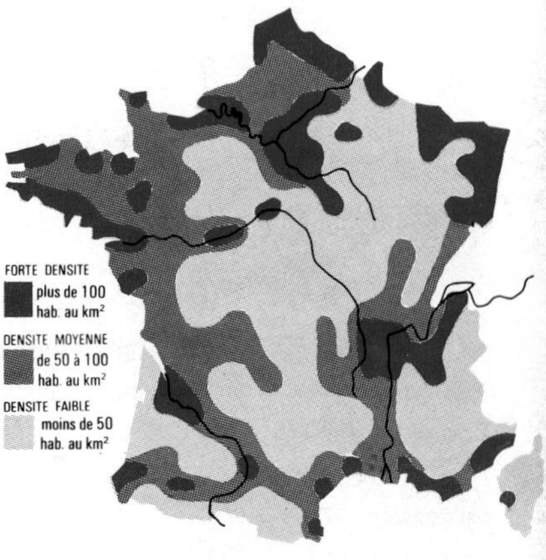

Si la densité moyenne est de 102 habitants par km², la population est très inégalement répartie sur le territoire.

- Les zones de **fort peuplement** sont les régions industrielles et urbaines, quelques régions côtières aux ressources variées, les zones agricoles de cultures spécialisées.
- Les zones **faiblement peuplées** sont les régions montagneuses et particulièrement les montagnes sèches, les zones forestières, les plaines de grande culture (forte mécanisation) et les régions d'agriculture retardataire.

Plus de 4 millions d'étrangers

La France n'a jamais été un grand pays d'émigration. En revanche, pour faire face à la dénatalité et pour se procurer la main-d'œuvre nécessaire au développement de son économie, elle a largement fait appel à **l'immigration.**

La crise économique, le développement du chômage ont provoqué un quasi-arrêt de l'immigration officielle. Depuis 1981, des mesures ont été prises contre le travail clandestin.

Estimée à 4,4 millions de personnes (1 000 000 de jeunes de moins de 16 ans), la population étrangère représente 8 % de la population totale.

Étrangers résidant en France (1988)

Total 4,4 millions dont :

Portugais	**725 000**
Algériens	**850 000**
Marocains	**560 000**
Italiens	**380 000**
Espagnols	**350 000**
Tunisiens	**225 000**
Turcs	**150 000**
Polonais	**70 000**
Yougoslaves	**70 000**

Près de 60 % d'entre eux résident dans la région parisienne et dans les régions Rhône-Alpes et Provence-Côte d'Azur.

6 / ❶ LA POPULATION ACTIVE

La France compte 43 actifs pour 100 habitants. S'adaptant aux mutations de l'économie, la population active a subi, au cours des trois dernières décennies, de profondes transformations. Elle est confrontée, depuis quelques années, au grave problème du chômage.

Secteur tertiaire 55 % | Secteur secondaire 36 % | Secteur Primaire 9 %

La répartition des chômeurs (fin 1988)

Total : 2,5 millions

Hommes : 1,2 million (48 %)

Femmes : 1,3 million (52 %)

Moins de 25 ans : 687 500 (27,5 %)

De 25 à 50 ans : 1 422 500 (56,9 %)

Plus de 50 ans : 390 000 (15,6 %)

- **Les régions les plus touchées :**

Nord-Pas-de-Calais	**14 %**
Languedoc-Roussillon	**13,7 %**
Haute-Normandie	**12,6 %**

- **Les régions les moins touchées :**

Ile-de-France	**8,6 %**
Rhône-Alpes	**8,5 %**
Alsace	**7,2 %**

Les grandes tendances

▶ **Un accroissement numérique récent.** Proche de 20 millions de personnes depuis le début du XXe s. (19 millions dans les années 30), la population active française s'est accrue à partir de 1962, lors de l'arrivée aux âges actifs des générations nombreuses de l'après-guerre. Évaluée à 20,4 millions de personnes en 1968, elle est estimée aujourd'hui à 24 millions.

▶ **Une modification de la répartition sectorielle :** diminution en valeur relative et absolue du nombre des actifs travaillant dans le **secteur primaire** (agriculture, sylviculture, pêche) ; leur part est aujourd'hui inférieure à 10 % du total ; baisse de la part relative des actifs du **secteur secondaire** (mines, industries, travaux publics et bâtiment) désormais inférieure â 37 % ; fort accroissement des effectifs employés dans le **secteur tertiaire** (transports, commerce, administrations, banques et autres services) qui représentent 55 % du total (contre 46,2 % en 1968).

▶ **Une progression du salariat.** Les salariés représentaient 64 % des actifs en 1954, 77 % en 1968 ; près de 18 millions de salariés (13 millions dans le secteur privé) constituent aujourd'hui 83 % de la population active totale.

▶ **Une amélioration de la qualification.** En 1968, 2,7 % de la population avait un diplôme supérieur au baccalauréat. Aujourd'hui, ce pourcentage atteint 7 %.

▶ **Une augmentation du nombre des femmes.** En 1962, les femmes représentaient 27,5 % de la population active totale ; elles représentent aujourd'hui 43,3 % des actifs (voir page ci-contre).

▶ **Un fort accroissement du chômage.** Le chômage devient préoccupant en France à partir de 1965 : chômage de cadres lié aux restructurations financières des entreprises, chômage de jeunes. En régression de 1969 à 1973 (forte croissance économique), le phénomène prend des dimensions alarmantes à partir de

1974. Le cap de un million de chômeurs est franchi en 1975, celui de deux millions en 1982. Actuellement, on compte 2,5 millions de sans-emploi, parmi lesquels en majorité des femmes et des jeunes.

Le chômage a eu pour conséquence le développement du phénomène de la **« nouvelle pauvreté ».** Chômeurs ayant épuisé tous leurs droits, personnes « sans domicile fixe » ou dépourvues de toute protection sociale, les « nouveaux pauvres » étaient officiellement estimés, il y a peu, à quelques centaines de milliers de personnes. D'abord aidés par des initiatives individuelles (abbé Pierre) et privées (Armée du Salut, Secours Catholique, Secours populaire, ATD Quart-Monde, « Restaurants du Cœur » fondés par l'humoriste Coluche), ils furent ensuite pris en charge par l'État qui créa en 1984 une allocation de solidarité, puis en 1988 un Revenu minimum d'insertion (R.M.I.) que devrait toucher environ un demi-million de personnes. Montant de ce R.M.I. : 2000 F. par mois pour une personne seule, 3000 F. pour un foyer de deux personnes.

La main-d'œuvre féminine...

Sur 1000 Françaises en âge de travailler, 460 exercent une activité professionnelle. Le taux d'activité par âge atteint son maximum entre 25 et 29 ans.

10,4 millions de femmes actives (soit 43,3 % de la population active totale) se répartissent dans les catégories suivantes :

— Agriculteurs exploitants 6,1 % (dont 4,5 % d'associées d'exploitation) ;
— Patrons de l'industrie du commerce 8,5 % (dont 4,2 % d'associées d'exploitations) ;
— Professions libérales 0,4 % ;
— Autres cadres supérieurs 3,6 % ;
— Cadres moyens 15,3 % ;
— Employés 29,2 % ;
— Ouvriers 22 % ;
— Personnel de service 12,8 % ;
— Autres catégories 0,9 %.

Les femmes actives sont, par rapport aux hommes, fréquemment en situation d'infériorité. On compte trois fois plus de femmes payées au S.M.I.C. que d'hommes.

... et étrangère

Pour faire face aux exigences de son expansion économique, la France a eu largement recours à une main-d'œuvre immigrée acceptant les travaux les plus pénibles et de basses rémunérations. Depuis l'aggravation de la crise économique, un mouvement de retour est encouragé.

On compte environ 2 millions de travailleurs étrangers, soit 8 % de la population active. 38 % sont ouvriers qualifiés ; 35 % ouvriers spécialisés (O.S.) ; 16 % manœuvres ; 7 % employés et moins de 4 % techniciens agents de maîtrise et cadres.

Répartition de la population active

(Source INSEE)	1954 Effectifs	1954 %	1982 Effectifs	1982 %
Agriculteurs exploitants	3966	20,7	1625	7,0
Salariés agricoles	1116	6,0	318	1,4
Patrons de l'industrie et du commerce	2301	12,0	1857	8,0
Professions libérales et cadres supérieurs	554	2,9	1906	8,2
Cadres moyens	1113	5,8	3341	14,3
Employés	2068	10,8	4144	17,8
Ouvriers	6484	33,8	8106	34,8
Personnels de service	1018	5,3	1607	5,7
Autres catégories	514	2,7	421	1,8
Total	19184	100,0	23325	100,0

6 / ❶ GROUPES SOCIAUX...

Si le spectacle de la rue donne l'impression d'une assez grande homogénéité sociale, la société française dans son ensemble demeure inégalitaire. De fortes disparités dans la répartition du patrimoine et des revenus introduisent des différences sensibles dans les conditions de vie des Français.

Fortune et revenus

La **fortune** totale des Français était estimée en 1988 à plus de 15000 milliards de francs. Au sommet de l'échelle sociale, 1 % des ménages détiennent 20 % de la fortune totale et 10 % en possèdent 50 %.

Quant aux **revenus,** on estime que 10 % des ménages perçoivent environ 30 % de l'ensemble des revenus. L'inégalité des revenus reste plus forte en France que dans la plupart des pays développés.

Une politique de **redistribution des revenus** (transferts sociaux) est destinée à corriger les disparités : 55 % des revenus des ménages proviennent de l'activité économique, 45 % résultent de l'intervention de la collectivité sous forme de redistribution. Après l'Impôt sur les grosses fortunes (I.G.F.) de 1981, supprimé par la droite en 1986, la gauche a rétabli un Impôt solidarité sur la fortune (I.S.F.). Comme l'I.G.F., l'I.S.F. est un impôt sur le capital, destiné cette fois à financer le Revenu minimum d'insertion (R.M.I.).

Catégories socio-professionnelles

Une comparaison des résultats des recensements de 1954, 1975 et 1982 permet de mettre en évidence :

— La diminution du nombre des agriculteurs exploitants (3,96 millions en 1954, 1,65 en 1975, 1,62 en 1982) et des salariés agricoles (dont le nombre est passé de 1,16 million à 375000 et 318000) ; la sensible diminution, puis la légère augmentation des patrons de l'industrie et du commerce (2,30, 1,70 et 1,85).

— La croissance, puis la stabilisation du nombre des ouvriers (6,49 ,8,20 et 8,10).

— La forte augmentation du nombre des employés (2,06, 3,84 et 4,14), des cadres moyens (1,11, 2,76 et 3,34) et des membres des professions libérales et cadres supérieurs (0,55, 1,45 et 1,90).

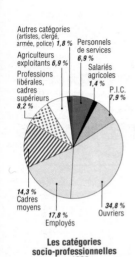

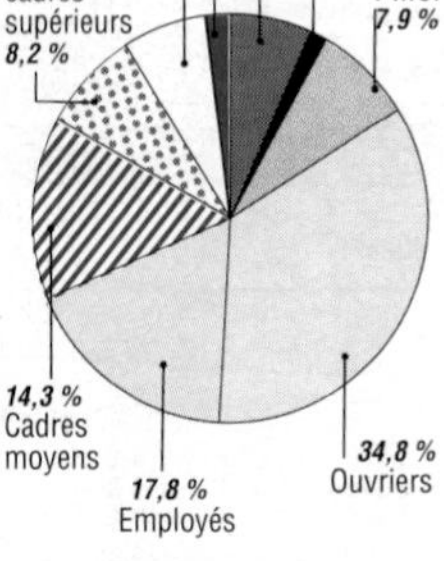

Les catégories socio-professionnelles en 1982

— L'augmentation des personnels de service (1,01, 1,24 et 1,60) et la diminution des autres catégories (0,51, 0,52 et 0,42).

Ces brassages traduisent une importante **mobilité** sociale le plus souvent **horizontale.** La population française reste compartimentée en une hiérarchie de couches relativement peu perméables entre elles, où les ascensions (mobilité sociale verticale) restent limitées.

Le niveau de vie

Le **pouvoir d'achat** des Français a plus que triplé depuis 1949 (qui marque la fin de la reconstruction). Trois décennies de forte croissance économique ont en effet permis une nette amélioration du niveau de vie de la population. Mais la prolongation de la crise se traduit, pour certaines catégories sociales, par une régression du pouvoir d'achat.

La France se classe au 9e rang des pays industrialisés les plus **riches** du monde en termes de P.I.B. par habitant, après la Suisse, la Suède, le Danemark, la R.F.A., la Belgique, la Norvège, les États-Unis et les Pays-Bas.

Consommation moyenne par personne :

Pain :	**66,7 kg**
Pommes de terre :	**63,6 kg**
Légumes frais :	**70,4 kg**
Fruits :	**61 kg**
Beurre :	**10,5 kg**
Sucre :	**12,4 kg**
Viande :	**34 kg**
Poissons :	**10,6 kg**
Vin :	**74,4 l**
Bière :	**40 l**

Les dépenses des Français

La manière dont les Français utilisent leurs revenus est révélatrice d'une certaine spécificité nationale. En moyenne, les **dépenses de consommation** des Français se répartissent comme suit :

- alimentation : 20,1 %
- habillement : vêtements 5,5 %
  chaussures 1,4 %
- habitation : 18,9 %
- hygiène et santé : 8,9 %
- transports et télécommunications : 16,8 %
- culture et loisirs, enseignement : 7,3 %
- hôtels, cafés, restaurants, voyages et divers : 12,8 %

En fait, ces moyennes cachent (du fait de la forte disparité des revenus) de grandes inégalités de consommation. Les différences essentielles portent sur les achats qui agrémentent le cadre de la vie : amélioration de la maison et de son confort, moyens de culture, vacances, loisirs, transports...

L'évolution de l'équipement des ménages (en %)

	1954	1972	1986
Automobile	22,0	61,0	74,7
(dont 2 voitures)	–	8,7	20,0
Télévision	1,0	76,5	92,4
(dont couleur)	–	4,4	72,5
Réfrigérateur	7,5	85,2	87,1
Congélateur	–	7,2	37,9
Lave-linge	8,4	62,5	85,4
Lave-vaisselle	–	4,2	24,2

Source : Insee.

Quelques points de repère

- 1791 - Loi d'Allarde supprimant les corporations et proclamant la liberté du travail. Loi Le Chapelier qui interdit les coalitions ouvrières.
- 1864 - Reconnaissance du droit de coalition.
- 1884 - Loi Waldeck-Rousseau : reconnaissance légale des syndicats.
- 1895 - Congrès de Limoges : fondation de la Confédération Générale du Travail (C.G.T.).
- 1906 - La Charte d'Amiens marque le triomphe du syndicalisme révolutionnaire.
- 1919 - Création de la Confédération Française des Travailleurs Chrétiens (C.F.T.C.).
- 1921 - La C.G.T. exclut les membres des comités syndicalistes révolutionnaires (C.S.R.) qui fondent la C.G.T.U. (Confédération Générale du Travail Unitaire).
- 1936 - La C.G.T. se réunifie au Congrès de Toulouse (C.G.T.-C.G.T.U.).
- 1940 - Les Confédérations ouvrières sont dissoutes.
- 1944 - La liberté syndicale est rétablie.
- 1947 - La tendance Force-Ouvrière quitte la C.G.T. et fondera (1948) la C.G.T.-F.O.
- 1964 - Déconfessionnalisation de la C.F.T.C. : la majorité devient C.F.D.T., une minorité reste C.F.T.C.

LES SYNDICATS

Le syndicalisme de travailleurs est actuellement très minoritaire : environ 10 % seulement des salariés sont syndiqués. Le syndicalisme est en outre caractérisé par le pluralisme ; il a subi des influences idéologiques variées : anarchisme, proudhonisme, marxisme, réformisme, christianisme... et l'histoire des grandes centrales est jalonnée de scissions.

Les organisations syndicales

Six organisations syndicales sont considérées par les pouvoirs publics comme nationalement représentatives.

▶ La Confédération Générale du Travail (C.G.T.)

Née en 1895, elle a été marquée par l'idéologie du syndicalisme d'action directe (jusqu'à la veille de la Première Guerre mondiale) ; par un souci de « présence » partout où les intérêts des travailleurs pouvaient être défendus (jusqu'au milieu des années 30) ; par son intégration au Front Populaire (1936-1938).

Elle annonce 1,5 million de syndiqués. Secrétaire général : M. Henri Krasucki.

▶ La Confédération Française Démocratique du Travail (C.F.D.T.)

Elle est issue de la C.F.T.C. qui, créée en 1919, se réclamait des encycliques sociales (Rerum Novarum, 1891, Quadragesimo Anno, 1931). En 1964 son congrès extraordinaire renonce à faire figurer l'épithète chrétienne dans le titre de la Confédération : c'est la naissance de la C.F.D.T. La C.F.D.T. affirme compter 750 000 adhérents. Secrétaire général : M. Jean Kaspar.

▶ Force Ouvrière (F.O.)

Constituée en 1948 par les syndicalistes qui, l'année précédente, avaient quitté la C.G.T., Force Ouvrière affirme compter un million d'adhérents. Secrétaire général : M. Marc Blondel.

▶ **La Confédération Française des Travailleurs Chrétiens** (C.F.T.C.)

Maintenue par une fraction des syndiqués qui ont voulu rester fidèles au sigle C.F.T.C., elle déclare regrouper 200 000 adhérents. M. Jean Bornard en assure la direction depuis décembre 1981.

▶ **La Confédération Générale des Cadres** (C.G.C.)

Constituée au lendemain de la Libération, la C.G.C. déclare regrouper 445 000 cadres, Président : M. Paul Marchelli.

▶ **La Fédération de l'Éducation Nationale** (F.E.N.)

Autonome depuis 1948, la F.E.N. groupe 49 syndicats et recense plus de 400 000 adhérents, appartenant à tous les ordres d'enseignement. Secrétaire général : M. Yannick Simbron.

▶ A ces 6 grandes organisations de stature nationale s'ajoutent de nombreuses organisations indépendantes ou autonomes d'audience limitée. D'autre part, le syndicat des patrons, le **C.N.P.F.**, est dirigé par M. François Perigot.

◂ La grève est un puissant moyen d'action syndicale.

Taux de syndicalisation

Employés de la fonction publique	12,3 %
Autres employés	7,6 %
Ouvriers qualifiés	5,4 %
Ouvriers non qualifiés	6,2 %
Ouvriers agricoles	2,1 %
Techniciens et contremaîtres	8,9 %
Cadres de la fonction publique	24,6 %
Ingénieurs et cadres d'entreprise	16,3 %
Professeurs	39,3 %
Instituteurs	33,2 %

L'audience des organisations syndicales (1986)

Les résultats des élections de délégués aux comités d'entreprise auxquelles participent tous les salariés, syndiqués et non syndiqués (des entreprises employant plus de 50 salariés) permettent de mesurer l'audience des diverses organisations syndicales auprès des travailleurs.

Origine des candidatures	Nombre de voix en %
C.G.T.	28,5
C.F.D.T.	21,9
C.G.T.-F.O.	11,1
C.F.T.C.	4
Autres syndicats	11,7
Non-syndiqués	22,8

L'ORGANISATION...

L'action syndicale a joué un rôle moteur dans la transformation de la condition des travailleurs. Depuis un demi-siècle et particulièrement depuis la fin de la Seconde Guerre mondiale, les conditions de travail ainsi que la protection des travailleurs se sont nettement améliorées.

La durée du travail

Réglementée en 1831 (journée de 8 heures pour les enfants de moins de 11 ans travaillant dans l'industrie ; de 12 h pour les jeunes de 12 à 16 ans ; de 14 à 16 h pour les adultes), la durée du travail a été progressivement **réduite**.

En juin 1936, le Front Populaire a institué la **semaine légale de 40 heures :** paiement des heures supplémentaires, effectuées au-delà de la 48e heure, à un taux majoré (maximum 54 heures). Fixée à 60 heures en 1946, la durée maximum de la semaine de travail a été limitée à 50 heures (avec possibilité de dérogations) en 1979. En 1982, elle a été abaissée à 39 heures.

Repos et congés

Le repos hebdomadaire (24 heures consécutives par semaine) a été légalement institué en juillet 1906.

Aujourd'hui, un grand nombre de salariés bénéficient de 2 jours de repos par semaine, et certaines entreprises appliquent la semaine de 4 jours de travail.

C'est la loi du 20 juin 1936 qui a accordé aux travailleurs le droit aux **congés payés** : 2 semaines par an. En 1956, leur durée a été portée à 3 semaines (18 jours ouvrables). En mai 1969, une loi, consacrant une pratique déjà répandue par voie contractuelle, a fixé les congés payés annuels à 4 semaines (24 jours ouvrables). Ils ont été portés à 5 semaines en 1982. (La France dépasse largement à cet égard tous les autres pays.)

Les salariés bénéficient en outre de congés pour événements familiaux, de congés éducation et de 10 jours fériés par an [p. 343]. Ils ont enfin droit à un repos égal au cinquième du temps de travail accompli en heures supplémentaires, au-delà de 42 h par semaine.

Mesures sociales depuis 1945

Quelques repères

- **Février 1945 : Institution, par ordonnance, des Comités d'entreprise.**
- **Octobre 1945 : Organisation de la Sécurité sociale.**
- **Avril 1946 : Reconnaissance définitive des délégués du personnel.**
- **Octobre 1946 : Création de la médecine du travail.**
- **Octobre 1946 : Statut général de la Fonction publique.**
- **Février 1950 : Création du Salaire Minimum Interprofessionnel Garanti (S.M.I.G.).**
- **Mars 1956 : Les congés payés passent de 15 jours à 3 semaines obligatoires.**
- **Décembre 1963 : Création du Fonds national de l'emploi.**
- **Mai 1968 : Constat de Grenelle. Hausse des salaires, engagements concernant la section syndicale d'entreprise, accords sur la réduction du temps de travail.**
- **Décembre 1968 : Loi concernant l'exercice du droit syndical dans l'entreprise.**
- **Mai 1969 : Congés payés de 4 semaines.**
- **Décembre 1969 : Signature du premier Contrat de Progrès à E.D.F.-G.D.F. Une progression des salaires est liée pendant 2 ans à la croissance du Produit National et à la prospérité de l'entreprise.**

... DU TRAVAIL

La retraite

L'âge de la retraite, qui était fixé à 65 ans, a été ramené en 1983 à **60 ans,** pour tous les salariés ayant travaillé et cotisé au régime général 37 ans et demi.

Le travailleur et l'entreprise

▶ Prévues dès 1919 et généralisées depuis 1936, des **conventions collectives** (accords signés par les employeurs et les syndicats de salariés reconnus représentatifs) règlent les différents aspects des conditions de travail, depuis l'entreprise, jusqu'au niveau de la branche à l'échelon régional ou national.

▶ La **représentation du personnel** est assurée par les délégués du personnel (lois de 1936 et de 1946) et, dans les entreprises de plus de 50 salariés, par les Comités d'entreprise. Délégués et membres des Comités d'entreprise sont élus par les travailleurs.

▶ Une ordonnance d'août 1967 institue de manière obligatoire (pour les entreprises de plus de 100 salariés) un « intéressement des salariés aux fruits de l'expansion » : une partie des bénéfices doit être distribuée sous forme de remise d'actions ou d'obligations de la société ou de placements de fonds dans des organismes extérieurs : c'est la **participation**.

▶ En 1982, la **loi Auroux** a introduit de nouvelles garanties pour les travailleurs dans l'entreprise.

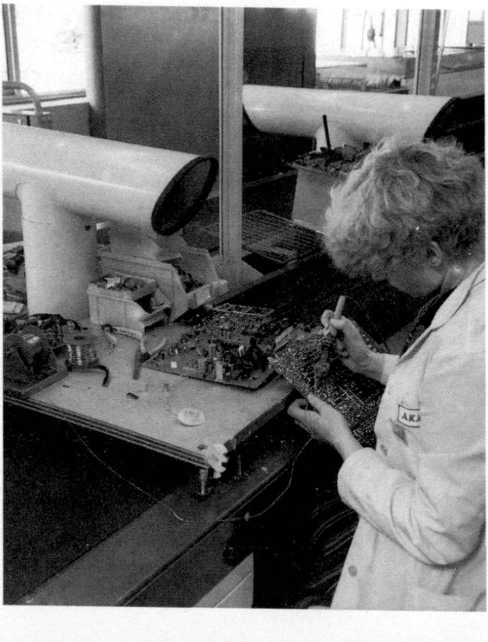

- **Janvier 1970 : Institution du Salaire Minimum Interprofessionnel de Croissance (S.M.I.C.).**
- **Avril 1970 : Déclaration commune (patronat, syndicats) sur la mensualisation.**
- **Juillet 1971 : Loi sur l'éducation permanente.**
- **Janvier 1974 : Création d'un Fonds de Garantie des salaires assurant aux travailleurs victimes d'une faillite le paiement de leur dû.**
- **Juillet 1975 : La retraite à 60 ans à taux plein est accordée – sous certaines conditions – aux travailleurs manuels et aux mères de famille ayant élevé 3 enfants ou plus.**
- **Juin 1981 : Le S.M.I.C. est fixé à 2 900 F par mois.**
- **Avril 1983 : Abaissement de l'âge de la retraite à 60 ans pour tous les salariés**
- **1988 : Création d'un revenu minimum d'insertion (R.M.I.) : 2 000 F pour un célibataire, 3 000 F pour un couple.**

Le travail en équipes

Trois grands types de formules sont appliqués en France :

- ***Le système discontinu,* de 2 équipes, avec interruption en fin de journée et en fin de semaine.**
- ***Le système semi-continu,* en 3 équipes, avec interruption en fin de semaine.**
- ***Le système continu,* où la production est assurée 24 heures sur 24, dimanche et jours fériés compris.**

2 LA SANTÉ

Au cours des 40 dernières années, le taux de mortalité infantile est tombé en France de 63,4 ‰ à 7,7 ‰.
Dans le même temps, l'espérance de vie des Français est passée de 60 à 71 ans pour les hommes, de 62 à 79 ans pour les femmes. D'importants progrès ont été réalisés, cependant des insuffisances demeurent.

Les services de l'aide sociale

Réorganisée en 1953, l'Aide sociale est financée par l'État et les collectivités publiques et administrée par les Directions départementales de l'action sanitaire et sociale (D.A.S.S.).

Parmi les services les plus importants, on note :

- L'Hygiène sociale : organismes de lutte contre la tuberculose (dépistage, prévention par vaccination au B.C.G., placement des malades en établissements spécialisés) ; organismes de lutte contre les autres fléaux sociaux (alcoolisme, maladies sexuellement transmissibles...) ; séances de vaccinations ; collecte du sang.
- La Protection maternelle et infantile (P.M.I.) : consultations prénatales et postnatales, consultations de nourrissons, crèches, jardins d'enfants, pouponnières.
- La Protection sociale de l'enfance : service social familial (surveillance des enfants dont la santé, la sécurité ou la moralité risque d'être en danger) ; service d'aide à l'enfance (orphelins, enfants abandonnés...).
- Les bureaux d'aide sociale viennent en aide aux déshérités (recours en espèces et en nature, aide médicale...).
- N. B. : A Paris et à Lyon, l'aide sociale et la protection maternelle et infantile sont confiées à l'Assistance publique qui gère également les hôpitaux et les hospices.

Établissement public (dont l'origine remonte à 1849) placé sous l'autorité de la Préfecture de la Seine assistée d'un Conseil d'administration, l'Assistance publique de Paris possède un budget propre, gère plus de 80 établissements (maisons de retraite, hospices, hôpitaux...) et emploie plus de 83 000 personnes : c'est l'une des plus grandes administrations hospitalières du monde.

Les Centres Hospitaliers et Universitaires (C.H.U.).

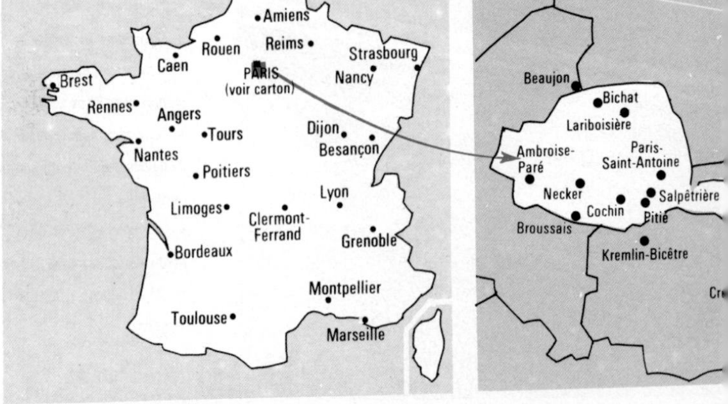

Les médecins

Le nombre des médecins en France s'est sensiblement accru, passant de 68000 en 1970 à 175000 aujourd'hui (25 % de femmes). L'Ordre National des Médecins, créé en 1945, a pour mission de représenter la profession et d'assurer la discipline intérieure. Nul ne peut exercer s'il n'est inscrit à l'Ordre. Les praticiens libéraux (qui exercent dans un cabinet privé) représentent 56 % du nombre total des médecins.

L'organisation de la Sécurité sociale tend à transformer de plus en plus l'exercice de la médecine. Bien que celle-ci soit toujours fondée sur un principe de liberté (libre choix du médecin par le malade, perception directe des honoraires, etc.), les honoraires sont fixés selon un barème minutieusement élaboré par des conventions. Toutefois, une minorité de praticiens (0,6 %) demeurent dans un secteur entièrement libre.

La médecine collective et sociale

En outre, en marge de la médecine individuelle se développe progressivement la médecine collective et sociale : **dispensaires** pour la lutte contre les fléaux sociaux, centres de protection maternelle et infantile, centres médicaux des grands services publics ou semi-publics (armée, mines, chemins de fer), services de **médecine préventive**, etc.

Dans tous ces organismes, des médecins sont employés comme salariés, partiellement ou à temps complet.

Les établissements hospitaliers

On compte en France plus de 3500 établissements de soins polyvalents (plus de 950 **établissements hospitaliers** publics, quelque 2600 cliniques privées) offrant une capacité d'accueil de 695000 lits (dont 205000 environ pour les seuls établissements privés). Les hôpitaux publics, jadis réservés aux seuls indigents, se sont profondément transformés.

Grâce à un important effort de planification et d'équipement et à la création des Centres Hospitaliers et Universitaires, ils deviennent des foyers de lutte contre la maladie, ouverts à toutes les catégories sociales et équipés d'installations techniques très modernes.

En même temps, la fréquentation hospitalière s'accroît.

On compte en France :

175 000 médecins
39 700 dentistes
36 000 masseurs kinésithérapeutes
5 000 pédicures
9 200 orthophonistes
295 000 infirmières et infirmiers
13 500 sages-femmes
24 000 pharmacies d'officine.

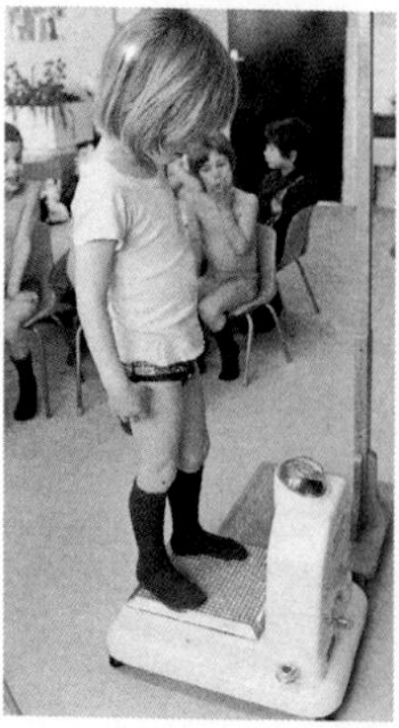

Les médecins et le Tiers Monde

Depuis un certain nombre d'années, se sont créées des organisations de médecins volontaires pour des missions d'assistance et de soin dans des pays du Tiers Monde, des régions démédicalisées ou des zones de conflit.
La première de ces organisations fut Médecins sans frontières (1971) qui revendique 3 000 adhérents et envoie 700 volontaires par an dans une trentaine de pays.
En 1979, était fondée l'Aide médicale internationale (100 départs bénévoles par an), puis en 1980, Médecins du monde, 1 800 adhérents, 1 575 membres dont 250 par an sur le terrain, médecins et infirmières.

LA SÉCURITÉ SOCIALE

En 1945-1946 a été institué en France un système de Sécurité sociale intégrant les divers régimes de protection sociale antérieurs et prévoyant à la fois l'élargissement des prestations et l'accroissement du nombre de bénéficiaires : il protège aujourd'hui la totalité des Français contre les principaux risques de l'existence.

L'organisation

Le système français de Sécurité sociale qui, selon ses créateurs, devait constituer un **régime unique,** est en fait aujourd'hui une véritable «**mosaïque**» **d'institutions**. On distingue :

▶ **Le régime général des salariés**, le plus **important** par ses effectifs et par son budget : il compte 13 millions de cotisants et 40 millions d'assurés.

▶ **Les régimes spéciaux** institués avant la création de la Sécurité sociale. Certains ont des origines très anciennes : assurance-vieillesse des marins créée par Colbert en 1668, régime des fonctionnaires (1853), des mineurs (1892), des cheminots (1909). Les prestations servies sont aujourd'hui plus étendues que celles du régime général (les cheminots par exemple ont droit à une pension de retraite à 55 ans). Les régimes spéciaux groupent 4,5 millions de cotisants.

▶ **Les régimes particuliers.** 3,7 millions de **travailleurs indépendants** sont organisés en régimes extérieurs au régime général : régime particulier d'allocations vieillesse pour les artisans et les commerçants créé en 1948 ; régimes particuliers créés en 1961 pour les exploitants agricoles, en 1966 pour les artisans et commerçants...

▶ **Les régimes complémentaires**. Créés par conventions entre les organisations du patronat et des salariés, les régimes complémentaires de retraites (quelque 600 régimes) concernent tous les salariés : cadres, non-cadres, fonctionnaires.

Les régimes spéciaux

Nombre de cotisants (milliers)

Salariés agricoles :	658
Fonctionnaires civils :	1677
Militaires :	362
Ouvriers de l'État :	98
Collectivités locales :	1074
Mines :	99
S.N.C.F. :	256
R.A.T.P. :	36
Marins :	70
E.D.F.-G.D.F. :	145
Divers :	40

Les régimes particuliers

Nombre de cotisants (milliers)

Exploitants agricoles :	2 069
Industriels et commerçants :	704
Professions libérales :	248
Artisans :	589

Les ressources

Les ressources de la Sécurité sociale proviennent de concours budgétaires et de cotisations. Le régime général est financé par des cotisations obligatoires imposées aux employeurs et aux salariés (les employeurs financent seuls les prestations familiales et les accidents du travail). Depuis 1982, devant un déficit croissant, un «plan de redressement» rigoureux a permis de rétablir l'équilibre financier de la «Sécu».

Les prestations servies

Il s'agit principalement de :

- **Assurance maladie :** frais médicaux remboursés de 75 % à 100 % ; frais pharmaceutiques remboursés de 40 à 100 % ; indemnité journalière (diverses mutuelles peuvent compléter les remboursements de la Sécurité sociale).
- **Prestations de vieillesse** : retraites versées aux salariés et non-salariés.
- **Prestations familiales** : (voir ci-dessous).
- **Accidents du travail** : pension en cas d'invalidité.

Les cotisations (régime général)

Les cotisations destinées au financement des risques et charges maladie, vieillesse, allocations familiales et accidents du travail s'élèvent à 46,6 % du salaire. Elles sont calculées en partie sur la totalité du salaire, en partie sur une fraction du salaire, au-dessous d'un plafond.

• L'employeur verse 34 % du salaire, soit :
12,60 % pour la maladie (dont 4,5 % sur la totalité du salaire) ;
8,20 % pour la vieillesse ;
9 % pour les allocations familiales ;
4 % (en moyenne) pour les accidents du travail.

• Le salarié verse 12,5 % du salaire, soit :
5,9 % pour la maladie (sur la totalité du salaire) ;
6,6 % pour la vieillesse (sur salaire plafonné).

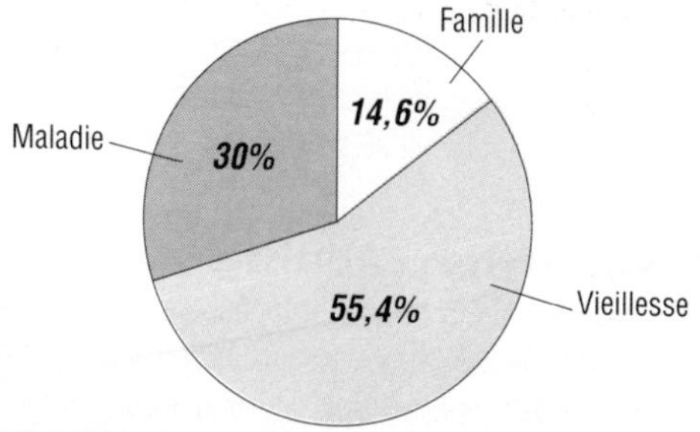

Répartition des prestations du régime général en 1988

Les prestations familiales

Prestations maternité. La femme salariée qui attend un bébé cesse son travail pendant 14 semaines (6 semaines avant et 8 semaines après l'accouchement) et 26 semaines à partir du 3e enfant, et reçoit des indemnités journalières identiques à celles versées aux salariés en congé de maladie. Les frais de maternité sont remboursés à 100 %.

• Allocations familiales. Elles sont versées à partir du deuxième enfant.

• Avantages divers. Sous certaines conditions sont accordés : complément familial, allocation de salaire unique, allocation de frais de garde, allocation logement, allocation aux handicapés, allocation orphelin, allocation de rentrée scolaire, allocations prénatales et postnatales, allocation de parent isolé, allocation d'éducation spécialisée, allocation pour jeune enfant, allocation de soutien familial, allocation parentale d'éducation, allocation veuvage.

6 / ③ LA FAMILLE, LE FOYER

La famille française est sans doute un des meilleurs exemples de la façon dont se concilient en France tradition et nouveauté : persistance de certains traits typiques, transformation des structures et des mœurs qui en modifient l'image et débouchent sur une pluralité des comportements et des modes de vie familiaux.

La cellule familiale

La famille française a conservé certains de ses caractères traditionnels, restant ainsi proche de ses origines. Elle constitue la cellule de la vie sociale, ainsi que le rappelle d'ailleurs la Déclaration Universelle des Droits de l'Homme de 1948 : « La famille est l'élément naturel et fondamental de la Société et de l'Etat. » En 1988, 84 % des Français estimaient qu'elle devait rester la cellule de base de la société.

Les Français ne manquent d'ailleurs pas de célébrer la famille (fête des mères, fête des pères). Celle-ci est aussi une communauté : communauté de travail, d'intérêts, de loisirs, d'affection.

Diversité et transformations

On ne saurait toutefois généraliser ce tableau. D'abord la famille française est aussi **diverse** que l'est la structure économico-sociale : ses caractères varient selon les milieux. Ensuite, sous l'influence des conditions de vie, elle se **transforme,** même la famille bourgeoise, qui paraît perpétuer une sorte d'image archétype fondée sur la stabilité, l'autorité et la solidarité. Cette image cache souvent des **crises internes**, des conflits entre générations ; la femme a une vie plus **indépendante** qu'autrefois ; les enfants s'émancipent de plus en plus tôt. Le travail comme les loisirs dispersent les membres de la communauté familiale : celle-ci « éclate » ou se réduit au « noyau » parents-enfants (la « famille nucléaire »).

L'évolution récente

Si la famille demeure pour beaucoup de Français une valeur fondamentale et une institution des plus solides, elle n'en a pas moins connu depuis quelques années de profonds changements.

A partir de 1972-1973, on a assisté à une spectaculaire chute de la fécondité et de la nuptialité. En 1972, on enregistrait 878000 naissances, en 1987 770000. Le taux de fécondité est de 1,8 enfant par femme (2,8 en 1965), ce qui fait de la France actuellement un des pays les plus féconds d'Europe, mais est insuffisant pour assurer le renouvellement des générations (2,1).

Dans le même temps, le nombre des mariages a diminué de 150000 (266000 en 1987 contre 417000 en 1972, soit 4,8 mariages pour 1000 habitants, contre 8,1).Parallèlement, le nombre des divorces s'accroissait très sensiblement : 38000 en 1972, plus de 100000 aujourd'hui.

On compte désormais 30 divorces pour 100 mariages (50 pour 100 à Paris).

Autre phénomène récent : le développement de l'union libre ou cohabitation (autrefois concubinage). Ce sont 10 % des couples (1 million de personnes) qui cohabitent (dont 20 % chez les moins de 35 ans et 50 % chez les moins de 25 ans). Conséquence de ce phénomène : 20 % des naissances sont des naissances hors mariage.

Si ces faits ne constituent pas un bouleversement complet de la famille, ils révèlent néanmoins la coexistence de conceptions très différentes de la vie familiale.

La femme nouvelle

La femme française souhaite, de plus en plus, s'assurer une existence autonome. Longtemps réduite, comme ailleurs, à un rôle mineur, la Française d'aujourd'hui, notamment grâce aux efforts des mouvements féministes de l'entre-deux-guerres, est juridiquement devenue l'égale de l'homme et tend à trouver un équilibre satisfaisant entre sa vie personnelle, familiale et professionnelle.

Grâce au développement de la contraception, la condition féminine a progressé de manière spectaculaire. Les lois sur l'interruption volontaire de grossesse (1975), le divorce (1975), l'égalité professionnelle (1980) ont permis aux femmes d'acquérir leur autonomie, d'accéder à des professions longtemps réservées aux hommes (même si l'égalité professionnelle est loin d'être effective,) bref de jouer un rôle social nouveau.

6 / ❸

LE VÊTEMENT

Le vêtement masculin

Le vêtement masculin de nos jours tend à se **simplifier** et — sous l'influence des jeunes — à se **diversifier** : plus grande fantaisie dans les formes, les couleurs, la façon d'assembler les vêtements... A la ville, on ne distingue plus guère les représentants des diverses «classes» sociales : les hommes portent à peu près tous le complet-veston ; les jeunes gens le remplacent souvent par un blouson ou un chandail. Le port du «jean» est largement répandu parmi les jeunes et les moins jeunes.

Le Français est généralement tête nue. Certaines régions (montagne, Pays basque) ont conservé le béret.

L'élégance masculine est néanmoins fixée chaque saison par les promoteurs de la mode. Elle consiste dans certains détails : coupe du vêtement, couleur des tissus.

Le vêtement féminin et la mode

Mais la mode en France est surtout la mode féminine. Elle est définie non seulement par les **grands couturiers** de réputation mondiale (Dior, Cardin, Chanel, Saint-Laurent, Courrèges, etc.), mais aussi par les grands journaux de mode et par le «goût» de tous ceux qui gravitent autour du monde de la «Haute Couture».

La mode féminine, elle, laisse libre cours — surtout, chez les jeunes — à la plus grande fantaisie ; forme des vêtements, couleur, longueur, coiffure, etc. Elle les fixe dans le détail pour chaque occupation et pour chaque moment de la journée : tenue de travail ou de sport, robe d'après-midi, robe du soir...

Au début de chaque saison, la présentation des «**collections**» de nouveaux modèles par les «**mannequins**» chez les grands couturiers est un événement du Tout-Paris mondain.

A côté de la Haute Couture se sont développés parallèlement un secteur de «prêt-à-porter» et une production de masse, bon marché, la confection industrielle.

Mais la mode actuelle se caractérise surtout par une grande diversité des styles (différents, sinon opposés), des prix, des publics (jeunes et moins jeunes, B.C.B.G. ou Bon chic-bon genre, «punks», «baba cool», «branchés»...). Toutes ces modes qui parfois confinent au déguisement, ou à l'uniforme, permettent de se poser, parfois de s'opposer, en tout cas de se faire remarquer.

«branché» «punk» «baba cool» «B.C.B.G.»

LE LOGEMENT

Une longue stagnation

Le problème du logement compte parmi les plus difficiles que la France ait eu à affronter depuis 1945. A la pénurie de logements s'ajoutait la vétusté du patrimoine immobilier (voir tableaux). Pourquoi cette situation anachronique ?

- Pour des raisons **historiques** d'abord : les deux guerres mondiales ont détruit une grande partie du patrimoine immobilier de la France qu'il a fallu reconstituer avant même de pouvoir l'accroître.

- Pour des raisons **psychologiques et économiques** ensuite : pendant longtemps, le Français n'a consacré au logement qu'une très faible partie de son revenu. La politique de blocage des loyers adoptée en 1914 a paralysé la construction. Aujourd'hui, la spéculation sur les terrains accroît le prix des logements.

L'équipement des résidences principales

Résidences principales ayant	1954	1962	1975	1982
Eau courante dans le logement	58 %	79 %	97 %	99,2 %
W.C dans le logement	27 %	41 %	74 %	85 %
Baignoire ou douche	10 %	29 %	70 %	84,7 %
Téléphone		11 %	27 %	74,4 %

Les logements

Le nombre total des logements est estimé à 24 millions.

Catégories des logements (en millions) :

- **Résidences principales : 20,09**
- **Résidences secondaires : 2,22**
- **Logements vacants : 1,86**

Une politique du logement

Après 1945, la politique du logement a reposé sur trois objectifs :

- **La reconstruction** (450 000 logements entièrement détruits) : l'indemnisation des sinistrés s'est accompagnée d'une rénovation des structures urbaines ; chaque ville endommagée a été dotée d'un plan d'urbanisme.

- **Une revalorisation des loyers** codifiée par la loi du 1er septembre 1948 (loi Grimaud) qui a subi depuis de nombreuses retouches.

- **Une aide à la construction** : développement des offices d'Habitations à Loyers Modérés (H.L.M.) ; octroi de prêts et de primes par le Crédit Foncier ; allocation logement...

De 1945 à 1974, la France a construit plus de 7 millions de logements neufs (mais elle a gagné plus de 12 millions d'habitants !).

Le rythme de la construction s'est accéléré : moins de 4 millions de logements construits en 20 ans, de 1945 à 1965 ; plus de 450 000 chaque année avant le déclenchement de la crise. Depuis 1974, un très sensible ralentissement s'est produit : 250 000 logements par an construits ces dernières années.

6 / ❸ LA TABLE

« Le menu est l'expression de l'idée française de civilisation à table. Il trahit un besoin d'ordre et de durée. »

Sieburg.

Un « vrai » repas : une pièce en 5 actes

hors-d'œuvre
entrée
viande garnie
fromages
dessert

7 h Petit déjeuner
8 h 
9 h Casse-croûte
10 h 
11 h Déjeuner
12 h (« dîner » dans
13 h certaines régions)
14 h 
15 h
16 h Goûter ou thé
17 h 
18 h
19 h Dîner (« souper »
20 h dans certaines
21 h régions) 

Cuisine et gastronomie

La tradition culinaire française remonte à la Renaissance, les premiers restaurants à la Révolution. Au début du XIXe siècle, elle acquiert ses titres de noblesse littéraire : Berchoux lui consacre un poème en quatre chants, *la Gastronomie*, Brillat-Savarin un traité, *la Physiologie du Goût*. Depuis lors, la gastronomie française, considérée comme une science ou un art par ses adeptes, a conquis, grâce à des maîtres comme Beauvillier, Carême, Escoffier, une renommée mondiale.

Un code et un rite

La cuisine est, pour la grande majorité des Français, une forme de raffinement. Elle est à la fois un code et une méthode, elle a ses principes et ses lois, exprimés souvent sous forme d'aphorismes. Un repas est ainsi à la fois la célébration d'un rite et une œuvre d'art, ordonnée selon un certain rythme et un certain ordre, comme une symphonie ou une pièce classique.

Les repas

D'une façon générale, la table reste un des principaux plaisirs du Français. Harpagon a beau affirmer qu'« il ne faut pas vivre pour manger », le Français considère que ce n'est pas vivre que de ne pas manger bien. Cependant, il consacre moins de temps qu'autrefois aux repas. Qu'il s'agisse du repas de midi ou de celui du soir, il est moins copieux et plus rapide. La tradition demeure toutefois pour les repas de fête.

7 h : Simple bol de café noir, café au lait, thé ou chocolat ; tartines de beurre ou biscottes.

9 h : Seulement chez certains paysans ou travailleurs manuels.

12 h : Un repas rapide (un plat, un fromage ou un dessert) pris, pour ceux qui travaillent, à la cantine, au restaurant, dans un café ou un « fast-food ».

16 h : Pour les enfants : pain et chocolat ; pour les grandes personnes qui se rendent en visite : thé, toasts, petits fours.

20 h : Le repas familial par excellence, au cours duquel chacun raconte sa journée : potage ; viande, œufs, poisson ou charcuterie ; légume ; fromage et dessert (fruits ou entremets).

Le vin

Le vin n'est pas seulement un produit agricole ; c'est aussi une œuvre d'art. Chaque cru a sa personnalité, et il existe en France des règles pour le servir et pour le déguster. Depuis 1920 sont nées plus de 25 confréries à la gloire du vin français. La « Confrérie des Chevaliers du Tastevin » a pour devise un calembour : « Jamais en vain, toujours en Vin. »

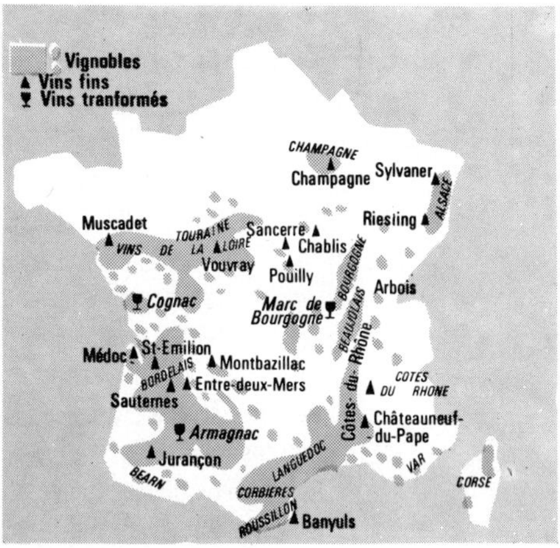

Les fromages

La France possède une variété incomparable de fromages : plus de 100 espèces et de 350 sortes différentes, aux formes les plus inattendues. Certains, comme le roquefort et le camembert, ont une réputation mondiale. On distingue les fromages frais (petit suisse, demi-sel), les fromages fondus, les fromages à pâte pressée (port-salut, gruyère) et les fromages affinés (camembert, roquefort, etc.). Les fromages doivent être dégustés comme des vins, et toujours accompagnés de vins.

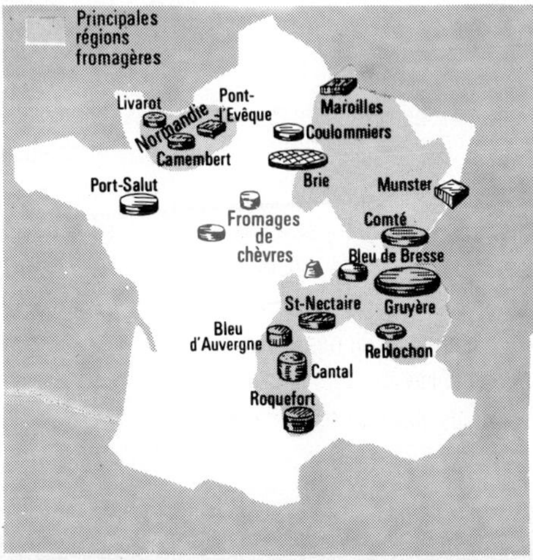

Quelques règles :

Pour servir :

- Les « grandes » bouteilles se servent avec leur poussière, tenues horizontales, dans un panier d'osier.
- Les vins rouges se servent « chambrés » (de 15 à 18°).
- Les vins blancs et rosés se servent frais (de 5 à 12°).
- Le champagne et le mousseux se servent légèrement « frappés » (rafraîchis lentement dans un bain d'eau et de glace).
- On doit harmoniser le choix des vins avec les différents mets et ménager une savante gradation au cours du repas :
  - Huîtres, poissons : blanc sec ou mousseux
  - Entrée : blanc ou rosé léger
  - Viande blanche, volaille : rouge généreux ou champagne brut
  - Viande rouge, gibier, fromages : rouge corsé
  - Entremets, dessert : vin doux, mousseux
  - Fruits : vin moelleux, champagne sec.

Pour déguster :

- Humer d'abord le vin pour en percevoir le bouquet.
- Puis le boire à petites gorgées. Ni eau, ni cigarettes.

6 / 4 LA VIE URBAINE

Le taux d'urbanisation est en France de 73 %, mais il est inégal selon les régions : plus de 95 % en région parisienne, 65 % dans l'Est, 45 % dans l'Ouest. Du fait de la prépondérance trop exclusive de Paris, on compte peu de grandes cités. La France est un pays de villes moyennes et petites.

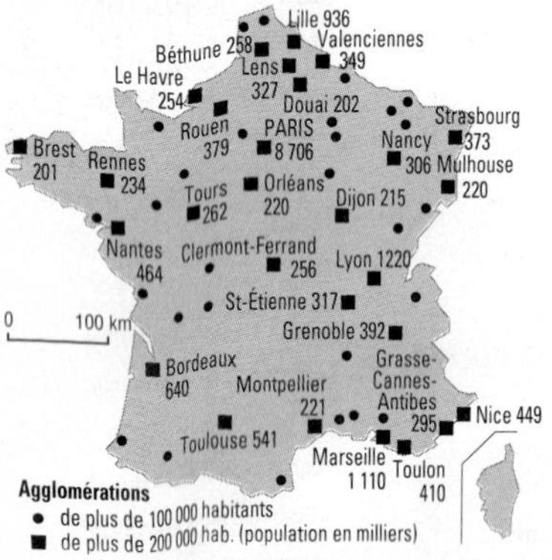

Le réseau urbain

L'armature du réseau urbain est constituée par 28 agglomérations de plus de 200 000 habitants et une cinquantaine de villes de plus de 100 000 habitants, disséminées sur l'ensemble du territoire. L'agglomération parisienne tient une place éminente, avec plus de 8,7 millions d'habitants elle rassemble à elle seule près du quart des Français vivant dans des villes. C'est à un niveau nettement inférieur que se situent les trois plus importantes agglomérations de province, totalisant chacune environ 1 million d'habitants : Lyon, Marseille, Lille-Roubaix-Tourcoing. La population des autres capitales régionales oscille entre 150 000 et 600 000 habitants.

L'aspect des villes

L'aspect de la plupart des villes porte la marque d'un long passé. Le **centre ville** a hérité des rues étroites et tortueuses du Moyen Age. L'urbanisme des XVIIe et XVIIIe s. a légué des **places monumentales** (Lyon, Bordeaux, Nancy...). Le développement urbain au-delà des fossés et des remparts se traduit par l'existence de **boulevards périphériques.** Le XIXe s. a introduit les alignements de **grands immeubles,** et plus récemment se sont développées les banlieues marquées par la juxtaposition d'un habitat pavillonnaire et de grands ensembles.

La rue

La rue est un décor infiniment varié : il y a les rues de Paris et les rues de province, celles du Nord, où l'on passe, celles du Midi, où l'on vit. De plus en plus nombreuses sont les villes qui aménagent des rues piétonnes.

Dans les grandes villes, la rue est le lieu où l'on passe inaperçu ; dans les petites cités de province, c'est l'endroit privilégié où l'on se rencontre.

Les maisons y sont désignées par un numéro, pair d'un côté, impair de l'autre. Mais les rues portent des noms souvent évocateurs d'un passé lointain ou proche : métiers, dates glorieuses, artistes, personnages célèbres, personnalités locales, nationales ou étrangères, qui changent parfois selon les vicissitudes de la politique.

Les cafés

Bien caractéristiques de la vie française, les cafés, bars, comptoirs, bistrots se coudoient dans la plupart des rues. Sur la terrasse ceinte l'hiver d'une verrière, s'agglutinent les consommateurs de tous âges. On y boit apéritifs, bière, alcool, café, jus de fruits, eau minérale. Sur le « zinc » du bistrot, on sert plus volontiers le « verre » de vin rouge ou blanc.

Équipé de « juke-boxes » et de « flippers » (billards électroniques qui attirent les jeunes), le café est l'endroit où l'on commente les nouvelles, donne des rendez-vous, parie pour les courses de chevaux [p. 340]. Bref, le café, auquel s'adjoint souvent un débit de tabac (dont l'enseigne est une « carotte » rouge), est un des pivots de la vie quotidienne.

▲ Une terrasse de café, à Paris

L'urbanisme contemporain

Entre les deux guerres, des novateurs hardis se sont efforcés de repenser entièrement le problème de l'extension et de l'aménagement des villes, en tenant compte à la fois du confort, des conditions de l'hygiène et des exigences de la vie moderne. Le plus audacieux fut Le Corbusier, qui préconisa la construction en hauteur, permettant de développer les espaces verts.

Autour des villes se sont édifiés de **« grands ensembles »,** souvent construits à la hâte. D'autre part se sont multipliés les ensembles résidentiels de **maisons individuelles.**

▲ Le Quartier de l'Horloge, partie rénovée du centre de Paris.

Devant ces possibilités offertes à l'activité des urbanistes, est née une nouvelle école architecturale française, préoccupée de « fonctionnalisme » et de « structuralisme ». Elle s'efforce de trouver des solutions conformes à l'esprit et au tempérament national. Tout en cherchant à normaliser la fabrication pour obtenir des prix de revient moins élevés, elle parvient, notamment par l'emploi de techniques nouvelles, à éviter l'uniformité d'un style collectif et à satisfaire les besoins et les goûts individuels.

Ces dernières années, ont ainsi été conçus et réalisés des édifices tels que le Centre Pompidou, la Tour
... Palais omnisports de Bercy, la
... l'industrie de la Villette, le
... s Halles, l'Institut du Monde
... che de la Défense, le nou-
... de Bercy...

Les Français et le jeu

Les jeux de hasard (réglementés) recueillent chaque année plus de 45 milliards de francs d'enjeux. Ils rapportent à l'État 12 milliards de francs (soit l'équivalent de 4 % de l'impôt sur le revenu). Parmi eux :

- **La Loterie Nationale, depuis 1933. 12 à 15 millions de Français achètent un ou deux dixièmes par an. Quatre millions en achètent chaque semaine. Montant du gros lot : 4 à 10 millions de francs selon les tranches.**
- **Le Loto, depuis 1976. Plus de 10 milliards de francs sont engagés chaque année. Record de gain établi en mars 1980 : 9,33 millions de francs (non imposables) pour un enjeu de 7 francs.**
- **Le Pari Mutuel. Le Pari Mutuel sur Hippodrome (P.M.H.), établi en 1891, et le Pari Mutuel Urbain (P.M.U.), créé en 1930, offrent aux amateurs de courses de chevaux de multiples possibilités de paris. La plus populaire est le tiercé (qui consiste à désigner les trois premiers chevaux d'une course, si possible dans l'ordre d'arrivée) : 30 milliards de francs de paris sont engagés chaque année.**
- **Les casinos. On compte en France 142 casinos : Divonne-les-Bains, Cannes (3 casinos), Deauville, Enghien-les-Bains...**

LES LOISIRS

Suscité par la diminution de la durée du travail, le problème des loisirs, devenu un objectif de conquête sociale, a été posé officiellement en France dès 1936. La civilisation des loisirs — loisirs domestiques et loisirs de masse, loisirs nomades et loisirs sédentaires, loisirs culturels et loisirs de plein air — annoncée il y a une vingtaine d'années est aujourd'hui une réalité. Elle est cependant vécue de manière très différente selon les groupes sociaux.

Les loisirs culturels

La **lecture** continue de se développer en France, mais pas encore assez [p. 204].

Le goût du **théâtre** et de la **musique** se développe également et se répand dans l'ensemble du pays grâce aux efforts de décentralisation théâtrale [p. 196], à l'action du théâtre d'amateurs.

C'est pourtant le **cinéma,** la **radio** et surtout la **télévision** qui tiennent la première place parmi les distractions de la population [pp. 214-222].

Les loisirs de plein air

Les citadins, de nos jours, éprouvent le besoin d'échapper le plus souvent possible au bruit et à l'agitation des grandes villes. Le plein air, la détente dans la nature sont recherchés pour eux-mêmes, et la campagne est envahie, le dimanche et les jours de fête, par les promeneurs et les campeurs.

Très nombreux aussi sont ceux qui combinent le plein air et la pratique d'un sport, ou simplement le « sport-spectacle », qui attire dans les stades ou sur les champs de courses des amateurs innombrables et fervents. Mais c'est au moment des vacances que les loisirs de plein air connaissent leur véritable développement [p. 344].

Bricolage et jardinage

Le bricolage connaît depuis une vingtai[...] un développement très spectaculaire. [...]

13 millions de foyers bricolent aujourd'hui contre 4 millions en 1968, dont deux tiers de bricoleurs réguliers. Les Français bricolent pour des raisons psychologiques (besoin d'activités manuelles) et économiques (réduction des dépenses d'entretien et d'équipement).

Il en est de même pour le jardinage, puisqu'on estime à 22 millions le nombre de Français qui jardinent. Ils se livrent à cette activité de détente, d'embellissement de leur cadre de vie ou d'économie dans 10 millions de jardins en résidences principales, 1,4 million en résidences secondaires et 840 000 dans des jardins isolés. Leurs dépenses de jardinage sont passées en dix ans de 7 à 23 milliards de francs.

Les centres de loisirs

On assiste actuellement à la naissance de plusieurs grands centres ou parcs de loisirs. En 1987, Mirapolis, premier grand parc d'attractions, placé à l'enseigne du Gargantua de Rabelais et consacré aux contes et légendes de France, s'est ouvert près de la ville nouvelle de Cergy-Pontoise au nord-ouest de Paris.

En 1989, a été inauguré le Parc Astérix, du nom du célèbre héros gaulois de bande dessinée, non loin de l'aéroport de Roissy, en bordure de la forêt de Chantilly. Ce nouveau venu offre à la fois une reconstitution d'un village gaulois et des rues de Paris à différentes époques. Enfin, en 1993, les Français auront leur Disneyland, à l'est de Paris, dans le secteur de la ville nouvelle de Marne-la-Vallée. Un parc gigantesque, quatrième version du Royaume enchanté après ceux de Californie, Floride et Tokyo, qui devrait accueillir 80 000 visiteurs par jour.

D'autres centres analogues sont en projet : Les Schtroumpfs en Lorraine, Jules Verne à Amiens, les Vikings près de Rouen.

Le Parc Astérix.

LE SPORT

Depuis la fin du siècle dernier, le sport a conquis une place de plus en plus importante dans la vie française.
Si l'on s'en tient au nombre des licenciés, la pratique du sport concerne quelque 12,5 millions de Français.

Quelques vainqueurs du Tour de France

- 1930-32 : Leducq (Fr.).
- 1936-39 : S. Maës (Belg.).
- 1949-52 : Coppi (It.).
- 1953-54-55 : Bobet (Fr.).
- 1957-61-62-63-64 : Anquetil (Fr.).
- 1969-70-71-72-74 : E. Merckx (Belg.).
- 1978-79-81-82-85 : B. Hinault (Fr.).
- 1983-84 : L. Fignon (Fr.).
- 1986-89 : G. LeMond (U.S.A.).
- 1987 : S. Roche (Irl.).
- 1988 : P. Delgado (Esp.).
- 1989 : G. LeMond (U.S.A.).

Le cyclisme

La France est le pays du cyclisme. Dès l'apparition du « vélo », les compétitions cyclistes passionnèrent les foules.

Le **Tour de France,** fondé par Henri Desgranges en 1903, couru tous les ans au mois de juillet en une vingtaine d'étapes, tout en étant devenue le prétexte de manifestations publicitaires tapageuses, reste la plus importante et la plus célèbre épreuve internationale.

Les courses de chevaux

Le goût des Français pour les courses de chevaux remonte au Moyen Age. En vogue surtout depuis Louis XVI, elles sont devenues depuis la fondation du Grand Prix (1863) un événement de la vie parisienne.

Elles attirent sur les hippodromes de la capitale (Auteuil, Longchamp, Vincennes) non seulement le « Tout-Paris » des élégances, mais aussi un public populaire très composite. En outre, grâce au Pari Mutuel Urbain (P.M.U.), c'est le seul sport qui comporte des paris organisés dans toute la France : [p. 339].

Les courses automobiles

L'Automobile-Club de France, fondé en 1895, fut la première association dans le monde à s'occuper des véhicules à moteur. Depuis lors, de nombreuses compétitions opposent chaque année, devant les foules passionnées, les meilleurs coureurs internationaux : 24 heures du Mans, Grand Prix de Pau, Rallye de Monte-Carlo, Tour de Corse, épreuves du championnat du monde au Castellet, etc.

Les sports d'équipe

Introduit en France en 1890, le **football** est devenu le sport le plus populaire. La Fédération française de football organise chaque année les Championnats de France et la **Coupe de France,** dont la finale se dispute au Parc des Princes en présence du Président de la République. On compte près de 2 millions de footballeurs (dont moins de 650 professionnels) opérant dans près de 20 000 clubs.

Le **rugby** (1 700 clubs, 215 000 joueurs), surtout pratiqué dans le Sud-Ouest, se développe sur l'ensemble du territoire.

Le **basket-ball** a conquis une place privilégiée parmi les sports d'équipe pratiqués en France par les jeunes gens des deux sexes ; il compte près de 365 000 joueurs licenciés.

Le **volley-ball** enfin, introduit par les troupes américaines lors de la guerre de 1914-1918, a conquis de nombreux adeptes (65 000 licenciés).

Les sports athlétiques

C'est un Français, Pierre de Coubertin, qui a rénové les **Jeux Olympiques.**

L'athlétisme (110 000 licenciés) et la **natation** (108 000) se sont beaucoup développés ces dernières années.

Le **tennis** a connu un développement considérable depuis 1900 et des champions comme Cochet, Lacoste, Borotra, Suzanne Lenglen ont assuré aux équipes françaises, entre les deux guerres, un renom international. Aujourd'hui Y. Noah, H. Leconte, G. Forget... ont pris la relève. On compte 1 300 000 licenciés.

La **boxe** (13 000 licenciés) jouit d'une grande faveur auprès du public populaire.

Les sports de montagne

La France est un pays privilégié à cet égard. L'alpinisme y doit son essor au **Club Alpin Français,** qui comporte 56 sections régionales.

La **Fédération française de ski** (1924) assure de son côté le développement des **sports d'hiver.** On compte 2 400 clubs de ski groupant près de 800 000 licenciés.

Les premiers clubs sportifs

1880. Havre Athletic Club.

1882. Racing Club de France.

1883. Stade Français.

1885. Club Alpin Français.

L'équipement sportif

On dénombre :

16 000 stades,

10 000 piscines,

8 860 courts de tennis,

3 500 terrains de volley,

131 golfs,

650 centres équestres,

85 patinoires...

Les sports de l'eau

Outre les sports athlétiques comme la **natation** et l'**aviron,** le yatching et la pêche sous-marine connaissent un succès grandissant. Un peu partout, sur les plages, les lacs et les rivières, tandis que les hors-bords entraînent des fervents du ski nautique, des régates font assister aux évolutions de bateaux à voiles. La vogue des **planches à voile** ne se dément pas, tandis que se répand celle du canoë-kayak et du « rafting ».

Les sports de l'air

Après la conquête de l'eau, celle de l'air. Une Fédération nationale des sports aériens a été créée en 1944. Les Aéro-Clubs, au nombre de plus de 500, permettent de pratiquer à bon compte le vol à voile, le vol à moteur et le parachutisme. L'U.L.M. (ultra-léger-motorisé), avion portable introduit récemment et perfectionné en France, connaît un succès croissant, tout comme le parapente (parachutisme de montagne).

La pêche...

On compte aujourd'hui en France plus de trois millions de pêcheurs, qui pratiquent tous les genres de pêche : en mer, mais surtout en eau douce, à la ligne, au lancer. Le Conseil supérieur de la Pêche, qui groupe les fédérations départementales de pêcheurs, se préoccupe surtout de protéger le poisson menacé de disparition par la pollution des eaux...

... et la chasse

La chasse à courre, passe-temps favori de la noblesse d'autrefois, est encore parfois l'occasion de manifestations spectaculaires. Mais la chasse à tir (au fusil et à la carabine) l'a presque totalement supplantée. On compte aujourd'hui en France plus de 1,7 million de chasseurs. Le Conseil supérieur de la Chasse a pour mission de lutter contre le braconnage et de repeupler les chasses par la création de réserves.

Les sports régionaux

Mais certains sports régionaux continuent de jouir d'un certain prestige. Telle la **pelote basque,** pratiquée dans le sud-ouest de la France depuis des siècles. Tel surtout le **jeu de boules,** que des marins rhodaniens ont introduit dans le midi de la France sous le nom de « pétanque » et qui s'est répandu dans tout le pays.

Les salles et centres de sports

Ces dernières années avaient été marquées par la création de très nombreuses salles de sport consacrées à l'aérobic, au « body-building », à la musculation ou simplement à la gymnastique ou à la « mise en forme ». Il semble qu'actuellement l'engouement pour ce type d'activités soit quelque peu passé pour laisser la place à des « loisirs sportifs ». Ceux-ci sont proposés désormais dans de vastes complexes, offrant notamment de nombreuses possibilités aquatiques, d'où leur nom d'« aqua-centers ». Un vaste ensemble de ce type vient de s'ouvrir à Paris, sur les bords de Seine, à quelques encablures de la tour Eiffel.

FÊTES ET CONGÉS

Les fêtes

Les congés sont en grande partie commandés par les fêtes. Celles-ci comprennent les **fêtes religieuses,** issues de la tradition catholique (Pâques, Ascension, Pentecôte, Assomption, Toussaint, Noël) et les **fêtes civiles :** celles qui sont célébrées dans la plupart des pays (Jour de l'An, Premier Mai) et celles qui évoquent les grandes dates de l'histoire nationale (Fête nationale commémorant la prise de la Bastille, Fête commémorant l'armistice du 11 novembre 1918, Fête de la victoire du 8 mai 1945).

Noël et le Nouvel An

Comme dans tous les pays de tradition chrétienne, les fêtes de fin d'année sont les plus prisées, en raison notamment de leur caractère familial. **Noël** est l'occasion de réjouissances qui réunissent petits et grands autour du sapin traditionnel chargé de cadeaux. La veillée de Noël se termine généralement par un joyeux réveillon où l'on mange la dinde et la bûche de Noël, réveillon auquel répond souvent celui de la Saint-Sylvestre, où l'on se souhaite la « bonne année ».

Le 14 Juillet

La **Fête nationale** du 14 juillet est la fête populaire par excellence. Le drapeau tricolore flotte sur les monuments publics, les autobus ; les troupes sont passées en revue par le Président de la République et, le soir, on tire des feux d'artifice, tandis que la foule danse en plein air sur les places publiques.

Fêtes légales

- **25 décembre : Noël**
- **1er janvier : Jour de l'An**
- **mars ou avril : Pâques (lundi)**
- **1er mai : Fête du Travail**
- **8 mai : Fête de la Victoire**
- **mai (un jeudi) : Ascension**
- **mai ou juin : Pentecôte (lundi)**
- **14 juillet : Fête nationale**
- **15 août : Assomption**
- **1er novembre : Toussaint**
- **11 novembre : Fête de l'armistice 1918**

Congés scolaires (1)

- **Vacances de Noël et du Nouvel An : 13 jours**
- **Vacances d'hiver : 8 jours**
- **Vacances de printemps : 15 jours**
- **Vacances d'été : 68 jours (de la fin juin au début de septembre)**
- **Vacances de Toussaint : 8 jours.**

(1) décalés selon les académies.

LE TOURISME

Une mobilisation massive

L'institution des congés payés, l'élévation du niveau de vie, l'amélioration des transports ont donné au **tourisme** une extension considérable.

En France, tous les ans, à la fin de l'année scolaire, au seuil de l'été, on assiste à une véritable **mobilisation** du pays : départs massifs des citadins par vagues successives (1er juillet, 14 juillet, fêtes du 15 août), trains, doublés ou triplés, files de voitures sur les routes, déploiement des services de sécurité routière. 35 millions de touristes étrangers débarquent ou passent les frontières. Sur les plages, dans les villes d'eau et les stations de montagne, les hôtels affichent «complet».

Les estivants se concentrent en effet dans certaines régions dites «touristiques», auxquelles se posent alors de redoutables **problèmes** de logement, de ravitaillement, de transports, d'équipement sanitaire. Aussi s'efforce-t-on actuellement de développer l'équipement de régions pittoresques moins fréquentées [p. 277].

L'évolution du tourisme

Mais les formes mêmes du tourisme se modifient et posent des problèmes nouveaux. Jusqu'ici les vacances des Français étaient **concentrées** sur une période relativement courte : principalement de la fin juillet au 15 ou 20 août. On s'efforce de les **«étaler»** par divers moyens (réductions de prix aux autres périodes, décalage des vacances scolaires, etc.).

D'autre part la **riche** clientèle de naguère a fait place à une nouvelle clientèle aux moyens plus **limités.** Aux anciens palaces, dont la plupart sont vendus par appartements, ont succédé de nouvelles formes d'équipement. Les **clubs** de vacances se multiplient.

L'automobile a favorisé le **tourisme itinérant.** Les «vacanciers» se déplacent beaucoup, exigeant des formules d'accueil plus souples.

L'équipement hôtelier

Il existe actuellement en France plus de 20 000 **hôtels homologués** offrant un total de plus de 500 000 chambres ; ils sont répartis en quatre catégories (indiquées par des étoiles). Quelques grandes sociétés gèrent des **chaînes** d'hôtels luxueux : Sofitel, Concorde, Frantel, Novotel, Méridien... L'hôtellerie **non**

Les vacances des Français

30 millions de Français (56 %) partent en vacances :

- **56,5 % en été**
- **27,5 % en hiver**
- **26 % deux fois**

Vacances d'été :

- **A l'étranger : 12 %**
- **En France : 88 % dont**

• **Mer :**	**44 %**
• **Montagne :**	**14 %**
• **Campagne :**	**24,5 %**
• **Circuit :**	**8,5 %**
• **Ville :**	**9 %**

Les français qui partent en vacances l'été

83% des cadres supérieurs et professions libérales
76% des cadres moyens
63% des employés
52% des ouvriers
23% des agriculteurs

Où ils vont

4,7% à l'hôtel
15,9% en location
26,1% chez des parents ou des amis
20,6% en camping
33,1% divers

homologuée compte quelque 26 000 hôtels de préfecture (300 000 chambres), des auberges rurales, villages et gîtes...

Le tourisme social

Pour répondre aux besoins des catégories sociales disposant de revenus limités, le Secrétariat d'État au Tourisme s'efforce depuis quelques années de multiplier les formules économiques d'hébergement. Tels sont les **« gîtes de France »**, au nombre de 36 000, habitations rurales restaurées et modernisées. Grâce à des initiatives officielles ou privées, **camps, villages de vacances, maisons familiales** se multiplient également un peu partout, ainsi que les **Auberges de Jeunesse.**

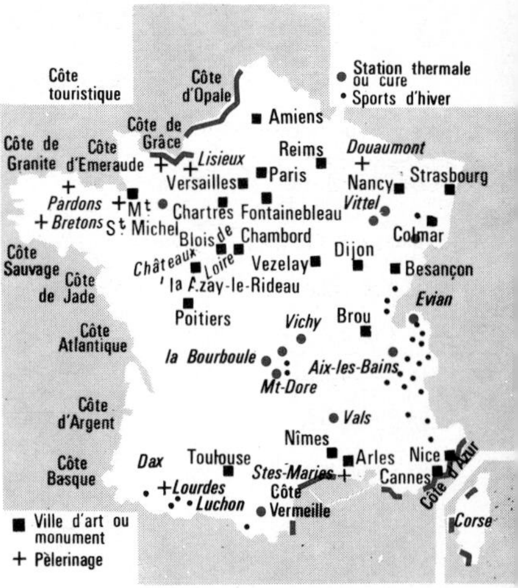

▲ Le tourisme en France.

Nombre de :	Hôtels	Chambres
1 étoile	10 120	178 500
2 étoiles	7 470	208 300
3 étoiles	2 395	110 400
4 étoiles	273	15 100
4 étoiles (luxe)	120	14 800
Total	20 378	527 100

Le camping

Le **camping** et son complément, le **« caravaning »**, connaissent à leur tour en France un succès croissant. On comptait un million de campeurs en 1956, on en compte plus de 6 millions aujourd'hui. Plus de 8 300 terrains classés sont mis à leur disposition, comportant des aménagements souvent très perfectionnés. Des **clubs de campeurs** se sont constitués : la Fédération française groupe plus de 300 associations et environ 400 000 membres.

Le naturisme

Le premier centre naturiste aurait été créé en France en 1904. La **Fédération française de naturisme** groupe aujourd'hui plus de 200 associations (65 000 adhérents) qui disposent de quelque 60 centres. On estime à plus de 500 000 le nombre des naturistes non membres d'associations.

Une industrie d'« exportation »

Le tourisme et l'industrie hôtelière, en apportant à la France des **devises** étrangères, jouent un grand rôle dans la balance des comptes. Deuxième industrie d'exportation après l'automobile, le tourisme procure annuellement plus de 65 milliards de francs de recettes et enregistre, vis-à-vis de l'extérieur, depuis 1969, une balance positive (excédent de 20 à 30 milliards de francs ces dernières années).

A la gare de Lyon, à Paris : la cohue des grands départs ▼

INDEX

N.B. : Seuls ont été retenus en principe les noms figurant en gras dans le texte.

Hors-texte 1 *(pages 80-81)* : **Les métropoles françaises**
Lyon, Bordeaux
Toulouse, Montpellier
Grenoble, Strasbourg
Lille, Nantes

Hors-texte 2 *(pages 144-145)* : **La peinture française**
Ingres, Delacroix
Monet, Gauguin
Cézanne, Rousseau
Delaunay, Renoir

Hors-texte 3 *(pages 304-305)* : **Les nouveaux visages de la France**
– *L'architecture moderne :*
La Géode (la Villette), La Grande Arche (la Défense)
– *Les réalisations européennes :*
La fusée Ariane, le tunnel sous la Manche
– *Les technologies modernes :*
Le T.G.V., le Minitel
– *Une nouvelle convivialité :*
La Fête de la musique, la Fureur de lire (affiche).